“十三五”普通高等教育应用型规划教材·会计与财务系列

财经法规与会计职业道德（第3版）

主　编　王红云　赵永宁
副主编　张琼耀　朱金焕

FINANCIAL REGULATIONS AND ACCOUNTING PROFESSIONAL ETHICS

中国人民大学出版社
·北京·

致读者

在信息化时代，会计实务工作发生了较大变革，会计从业人员逐步从单一的核算型会计向管理型会计转变。仅具备会计操作技能的从业人员已不能适应时代快速发展的需要，尤其是在增值税发票管理系统2.0版推行之后，企业既要依法纳税，又要能充分享受国家的优惠政策。财经院校的学生需要系统学习和掌握一系列法律法规，注重综合素质的提升，积极主动学习，成为复合型人才。

我从事会计本科和研究生教学工作30余年来，在税法、纳税会计、纳税筹划和会计法规相关内容的学习和研究上投入了大量的时间和精力，多年来承担给税务局干部、行政事业单位和企业会计、管理人员的培训工作，获得了大量的真实案例和实务经验。

在教材建设方面，我应中国人民大学出版社之邀，陆续出版《税法》《纳税会计》《财经法规与会计职业道德》等一系列教材，多次获奖。其中，1本教材荣获101家高校出版社优秀畅销书二等奖，3本教材荣获省高校优秀教材奖，3本教材入选省"十二五"规划教材，1本教材入选全国教科"十一五"国家课题研究系列成果。除此之外，我还撰写了会计或税法类论文30余篇，它们多次被中国人民大学复印报刊资料中心《财务与会计导刊》《财政与税务》转载。

下列六本教材是我在中国人民大学出版社已经出版或即将出版的：

一、《税法》(第9版)

《税法》自2011年推出以来，一直紧跟税法的快速变化，不断进行修订和完善，受到广大读者的好评。2013年荣获云南省高校精品教材奖，2014年入选云南省"十二五"规划教材。

《税法》(第9版)反映了增值税、企业所得税、个人所得税等内容的最新规定。该书每章都提供了大量的习题，包含不同年度初级会计职称考试的真题，并在全书最后提供了习题答案。

二、《纳税会计》

《纳税会计》是在我主编的《税法与纳税会计》(第2版)的基础上结合最新的税法政策和会计政策编写而成的。2019年，该书获得中国商业会计学会的授权，成为即将展开的全国纳税会计岗位专业技能证书考试的唯一指定教材。

三、《财经法规与会计职业道德》（第3版）

《财经法规与会计职业道德》（第3版）基于高等院校应用型人才培养的目标，根据修订的《中华人民共和国会计法》《中华人民共和国税收征收管理法》和增值税、消费税、企业所得税、个人所得税等法律制度，以及从事会计工作和参加初级会计职称考试的需要，进行了全面修订。

该书各章配有备考初级会计职称考试需要的“基本要求”，以“提示”专栏展示需要特别关注和理解的内容。

四、《会计职业道德》

2018年教育部高等学校会计学专业教育指导分委员会将《会计职业道德》列为会计专业教育的必修课程，宗旨是使会计专业学生具有良好的职业道德，提高会计职业道德水平。

该书以会计职业道德和会计法的内容为主线，融入了多年来会计职称考试中涉及的有关会计法规、会计职业道德的案例以及实务工作中的案例。

五、《初级会计实务》和《经济法基础》

《中华人民共和国会计法》第三十八条将会计人员“必须取得会计从业资格证书”改为“应当具备从事会计工作所需要的专业能力”，会计从业资格考试由此取消，大量学生纷纷加入初级会计职称考试的队伍，但考试通过率并不理想。

为了将教学与考试的需求相结合，我根据多年来从事会计本科教学和会计职称考试辅导等的体会和经验，基于每一年初级会计职称考试大纲，编写了《初级会计实务》和《经济法基础》。

以上教材均有配套的习题和习题答案，同时配有相关的课件、教学大纲和案例等教学资源。

我的邮箱是1797410378@qq.com，欢迎老师们提出宝贵意见。另外，我在人大出版社的微信公众号“芸窗e财会”即将开设【王红云·政策解读】专栏，为读者提供最新的政策、法规解读，并实时推出有趣的税务筹划案例，敬请关注。

王红云

于云南财经大学

前 言

2017年11月4日新修订的《中华人民共和国会计法》发布，自2017年11月5日起施行。新修订的会计法规定：以后从事会计工作不再需要取得会计从业资格证。

本教材基于高等院校应用型人才培养的目标，根据修订的《中华人民共和国会计法》《中华人民共和国税收征收管理法》和增值税、消费税、企业所得税及个人所得税等法律制度，以及从事会计工作和参加初级会计职称考试的需要，在第2版的基础上进行了修订。

为了培养学生的实际应用能力，也为了帮助学生通过初级会计职称考试，本书以2019年全国初级会计职称考试的大纲为主线编写，增加了第1章总论和第6章劳动合同与社会保险法律制度，删除了原第4章财政法律制度。各章配有学习本教材和备考初级会计职称考试需要的“基本要求”。针对需要特别关注和理解的内容，以“提示”的方式供读者学习。

本书的内容包括：第1章总论、第2章会计法律制度、第3章支付结算法律制度、第4章税收法律制度、第5章会计职业道德和第6章劳动合同与社会保险法律制度。

本书有配套课件，有与全国初级会计职称考试题型相对应的单选题、多选题、判断题、不定项选择题等章后习题以及参考答案，可作为普通高等（职业）院校的会计、财务管理、工商等专业“财经法规与会计职业道德”课程的教材或教学参考书，也可作为全国初级会计职称考试的教材或参考读物。

本书由长期从事会计教学和会计实务工作的王红云教授、赵永宁教授担任主编，张琼耀讲师和朱金焕讲师担任副主编，王鹏斌、邓玉婷和赵珂然参编。具体分工如下：第1、3章由王红云执笔；第2章由赵永宁执笔；第5章由张琼耀和朱金焕执笔；第4章由王鹏斌、邓玉婷和赵珂然执笔。全书由王红云负责修改和总撰，王鹏斌和邓玉婷负责编写和修改各章习题和参考答案，赵珂然负责制作配套课件。

由王红云主编的《纳税会计》《会计法规》《税法》教材曾获得全国高校出版社协会优秀畅销书二等奖、中国书刊发行业协会“全行业优秀畅销书”、云南省优秀教材奖、云南省精品教材奖，两本入选云南省“十二五”规划教材。这些荣誉的获得是广大教师和同学给予厚爱的结果。我们真诚希望这一带有自己教学体会的“作品”能继续得到广大读者的支持！

由于编者学识水平有限，时间较紧，加之涉及的税制仍在不断改革，书中可能存在不足之处，恳请各位读者不吝赐教。

王红云

于云南财经大学会计学院

目　录

第 1 章 总 论

Chapter 1

基本要求

1. 掌握法和法律、法律关系、法律事实、法的形式和分类
2. 掌握仲裁、民事诉讼
3. 掌握行政复议、行政诉讼
4. 熟悉法律部门与法律体系
5. 熟悉法律责任
6. 了解经济纠纷的概念与解决途径

第 1 节 法律基础

一、法和法律

(一) 法和法律的概念

法是由国家制定或认可，以权利和义务为主要内容，由国家强制力保证实施的社会行为规范及其相应的规范性文件的总称。法反映由特定社会物质生活条件所决定的统治阶级意志，这一意志的内容由统治阶级的物质生活条件所决定，它通过规定人们在社会关系中的权利和义务，确认、保护和发展有利于统治阶级的社会关系和社会秩序。

狭义的法律专指拥有立法权的国家机关（国家立法机关）依照法定权限和程序制定颁布的规范性文件。广义的法律则指法的整体，即“法”。

(二) 法的本质与特征

1. 法的本质

(1) 法是统治阶级国家意志的体现，这是法的本质。

（2）法只能是统治阶级意志的体现，是由统治阶级的物质生活条件决定的，是社会客观需要的反映。

（3）法体现的是统治阶级的整体意志和根本利益，而不是统治阶级每个成员个人意志的简单相加。

（4）法体现的不是一般的统治阶级意志，而是统治阶级的国家意志。

2. 法的特征

法的特征主要包括：

（1）国家意志性。法是经过国家制定或认可才得以形成的规范，具有国家意志性。

（2）国家强制性。法凭借国家强制力的保证而获得普遍遵行的效力，具有国家强制性。

（3）规范性。法是确定人们在社会关系中的权利和义务的行为规范，具有规范性。具体表现为：①概括性。法是调节人们行为的一种社会规范，具有能为人们提供一个行为模式、标准的属性。②利益导向性。法通过规定人们的权利和义务来分配利益，从而影响人们的动机和行为，进而影响社会关系，实现统治阶级的意志和要求，维持社会秩序。

（4）明确公开性和普遍约束性。具体包括：①法是明确而普遍适用的规范，具有明确公开性和普遍约束性。②可预测性，法具有明确的内容，能使人们预知自己或他人一定行为的法律后果。③普遍适用性，凡是在国家权力管辖和法律调整的范围、期限内，对所有社会成员（包括统治阶级和被统治阶级）及其活动都普遍适用。

【例题1·多选】下列关于法的本质与特征的表述中，正确的有（　　）。

A. 法是由统治阶级的物质生活条件所决定的

B. 法体现的是统治阶级的整体意志和根本利益

C. 法是由国家制定或认可的行为规范

D. 法由国家强制力保证其实施

【答案】ABCD

二、法律关系

法律关系是指受法律规范调整的权利与义务关系。受法律规范调整的，才属于法律关系；不受法律规范调整，仅受道德规范调整的，不属于法律关系。会计法律制度侧重于调整会计人员的外在行为和结果的合法化，具有较强的客观性；会计职业道德不仅调整会计人员外在的行为，还调整会计人员内在的精神世界。

法律关系由法律关系的主体、内容和客体三个要素构成，缺少其中任何一个要素，都不能构成法律关系。

（一）法律关系的主体

法律关系的主体是指参加法律关系，依法享有权利和承担义务的当事人。能够参与法律关系的主体包括：自然人（公民）、组织（法人和非法人组织）、国家。

1. 法律关系的主体资格

法律关系的主体资格包括民事权利能力与民事行为能力。

（1）民事权利能力。

①法人的民事权利能力。法人民事权利能力的范围由法人成立的宗旨和业务范围决定，自法人成立时产生，至法人终止时消灭。

②公民的民事权利能力。所有公民（不论年龄大小）均具有民事权利能力（或称一般权利能力、基本权利能力）。

提示

自然人从出生时起到死亡时止，均具有民事权利能力。

（2）民事行为能力。

①法人的民事行为能力。法人的民事行为能力与民事权利能力是一致的，同时产生、同时消灭。

②自然人的民事行为能力。自然人民事行为能力的划分见表1-1。

表1-1 自然人民事行为能力的划分

类型	界定标准
完全民事行为能力人	18周岁以上（≥18周岁）的自然人
	16周岁以上（≥16周岁）的未成年人（<18周岁），以自己的劳动收入为主要生活来源的，视为完全民事行为能力人
限制民事行为能力人	8周岁以上（≥8周岁）的未成年人
	不能完全辨认自己行为的成年人
无民事行为能力人	不满8周岁（<8周岁）的未成年人
	8周岁以上的未成年人
	（完全）不能辨认自己行为的成年人

提示

具有民事权利能力并不必然具有民事行为能力。自然人民事行为能力的判定主要看两个因素：年龄和精神状态，与肢体是否残缺、智力高低等不直接相关。

2. 法律关系主体的种类

法律关系主体的种类有：自然人（公民）、组织和国家。具体内容见表1-2。

表 1-2 法律关系主体的种类

<table>
<tr><th colspan="3">基本分类</th><th>具体内涵</th></tr>
<tr><td colspan="3">自然人（公民）</td><td>包括中国公民、外国公民和无国籍人</td></tr>
<tr><td rowspan="4">组织</td><td rowspan="3">法人组织</td><td>营利法人</td><td>包括有限责任公司、股份有限公司和其他企业法人等</td></tr>
<tr><td>非营利法人</td><td>包括事业单位、社会团体、基金会、社会服务机构等</td></tr>
<tr><td>特别法人</td><td>包括机关法人、农村集体经济组织法人、城镇农村的合作经济组织法人、基层群众性自治组织法人</td></tr>
<tr><td colspan="2">非法人组织</td><td>包括个人独资企业、合伙企业、不具有法人资格的专业服务机构等</td></tr>
<tr><td colspan="3">国家</td><td>国家可以作为一个整体成为法律关系主体。如在国内，国家是国家财产所有权唯一和统一的主体；在国际上，国家作为主权者是国际公法关系的主体，也可以成为对外贸易关系中的债权人或债务人</td></tr>
</table>

（二）法律关系的内容

法律关系的内容是指法律关系主体所享有的权利和承担的义务，具有三层含义：

（1）法律上的权利和义务。是法律关系的法律内容，这一内容揭示法律关系的法律特征。

（2）事实上的社会关系。是法律关系的社会内容，这一内容揭示法律关系的社会特征。

（3）享受权利和履行义务的事实行为。是法律关系的物质内容，体现了法律关系的法律内容和社会内容的联系。

通常所说的法律关系的内容，是指法律关系的法律内容，即法律上的权利和义务。

（三）法律关系的客体

法律关系的客体是指法律关系主体的权利和义务所指向的对象。法律关系的客体主要包括物、人身人格、非物质财富和行为四大类。

1. 物

法律意义上的物是指法律关系主体支配的、在生产和生活上所需要的客观实体。它可以是天然物，也可以是生产物；可以是活动物，也可以是不活动物。在我国，大部分天然物和生产物可以成为法律关系的客体。

以下几种物不得进入国内商品流通领域，成为私人法律关系的客体：（1）人类公共之物或国家专有之物，如海洋、山川、水流、空气；（2）文物；（3）军事设施、武器（枪支、弹药等）；（4）危害人类之物（如毒品、假药、淫秽书籍等）。

2. 人身人格

人身是由各个生理器官组成的生理整体（有机体）。它是人的物质形态，也是人的精神利益的体现。在现代社会，随着现代科技和医学的发展，输血、器官移植等现象大量出现，在一定范围内人身成为法律关系的客体。确定人身（体）部分（如血液、器官、皮肤等）的法律性质是一个较复杂的问题。属于人身还是属于法律上的物，不能一概而论，而应从三方面分析：当人身之部分尚未脱离人的整体时，属于人身本身；当人身之部分自然地从身体中分离，成为与身体相脱离的外界之物时，亦可以视为法律上的物；当该部分植入他人身体时，为他人人身之组成部分。

3. 非物质财富

非物质财富又称为精神产品，是人通过某种物体（如书本、砖石、纸张、胶片、磁盘）或大脑记载下来并加以流传的思维成果。精神产品不同于有体物，其价值和利益在于物中所承载的信息、知识、技术、标识（符号）和其他精神文化；同时它又不同于人的主观精神活动本身，是精神活动的物化、固定化。精神产品属于非物质财富，西方学者称之为“无体（形）物”。我国法学界常称之为“智力成果”或“无体财产”。

4. 行为

作为法律关系客体的行为的结果是特定的，即义务人完成其行为所产生的能够满足权利人利益要求的结果。这种结果一般分为两种：一种是物化结果，即义务人的行为（劳动）凝结于一定的物体，产生一定的物化产品或营建物（房屋、道路、桥梁等）；另一种是非物化结果，即义务人的行为没有转化为物化实体，而仅表现为一定的行为过程，直至终了，最后产生权利人所期望的结果（或效果）。例如，权利人在义务人完成一定行为后，得到了某种精神享受或物质享受，增长了知识和能力等。在此意义上，作为法律关系客体的行为结果不完全等同于义务人的义务，但又与义务人履行义务的过程紧密相关。义务正是根据权利人对这一行为结果的要求而设定的。

提示

实际的法律关系多种多样，多种多样的法律关系有多种多样的客体，即使在同一法律关系中也有可能存在两个或两个以上的客体。例如，买卖法律关系中的客体不仅包括货物，而且也包括货款。

【例题2·单选】下列主体中，属于非法人组织的是（ ）。

A. 基金会　　B. 有限责任公司

C. 事业单位　　D. 合伙企业

【答案】D

【例题3·单选】下列各项中不属于法律关系主体的是（ ）。

A. 个人独资企业　　B. 有限责任公司

C. 自然人小明　　D. 机器人阿尔法

【答案】D

三、法律事实

法律事实是法律关系发生、变更和消灭的直接原因。按照是否以当事人的意志为转移作标准，可以将法律事实划分为两大类：法律事件和法律行为。

（1）法律事件是指不以当事人的主观意志为转移的，能够引起法律关系发生、变更和消灭的法定情况或者现象。事件可以是自然现象，也可以是某些社会现象。

（2）法律行为是指以法律关系主体意志为转移，能够引起法律关系发生、变更和消灭的人们有意识的活动。根据不同的标准，可以对法律行为进行不同的分类。

四、法律的制定与修改

（一）只能制定法律的事项

（1）国家主权的事项。

（2）各级人民代表大会、人民政府、人民法院和人民检察院的产生、组织和职权。

（3）民族区域自治制度、特别行政区制度、基层群众自治制度。

（4）犯罪和刑罚。

（5）对公民政治权利的剥夺、限制人身自由的强制措施和处罚。

（6）税种的设立、税率的确定和税收征收管理等税收基本制度。

（7）对非国有财产的征收、征用。

（8）民事基本制度。

（9）基本经济制度以及财政、海关、金融和外贸的基本制度。

（10）诉讼和仲裁制度。

（11）必须由全国人民代表大会及其常务委员会制定法律的其他事项。

（二）基本法律与非基本法律

我国社会主义法律分为基本法律和非基本法律两类。

（1）基本法律，由全国人民代表大会制定。

（2）非基本法律，由全国人民代表大会常务委员会制定。

基本法律与非基本法律的主要内容见表1-3。

表1-3 基本法律与非基本法律的主要内容

形式	制定机关	修改机关
基本法律	全国人民代表大会	（1）全国人民代表大会 （2）在全国人民代表大会闭会期间，全国人民代表大会常务委员会也有权对其进行部分补充和修改，但不得同其基本原则相抵触
非基本法律	全国人民代表大会常务委员会	

五、法的形式和分类

（一）法的形式

法的形式，即法学上所称的法的形式渊源，是指法的具体表现形态，即法是由何种国家机关，依照什么方式或程序创制出来的，并表现为何种形式、具有何种效力等级的规范性法律文件。我国法的主要形式有宪法、法律、行政法规、地方性法规、自治条例和单行条例、特别行政区的法、规章、国际条约等。

不同形式的规范性法律文件之间是有效力等级和位阶划分的，在适用时有不同的效力。

提示

判例不属于我国法的形式，人民法院所做的判决书、最高人民法院指导案例等不能作为法的形式。

（二）法的分类

根据不同的标准，可以对法进行不同的分类。

表 1－4　法的分类

划分标准	法的分类	概念
按照法的创制方式和表达形式划分	成文法	是指由特定国家机关制定并公布的，以法典为表现形式的规范性法律文件，又称制定法。我国是一个成文法国家。
	不成文法	是指由国家认可的不具有明确的法典化、条文化形式的法，主要是习惯法。
按照法的内容、效力和制定程序划分	根本法	即宪法，它规定了国家的根本制度和根本任务、公民的基本权利和义务、国家机关的设置和职权等内容，在一个国家中占据最高法律地位，具有最高法律效力，是其他法律制定的根据，也称为“母法”。
	普通法	即宪法以外的其他法，它规定国家的某项制度或调整某一方面的社会关系，如刑法调整的是犯罪和刑罚的关系，民法调整的是平等主体之间的关系，等等。
按照法规定的内容划分	实体法	是指有关实体权利和义务的法。
	程序法	是指为保障权利和义务的实现而制定的程序方面的法。如《刑法》主要规定了什么是犯罪，以及犯罪要受到何种处罚，而《刑事诉讼法》则是关于如何追究犯罪嫌疑人和被告人刑事责任的程序法。
按照法的空间效力、时间效力或对人的效力划分	一般法	是指在一国范围内，对一般的人和事有效的法。
	特别法	是指在一国的特定地区、特定期间或对特定事件、特定公民有效的法。如《行政处罚法》和《治安管理处罚法》是一般法和特别法的关系。一般情况下，法律适用遵循特别法优于一般法的原则。
按照法的主体、调整对象和渊源划分	国内法	是由特定国家创制并适用于该国主权管辖范围内的法，强调一国内部创制和适用。
	国际法	是指在国际交往中由不同的主权国家通过协议制定或确认的，适用于国家之间的法，多表现为国际条约和国际惯例，适用主体为主权国家和国际组织。

【例题4·多选】下列关于法的分类说法中，正确的是（　　）。

A. 宪法是根本大法，具有最高法律效力

B.《民事诉讼法》是一部实体法，规定了人们有哪些实体的民事权利与民事义务

C.《行政处罚法》和《治安管理处罚法》是特别法和一般法的关系

D. 国家也可以成为国际法律关系的主体

【答案】AD

六、法律部门与法律体系

法律部门又称部门法，是指根据一定标准和原则所划定的同类法律法规的总称。法律部门划分的标准首先是法律调整的对象，即法律调整的社会关系；其次是法律调整的方法。一个国家现行的法律规范分类组合为若干法律部门，由这些法律部门组成的具有内在联系、互相协调的统一整体即法律体系。不同形式的法的制定机关见表1-5。

表1-5　不同形式的法的制定机关

法的形式		制定机关
宪法		全国人民代表大会
法律		全国人民代表大会及其常务委员会
法规	行政法规	国务院
	地方性法规	（1）省、自治区、直辖市的人大及其常委会 （2）设区的市、自治州的人大及其常务委员会 （3）经济特区所在地的省、市的人大及其常委会
自治条例、单行条例		民族自治地方（自治区、自治州、自治县）人大
特别行政区的法		特别行政区
规章	部门规章	国务院各部委、委员会、中国人民银行、审计署和具有行政管理职能的直属机构
	政府规章	省、自治区、直辖市和设区的市、自治州的人民政府

第1节习题

一、单项选择题

1. 下列关于法的本质与特征的表述中，不正确的是（　　）。

A. 法是明确而普遍适用的规范

B. 法是统治阶级的国家意志的体现

C. 法由被统治阶级的物质生活条件所决定

D. 法是经过国家制定或认可才得以形成的规范，具有国家意志性

2. 下列关于法和法律概念的表述中，不正确的是（　　）。

A. 法是由国家制定或认可，以权利义务为主要内容，由国家强制力保证实施的社

会行为规范及其相应的规范性文件的总称

B. 狭义的法律专指拥有立法权的国家机关依照法定权限和程序制定颁布的规范性文件

C. 广义的法律指法的整体，即国家制定或认可，并由国家强制力保证实施的各种行为规范的总和

D. 在任何情况下，法和广义的法律都同义

3. 下列选项中，不属于我国法的主要形式的是（ ）。

A. 判决书　　B. 宪法

C. 法律　　D. 自治条例

4. 下列关于法的特征的表述中，不正确的是（ ）。

A. 法是最具有强制力的规范

B. 法是明确而普遍适用的规范

C. 国家发布的任何文件都是法

D. 法是统治阶级的国家意志的体现

5. 下列各项中，不属于法律关系客体的是（ ）。

A. 法国人

B. 汽车

C. 商品房

D. 提供劳务的行为

6. 小张和甲银行签订借款合同，约定小张向银行借款5万元，银行当日交付借款，小张一年后归还利息和本金共5.6万元。由此形成的法律关系的主体是（ ）。

A. 借款合同

B. 小张和甲银行

C. 利息和本金5.6万元

D. 借款5万元

7. 下列关于法律关系的表述中，不正确的是（ ）。

A. 法律关系主体资格包括权利能力和行为能力

B. 法律关系主体是指参加法律关系，依法享有权利和承担义务的当事人

C. 法律关系的主体是构成法律关系的要素之一

D. 只有自然人具有权利能力，法人和其他组织没有权利能力

8. 下列各项中，不属于法律关系要素的是（ ）。

A. 法律关系主体

B. 法律关系内容

C. 法律关系客体

D. 法律事实

9. 为调整平等主体之间的财产关系和人身非财产关系而形成的法律关系，称（ ）。

A. 民事法律关系

B. 行政法律关系

C. 经济法律关系

D. 刑事法律关系

10. 下列关于法律关系的表述中，正确的是（ ）。

A. 法律关系是由法律关系的主体和法律关系的客体两个要素构成的

B. 不能完全辨认自己行为的精神病人属于无行为能力人

C. 任何一个法律关系至少要有两个主体，因为最少要有两个主体，才能在它们之间形成权利和义务内容的法律关系

D. (刑法上）不满14周岁的未成年人属于限制行为能力人

11. 下列各项中，属于法律事件的是（ ）。

A. 购买股票

B. 承兑汇票

C. 签订合同

D. 发生海啸

12. 下列各项中，属于法律行为的是（ ）。

A. 某服装厂与供货商订立了一份合同

B. 台风灾害

C. 战争爆发

D. 洪涝灾害

13. 下列各项中，不属于法律行为的是（ ）。

A. 甲请求乙代理购买一台电视机

B. 甲听说乙中了500万大奖

C. 甲委托乙修理一部机器

D. 甲与乙公司签订购买合同

14. 下列各项中能够直接引起法律关系发生、变更或者消灭的是（ ）。

A. 法律关系的内容
B. 法律关系的主体
C. 法律事实
D. 法律关系的客体

15. 下列关于法律事实的说法中，错误的是（　　）。
A. 法律事实是法律关系发生、变更和消灭的直接原因
B. 按照是否以当事人的意志为转移为标准，可以将法律事实划分为法律事件和法律行为
C. 法律行为是指不以当事人的主观意志为转移的，能够引起法律关系发生、变更和消灭的法定情况或者现象
D. 法律事件是指不以当事人的主观意志为转移的，能够引起法律关系发生、变更和消灭的法定情况或者现象

16. 下列各项中，由国家最高权力机关制定，规定国家基本制度和根本任务，具有最高法律效力，属于国家根本大法的是（　　）。
A.《中华人民共和国宪法》
B.《中华人民共和国刑法》
C.《中华人民共和国民法通则》
D.《中华人民共和国物权法》

17. 下列对法所做的分类中，根据法的内容进行分类的是（　　）。
A. 根本法和普通法
B. 成文法和不成文法
C. 实体法和程序法
D. 一般法和特别法

18. 不同形式的法具有不同的效力等级。下列各项中，效力低于地方性法规的是（　　）。
A. 宪法
B. 同级政府规章
C. 法律
D. 行政法规

19. 下列各项中，属于行政法规的是（　　）。
A. 全国人民代表大会常务委员会制定的《中华人民共和国会计法》
B. 国务院制定的《总会计师条例》
C. 北京市人大常委会制定的《北京市招标投标条例》
D. 全国人民代表大会常务委员会制定的《企业所得税法》

20. 下列各项中效力最高的是（　　）。
A. 宪法　　B. 法律
C. 行政法规　　D. 部门规章

二、多项选择题

1. 下列属于民法调整范围的有（　　）。
A. 公民与公民之间的财产关系
B. 行政机关与行政管理相对人之间的法律关系
C. 法人与法人之间的财产关系
D. 政府与社会之间的法律关系

2. 下列关于法的本质与特征的表述中，不正确的有（　　）。
A. 法是由国家制定或认可的规范
B. 法是全社会成员共同意志的体现
C. 法由阶级社会的生产关系所决定
D. 法是确定人们在社会关系中的权利和义务的行为规范

3. 法律关系主体的行为能力包括（　　）。
A. 完全行为能力人
B. 限制行为能力人
C. 无行为能力人
D. 不完全行为能力人

4. 法律关系的客体包括（　　）。
A. 物　　B. 外国人
C. 非物质财富　　D. 行为

5. 下列关于法律关系的说法中，正确的有（　　）。
A. 法律关系是由法律关系的主体、法律关系的内容和法律关系的客体三个要素构成的
B. 法律关系的主体是指参加法律关系，依法享有权利和承担义务的当事人
C. 法律关系的内容是指法律关系主体所享有的权利和承担的义务
D. 法律关系的客体是指法律关系主体的权利和义务所指向的对象，法律关系的客体主要包括物、人身人格、非物质财富和行为四大类

6. 下列权利义务中，属于法律关系的内容的有（ ）。

A. 服兵役 B. 纳税义务

C. 经营管理权 D. 经济管理行为

7. 下列各项中，属于法律关系的客体的有（ ）。

A. 有价证券 B. 库存商品

C. 提供劳务行为 D. 智力成果

8. 下列各项中，可以成为法律关系的主体的有（ ）。

A. 私有企业 B. 集体企业

C. 合伙人 D. 外国社会组织

9. 下列各项法律事实中，属于法律事件的有（ ）。

A. 设立公司 B. 发生水灾

C. 纳税人逃税 D. 发生战争

10. 下列各项法律事实中，属于法律行为的有（ ）。

A. 订立合伙协议 B. 签订合同

C. 签订和解协议 D. 签发汇票

11. 下列各项中，能够引起法律关系发生、变更和消灭的事实有（ ）。

A. 自然灾害 B. 公民死亡

C. 提起诉讼 D. 签订合同

12. 下列关于法律事实的说法中，正确的有（ ）。

A. 法律事实是法律关系发生、变更和消灭的直接原因

B. 按照是否以当事人的意志为转移为标准，可以将法律事实划分法律事件和法律行为

C. 法律事件和法律行为都能够引起法律关系发生、变更和消灭，区分点是当事人的主观意志

D. 不以当事人的主观意志为转移的为法律事件

13. 下列关于法的形式和效力的说法中，正确的有（ ）。

A. 法的形式是指法的具体表现形态

B. 我国法的主要形式有宪法、法律、行政法规、地方性法规、自治条例和单行条例、特别行政区的法、规章和国际条约等

C. 不同形式的规范性法律文件之间是有效力等级和位阶划分的，在适用时有不同的效力

D. 部门规章的效力高于行政法规

14. 下列关于法的分类的说法中，正确的有（ ）。

A. 根据法的创制方式和表达形式可以分为成文法和不成文法

B. 根据法的内容、效力和制定程序可以分为根本法和普通法

C. 根据法的内容可以分为一般法和特别法

D. 根据法的空间效力、时间效力和对人的效力可以分为实体法和程序法

15. 下列关于适用法的效力原则的说法中，正确的有（ ）。

A. 上位法优于下位法

B. 特别法优于一般法

C. 新法优于旧法

D. 法律之间对同一事项新的一般规定与旧的特别规定不一致，不能确定如何适用时，由国务院裁决

16. 下列关于适用法的效力原则的表述中，正确的有（ ）。

A. 同一机关制定的新的一般规定与旧的特别规定不一致时，由制定机关裁决

B. 法律之间对同一事项新的一般规定与旧的特别规定不一致，不能确定如何适用时，由全国人民代表大会常务委员会裁决

C. 地方性法规与部门规章之间对同一事项的规定不一致，不能确定如何适用时，直接提请全国人民代表大会常务委员会裁决

D. 部门规章与地方政府规章之间对同一事项的规定不一致时，由国务院裁决

17. 下列关于法律部门和法律体系的说法中，正确的有（ ）。

A. 法律部门又称部门法，是指根据一定标准和原则所划定的同类法律法规的总称

B. 法律部门划分的标准首先是法律调整的对象，即法律调整的社会关系

C. 法律部门划分的标准其次是法律调整的方法

D. 一个国家现行的法律规范分类组合为若干法律部门，由这些法律部门组成的具有内在联系的、互相协调的统一整体即法律体系

18. 下列属于我国现行法律体系的有（　　）。

A. 宪法及宪法相关法律部门

B. 民商法法律部门

C. 行政法法律部门

D. 刑法法律部门

三、判断题

1. 狭义的法律专指拥有立法权的国家机关（国家立法机关）依照法定权限和程序制定颁布的规范性文件。（　　）

2. 法是由国家制定或认可，以权利义务为主要内容，由国家强制力保证实施的社会行为规范及其相应的规范性文件的总称。（　　）

3. 法律只调整社会中的权利关系。（　　）

4. 法是明确而普遍适用的规范，具有公开性和普遍约束性。（　　）

5. 法是确定人们在社会关系中的权利和义务的行为规范，具有规范性。（　　）

6. 法是被统治阶级的国家意志的体现。（　　）

7. 法是由统治阶级的物质生活条件决定的，是社会客观需要的反映。（　　）

8. 法律关系由法律关系的主体、法律关系的内容和法律关系的客体三个要素构成，只要有任意一个就可以构成法律关系。（　　）

9. 任何一个法律关系至少要有两个主体，因为最少要有两个主体，才能在它们之间形成权利和义务内容的法律关系。（　　）

10. 法律关系的主体只包括法人，不包括公民（自然人）。（　　）

11. 荣誉称号属于法律关系的客体。（　　）

12. 国家不能成为法律关系的主体。（　　）

13. 法律关系的发生、变更和消灭，都必须以一定的法律事实为依据。（　　）

14. 纳税人履行纳税义务，既可以作为法律关系的内容，也可以作为法律关系的客体。（　　）

15. 法律事件不以当事人的主观意志为转移。（　　）

16. 行政法规的效力高于法律。（　　）

17. 法律是由全国人民代表大会及其常务委员会制定的。（　　）

18. 特别法优于一般法，新法优于旧法。（　　）

19. 一个国家现行的法律规范分类组合为若干法律部门，由这些法律部门组成的具有内在联系的、互相协调的统一整体即法律体系。（　　）

20. 根据授权制定的法规与法律不一致，不能确定如何适用时，由全国人民代表大会裁决。（　　）

第2节　经济纠纷的解决途径

一、经济纠纷的概念

经济纠纷是指市场经济主体之间因经济权利和经济义务的矛盾而引起的权益争议，包括平等主体之间涉及经济内容的纠纷，以及公民、法人或者其他组织作为行政管理相对人与行政机关之间因行政管理所发生的涉及经济内容的纠纷。

二、经济纠纷的解决途径

解决经济纠纷的途径和方式主要有仲裁、民事诉讼、行政复议和行政诉讼。

（一）仲裁

1. 仲裁的概念和特征

仲裁是指由经济纠纷的各方当事人共同选定仲裁机构，对纠纷依法定程序做出具有约束力的裁决的活动。

仲裁具有三个要素或者特征：（1）仲裁以双方当事人自愿协商为基础。（2）仲裁由双方当事人自愿选择的中立第三者（仲裁机构）进行裁判。（3）仲裁裁决对双方当事人都具有约束力。

2. 仲裁的适用范围

平等主体的公民、法人和其他组织之间发生的合同纠纷和其他财产权益纠纷，可以仲裁。

下列纠纷不能提请仲裁：（1）婚姻、收养、监护、扶养、继承纠纷；（2）依法应当由行政机关处理的行政争议。

下列仲裁不适用《仲裁法》，不属于《仲裁法》所规定的仲裁范围，而应由别的法律予以调整：（1）劳动争议的仲裁；（2）农业集体经济组织内部的农业承包合同纠纷的仲裁。

3. 仲裁的基本原则

（1）自愿原则。当事人采用仲裁方式解决纠纷，应当双方自愿，达成仲裁协议。没有仲裁协议，一方申请仲裁的，仲裁委员会不予受理。

（2）合理地解决纠纷原则。依据事实和法律，公平合理地解决纠纷。

（3）独立仲裁原则。仲裁机构不依附于任何机关而独立存在，仲裁依法独立进行，不受任何行政机关、社会团体和个人的干涉。

（4）一裁终局原则。仲裁庭做出的仲裁裁决为终局裁决，仲裁裁决做出后，当事人就同一纠纷再申请仲裁或向人民法院起诉的，仲裁委员会或者人民法院不予受理。

4. 仲裁机构

仲裁委员会是有权对当事人提交的经济纠纷进行审理和裁决的机构。仲裁委员会可以在直辖市和省、自治区人民政府所在地的市设立，也可以根据需要在其他设区的市设立，不按行政区划层层设立。仲裁委员会独立于行政机关，与行政机关没有隶属关系。仲裁委员会之间也没有隶属关系。

5. 仲裁协议

仲裁协议是指双方当事人自愿把他们之间可能发生或者已经发生的经济纠纷提交仲裁机构裁决的书面约定。

（1）书面形式。仲裁协议应当以书面形式订立，口头达成仲裁的意思表示无效。

（2）应具备的内容。仲裁协议应具备的内容主要包括：

①请求仲裁的意思表示。

②仲裁事项。

③选定的仲裁委员会。

（3）仲裁协议的独立性。仲裁协议独立存在，合同的变更、解除、终止或者无效，不影响仲裁协议的效力。

（4）有效的仲裁协议。当事人达成仲裁协议，一方向人民法院起诉时未声明有仲裁协议的，人民法院受理后，另一方在人民法院首次开庭前提交仲裁协议的，人民法院应当驳回起诉，但仲裁协议无效的除外。另一方在首次开庭前未对人民法院受理该案提出异议的，视为放弃仲裁协议，人民法院应当继续审理。

（5）对仲裁协议的效力存在异议。当事人对仲裁协议的效力有异议时，可以请求仲裁委员会做出决定或者请求人民法院做出裁定。一方请求仲裁委员会做出决定，另一方请求人民法院做出裁定的，由人民法院裁定。若当事人对仲裁协议的效力有异议，应当在仲裁庭首次开庭前提出。

（6）无效的仲裁协议。仲裁协议对仲裁事项或者仲裁委员会没有约定或者约定不明确的，当事人可以补充协议，达不成补充协议的，仲裁协议无效。

6. 仲裁程序

（1）仲裁委员会的选定。仲裁不实行级别管辖和地域管辖，仲裁委员会由当事人协议选定。仲裁协议对仲裁事项或者仲裁委员会没有约定或者约定不明确的，当事人可以补充协议，达不成补充协议的，仲裁协议无效。

（2）仲裁庭的组成。

①当事人约定由3名仲裁员组成仲裁庭的，应当各自选定或者各自委托仲裁委员会主任指定1名仲裁员，第3名仲裁员由当事人共同选定或者共同委托仲裁委员会主任指定。第3名仲裁员是首席仲裁员。

②当事人约定由1名仲裁员成立仲裁庭的，应当由当事人共同选定或者共同委托仲裁委员会主任指定。

③当事人没有在仲裁规则规定的期限内约定仲裁庭的组成方式或者选定仲裁员的，由仲裁委员会主任指定。仲裁庭组成后，仲裁委员会应当将仲裁庭的组成情况书面通知当事人。

（3）仲裁员的回避。仲裁员有下列情形之一的，必须回避，当事人也有权提出回避申请：

①是本案当事人或者当事人、代理人的近亲属。

②与本案有利害关系。

③与本案当事人、代理人有其他关系，可能影响公正仲裁的。

④私自会见当事人、代理人，或者接受当事人、代理人的请客送礼的。

（4）开庭。仲裁应当开庭进行。当事人协议不开庭的，仲裁庭可以根据仲裁申请书、答辩书以及其他材料做出裁决。

提示

仲裁不公开进行。当事人协议公开的，可以公开进行，但涉及国家秘密的除外。

（5）仲裁和解。

①申请仲裁后，当事人可以自行和解。

②达成和解协议的，可以请求仲裁庭根据和解协议做出裁决书，也可以撤回仲裁申请。

③当事人达成和解协议，撤回仲裁申请后又反悔的，可以根据仲裁协议再次申请仲裁。

（6）仲裁调解。

①仲裁庭在做出裁决前，可以先行调解。当事人自愿调解的，仲裁庭应当调解。调解不成的，仲裁庭应当及时做出裁决。

②调解达成协议的，仲裁庭应当制作调解书或者根据协议的结果制作裁决书，调解书与裁决书具有同等的法律效力。

③调解书经双方当事人签收后，即发生法律效力。在调解书签收前当事人反悔的，仲裁庭应当及时做出裁决。

（7）仲裁裁决。

①仲裁裁决应当按照多数仲裁员的意见做出。仲裁庭不能形成多数意见时，裁决应当按照首席仲裁员的意见做出。

②裁决书自做出之日起发生法律效力，而不是签收或送达之日。

（8）强制执行。当事人应当履行裁决。一方当事人不履行仲裁裁决的，另一方当事人可以依法向人民法院申请强制执行。

【例题5·判断】经济纠纷案件当事人只能向纠纷发生地仲裁机构提请仲裁。（ ）

【答案】×

【例题6·判断】当事人对仲裁协议的效力有异议的，可以请求仲裁委员会做出决定或者请求人民法院做出裁定。（ ）

【答案】√

【例题7·多选】根据《仲裁法》的规定，下列关于一裁终局原则的表述中，正确的有（ ）。

A. 仲裁裁决做出后，当事人就同一纠纷向人民法院起诉的，人民法院不予受理

B. 仲裁裁决做出后，当事人可就同一纠纷向原仲裁委员会申请复议

C. 仲裁裁决做出后，当事人可就同一纠纷向司法行政机关申请复议

D. 仲裁裁决做出后，当事人就同一纠纷再申请仲裁的，仲裁委员会不予受理

【答案】AD

（二）民事诉讼

1. 民事诉讼的适用范围

公民之间、法人之间、其他组织之间以及他们相互之间因财产关系和人身关系发生纠纷，可以提起民事诉讼。

2. 审判制度

（1）合议制度。是我国民事诉讼法的基本法律制度，指由三个或三个以上（须是单数）的审判人员组成合议庭，对民事案件进行审判的制度。按照民事诉讼法的规定，人民法院审理第一审民事案件，由审判员、陪审员共同组成合议庭或者由审判员组成合议庭进行审理。人民法院审理第二审民事案件，由审判员组成合议庭进行审理。发回重审的民事案件，由原审人民法院重新组成合议庭进行审理。依照法律规

定，简单民事案件可以由审判员一人独任审理。

（2）回避制度。是指审判人员和其他法定人员在遇有法律规定的情形时，退出对本案审理的制度。回避制度是为了保证案件获得公正审判而设立的一项制度。根据法律规定，回避的人员包括审判人员、书记员、翻译人员、鉴定人和勘验人等。

审判人员具有法定情形，必须回避，不参与案件审理。所谓法定情形，是指法律规定禁止审判人员参加对案件审理的情形，包括三种：①是本案的当事人或者当事人、诉讼代理人的近亲属。②与本案有利害关系。③与本案当事人有其他关系，可能影响对案件公正审理的。

（3）公开审判制度。

①人民法院审理民事诉讼案件，除涉及国家秘密、个人隐私或者法律另有规定，应当公开进行。

提示

离婚案件和涉及商业秘密的案件，当事人申请不公开审理的，可以不公开审理。

②公开审判包括审判过程公开和审判结果公开两项内容，不论案件是否公开审理，一律公开宣告审判结果。

（4）两审终审制度。当事人不服人民法院第一审判决的，有权在判决书送达之日起15日内向上一级人民法院提起上诉。否则，第一审判决发生法律效力。

两审终审制度的例外情况是：

①适用特别程序、督促程序、公示催告程序和简易程序中的小额诉讼程序审理的案件，实行一审终审。

②最高人民法院所做的一审判决、裁定为终审判决、裁定。

3. 诉讼管辖

诉讼管辖最常见的分类是分为级别管辖和地域管辖。

（1）级别管辖。级别管辖是根据案件性质、案情繁简、影响范围来确定上、下级法院受理第一审案件的分工和权限。大多数民事案件均归基层人民法院管辖。

（2）地域管辖。地域管辖是按照地域标准，即按照人民法院的辖区和民事案件的隶属关系，确定同级人民法院之间受理第一审民事案件的分工和权限。地域管辖又分为一般地域管辖、特殊地域管辖、专属管辖和协议管辖等。

①一般地域管辖通常实行原告就被告原则，即民事诉讼由被告所在地人民法院管辖。实行原告就被告原则有利于人民法院调查、核实证据，迅速查明案情，正确处理民事纠纷；有利于传唤被告出庭应诉；有利于采取财产保全和先予执行措施，如果被告败诉，还有利于执行；同时，还可以防止原告滥用诉权，给被告造成不应有的损失。

②特殊地域管辖的适用情形包括：

a. 因合同纠纷提起的诉讼，由被告住所地或者合同履行地的人民法院管辖。

b. 因保险合同纠纷提起的诉讼，由被告住所地或者保险标的物所在地的人民法院管辖。因财产保险合同纠纷提起的诉讼，如果保险标的物是运输工具或者运输中的货物，可以由运输工具登记注册地、运输目的地、保险事故发生地的人民法院管辖。因人身保险合同纠纷提起的诉讼，可以由被保险人住所地的人民法院管辖。

c. 因票据纠纷提起的诉讼，由票据支付地或者被告住所地的人民法院管辖。

d. 因侵权行为提起的诉讼，由侵权行为地（包括侵权行为实施地、侵权结果发生地）或者被告住所地的人民法院管辖。

e. 因公司设立、确认股东资格、分配利润、解散等纠纷提起的诉讼，由公司住所地人民法院管辖。

f. 因铁路、公路、水上和航空事故请求损害赔偿提起的诉讼，由事故发生地或者车辆和船舶最先到达地、航空器最先降落地或者被告住所地人民法院管辖。

g. 因铁路、公路、水上、航空运输和联合运输合同纠纷提起的诉讼，由运输始发地、目的地或者被告住所地人民法院管辖。

提示

两个以上人民法院都有管辖权的诉讼，原告可以向其中一个人民法院起诉。原告向两个以上有管辖权的人民法院起诉的，由最先立案的人民法院管辖。

③专属管辖。专属管辖的适用情形具体包括：

a. 因不动产纠纷提起的诉讼，由不动产所在地人民法院管辖。

b. 因港口作业中发生纠纷提起的诉讼，由港口所在地人民法院管辖。

c. 因继承遗产纠纷提起的诉讼，由被继承人死亡时住所地或者主要遗产所在地人民法院管辖。

④协议管辖。合同或者其他财产权益纠纷的当事人可以通过书面协议选择被告住所地、合同履行地、合同签订地、原告住所地、标的物所在地等与争议有实际联系的地点的人民法院管辖，但不得违反《民事诉讼法》对级别管辖和专属管辖的规定。

【例题8·单选】甲乙双方在合同中，针对收益分配问题约定了仲裁条款，但该合同违反了法律的相关规定。后双方在合作中因收益分配问题发生纠纷，则下列表述中正确的是（　　）。

A. 可以申请仲裁，但双方必须重新签订仲裁协议

B. 可以申请仲裁，因为仲裁条款的效力具有独立性

C. 不能申请仲裁，因为该合同违反法律规定，是无效的

D. 不能申请仲裁，因为法院享有对该纠纷的管辖权

【答案】B

4. 诉讼时效

（1）诉讼时效的相关概念。诉讼时效是指权利人在法定期间内不行使权利而失去诉讼保护的制度。诉讼时效期间是指权利人请求人民法院或仲裁机关保护其民事权利的法定期间。

（2）有关诉讼时效期间的具体规定。诉讼时效期间主要有两种：

①普通诉讼时效期间。向人民法院请求保护民事权利的诉讼时效期间为 3 年。法律另有规定的，依照其规定。

②最长诉讼时效期间。诉讼时效期间自权利人知道或者应当知道权利受到损害以及义务人之日起计算。法律另有规定的，依照其规定。但是自权利受到损害之日起超过 20 年的，人民法院不予保护。有特殊情况的，人民法院可以根据权利人的申请决定延长。

（3）诉讼时效期间的中止。

诉讼时效的中止是指在诉讼时效进行中，因一定的法定事由产生而使权利人无法行使请求权，暂停计算诉讼时效期间。《民法通则》第 139 条规定："在诉讼时效期间的最后六个月内，因不可抗拒力或者其他障碍不能行使请求权的，诉讼时效中止。"诉讼时效中止有以下条件：①诉讼时效的中止必须是因法定事由而发生。这些法定事由包括两大类：一是不可抗力，如自然灾害、军事行动等，都是当事人无法预见和克服的客观情况；二是其他阻碍权利人行使请求权的情况。②法定事由发生在诉讼时效期间的最后 6 个月内，开始产生中止诉讼时效的效力。③诉讼时效中止之前已经经过的期间与中止时效的事由消失之后继续进行的期间合并计算，中止的时间过程则不计入时效期间，为此，民法把时效中止视为诉讼时效完成的暂时性阻碍。

（4）诉讼时效期间的中断。

诉讼时效的中断是指在诉讼时效进行中，因发生一定的法定事由，致使已经经过的时效期间统归无效，待时效中断的事由消除后，诉讼时效期间重新起算。诉讼时效中断的法定事由有以下三种：①权利人提起诉讼。②权利人在诉讼外向义务人提出权利要求。③义务人向权利人表示同意履行义务。

（5）诉讼时效中止与中断的区别。

诉讼时效中止与中断的区别：①发生诉讼时效中止的事由是当事人主观意志以外的情况，而发生诉讼时效中断的事由则取决于当事人的主观意志，即当事人行使权利或履行义务的意思表示或行为。②诉讼时效中止只能发生在诉讼时效期间的最后 6 个月内，而诉讼时效中断则可发生在时效进行的整个期间。③诉讼时效中止是时效完成的暂时性障碍，中止前已经过的时效期间仍然有效，待中止事由消除后时效继续进行；而诉讼时效中断则是时效完成的根本性障碍，中断以前已经过的时效期间归于无效，中断以后重新起算，故中断前后实际上是两个诉讼时效。

（6）不适用诉讼时效的情形。

不适用诉讼时效的情形主要包括：①请求停止侵害、排除妨碍、消除危险；②不动产物权和登记的动产物权的权利人请求返还财产；③请求支付抚养费、赡养费或者扶养费；④依法不适用诉讼时效的其他请求权。

5. 判决和执行

人民法院审理民事案件，根据当事人自愿的原则，在事实清楚的基础上，分清是非，进行调解。适用特别程序、督促程序、公示催告程序的案件，婚姻等身份关系确认案件以及其他根据案件性质不能调解的案件，不得调解。当事人不服地方人民法院第一审判决的，有权在判决书送达之日起 15 日内向上一级法院提起上诉。最高人民法院的一审判决，以及依法不准上诉或者超过上诉期没有上诉的一审判决，是发生法律效力的判决。第二审法院的判决是终审的判决，也就是发生法律效力的判决。

发生法律效力的民事判决、裁定，调解书和其他应当由人民法院执行的法律文书，当事人必须履行。

（三）行政复议

公民、法人或者其他组织认为行政机关的具体行政行为侵犯其合法权益的，可以申请行政复议。

1. 行政复议的适用范围

（1）公民、法人或者其他组织认为行政机关的具体行政行为侵犯其合法权益，符合《行政复议法》规定范围的，可以申请行政复议。当事人对行政机关的具体行政行为不服，可以申请行政复议，具体内容包括：

①对行政机关作出的警告、罚款、没收违法所得、没收非法财物、责令停产停业、暂扣或者吊销许可证、暂扣或者吊销执照、行政拘留等行政处罚决定不服的。

②对行政机关作出的限制人身自由或者查封、扣押、冻结财产等行政强制措施决定不服的。

③对行政机关作出的有关许可证、执照、资质证、资格证等证书变更、中止、撤销的决定不服的。

④对行政机关作出的关于确认土地、矿藏、水流、森林、山岭、草原、荒地、滩涂、海域等自然资源的所有权或者使用权的决定不服的。

⑤认为行政机关侵犯其合法的经营自主权的。

⑥认为行政机关变更或者废止农业承包合同，侵犯其合法权益的。

⑦认为行政机关违法集资、征收财物、摊派费用或者违法要求履行其他义务的。

⑧认为符合法定条件，申请行政机关颁发许可证、执照、资质证、资格证等证书，或者申请行政机关审批、登记有关事项，行政机关没有依法办理的。

⑨申请行政机关履行保护人身权利、财产权利、受教育权利的法定职责，行政机关没有依法履行的。

⑩依法发放抚恤金、社会保险金或者最低生活保障费，行政机关没有依法发放的。

⑪认为行政机关的其他具体行政行为侵犯其合法权益的。

（2）行政复议的排除事项。

①当事人不服行政机关作出的行政处分或者其他人事处理决定时，不能提起行政复议。

②当事人不服行政机关对民事纠纷的调解或其他处理，可以依法申请仲裁或者向人民法院提起民事诉讼，但不能提起行政复议。

提示

（1）不服行政机关作出的行政处分（警告、记过、记大过、降级、撤职、开除）

或者其他人事处理决定，对于内部矛盾，当事人可以申诉，但不能申请行政复议；（2）不服行政机关作出的行政处罚（警告、罚款、没收违法所得、没收非法财物、责令停产停业、暂扣或吊销许可证、暂扣或者吊销执照、行政拘留），对于外部矛盾，当事人可以申请行政复议。

2. 行政复议的申请和受理

公民、法人或者其他组织认为具体行政行为侵犯其合法权益的，可以自知道该具体行政行为之日起 60 日内提出行政复议申请。但是法律规定的申请期限超过 60 日的除外。

申请人申请行政复议，可以书面申请，也可以口头申请。行政复议机关受理行政复议申请，不得向申请人收取任何费用。

行政复议期间具体行政行为不停止执行。但是，有下列情形之一的，可以停止执行：

（1）被申请人认为需要停止执行的。

（2）行政复议机关认为需要停止执行的。

（3）申请人申请停止执行，行政复议机关认为其要求合理，决定停止执行的。

（4）法律规定停止执行的。

3. 行政复议参加人和行政复议机关

行政复议参加人包括申请人、被申请人和第三人。

履行行政复议职责的行政机关是行政复议机关。行政复议机关负责法制工作的机构具体办理行政复议事项，称为行政复议机构。

4. 行政复议决定

行政复议原则上采取书面审查的方法，但是申请人提出要求或者行政复议机关负责法制工作的机构认为有必要时，可以向有关组织和人员调查情况，听取申请人、被申请人和第三人的意见。行政复议的举证责任，由被申请人承担。

行政复议机关应当自受理申请之日起 60 日内做出行政复议决定。但是法律规定的行政复议期限少于 60 日的除外。情况复杂，不能在规定期限内做出行政复议决定的，经行政复议机关的负责人批准，可以适当延长，并告知申请人和被申请人，但延长期限最多不得超过 30 日。

行政复议机关责令被申请人重新做出具体行政行为的，被申请人不得以同一事实和理由做出与原具体行政行为相同或者基本相同的具体行政行为。行政复议决定书一经送达，即发生法律效力。

（四）行政诉讼

1. 行政诉讼的适用范围

公民、法人或者其他组织认为行政机关和行政机关工作人员的行政行为侵犯其合法权益的，有权向法院提起行政诉讼。

提示

法院不受理当事人对下列事项提起的行政诉讼：（1）国防、外交等国家行为。（2）行政法规、规章或者行政机关制定、发布的具有普遍约束力的决定、命令。（3）行政机关对行政机关工作人员的奖惩、任免等决定。（4）法律规定由行政机关最终裁决的具体行政行为。

2. 诉讼管辖

（1）级别管辖。中级人民法院管辖下列第一审行政案件：

①确认发明专利权的案件、海关处理的案件。

②对国务院各部门或者省、自治区、直辖市人民政府所做的具体行政行为提起诉讼的案件。

③本辖区内重大、复杂的案件。

（2）地域管辖。

①行政案件由最初做出具体行政行为的行政机关所在地人民法院管辖。

②经复议的案件，复议机关改变原具体行政行为的，也可以由复议机关所在地人民法院管辖。

③对限制人身自由的行政强制措施不服提起的诉讼，由被告所在地或者原告所在地人民法院管辖。

④因不动产提起的行政诉讼，由不动产所在地人民法院管辖。

3. 起诉和受理

（1）对属于人民法院受案范围的行政案件，公民、法人或者其他组织可以先向上一级行政机关或者法律、法规规定的行政机关申请复议，对复议不服的，再向人民法院提起诉讼。也可以直接向人民法院提起诉讼。

（2）法律、法规规定应当先向行政机关申请复议，对复议不服再向人民法院提起诉讼的，应当先申请行政复议。

①公民、法人或者其他组织先申请行政复议，不服行政复议决定的，可以在收到复议决定书之日起15日内向人民法院提起诉讼。

②复议机关逾期不做决定的，申请人可以在复议期满之日起15日内向人民法院提起诉讼。法律另有规定的除外。

（3）公民、法人或者其他组织直接向人民法院提起诉讼的，应当在知道做出具体行政行为之日起6个月内提出。法律另有规定的除外。

（4）公民、法人或者其他组织因不可抗力或者其他特殊情况耽误法定期限的，在障碍消除后的10日内，可以申请延长期限，由人民法院决定。

（5）人民法院接到起诉状，经审查，应当在7日内决定立案或者做出裁定不予受理。原告对裁定不服的，可以提起上诉。

【例题9·多选】根据《行政诉讼法》的规定，下列各项中，当事人可以提起行政诉讼的案件有（　　）。

A. 国防、外交等国家行为

B. 认为行政机关侵犯其财产权的

C. 认为行政机关违法要求履行义务的

D. 法律规定由行政机关最终裁决的具体行政行为

【答案】 BC

【例题10·多选】 根据税收征收管理法律制度的规定，纳税人对税务机关的下列行政行为不服时，可以申请行政复议的有（　　）。

A. 罚款　　B. 确认适用税率

C. 加收滞纳金　　D. 依法制定税收优惠政策

【答案】 ABC

第2节习题

一、单项选择题

1. 下列各项中，不属于仲裁要素或特征的是（　　）。

A. 仲裁以双方当事人自愿协商为基础

B. 仲裁由双方当事人自愿选择的中立第三者（仲裁机构）进行裁判

C. 仲裁裁决对双方当事人都具有约束力

D. 仲裁裁决只对其中一方当事人具有约束力

2. 下列各项纠纷中，可以提请仲裁的是（　　）。

A. 甲企业与乙企业的合同纠纷

B. 婚姻纠纷

C. 扶养纠纷

D. 继承纠纷

3. 下列各项中，不属于《仲裁法》所规定的仲裁范围的是（　　）。

A. 技术合同纠纷

B. 买卖合同纠纷

C. 劳动争议的仲裁

D. 著作权合同纠纷

4. 下列各项中，符合我国《仲裁法》规定的是（　　）。

A. 仲裁不实行自愿原则

B. 仲裁一律公开进行

C. 仲裁实行一裁终局原则

D. 仲裁实行级别管辖和地域管辖

5. 下列关于仲裁审理的表述中，不符合仲裁法律制度规定的是（　　）。

A. 除当事人协议外，仲裁开庭进行

B. 仲裁员不实行回避制度

C. 当事人可以自行和解

D. 仲裁庭可以进行调解

6. 根据案件性质、案情繁简、影响范围来确定上下级法院受理第一审案件的分工和权限。这种管辖属于（　　）。

A. 级别管辖　　B. 地域管辖

C. 选择管辖　　D. 共同管辖

7. 下列不属于诉讼时效中断的是（　　）。

A. 法定代理人死亡

B. 权利人提起诉讼

C. 权利人向义务人提出履行请求

D. 义务人同意履行

8. 下列各项中，关于诉讼时效期间的相关规定错误的是（　　）。

A. 向人民法院请求保护民事权利的普通诉讼时效期间为3年；法律另有规定的，依照其规定

B. 自权利受到损害之日起超过15年的，人民法院不予保护；有特殊情况的，人民法院可以根据权利人的申请决定延长

C. 最长诉讼时效期间是从自权利人知道或者应当知道权利受到损害以及义务人之日起计算

D. 自权利受到损害之日起超过20年的，人民法院不予保护；有特殊情况的，人民法院可以根据权利人的申请决定延长

9. 根据民事法律制度的规定，下列各项中可导致诉讼时效中止的情形是（ ）。

A. 当事人提起诉讼

B. 当事人同意履行义务

C. 在诉讼时效期间的最后6个月内，因不可抗力或者其他障碍，致使权利人不能行使请求权的

D. 当事人一方提出要求

10. 根据《民事诉讼法》的规定，下列关于审判制度的表述中，不正确的是（ ）。

A. 人民法院审理第二审民事案件，由审判员、陪审员共同组成合议庭

B. 当事人不服地方人民法院第一审判决的，有权在判决书送达之日起15日内向上一级法院提起上诉

C. 适用特别程序、督促程序、公示催告程序和简易程序中的小额诉讼程序审理的案件，实行一审终审

D. 公开审判包括审判过程公开和审判结果公开两项内容，不论案件是否公开审理，一律公开宣告判决

11. 2017年9月1日，某行政机关对A公司做出责令停产停业的决定，并于当日以信函方式寄出，A公司于9月5日收到该信函。根据规定，A公司如对行政机关的决定不服，提出行政复议申请的时间是（ ）。

A. 9月1日至9月30日

B. 9月1日至10月30日

C. 9月5日至10月4日

D. 9月5日至11月4日

12. 下列各项中，不属于行政复议参加人的是（ ）。

A. 行政复议机关　　B. 申请人

C. 被申请人　　D. 第三人

13. 下列各项中，关于行政复议说法错误的是（ ）。

A. 履行行政复议职责的行政机关是行政复议机关

B. 行政复议的举证责任，由被申请人承担

C. 行政复议机关应当自受理申请之日起30日内做出行政复议决定；但是法律规定的行政复议期限少于30日的除外

D. 行政复议机关责令被申请人重新做出具体行政行为的，被申请人不得以同一事实和理由做出与原具体行政行为相同或者基本相同的具体行政行为

14. 根据《行政复议法》，行政复议决定书发生法律效力的时间是（ ）。

A. 该决定书做出之日

B. 该决定书送达之日

C. 该决定书做出之日起第7日

D. 该决定书送达之日起第15日

15. 行政复议机关应当自受理申请之日起60日内做出行政复议决定。情况复杂，不能在规定期限内做出行政复议决定的，经行政复议机关的负责人批准，可以适当延长，并告知申请人和被申请人，但延长期限最多不得超过（ ）日。

A. 15　　B. 30

C. 45　　D. 60

16. 适用于解决行政机关与行政管理相对人因具体的行政行为发生的争议的是（ ）。

A. 仲裁和民事诉讼

B. 仲裁和行政复议

C. 行政复议和民事诉讼

D. 行政复议和行政诉讼

17. 公民、法人或者其他组织直接向人民法院提起诉讼的，应当自知道或者应当知道做出行政行为之日起（ ）个月内提出。

A. 1　　B. 3

C. 6　　D. 9

18. 下列案件中，第一审由基层人民法院管辖的是（ ）。

A. 海关处理的案件

B. 认为民政局没有依法发给抚恤金的案件

C. 对市政府所做停业责令不服的案件

D. 对国务院税收主管部门发布的新政策有异议的案件

19. 根据行政诉讼法律制度的规定，公民对

下列事项提起行政诉讼，人民法院不予受理的是（　　）。

A. 赵某对卫生行政主管部门吊销其卫生许可证的行政处罚不服

B. 李某认为税务机关违法要求其履行纳税义务

C. 张某对公安机关做出的罚款处罚不服

D. 王某对其任职的财政部门给予的任免决定不服

20. 根据行政诉讼法律制度的规定，海关处理的第一审行政案件应当由（　　）管辖。

A. 基层人民法院

B. 中级人民法院

C. 高级人民法院

D. 最高人民法院

二、多项选择题

1. 下列各项中，属于解决经济纠纷的途径和方式的有（　　）。

A. 仲裁　　B. 民事诉讼

C. 行政复议　　D. 行政诉讼

2. 下列选项中，不适用于解决平等民事主体当事人之间纠纷的是（　　）。

A. 仲裁　　B. 民事诉讼

C. 行政复议　　D. 行政诉讼

3. 下列纠纷中，不适用《仲裁法》解决的有（　　）。

A. 甲乙之间的土地承包合同纠纷

B. 甲乙之间的货物买卖合同纠纷

C. 甲乙之间的遗产继承纠纷

D. 甲乙之间的劳动争议纠纷

4. 下列各项中，属于仲裁的基本原则的是（　　）。

A. 自愿原则

B. 独立仲裁原则

C. 一裁终局原则

D. 依据事实和法律，公平合理地解决纠纷的原则

5. 下列关于仲裁的表述中，符合仲裁法律制度规定的是（　　）。

A. 仲裁委员会是有权对当事人提交的经济纠纷进行审理和裁决的机构

B. 仲裁协议一经依法成立，即具有法律约束力

C. 仲裁协议独立存在，合同的变更、解除、终止或者无效，不影响仲裁协议的效力

D. 仲裁不实行级别管辖和地域管辖

6. 下列各项中，属于民事诉讼审判制度的有（　　）。

A. 合议制度　　B. 公开审判制度

C. 一审终审制度　　D. 回避制度

7. 地域管辖是按照地域标准，也即按照人民法院的辖区和民事案件的隶属关系，确定同级人民法院之间受理第一审民事案件的分工和权限，可以分为（　　）。

A. 一般地域管辖　　B. 特殊地域管辖

C. 专属管辖　　D. 级别管辖

8. 下列关于诉讼时效的表述中，正确的有（　　）。

A. 普通诉讼时效期间自权利人知道或者应当知道权利受到损害以及义务人之日起计算

B. 普通诉讼时效期间自权利被侵害之日起计算

C. 提起诉讼是诉讼时效期间中断的事由

D. 只有在诉讼时效期间最后6个月内才可能中止诉讼时效

9. 下列各项中，关于民事诉讼判决和执行说法正确的是（　　）。

A. 人民法院审理民事案件，根据当事人自愿的原则，在事实清楚的基础上，分清是非，进行调解

B. 适用特别程序、督促程序、公示催告程序的案件，婚姻等身份关系确认案件以及其他根据案件性质不能调解的案件，不得调解

C. 当事人不服地方人民法院第一审判决的，有权在判决书送达之日起15日内向上一级法院提起上诉

D. 第二审法院的判决是终审的判决，也就是发生法律效力的判决

10. 下列案件中，适用《民事诉讼法》的有（　　）。

A. 公民名誉权纠纷案件
B. 企业与银行因票据纠纷提起诉讼的案件
C. 纳税人与税务机关因税收征纳争议提起诉讼的案件
D. 劳动者与用人单位因劳动合同纠纷提起诉讼的案件

11. 个体工商户曾某对B市工商局撤销其营业执照的处罚决定不服，拟提起行政复议，下列选项中，说法正确的有（　　）。
A. 曾某既可以提出书面申请，也可以口头提出申请
B. 行政复议的举证责任应该由曾某承担
C. 行政复议机关受理曾某的行政复议申请后，应该向曾某收取一定的手续费用
D. 除法律有特别规定外，曾某应该自知道撤销营业执照决定之日起60日内提出行政复议申请

12. 下列有关行政复议的表述中，符合规定的有（　　）。
A. 不服行政机关对民事纠纷做出的调解，不能申请行政复议
B. 申请行政复议必须采用书面形式
C. 不服行政机关做出的行政处分，可以申请行政复议
D. 行政复议决定书自送达之日起发生法律效力

13. 根据《行政复议法》的规定，下列各项中，不能申请行政复议的有（　　）。
A. 不服行政机关做出的行政处分
B. 不服行政机关做出的人事决定
C. 不服行政机关对民事纠纷做出的调解
D. 不服行政机关做出的收回土地使用权的决定

14. 根据相关规定，行政复议期间具体行政行为不停止执行，可以停止执行的情形包括（　　）。
A. 被申请人认为需要停止执行的
B. 行政复议机关认为需要停止执行的
C. 申请人申请停止执行，行政复议机关认为其要求合理，决定停止执行的
D. 法律规定停止执行的

15. 根据行政复议法律制度的规定，被申请人的下列具体行为中，行政复议机关应当予以撤销、变更或者确认违法的有（　　）。
A. 主要事实不清，证据不足的行政行为
B. 违反法定程序的行政行为
C. 超越或者滥用职权的行政行为
D. 适用依据错误的行政行为

16. 对税务机关做出的下列具体行政行为，申请人可以申请行政复议，也可以直接向人民法院提起行政诉讼的有（　　）。
A. 确认征税范围
B. 停止发售发票
C. 税收保全措施
D. 税收强制执行措施

17. 根据行政诉讼法律制度的规定，下列关于行政诉讼地域管辖的表述中，正确的有（　　）。
A. 经过行政复议的行政诉讼案件，可由行政复议机关所在地人民法院管辖
B. 因不动产提起的行政诉讼案件，由不动产所在地人民法院管辖
C. 对限制人身自由的行政强制措施不服提起的行政诉讼案件，由被告所在地或者原告所在地人民法院管辖
D. 对责令停产停业的行政处罚不服直接提起行政诉讼的案件，由做出该行政行为的行政机关所在地人民法院管辖

18. 根据行政诉讼法律制度的规定，下列纠纷中，属于人民法院行政诉讼受理范围的是（　　）。
A. 对环境保护管理部门做出的罚款决定不服引发的纠纷
B. 对公安机关做出的行政拘留决定不服引发的纠纷
C. 对税务机关采取的阻止纳税人出境措施不服引发的纠纷
D. 对工商行政管理机关做出的任免决定不服引发的纠纷

19. 下列各项中，关于行政复议说法正确的有（　　）。
A. 对属于人民法院受理范围的行政案件，公民、法人或者其他组织可以先向行政机关申请复议，对复议决定不服的，再

向人民法院提起诉讼

B. 属于人民法院受理范围的行政案件，可以直接向人民法院提起诉讼

C. 公民、法人或者其他组织直接向人民法院提起诉讼的，应当自知道或者应当知道做出行政行为之日起6个月内提出

D. 人民法院应公开审理行政案件，但涉及国家秘密、个人隐私和法律另有规定的除外

20. 家住甲地的张某因与家住乙地的王某和家住丙地的赵某打架，被丁地派出所拘留，张某对派出所的拘留措施不服，遂准备提起诉讼，则具有管辖权的法院有（　　）。

A. 甲地人民法院　　B. 乙地人民法院

C. 丙地人民法院　　D. 丁地人民法院

三、判断题

1. 婚姻纠纷可以提请仲裁。（　　）

2. 农业集体经济组织内部的农业承包合同纠纷的仲裁不属于《仲裁法》所规定的仲裁范围。（　　）

3. 仲裁委员会独立于行政机关，与行政机关没有隶属关系，仲裁委员会之间也没有隶属关系。（　　）

4. 仲裁协议包括选定的仲裁委员会的相关内容。（　　）

5. 仲裁协议独立存在，合同的变更、解除、终止或者无效，不影响仲裁协议的效力。（　　）

6. 当事人申请仲裁后，可以自行和解。（　　）

7. 民事诉讼实行两审终审制度。（　　）

8. 地域管辖又分为一般地域管辖、特殊地域管辖和专属管辖。（　　）

9. 在诉讼时效期间的最后3个月内，因不可抗力或者其他障碍，致使权利人不能行使请求权的，诉讼时效期间中止。（　　）

10. 出现法律规定的情形之一的，诉讼时效中断，但从中断、有关程序终结时起，诉讼时效期间并不重新计算。（　　）

11. 发生法律效力的民事判决、裁定，调解书和其他应当由人民法院执行的法律文书，当事人必须履行。（　　）

12. 申请人申请行政复议只能书面申请。（　　）

13. 行政复议机关受理行政复议申请，不得向申请人收取任何费用。（　　）

14. 行政复议的举证责任，由申请人承担。（　　）

15. 行政复议决定书一经送达，即发生法律效力。（　　）

16. 公民、法人或者其他组织认为行政机关和行政机关工作人员的行政行为侵犯其合法权益，有权向法院提起行政诉讼。（　　）

17. 当事人认为审判人员、书记员、翻译人员、鉴定人、勘验人与本案有利害关系或者有其他关系可能影响公正审判，有权申请上述人员回避。（　　）

18. 公民、法人或者其他组织直接向人民法院提起诉讼的，应当自知道或者应当知道做出行政行为之日起1个月内提出。（　　）

19. 当事人不服人民法院第一审判决的，有权在判决书送达之日起10日内向上一级人民法院提起上诉。（　　）

20. 当事人不服人民法院第一审裁定的，有权在裁定书送达之日起15日内向上一级人民法院提起上诉。（　　）

第3节　法律责任

一、法律责任的概念

法律责任是指法律关系主体由于违反法定的义务而应承受的不利的法律后果。

二、法律责任的种类

（一）民事责任

民事责任是指由于民事违法、违约行为或根据法律规定所应承担的不利民事法律后果。承担民事责任的方式主要有：停止侵害、排除妨碍、消除危险、返还财产、恢复原状、修理、重作、更换、继续履行、赔偿损失、支付违约金、消除影响、恢复名誉、赔礼道歉。

（二）行政责任

行政责任是指违反法律法规规定的单位和个人所应承受的由国家行政机关或国家授权单位对其依行政程序给予的制裁。行政责任包括行政处罚和行政处分。

1. 行政处罚

行政处罚的种类有：警告、罚款、没收违法所得、没收非法财物、责令停产停业、暂扣或者吊销许可证、暂扣或者吊销执照、行政拘留，以及法律、行政法规规定的其他行政处罚。

2. 行政处分

行政处分的种类有：警告、记过、记大过、降级、撤职、开除。

（三）刑事责任

刑事责任是指犯罪人因实施犯罪行为所应承受的由国家审判机关（法院）依照刑事法律给予的制裁后果。

1. 主刑

（1）管制。3 个月以上 2 年以下，数罪并罚时最高是 3 年。

（2）拘役。1 个月以上 6 个月以下，数罪并罚时最高是 1 年。

（3）有期徒刑。6 个月以上 15 年以下，数罪并罚时总和刑期不满 35 年的，最高不能超过 20 年；总和刑期在 35 年以上的，最高不能超过 25 年。

（4）无期徒刑。

（5）死刑。

2. 附加刑

附加刑包括：罚金、剥夺政治权利、没收财产、驱逐出境。

第2章 Chapter 2 会计法律制度

基本要求

1. 了解会计法律制度的构成
2. 熟悉会计工作管理体制
3. 熟悉会计档案管理
4. 熟悉内部控制制度
5. 熟悉会计机构的设置
6. 掌握会计核算的要求
7. 掌握会计工作交接的要求
8. 掌握会计违法行为的法律责任

第1节 会计法律制度

一、会计法律制度的概念和意义

会计法律制度是指国家权力机关和行政机关制定的，用以调整会计关系的各种法律、法规、规章和规范性文件的总称。

会计关系是指会计机构和会计人员在办理会计事务过程中以及国家在管理会计工作过程中发生的各种经济关系。

关于会计法律制度的立法宗旨，《中华人民共和国会计法》（以下简称《会计法》）第一条指出：

为了规范会计行为，保证会计资料真实、完整，加强经济管理和财务管理，提高经济效益，维护社会主义市场经济秩序，制定本法。

这是《会计法》的立法宗旨，通常也作为会计法律制度的立法宗旨。《会计法》

是调整会计法律关系的基本法，是各单位处理会计事务必须遵循的行为规范，由国家权力机关制定，以国家强制力保障其实施。会计法律制度的意义有如下几点：

1. 规范会计行为，保证会计资料真实、完整

会计行为是指以会计核算和会计监督为主要内容的会计管理活动。会计资料是指记录和反映单位实际发生的经济业务活动的专业性资料，包括会计凭证、会计账簿、财务会计报告和其他书面会计资料。

加强会计核算和会计监督，保证会计资料真实、完整地反映经济业务活动情况，参与经济管理和经营决策，是会计工作的基本职能。随着经济的发展，会计工作的这种职能和作用会更加突出。正如马克思所说，“过程越是按社会的规模进行，越是失去纯粹个人的性质，作为过程的控制和观念总结的簿记就越是必要。”长期的实践证明，哪一个时期的会计核算和会计监督做得好，这个时期的经济运行就会比较正常；哪一个时期的会计核算和会计监督做得不好，这个时期的经济秩序就会出现混乱。

2. 加强经济管理和财务管理，提高经济效益

经济管理是指运用经济、行政、法律手段规范经济行为，维护经济秩序，促进经济良性循环，提高经济效益的经济管理活动，其中就包括财务收支管理。加强经济管理和财务管理的核心是加强会计管理。会计的基本职能是依法对经济活动进行记录、核算和监督，为提高经济效益、加强经济管理和财务管理提供会计信息。

3. 维护社会主义市场经济秩序

建立和发展社会主义市场经济是我国经济体制改革的目标，实现这个目标要有良好的经济秩序做保障，而良好的经济秩序的建立，一方面要靠国家立法和执法予以保障，另一方面要靠各企业事业单位、其他组织自觉遵守法律来实现。也就是说，要利用法律机制调整和规范市场经济条件下的各种社会关系，维护社会主义市场经济秩序，促进社会主义市场经济发展。这不仅是市场经济对法律的要求，也是市场经济健康发展的保障。《会计法》对维护社会主义市场经济秩序、促进社会主义市场经济发展发挥了积极作用。

二、会计法律制度的构成

我国的会计法律制度主要包括会计法律、会计行政法规、会计部门规章和地方性会计法规。

（一）会计法律

会计法律是指由全国人民代表大会及其常务委员会经过一定立法程序制定的有关会计工作的法律。我国目前有两部会计法律，分别是《会计法》和《中华人民共和国注册会计师法》（以下简称《注册会计师法》）。

1.《会计法》

（1）制定机关：全国人民代表大会常务委员会。

（2）调整对象：我国经济生活中的会计关系。

（3）制定时间：1985年1月21日通过，1985年5月1日施行；1993年12月29日第一次修订；1999年10月31日第二次修订；2017年11月4日第三次修订。

（4）主要内容：规定会计工作的基本目的、会计管理权限、会计责任主体、会计核算和会计监督的基本要求、会计人员和会计机构的职责权限，并对会计法律责任做出了详细规定。

（5）适用范围。

①对象范围：办理会计事务的单位，包括国家机关、社会团体、公司、企业（包括外商投资企业、中外合资企业和中外合作企业）、事业单位和其他组织（如农村的村民委员会、外国在我国的常驻机构等）；主管机关及其有关机关，包括各级财政部门、税务部门、审计部门和业务主管部门；个体工商户管理的具体办法由国务院财政部门依据该法原则另行规定。②空间范围：未做规定，但可理解为境内。③时间范围：2017年11月4日修订后的《会计法》自2017年11月5日起发生法律效力，对2017年11月5日之前发生的会计行为没有追溯力。

2.《注册会计师法》

（1）制定机关：全国人民代表大会常务委员会。

（2）制定时间：1993年10月31日通过，2014年8月31日修订。

（3）主要内容：介绍了注册会计师的考试与注册，注册会计师承办的业务范围和规则，会计师事务所、注册会计师协会的相关问题，以及与注册会计师有关的法律责任。

（二）会计行政法规

会计行政法规是指由国务院制定并发布，或者由国务院有关部门拟订并经国务院批准发布，调整经济生活中某些方面的会计关系的法律规范。

（1）制定机关：国务院。

（2）调整对象：经济生活中某些方面的会计关系。

（3）构成：如《企业财务会计报告条例》《总会计师条例》。

（三）会计部门规章

会计部门规章是指国家主管会计工作的行政部门（即财政部）以及其他相关部委根据法律和国务院的行政法规、决定、命令，在本部门的权限范围内制定的调整会计工作中某些方面内容的国家统一的会计准则制度和规范性文件，包括国家统一的会计核算制度、会计监督制度、会计机构和会计人员管理制度及会计工作管理制度等。

（1）制定机关：财政部。

（2）构成：如《财政部门实施会计监督办法》《企业会计准则——基本准则》《代理记账管理办法》《会计师事务所审批和监督暂行办法》《注册会计师注册办法》等。

（四）地方性会计法规

地方性会计法规是指由省、自治区、直辖市人民代表大会或常务委员会在同宪法、会计法律、行政法规和国家统一的会计准则制度不相抵触的前提下，根据本地区情况制定发布的关于会计核算、会计监督、会计机构和会计人员以及会计工作管理的地方规范性文件。

（1）制定机关：省、自治区、直辖市人民代表大会或常务委员会。

（2）构成：如《云南省会计条例》。

会计规范性文件的制定依据是会计法律（法律效力最高）、会计行政法规（法律效力次之）和会计部门规章（法律效力再次之）。

提示

我国的企业会计准则体系由 1 项基本准则、42 项具体准则和相关应用指南构成。《企业会计准则——基本准则》包括总则、会计信息质量要求、资产、负债、所有者权益、收入、费用、利润、会计计量、财务会计报告、附则共 11 章内容。基本准则是最大的原则，是准则中的准则，也是在起草具体准则时必须遵循的准则，它统驭所有具体准则。

《会计基础工作规范》是对各单位的会计凭证、会计账簿、会计报表、会计档案、会计交接等基础工作提出的规范化要求。

我国会计法律制度的主要构成见表 2－1。

表 2－1　我国会计法律制度的主要构成

构成	制定机关	法律制度	特征	效力	备注
会计法律	全国人民代表大会及其常务委员会（全国最高立法机关）	《会计法》《注册会计师法》	××法	最高	《会计法》是会计法律制度中层次最高的法律规范，是制定其他会计法规的依据，也是指导会计工作的最高准则
会计行政法规	国务院（全国最高行政机关）	《总会计师条例》《企业财务会计报告条例》	××条例	低于法律	制定依据是《会计法》
会计部门规章	财政部	《财政部门实施会计监督办法》《会计档案管理办法》《企业会计准则——基本准则》等	××办法、××准则、××规范	低于行政法规	会计部门规章由财政部制定，并由部门首长签署命令予以公布
地方性会计法规	省、自治区、直辖市人民代表大会或常务委员会	《云南省会计条例》等	××办法	低于部门规章	

【例题 1 · 单选】 会计关系是（　　）在办理会计事务过程中以及国家在管理会计工作过程中发生的各种经济关系。

A. 财政部门和管理人员　　B. 审计机关和审计人员

C. 会计机构和会计人员　　D. 注册会计师和会计师事务所

【答案】 C

【例题2·单选】下列各项中，属于会计法律的是（　　）。

A.《会计法》　　B.《总会计师条例》

C.《会计基础工作规范》　　D.《企业会计制度》

【答案】A

【例题3·单选】下列各项中，属于会计行政法规的是（　　）。

A.《会计法》　　B.《企业财务会计报告条例》

C.《财政部门实施会计监督办法》　　D.《企业会计制度》

【答案】B

【例题4·多选】下列各项中，属于会计法律制度的有（　　）。

A. 会计法律　　B. 会计行政法规

C. 国家统一的会计制度　　D. 单位制定的内部监督制度

【答案】ABC

【例题5·多选】下列各项中，属于会计法律制度的有（　　）。

A. 会计法律　　B. 会计行政法规

C. 会计部门规章　　D. 会计规范性文件

【答案】ABCD

【例题6·多选】下列各项中，属于国家统一的会计制度的有（　　）

A.《企业会计准则》　　B.《会计基础工作规范》

C.《会计档案管理办法》　　D.《会计法》

【答案】ABC

【例题7·多选】下列各项中，属于会计部门规章的有（　　）。

A.《会计法》　　B.《财政部门实施会计监督办法》

C.《金融企业会计制度》　　D.《代理记账管理办法》

【答案】BD

【例题8·判断】《总会计师条例》的制定部门是国务院财政部门。（　　）

【答案】×

【例题9·判断】国务院发布的《企业财务会计报告条例》的法律地位低于全国人大常务委员会通过的《注册会计师法》。（　　）

【答案】√

□ 第1节习题

一、单项选择题

1. 在我国，代表国家对会计工作行使职能的政府部门是（　　）。

A. 财政部门　　B. 国务院

C. 审计部门　　D. 税务部门

2. 下列各部门中，有权制定地方性会计法规的是（　　）。

A. 省级人民政府

B. 省、自治区、直辖市的人民代表大会及其常务委员会

C. 民族自治州的人民代表大会及其常务委员会

D. 较大市的人民政府

3. 根据《会计法》的规定，有权制定国家统一的会计制度的政府部门是（　　）。

A. 国务院

B. 国务院财政部门

C. 国务院各业务主管部门

D. 省级人民政府财政部门

4. 根据我国有关法律规定，在公司制企业，对本单位会计工作负责的单位负责人应当是（　　）。

A. 董事长　　B. 总经理

C. 总会计师　　D. 会计机构负责人

5. 根据《会计法》的规定，会计机构和会计人员应当按照国家统一的会计制度的规定对原始凭证进行认真审核，对不真实、不合法的原始凭证有权不予受理，并向（　　）报告。

A. 上级主管单位负责人

B. 本单位负责人

C. 会计机构负责人

D. 总会计师

6. 根据《会计法》的规定，我国会计年限的期间为（　　）。

A. 公历1月1日起至12月31日止

B. 农历1月1日起至12月31日止

C. 公历4月1日起至次年3月31日止

D. 农历10月1日起至次年9月30日止

7. 根据《会计基础工作规范》的规定，单位负责人的直系亲属不得在本单位担任的会计工作岗位是（　　）。

A. 会计机构负责人　　B. 出纳

C. 稽核　　D. 会计档案保管

8.《会计法》颁布于（　　）年。

A. 1985　　B. 1993

C. 1999　　D. 1990

9.（　　）是指调整经济关系中某些方面会计关系的法律规范。

A. 会计法律　　B. 会计行政法规

C. 会计制度　　D. 会计部门规章

10. 会计法律制度要求的是（　　），评价使用的范畴是善与恶。

A. 必须　　B. 应该

C. 客观　　D. 公正

11.《注册会计师法》属于（　　）。

A. 会计法律　　B. 会计行政法规

C. 会计规章　　D. 会计规范性文件

12. 下列各项中，属于会计部门规章的是（　　）。

A.《企业会计制度》

B.《企业财务会计报告条例》

C.《总会计师条例》

D.《企业会计准则——基本准则》

13. 下列各项中，属于根本法的是（　　）。

A. 宪法　　B. 法律

C. 部门规章　　D. 自治区条例

14.（　　）是指由全国人民代表大会及其常务委员会经过一定立法程序制定的有关会计工作的法律。

A. 会计法律　　B. 会计行政法规

C. 会计部门规章　　D. 会计规范性文件

15.《会计法》的立法宗旨为（　　）。

A. 确定会计关系

B. 加强会计人员配备

C. 规范会计人员行为

D. 强化服务意识

16.《企业财务会计报告条例》属于（　　）。

A. 会计法律　　B. 会计行政法规

C. 会计规章　　D. 会计规范性文件

二、多项选择题

1. 国家统一的会计制度是指国务院财政部门根据《会计法》制定的，关于（　　）以及会计工作管理的制度。

A. 会计核算　　B. 会计监督

C. 会计机构　　D. 会计人员

2. 会计行政法规包括（　　）。

A.《会计法》

B.《总会计师条例》

C.《企业会计准则》

D.《企业财务会计报告条例》

3. 我国会计法律制度的基本构成包括（　　）。

A. 会计法律　　B. 会计行政法规

C. 会计部门规章　　D. 会计制度

4. 根据国家统一的会计制度的规定，对外提供的财务会计报告应当由单位有关人员签章，这些人员主要包括（　）。

A. 单位负责人　　B. 总会计师

C. 会计机构负责人　　D. 内部审计人员

5. 下列各项中，能够作为对会计人员进行会计监督的依据的是（　）。

A. 会计法律

B. 国家统一的会计制度

C. 单位内部会计管理制度

D. 单位行政管理制度

6. 会计部门规章的效力低于（　）。

A. 宪法　　B. 法律

C. 会计行政法规　　D. 会计分析报告

三、判断题

1. 会计法律是国家财政部门制定的各种会计规范性文件的总称。（　）

2. 在我国的会计法律体系中，法律效力最高的是会计部门规章。（　）

3. 各单位制定的内部会计制度，是我国统一会计制度的重要组成部分。（　）

4. 会计期间就是指会计年度。（　）

5. 会计规范性文件是由国务院制定并发布的有关会计工作的制度方法，其制定目的主要是贯彻执行会计法律、会计行政法规和会计部门规章。（　）

6. 作为会计法律制度的一种形式，会计行政法规在法律效力上仅次于《会计法》。（　）

7. 在会计法律制度的构成中，《会计法》是我国会计工作的根本性法律，是制定其他会计法规的依据，是会计机构、会计人员开展会计工作，进行会计核算，实施会计监督的基本依据。（　）

8. 法是特定的国家机关按照特定的方式发布的规范性文件，因此不是国家发布的任何文件都是法。（　）

9. 地方性会计法规是指省、自治区、直辖市人民代表大会或常务委员会在与会计法律、会计行政法规不相抵触的前提下制定的地方规范性文件。（　）

10. 《会计基础工作规范》是财政部制定并发布的会计规范性文件，不是国家统一的会计制度。（　）

11. 国家制定会计制度的目的是调整和规范各种会计关系，保证会计工作有序进行。（　）

12. 会计部门规章的制定依据是会计法律和会计行政法规。（　）

13. 《企业会计准则——基本准则》属于会计部门规章。（　）

14. 会计制度是指调整经济关系中某些方面会计关系的法律规范。（　）

15. 行政法规是由省、自治区、直辖市人民代表大会制定的规范性文件。（　）

16. 会计部门规章是根据《立法法》规定的程序，由财政部制定，并由部门首长签署命令予以公布的有关会计工作的制度办法。（　）

17. 法律是由全国人民代表大会及其常设机构制定的规范性文件。（　）

18. 总会计师是单位的行政领导成员，协助单位主要行政领导人工作，直接对单位主要行政领导人负责。（　）

第2节　会计工作管理体制

一、会计工作的行政管理

（一）会计工作行政管理体制

我国会计工作行政管理体制实行统一领导、分级管理的原则。《会计法》第七条规定：

国务院财政部门主管全国的会计工作。县级以上地方各级人民政府财政部门管理本行政区域内的会计工作。

财政部作为全国会计工作的主管部门，对全国的会计工作进行统一指导，对地方的会计管理工作予以指导、监督；地方财政部门应在财政部的统一指导下，做好本行政区域内的会计管理工作。

（二）会计工作行政管理的内容

会计工作的行政管理主要包括：（1）制定国家统一的会计准则制度；（2）会计市场管理；（3）会计专业人才评价；（4）会计监督检查。

1. 制定国家统一的会计准则制度

会计准则制度及相关标准规范的制定和组织实施是财政部门管理会计工作最基本的职能。

《会计法》第八条规定：

国家实行统一的会计制度。国家统一的会计制度由国务院财政部门根据本法制定并公布。国务院有关部门可以依照本法和国家统一的会计制度制定对会计核算和会计监督有特殊要求的行业实施国家统一会计制度的具体办法或者补充规定，报国务院财政部门审核批准。中国人民解放军总后勤部①可以依照本法和国家统一的会计制度制定军队实施国家统一的会计制度的具体办法，报国务院财政部门备案。

表2-2列出了会计制度的制定权限，表2-3列出了国家统一的会计制度。

表2-2　会计制度的制定权限

部门	权限
国务院财政部门	根据《会计法》制定国家统一的会计制度
国务院有关部门	依照《会计法》和会计制度制定特殊行业会计制度的具体办法或者补充规定，报国务院财政部门审核批准
中国人民解放军总后勤部	依照《会计法》和会计制度制定军队实施国家统一的会计制度的具体办法，报国务院财政部门备案

表2-3　国家统一的会计制度

会计制度	举例
会计核算制度	《企业会计准则》（基本准则、具体准则和应用指南） 《企业会计制度》 《小企业会计准则》
会计机构和会计人员管理制度	《总会计师条例》 《会计专业技术资格考试实施办法》
会计工作管理制度	《会计档案管理办法》 《会计基础工作规范》
会计监督制度	

① 中国人民解放军总后勤部2016年1月10日改名为中国共产党中央军事委员会后勤保障部。

【例题10·多选】下列各项中，属于会计机构和会计人员管理制度的有（　　）。

A.《会计专业技术资格考试实施办法》　B.《企业会计准则——应用指南》

C.《总会计师条例》　D.《会计基础工作规范》

【答案】AC

【例题11·判断】国务院有关部门可以依照《会计法》和国家统一的会计制度制定特殊行业会计制度的具体办法或者补充规定，报国务院财政部门备案。（　　）

【答案】×

2. 会计市场管理

会计市场是指会计资源市场，是对会计资源进行有效开发、合理配置，从而达到充分利用的运行机制。它可以理解为会计资源的流动、流向、交换的场所和领域，也可以看作会计资源与其他商品交换关系的总和。会计市场的管理涉及会计信息质量以及会计师事务所执业质量的管理，直接影响市场秩序，关系到国家经济秩序和社会公共利益。会计市场管理的内容包括：

（1）会计市场的准入管理。会计市场准入管理的内容包括会计师事务所的设立和代理机构的设立。要注意：①对于不具备设置会计机构和会计人员条件的单位，应当委托代理记账机构办理会计业务。②除会计师事务所以外，代理记账机构应当经所在地的县级以上人民政府财政部门批准，并取得由财政部门统一印制的代理记账许可证书。

（2）会计市场的运行管理。我国规定，从事社会审计业务的人员必须具有注册会计师资格。我国实行注册会计师全国统一考试制度，考试成绩合格并从事审计业务工作两年以上的人员，才可以申请成为注册会计师。注册会计师承办业务，必须加入会计师事务所。

（3）会计市场的退出管理。代理记账机构和人员不符合相应条件时，原审批机关可以撤回行政许可。发生违反《会计法》《注册会计师法》行为的，财政部门有权对其进行处罚，情节严重的，可吊销其执业资格，强制其退出会计市场。

【例题12·单选】根据《会计法》的规定，从事会计工作的人员应当具有的资格是（　　）。

A. 高中以上毕业证书　B. 具备从事会计工作所需要的专业能力

C. 专科以上毕业证书　D. 注册会计师资格证书

【答案】B

【例题13·单选】考试成绩合格并从事审计工作（　　）以上的人员，才可以申请成为注册会计师。

A. 一年　B. 两年　C. 三年　D. 五年

【答案】B

【例题14·判断】所有从事代理记账的机构都应当经过所在地县级以上人民政府部门批准。（　　）

【答案】×

3. 会计专业人才评价

我国阶梯式的会计专业人才评价机制已经形成，包括初级、中级、高级会计人才的评价和会计领军人才的培养评价以及其他形式。

（1）会计专业技术资格考试是会计人才评价的一种方式，主要用于对初级、中级、高级会计人才的评价。

（2）会计领军（后备）人才培养是适应我国当前经济发展状况的一种新的会计人才评价方式。

（3）对先进会计工作者的表彰奖励属于会计人才评价的范畴。财政部制定了《全国先进会计工作者评选表彰办法》，明确了评选范围、条件和程序等，先进会计工作者表彰做到了经常化、制度化。财政部负责组织全国先进会计工作者的评选表彰工作，一般每 3 年组织一次自上而下的评比表彰，同时每年组织评选表彰 10 名年度全国先进会计工作者。对获得全国先进会计工作者荣誉称号的人员，由财政部颁发荣誉证书。

（4）开展会计人员继续教育工作。根据规定，财政部负责全国会计人员继续教育的管理。财政部对全国会计人员继续教育的管理职能包括：制定全国会计人员继续教育规划、制度、大纲；组织开发、评估、推荐全国会计人员继续教育重点教材；组织全国高级会计人员培训和会计人员继续教育师资培训；指导、督促各地区和有关部门会计人员继续教育工作的开展。地方财政部门和中央各单位负责本地区、本部门、本系统内的会计人员继续教育的组织管理工作。

4. 会计监督检查

会计监督检查的内容主要包括以下三个方面。

（1）对会计信息质量的监督检查。财政部门组织实施全国会计信息质量检查，并对违法行为实施行政处罚；县级以上财政部门组织实施本行政区域内的会计信息质量检查，并依法对本行政区域内单位或人员的违法会计行为实施行政处罚。

（2）对会计师事务所的监督检查。财政部门组织实施全国会计师事务所执业质量检查，并对违反《注册会计师法》的行为实施行政处罚；省、自治区、直辖市人民政府财政部门组织实施本行政区域内的会计师事务所执业质量检查，并依法对本行政区域内会计师事务所或注册会计师违反《注册会计师法》的行为实施行政处罚。

（3）对会计行业自律组织的监督指导。财政部门对会计市场进行监管，依法加强对会计行业自律组织的监督指导。

【例题 15 · 单选】根据《会计法》的规定，行使会计工作管理职能的政府部门是（　　）。

A. 税务部门　　B. 财政部门　　C. 审计部门　　D. 金融主管部门

【答案】B

【例题 16 · 多选】财政部门对会计市场的监督检查主要包括（　　）。

A. 对会计信息质量的检查　　B. 对会计人员素质的检查

C. 对会计行业自律组织的指导　　D. 对会计师事务所执业质量的检查

【答案】ACD

二、会计工作的自律管理

行业自律是与行政管理相对应的一种管理模式。行政管理是指国家行政机关依法对国家和社会公共事务进行管理。行业自律是指行业协会根据会员一致的意愿，自行制定规则，并据此对各成员进行管理，以保证成员之间的公平竞争和促进行业的有序发展。会计行业自律管理制度是对行政管理制度的一种有益的补充，有助于督促会计人员依法开展会计工作，树立良好的行业风气，促进行业的发展。

我国会计工作的行业自律组织主要有中国注册会计师协会、中国会计学会和中国总会计师协会。

（一）中国注册会计师协会

中国注册会计师协会是依据《注册会计师法》和《社会团体登记条例》的有关规定设立，在财政部党组和理事会领导下开展行业管理和服务的法定组织。

注册会计师协会是由注册会计师组成的社会团体，履行行业自律管理职能。中国注册会计师协会是注册会计师行业的全国性组织，省、自治区、直辖市注册会计师协会是注册会计师行业的地方性组织。中国注册会计师协会的最高权力机构是全国会员代表大会。只有注册会计师才能成为该协会的会员。全国会员代表大会选举产生理事会，理事会下设11个专门委员会。中国注册会计师协会的主要职责是：制定行业自律管理规范，对违反行业自律管理规范的行为予以惩戒；对注册会计师任职资格、注册会计师和会计师事务所的执业情况进行年度检查；组织和推动会员培训、行业人才建设工作；协调行业内外部关系，支持会员依法执业，维护会员合法权益等。

（二）中国会计学会

中国会计学会是财政部所属的社会组织。学会的三大特征是学术性、专业性和非营利性。

各省、自治区、直辖市和计划单列市会计学会和全国性专业会计学会可申请成为中国会计学会的会员。其主要职责是：组织协调全国会计科研力量，开展会计理论研究和学术交流，促进科研成果的推广和运用；总结我国会计工作和会计教育经验，研究和推动会计专业的教育改革；发挥学会的智力优势，开展多层次、多形式的智力服务工作，包括组织开展中高级会计人员培养、会计培训和会计咨询与服务；开展会计领域国际学术交流与合作等。

（三）中国总会计师协会

中国总会计师协会是经财政部审核同意、民政部正式批准，依法注册登记成立的跨地区、跨部门、跨行业的全国非营利一级社团组织，是总会计师行业的全国性自律组织。

三、单位内部的会计工作管理

单位内部的会计工作管理的内容主要包括：(1) 明确单位负责人的职责；(2) 会计机构的设置；(3) 会计人员的选拔任用；(4) 建立会计人员回避制度。具体内容如下。

(一) 明确单位负责人的职责

《会计法》第四条规定：

单位负责人对本单位的会计工作和会计资料的真实性、完整性负责。

《会计法》第二十八条规定：

单位负责人应当保证会计机构、会计人员依法履行职责，不得授意、指使、强令会计机构和会计人员违法办理会计事项。

这些规定明确了单位负责人在单位会计工作管理中的权力和责任。单位负责人(除合伙企业外) 是指单位的“一把手”，有时也称“第一责任人”，是单位法定代表人或者法律、行政法规规定代表单位行使职权的主要负责人。

(1) 单位负责人是本单位的“一把手”和最高负责人，统管本单位所有的工作，包括会计工作。由单位负责人对本单位的会计工作和会计资料的真实性、完整性负责，是其义不容辞的责任，也是国际上的通行做法。

(2) 从单位负责人与会计机构、会计人员对于本单位会计工作的职责划分来看，单位负责人是本单位会计工作的领导者和管理者，会计机构、会计人员是本单位会计工作的执行者和被管理者，二者的关系和责任不能颠倒。

(3) 长期的实践证明，将保证会计资料真实性、完整性的责任仅仅压在会计人员的肩上不能从根本上解决做假账的问题，只有在法律中明确规定单位负责人对本单位的会计工作和会计资料的真实性、完整性负责，才能促使单位负责人重视会计工作，加强会计管理，采取有效措施保证会计资料真实、完整。

(4) 单位负责人对本单位的会计工作和会计资料的真实性、完整性负责，不是要单位负责人代替会计人员进行会计核算和会计监督，而是要其做到以下几点：

①单位负责人必须学法、知法、自觉守法，对自己主管或经办的经济业务，严格按照会计法律、法规和国家统一的会计制度的规定办理会计手续，不得利用职权干扰会计机构、会计人员依法进行会计核算和会计监督。

②单位负责人必须加强对本单位会计工作的领导，支持会计机构、会计人员依照会计法律、法规和国家统一的会计制度的规定办理会计事务，进行会计核算和会计监督，帮助会计机构、会计人员解决在会计核算和会计监督中遇到的问题和困难，为会计机构、会计人员依法履行职责提供支持。

③单位负责人必须重视和加强对本单位全体职工的法制教育，保证本单位全体职工自觉按照会计法律、法规和国家统一的会计制度的规定办事，支持、配合会计机构、会计人员依法履行职责。

④单位负责人必须重视并加强本单位内部会计机构建设，建立健全内部控制机

制，配备适当、合格的会计人员，明确会计资料生成的各环节的职责和相互制约措施，督促会计机构、会计人员严格按照会计法律、法规和国家统一的会计制度的规定进行会计核算和会计监督，保证本单位的会计资料真实、完整。

提示

单位负责人必须增强自己的责任意识，在签发本单位编报或者向社会公开披露的会计资料前，应当责成本单位内部监督审计机构先行审计、提出意见，再决定是否签发，保证签发的会计资料真实、完整，真正负起“第一责任人”的责任。

（二）会计机构的设置

各单位是否设置会计机构，应当根据会计业务的需要来决定，即各单位可以根据本单位会计业务的繁简情况决定是否设置会计机构。

需要考虑的主要因素有：（1）单位规模的大小；（2）经济业务和财务收支的繁简；（3）经营管理的要求。

不设置会计机构的单位应设置会计人员并指定会计主管人员。会计主管人员是负责组织管理会计事务、行使会计机构负责人职权的人。

单位会计岗位的设置原则上可以一人一岗、一人多岗或者一岗多人。

提示

会计岗位包括稽核、档案管理等岗位。

（三）会计人员的选拔任用

会计人员的选拔任用由所在单位具体负责。在国家机关、社会团体、公司、企业、事业单位和其他组织从事会计工作的人员必须具备从事会计工作所需的能力。

财政部只对从事会计工作人员的相关资格条件进行统一规定，比如：从事具体会计工作应当具备从事会计工作所需的专业能力；担任会计机构负责人应当具备会计师以上专业技术职务资格或者从事会计工作 3 年以上的经历；担任会计职务应当通过相应级别的会计专业技术资格考试或考评；总会计师的任职资格、任免程序、职责权限由国务院规定。会计人员取得相关资格或符合有关条件的，能否具体从事相关工作，由所在单位自行决定。单位要加强对本单位会计人员的管理，依法合理设置会计岗位，督促会计人员按照国家统一的会计制度的规定进行会计核算和会计监督。

提示

国有大中型企业或者国有资产占主导或控股地位的大中型企业必须设置总会计师。凡设置总会计师的单位，不应再设置与总会计师职责重叠的行政副职。

【例题 17·判断】因为单位负责人对本单位会计工作和会计资料的真实性、完整性承担最终责任，所以会计人员对本单位会计信息失真没有责任。（　　）

【答案】×

（四）建立会计人员回避制度

回避制度是指为了保证执法或者执业的公正性，对可能影响其公正性的执法或者执业的人员实行职务回避和业务回避的一种制度。

《会计基础工作规范》规定：国家机关、国有企业、事业单位任用会计人员应当实行回避制度；单位负责人的直系亲属不得担任本单位的会计机构负责人、会计主管人员；会计机构负责人、会计主管人员的直系亲属不得在本单位会计机构中担任出纳工作。

需要回避的直系亲属包括：夫妻关系、直系血亲关系（父母子女，祖父母、外祖父母和孙子女、外孙子女等）、三代以内旁系血亲（兄弟姐妹、叔侄等）以及近姻亲关系（岳父岳母和女婿、公婆和儿媳等），如图 2－1 所示。

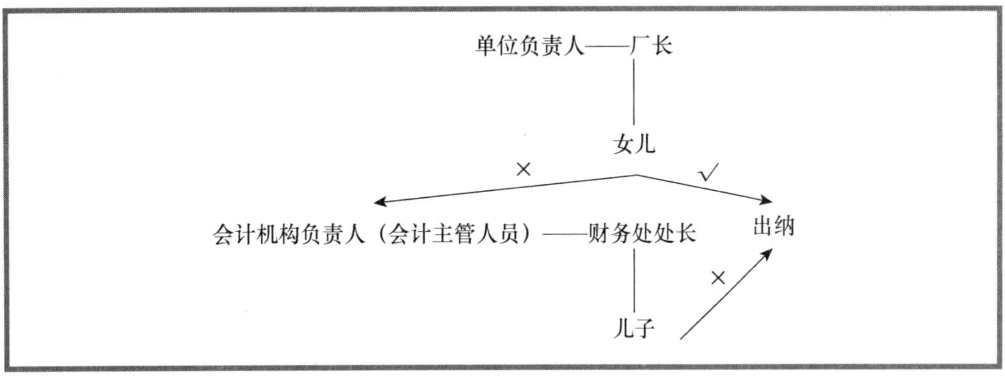

图 2－1　需要回避的直系亲属示例

【例题 18·单选】根据《会计法》的规定，担任单位会计机构负责人应当具备的法定条件是（　　）。

A. 具备会计员专业技术职务资格或从事会计工作 2 年的经历

B. 具备助理会计师专业技术职务资格或从事会计工作 2 年的经历

C. 具备会计师以上专业技术职务资格或从事会计工作 3 年以上的经历

D. 具备注册会计师资格或者从事会计工作 2 年的经历

【答案】C

□ 第 2 节习题

一、单项选择题

1. 根据《会计法》的规定，行使会计工作管理职能的政府部门是（　　）。

A. 财政部门　　B. 税务部门

C. 审计部门　　D. 证券监管部门

2. 中国人民解放军总后勤部可以依照《会计

法》和国家统一的会计制度制定军队实施国家统一的会计制度的具体办法，报（　　）备案。

A. 国务院

B. 国务院财政部门

C. 人民代表大会

D. 国务院常务委员会

3.《会计法》规定，会计工作由财政部门主管，在管理体制上实行（　　）的原则。

A. 统一领导，分级管理

B. 统一管理，分级领导

C. 共同领导，共同管理

D. 分级领导，分级管理

4. 我国实行注册会计师全国统一考试制度，考试成绩合格并从事审计业务工作（　　）年以上的人员，才可以申请成为注册会计师。

A. 1　　B. 2

C. 3　　D. 4

5. 根据《会计法》第七条的规定，国务院财政部门主管全国的会计工作，（　　）管理本行政区域内的会计工作。

A. 县级以上人民政府税务部门

B. 县级以上人民政府审计部门

C. 县级以上人民政府工商部门

D. 县级以上人民政府财政部门

6.《会计法》规定，国家实行统一的会计制度，国家统一的会计制度由（　　）根据本法制定并公布。

A. 国务院

B. 国务院财政部门

C. 全国人民代表大会

D. 国务院常务委员会

7. 财政部负责组织全国先进会计工作者的评选表彰工作，一般每（　　）年组织一次。

A. 1　　B. 2

C. 3　　D. 4

8.（　　）应当对会计资料的真实性、完整性负责。

A. 单位负责人

B. 单位会计机构负责人

C. 单位总会计师

D. 单位会计主管人员

9. 根据《会计法》的规定，单位内部的会计工作管理应由（　　）负责。

A. 总会计师

B. 单位会计机构负责人

C. 单位分管会计工作的领导

D. 单位负责人

10. 根据《会计法》的规定，下列选项中，主管全国会计工作的部门是（　　）。

A. 国务院财政部门

B. 国家税务总局

C. 国务院审计部门

D. 中国人民银行

11. 总会计师的任职资格、任免程序、职责权限由（　　）规定。

A. 国务院

B. 财政部

C. 注册会计师协会

D. 中国会计学会

12. 原始凭证不得外借，其他单位如因特殊原因需要使用原始凭证，经本单位（　　）批准，可以复制。

A. 单位负责人

B. 主管会计工作负责人

C. 经办人员

D. 会计机构负责人、会计主管人员

13.《会计法》规定，县级以上地方政府财政部门管理（　　）内的会计工作。

A. 本行政区域　　B. 本系统

C. 本部门　　D. 本行业

14. 下列不属于会计行政管理职能的是（　　）。

A. 会计市场管理

B. 会计法的制定

C. 会计监督检查

D. 会计专业人才评价

15.（　　）是单位对外提供财务会计报告的责任主体。

A. 审计人员　　B. 会计机构负责人

C. 总会计师　　D. 单位法定代表人

二、多项选择题

1. 在市场经济条件下，政府应当加强对会计市场的管理，包括会计市场的（　　）。

A. 准入管理　　B. 退出管理
C. 自律管理　　D. 运行管理

2. 下列各项中，属于中国注册会计师协会主要职责的有（　　）。

A. 制定行业自律管理规范，对违反行业自律管理规范的行为予以惩戒
B. 对注册会计师的任职资格、注册会计师和会计师事务所的执业情况进行年度检查
C. 组织和推动会员培训、行业人才建设工作
D. 协调行业内外部关系，支持会员依法执业，维护会员合法权益

3. 中国会计学会的主要职责有（　　）。

A. 组织协调全国会计科研力量，开展会计理论研究和学术交流，促进科研成果的推广和运用
B. 总结我国会计工作和会计教育经验，研究和推动会计专业的教育改革
C. 发挥学会的智力优势，开展多层次、多形式的智力服务工作，包括组织开展中高级会计人员培养、会计培训和会计咨询与服务
D. 开展会计领域国际学术交流与合作

4. 下列各项中，符合内部牵制要求的有（　　）。

A. 出纳人员不是完全不能记账，只要不是收入、支出、费用、债权债务等直接与单位资金收支增减往来有关的账目，是可以承担一部分记账工作的
B. 凡是涉及款项和财务收付、结算及凭证的任何一项工作，必须由两人或两人以上分工办理
C. 出纳不得兼管稽核、会计档案保管和收入、费用、债权债务账目的登记工作
D. 出纳以外的人员不得经管现金、有价证券、票据

5. 下列各项中，一般情况下属于会计岗位的有（　　）。

A. 药房收费员
B. 会计机构负责人
C. 出纳
D. 财产物资增减核算

6. 会计专业技术资格考试由财政部门组织实施，（　　）监督指导。

A. 人力资源部门　　B. 社会保障部门
C. 管理部门　　D. 内部控制部门

7. 我国会计专业人才评价已经形成了（　　）会计人才的评价，以及会计领军人才的培养评价等机制。

A. 初级　　B. 中级
C. 高级　　D. 注册会计师

8. 财政部门履行的会计行政管理职能主要有（　　）。

A. 制定国家统一的会计准则制度
B. 会计市场管理
C. 会计专业人才评价
D. 会计监督检查

9. 国家统一的会计制度主要包括（　　）。

A. 会计核算制度
B. 会计监督制度
C. 会计机构和会计人员管理制度
D. 会计工作管理制度

10. 单位负责人管理单位内部工作，应当（　　）。

A. 保证会计机构、会计人员依法履行职责
B. 不得授意、指使、强令会计人员违法办理会计事项
C. 不得授意、指使、强令会计机构违法办理会计事项
D. 对会计工作和会计资料的真实性、完整性负责

11. 财政部门负责（　　）。

A. 初级、中级、高级会计人才评价
B. 会计领军人才培养
C. 会计人员继续教育
D. 给会计人员表彰奖励

12. 下列机构中，有权制定会计制度的是（　　）。

A. 国务院财务部门
B. 国务院有关部门
C. 解放军总后勤部
D. 解放军总政治部

三、判断题

1.《会计法》规定，国家统一的会计制度由国务院财政部门根据本法制定并公布。（　　）

2. 根据《会计法》的规定，从事会计工作的人员应当具备从事会计工作所需的专业能力。（　　）

3. 我国实行注册会计师全国统一考试制度，考试成绩合格并从事审计业务工作3年以上的人员，才可以申请成为注册会计师。（　　）

4. 设立会计师事务所，由省级财政部门审核批准后，报财政部备案。（　　）

5. 会计人员的选拔任用由所在单位具体负责。（　　）

6. 单位负责人是指单位法定代表人或者法律、行政法规规定代表单位行使职权的主要负责人。（　　）

7. 担任会计机构负责人应当具备会计师以上专业技术职务资格或者从事会计工作2年以上的经历。（　　）

8. 县级（包括县级）以上地方各级人民政府财政部门管理本行政区域内的工作。（　　）

9.《会计法》中所指的单位负责人包括单位的副职领导人。（　　）

10.《会计法》所称的单位负责人均指法定代表人。（　　）

11. 在会计工作管理体制上实行统一领导、分级管理的原则。（　　）

12. 中国会计学会是研究会计科学和组织推动会计科学研究的全国性群众学术团体。（　　）

13. 单位负责人应对本单位的会计工作和会计资料的真实性、完整性负责。（　　）

14. 会计机构负责人、会计主管人员的直系亲属不得在本单位会计机构中担任出纳工作。（　　）

15. 省级以上各级人民政府财政部门管理本行政区域内的会计工作。（　　）

16. 因单位负责人对本单位会计工作和会计资料的真实性、完整性承担第一责任，所以会计人员对本单位的会计信息失真没有责任。（　　）

第3节　会计核算

一、会计核算的要求

《会计法》对会计核算的基本要求主要体现在以下几个方面。

（一）会计信息质量要求

会计信息质量要求是会计核算必须遵循的一般原则，是进行会计核算的指导思想和衡量会计工作成败的标准。它体现了社会化大生产对会计核算的基本要求，反映了市场经济条件下会计核算的基本规律。财政部在2014年发布的《企业会计准则——基本准则》中规定了八项会计核算的信息质量要求。

1. 可靠性

可靠性是指企业应当以实际发生的交易或者事项为依据进行会计确认、计量和报告，如实反映符合确认和计量要求的各项会计要素及其他相关信息，保证会计信息真实可靠、内容完整。可靠性要求做到内容真实、数字准确、资料可靠。

2. 相关性

相关性也称有用性，是指企业提供的会计信息应当与财务会计报告使用者的经济决策需要相关，有助于财务会计报告使用者对企业过去、现在或者未来的情况做出评价或者预测。

3. 可理解性

可理解性是指企业提供的会计信息应当清晰明了，便于财务会计报告使用者理解和使用。

4. 可比性

可比性是指企业提供的会计信息应当可比较。这主要包括两层含义：

首先，同一企业不同时期发生的相同或者相似的交易或者事项，应当采用一致的会计政策，不得随意变更。确需变更的，应当在附注中说明。

其次，不同企业发生的相同或者相似的交易或者事项，应当采用规定的会计政策，确保会计信息口径一致、相互可比。

5. 实质重于形式

实质重于形式是指企业应当按照交易或者事项的经济实质进行会计确认、计量和报告，不应仅以交易或者事项的法律形式为依据。

6. 重要性

重要性是指企业提供的会计信息应当反映与企业财务状况、经营成果和现金流量等有关的所有重要交易或者事项。

对于会计核算过程中的交易或事项应当区别其重要程度，采用不同的核算方式。对资产、负债、损益等有较大影响，进而影响财务会计报告使用者据以做出合理判断的重要会计事项，必须按照规定的会计方法和程序进行处理，并在财务会计报告中予以充分、准确的披露；对于次要的会计事项，在不影响会计信息真实性和不至于误导财务会计报告使用者做出正确判断的前提下，可适当简化处理。

7. 谨慎性

谨慎性也称稳健性，是指企业对交易或者事项进行会计确认、计量和报告应当保持应有的谨慎，不应高估资产或者收益、低估负债或者费用。

8. 及时性

及时性是指企业对于已经发生的交易或者事项，应当及时进行会计确认、计量和报告，不得提前或者延后。

（二）会计核算的依据

《会计法》第九条规定：

各单位必须根据实际发生的经济业务事项进行会计核算，填制会计凭证，登记会计账簿，编制财务会计报告。任何单位不得以虚假的经济业务事项或者资料进行会计核算。

（1）会计核算应当以实际发生的经济业务事项为依据。具体要求是，根据实际发生的经济业务，取得合法、可靠的凭证，并据此登记账簿，编制财务会计报告，形成符合质量标准的会计资料。

（2）以虚假的经济业务事项或资料进行会计核算，是一种严重的违法行为。

（三）对会计资料的基本要求

《会计法》第五条规定：

会计机构、会计人员依照本法规定进行会计核算，实行会计监督。

任何单位或者个人不得以任何方式授意、指使、强令会计机构、会计人员伪造、变造会计凭证、会计账簿和其他会计资料，提供虚假财务会计报告。

任何单位或者个人不得对依法履行职责、抵制违反本法规定行为的会计人员实行打击报复。

对会计资料的基本要求包括：（1）会计资料的生成和提供必须符合国家统一的会计准则制度的规定；（2）不得提供虚假的会计资料。

1. 会计资料的生成和提供必须符合国家统一的会计准则制度的规定

会计资料主要是指会计凭证、会计账簿、财务会计报告等会计核算专业资料，它是会计核算的重要成果，是投资者做出投资决策、经营者进行经营管理、国家进行宏观调控的重要依据。

会计资料的真实性和完整性是会计资料最基本的质量要求，也是会计工作的生命线。

（1）会计资料的真实性，主要是指会计资料所反映的内容和结果，应当同单位实际发生的经济业务的内容及其结果相一致。

（2）会计资料的完整性，主要是指构成会计资料的各项要素都必须齐全，以使会计资料如实、全面地记录和反映经济业务发生的情况，便于会计资料使用者全面、准确地了解经济活动情况。

会计资料必须符合国家统一的会计制度的规定。为了保证会计资料的真实性、统一性，我国政府建立了一系列规章制度，对会计资料进行了规范，取得了良好的效果。目前用于规范会计资料的国家统一的会计制度主要有：《会计基础工作规范》《会计档案管理办法》《企业会计准则——基本准则》及42项具体准则和应用指南以及《小企业会计准则》等。

2. 不得提供虚假的会计资料

各单位必须保证会计资料的真实性和完整性，不得伪造、变造会计资料，不得提供虚假的财务会计报告。提供虚假的会计资料是违法行为，主要包括以下几种：

（1）伪造会计凭证、会计账簿及其他会计资料，是指以虚假的经济业务事项为前提编造不真实的会计凭证、会计账簿和其他会计资料，即以假充真。

例如，明明是违反国家规定私分钱物，却以劳务费名义编制会计凭证报账等。

（2）变造会计凭证、会计账簿及其他会计资料，是指用涂改、挖补等手段来改变会计凭证、会计账簿等的真实内容，歪曲事实真相的行为，即篡改事实以达到谋取私利目的的行为。

例如，变造会计凭证，将原始凭证中的数量、单价、金额进行涂改，使原始凭证反映的经济业务与实际情况不符。又如，变造会计账簿，不依法设置和使用账簿，利用账外账，不按照要求记账，或者对内对外采取不同的计算口径、计算方法、计算依据登记账簿，以达到隐瞒收入、逃避缴纳国家税收等非法目的。

(3) 编制虚假的财务会计报告，是指通过编造虚假的会计凭证、会计账簿及其他会计资料或篡改财务会计报告上的真实数据，使财务会计报告不真实、不完整地反映财务状况和经营成果，借以误导、欺骗会计资料使用者的行为，即以假乱真。编制虚假的财务会计报告是一种严重危害国家和社会公众利益的欺骗行为。

提示

伪造→无中生有；变造→篡改事实。对伪造、变造会计凭证、会计账簿和其他会计资料，提供虚假财务会计报告的行为做出禁止性规定，既是对会计机构、会计人员依法进行会计核算和会计监督的支持，也是对干扰会计机构、会计人员依法履行职责的违法行为人的警告和约束，有利于会计机构、会计人员依法履行职责，从根本上解决会计资料失真问题。如果有人置国家的法律于不顾，继续授意、指使、强令会计机构或会计人员伪造、变造会计凭证、会计账簿和其他会计资料，提供虚假的财务会计报告，将受到法律的追究。

(四) 对会计电算化的基本要求

《会计法》第十三条规定：

使用电子计算机进行会计核算的，其软件及其生成的会计凭证、会计账簿、财务会计报告和其他会计资料，也必须符合国家统一的会计制度的规定。

会计软件是会计电算化的重要手段和工具，会计软件符合国家统一的会计制度规定的核算要求和会计人员的习惯，是保证会计资料质量和会计工作正常进行的重要前提。因此，法律要求实行会计电算化的单位使用的会计软件必须符合国家统一的会计制度的规定，开发的软件必须通过财政部门的审核批准。

现行国家统一的会计制度中有关会计电算化管理的相关规定如下：

(1) 会计核算软件设计应当符合我国法律、法规、规章的规定，保证会计数据合法、真实、准确、完整，有利于提高工作效率。

(2) 会计核算软件应当具备五项初始功能：输入会计核算所必需的期初数字及有关资料；输入需要在本期进行对账的未达账项；选择会计核算方法；自动定义转账凭证；输入操作人员岗位分工情况。初始化功能运行结束后，软件必须提供必要的方法对初始数据进行正确性校验。

(3) 会计核算软件应当提供输入记账凭证的功能，并应提供对已输入但未登记会计账簿的记账凭证进行修改、审核的功能，同时还应当分别提供对审核功能与输入、修改功能的使用权限的控制。

(4) 会计核算软件应当提供根据审核通过的计算机内记账凭证及所附原始凭证登记账簿的功能，自动进行银行对账、自动编制会计报表及自动结账的功能。会计核算软件应当同时提供符合国家统一的会计制度规定的多种会计核算方法，以供用户选择。

(5) 会计核算软件应能提供计算机内合计数据的查询以及计算机内会计凭证、会计账簿、会计报表的打印、输出功能。对根据计算机内会计凭证和据以登记的相应账簿生成的各种会计报表数据，会计核算软件不能提供直接修改的功能。

（6）会计核算软件应具有按照初始化功能中的设定，防止非指定人员擅自使用的功能，并对指定人员实行使用权限的控制。

二、会计核算的内容

《会计法》第十条规定：

下列经济业务事项，应当办理会计手续，进行会计核算：（一）款项和有价证券的收付；（二）财物的收发、增减和使用；（三）债权债务的发生和结算；（四）资本、基金的增减；（五）收入、支出、费用、成本的计算；（六）财务成果的计算和处理；（七）需要办理会计手续、进行会计核算的其他事项。

下面逐一详述应当办理会计手续，进行会计核算的经济业务事项。

（一）款项和有价证券的收付

款项是指作为支付手段的货币资金，一般包括现金、银行存款以及其他视同现金和银行存款使用的外埠存款、银行汇票存款、银行本票存款、在途货币资金、信用证存款、保函押金和各种备用金等。有价证券是指表示一定财产拥有权或支配权的证券，如国库券、股票、企业债券和其他债券等。款项和有价证券是各单位中流动性最强的资产，由于具有高度的流动性，在会计核算过程中容易出现问题，因此，加强对款项和有价证券的管理和控制非常重要。各单位要按照国家统一的会计制度的规定，真实、及时地对款项和有价证券进行核算，以保证这类资产的安全与完整。

（二）财物的收发、增减和使用

财物是单位财产物资的简称，反映一个单位进行或维持经营管理活动的具有实物形态的经济资源。财物一般包括原材料、燃料、包装物、低值易耗品、在产品、商品等流动资产和房屋、建筑物、机器、设备、设施、运输工具等固定资产。这类资产涉及各单位生产过程中的劳动资料、劳动工具和劳动手段，是任何一个经济组织都不可或缺的。这些资产的价值一般较大，也是会计核算中的经常性业务活动主体，如果这类资产核算出现问题，就会直接影响到生产经营活动的正常进行。因此，各单位必须加强对单位财物收发、增减和使用的管理，严格按照国家统一的会计制度的规定进行核算，维护单位正常的生产经营秩序和会计核算程序。

（三）债权债务的发生和结算

债权是单位收取款项的权利，一般包括各种应收和预付款项等。债务则是指单位承担的、能以货币计量的、需要以资产或劳务偿付的义务，一般包括各项借款、应付和预收款项以及应交款项等。随着商品经济的发展，商业信用受到重视，各单位之间发生债权和债务关系不可避免，这类经济业务事项必须进行会计核算。各单位要加强对债权债务的核算，及时、真实、完整地核算和反映单位的债权债务，处理好与其他部门或个人之间的财务关系，以防范非法行为的发生。

（四）资本、基金的增减

会计核算中的资本是指所有者权益中的投入资本。基金是指各单位按照法律法规的规定而设置或筹集的、具有特定用途的专项资金，例如社会保险基金、教育基金等。资本、基金增减的会计核算，要遵循国家有关法律法规，并严格按照合同、协议、董事会决议或政府部门的有关文件办理。

（五）收入、支出、费用、成本的计算

收入是指公司、企业在销售商品、提供劳务及让渡资产使用权等日常活动中所形成的经济利益的总流入。支出是行政事业单位或社会团体在履行法定职能、发挥特定功能时所发生的各项开支，以及企业在正常生产经营活动以外的支出和损失。费用是指企业在销售商品、提供劳务等日常活动中所发生的经济利益流出。费用通常包括生产成本和期间费用。成本是指公司、企业为生产某种产品而发生的费用，它与一定种类和数量的产品相联系，是对象化了的费用。收入、支出、费用、成本都是计算和判断单位经营成果及其盈亏状况的主要依据。各单位应当重视收入、支出、成本、费用环节的管理，按照国家统一的会计制度的规定，正确核算收入、支出、费用、成本。

（六）财务成果的计算和处理

财务成果主要是指企业和企业化管理的事业单位在一定时期内通过从事经营活动在财务上取得的结果，具体表现为盈利或亏损。财务成果的计算和处理一般包括利润的形成和利润的分配两个部分，涉及企事业单位、国家等各方面的经济利益，各单位必须严格按照国家统一的规定，正确计算和处理财务成果。

（七）其他事项

其他事项是指除上述六项经济业务事项以外的、按照国家统一的会计制度规定应办理会计手续和进行会计核算的经济业务事项。随着我国经济的不断发展，新的会计业务不断出现，在有关会计制度中不可能对所有未来发生的会计事项都做出规定，但对这些新出现的会计事项，也必须进行会计核算和反映。

三、会计凭证

会计凭证是记录经济业务发生或者完成情况的书面证明，是登记账簿的依据。每个企业都必须按一定的程序填制和审核会计凭证，根据审核无误的会计凭证登记账簿，如实反映企业的经济业务。《会计法》对会计凭证的种类、取得、审核、更正等内容做了规定。

《会计法》第十四条规定：

会计凭证包括原始凭证和记账凭证。办理本法第十条所列的经济业务事项，必须填制或者取得原始凭证并及时送交会计机构。会计机构、会计人员必须按照国家统一的会计制度的规定对原始凭证进行审核，对不真实、不合法的原始凭证有权不予接受，并向单位负责人报告；对记载不准确、不完整的原始凭证予以退回，并要求按照国家统一的会计制度的规定更正、补充。原始凭证记载的各项内容均不得涂改；原始凭证有错误的，应当由出具单位重开或者更正，更正处应当加盖出具单位印章。原始凭证金额有错误的，应当由出具单位重开，不得在原始凭证上更正。记账凭证应当根据经过审核的原始凭证及有关资料编制。

（一）原始凭证

1. 原始凭证的概念和基本内容

原始凭证是在经济业务事项发生时由经办人员直接取得或者填制，用以表明某项经济业务事项已经发生或完成，从而明确有关经济责任的一种会计凭据。它是会计核算的原始依据，来源于实际发生的经济业务事项。

原始凭证应包括如下内容：（1）原始凭证名称；（2）填制原始凭证的日期；（3）填制原始凭证的单位名称或者填制人员的姓名；（4）接受原始凭证的单位；（5）经济业务事项名称；（6）经济业务事项的数量、单价和金额；（7）经办经济业务事项人员的签名或盖章等。

2. 原始凭证的填制和取得

应当办理会计手续的经济业务事项，在其发生时就必须填制或者取得原始凭证，这是依法进行会计核算的第一步，也是如实反映经济活动情况的关键。填制原始凭证表明原始凭证是由本单位自制的，取得原始凭证表明原始凭证是从外部索取的，无论其来源于内部还是外部，在处理应办理会计手续的经济业务事项时都应有原始凭证。

具体应做到：（1）办理经济业务事项时必须填制或取得原始凭证。（2）填制或取得的原始凭证必须及时送交会计机构，否则就是违法行为。

3. 原始凭证的审核

《会计法》对原始凭证的审核做出了如下具体规定：

（1）会计机构、会计人员必须按照法定职责审核原始凭证。

（2）会计机构、会计人员审核原始凭证应当按照国家统一的会计制度的规定进行。

（3）会计机构、会计人员对不真实、不合法的原始凭证，有权不予受理，并向单位负责人报告，请求查明原因，追究有关当事人的责任；对记载不准确、不完整的原始凭证予以退回，并要求经办人员按照国家统一的会计制度的规定进行更正、补充。

提示

退回≠拒绝接受。拒绝接受是对不真实、不合法的原始凭证从根本上予以否定，退回则是在认可的基础上要求消除缺陷，然后予以承认，比如内容填列不全的可以补充，手续不完备的可以补办。

4. 原始凭证审核的注意事项

(1) 从外单位取得的原始凭证，必须盖有填制单位的公章；对外单位开出的原始凭证，必须加盖本单位的公章。总之，必须由购买人以外的第三者查证核实后，会计人员才能据以入账。

(2) 凡填有大写和小写金额的原始凭证，大写和小写金额必须相符。

(3) 一式几联的原始凭证，应当注明各联的用途，只能以一联作为报销凭证。

(4) 发生销货退回的，除填制退货发票，还必须有退货验收证明；退款时，必须取得对方的收款收据或者汇款银行的凭证，不得以退货发票代替收据。

(5) 职工公出借款凭据必须附在记账凭证之后。

(6) 经上级有关部门批准的经济业务，应将批准文件作为原始凭证附件。

5. 原始凭证错误的更正

为了规范原始凭证的内容，明确相关人员的经济责任，防止利用原始凭证进行舞弊，《会计法》和《会计基础工作规范》对原始凭证错误的更正做出了具体规定，内容包括：

(1) 原始凭证所记载的各项内容均不得涂改。

(2) 原始凭证记载的内容有错误的，应当由开具单位重开或更正，更正工作须由原始凭证出具单位进行，并在更正处加盖出具单位印章。

(3) 原始凭证金额出现错误的不得更正，只能由原始凭证开具单位重新开具。

(4) 原始凭证开具单位应当依法开具准确无误的原始凭证，对于填制有误的原始凭证负有更正和重新开具的法律义务，不得拒绝。

【例题 19・单选】 A 单位会计王某采用涂改手段，将金额为 10 000 元的购货发票改为 40 000 元。根据《会计法》有关规定，该行为属于（　　）。

A. 伪造会计凭证　　B. 变造会计凭证

C. 伪造会计账簿　　D. 变造会计账簿

【答案】 B

【例题 20・多选】 会计机构、会计人员在审核原始凭证时，对不真实、不合法的原始凭证应当（　　）。

A. 不予受理

B. 向单位负责人报告

C. 请求查明原因，追究有关当事人的责任

D. 予以退回

【答案】 ABC

【例题 21・单选】 下列各项中，不属于原始凭证的是（　　）。

A. 结算凭证　　B. 记账凭证　　C. 领料单　　D. 入库单

【答案】 B

【例题 22・单选】 下列对外来发票出现错误金额的处理中，合法的是（　　）。

A. 退回原出具单位，并由原出具单位重新开发票

B. 退回原出具单位，并由原出具单位划线更正、加盖公章

C. 接受单位直接更正，并要求原出具单位说明情况同时加盖单位公章

D. 接受单位直接更正，并说明情况同时加盖单位公章

【答案】A

【例题23·单选】下列关于原始凭证更改内容的说法中，正确的是（　　）。

A. 原始凭证记载的各项内容在一定条件下可以进行修改

B. 原始凭证有错误的不得修改，必须由原出具单位重开

C. 原始凭证金额有错误的，必须由原出具单位重开

D. 原始凭证有错误的可以直接在错误处更正，但必须由原出具单位加盖印章

【答案】C

（二）记账凭证

1. 记账凭证的概念和基本内容

记账凭证是对经济业务事项按其性质加以归类、确定会计分录，并据以登记会计账簿的会计凭证，它具有分类归纳原始凭证和满足登记会计账簿需要的作用，因此必须根据审核无误的原始凭证和有关资料编制。记账凭证的时间期限一般为一个会计结算期，这样才能够保证会计核算工作的正常进行和当期会计资料的真实、完整。

记账凭证的基本内容有：（1）填制凭证的日期；（2）凭证的名称和编号；（3）经济业务摘要；（4）应记会计科目、方向及金额；（5）记账符号；（6）所附原始凭证的张数；（7）填制人员、稽核人员、记账人员和会计机构负责人（会计主管人员）的签名或印章。

2. 记账凭证的编制

编制记账凭证在会计核算过程中是非常重要的环节，是会计正确提供信息的关键。《会计法》对编制记账凭证的程序和要求做出了规定：

记账凭证应当根据经过审核的原始凭证及有关资料编制。

提示

（1）一笔经济业务需填制两张以上记账凭证的，应采用分数编号法。

（2）除结账和更正错误的记账凭证外，其他的记账凭证必须附有原始凭证，并注明原始凭证张数。

（三）会计凭证的传递与管理

（1）会计凭证应当及时传递，不得积压。会计凭证登记完毕后，应当按照分类和编号顺序保管，不得散乱丢失。

（2）记账凭证应当连同所附的原始凭证或者原始凭证汇总表一起装订。

（3）对于数量过多的原始凭证，可以单独装订保管，在封面上注明记账凭证日期、编号、种类，同时在记账凭证上注明“附件另订”和原始凭证名称及编号。

（4）原始凭证不得外借，其他单位因特殊原因需要使用原始凭证时，经本单位会

计机构负责人（会计主管人员）批准，可以复制。

（5）从外单位取得的原始凭证如有遗失，应当取得原开出单位盖有公章的证明，并注明原来凭证的号码、金额和内容等，由经办单位会计机构负责人、会计主管人员和单位领导人批准后，才能代作原始凭证。

提示

会计档案不得外借，但经本单位负责人批准可以进行查阅或者复制原件，记账凭证示例如图 2－2 所示。

记　账　凭　证

2014 年　10 月　12 日　　　　付字第 20 号

摘　要	科目：总账科目	科目：明细科目	借方金额（亿千百十万千百十元角分）	贷方金额（亿千百十万千百十元角分）	√
支付包装木箱押金	其他应收款	龙泉公司	700000		
	银行存款			700000	
合　计			￥700000	￥700000	

附件 2 张

会计主管：　　记账：　　出纳：张笑　　复核：　　制单：李芳

图 2－2　记账凭证示例

四、会计账簿

会计账簿是指由一定格式的账页组成的，以经过审核的会计凭证为依据，全面、系统、连续地记录各项经济业务的簿籍。《会计法》对会计账簿的种类、登记规则等内容做了详细的规定。

《会计法》第三条规定：

各单位必须依法设置会计账簿，并保证其真实、完整。

《会计法》第十五条规定：

会计账簿登记，必须以经过审核的会计凭证为依据，并符合有关法律、行政法规和国家统一的会计制度的规定。会计账簿包括总账、明细账、日记账和其他辅助性账簿。会计账簿应当按照连续编号的页码顺序登记。会计账簿记录发生错误或者隔页、缺号、跳行的，应当按照国家统一的会计制度规定的方法更正，并由会计人员和会计机构负责人（会计主管人员）在更正处盖章。使用电子计算机进行会计核算的，其会计账簿的登记、更正，应当符合国家统一的会计制度的规定。

（一）依法建账

依法建账是会计核算中最基本的要求之一。建账是会计工作中的重要一环，是如实记录和反映经济活动情况的重要前提。这里所说的依法建账的“法”，既包括《会计法》《会计基础工作规范》等，也包括其他法律、行政法规，如《中华人民共和国税收征收管理法》（以下简称《税收征收管理法》）、《中华人民共和国公司法》（以下简称《公司法》）等。

根据这些法律的规定，各单位在建账时应做到以下几点：

（1）国家机关、社会团体、企业、事业单位和其他经济组织，应按照要求设置会计账簿，进行会计核算。不具备建账条件的，应实行代理记账。

（2）设置会计账簿的种类和具体要求，要符合《会计法》和国家统一的会计制度的规定。

（3）各单位发生的经济业务应当统一核算，不得违反规定私设会计账簿进行登记、核算。

（二）设置会计账簿的作用

设置会计账簿是会计工作的重要环节，也是进行会计核算和会计监督不可缺少的程序。合理设置会计账簿对会计核算和会计监督具有重要作用和意义。

（1）可以通过会计账簿对会计凭证提供的大量分散的会计核算资料加以归类整理，以全面、系统、连续地反映和监督单位的经济活动情况，为加强会计核算和会计监督、提高经营管理水平提供有效的服务。

（2）通过会计账簿一方面可以从总体上了解和掌握单位的经济活动情况；另一方面可以详细地了解和掌握各项经济活动的资产、负债、所有者权益的增减情况，收入、费用的发生情况，利润的实现和分配情况等，借以考核单位经营计划的执行情况，评价单位的经营成果和财务成果的好坏，发现经营中存在的问题，并找出产生问题的原因。

（3）可以根据会计账簿提供的会计核算资料编制财务会计报告，为不同的会计资料使用者（如股东、投资人及财政、税务、审计机构等）了解、分析、掌握、监督财务会计报告以及编制单位的经营情况提供依据。

（三）设置会计账簿的总体要求

《会计法》第十六条规定：

各单位发生的各项经济业务事项应当在依法设置的会计账簿上统一登记、核算，不得违反本法和国家统一的会计制度的规定私设会计账簿登记、核算。

这是对单位依法设置会计账簿的法律规定，适用范围是所有实行独立核算的国家机关、社会团体、公司、企业、事业单位和其他组织。

（1）各会计核算单位必须依照《会计法》和国家统一的会计制度的规定设置会计账簿，不允许不设置会计账簿。但是，目前由于各种原因，比如一些单位为了避税或者没有合格的会计人员等，不设置会计账簿的情况仍然比较普遍，造成这些单位内部财务管理混乱，收支失控，损失浪费严重，这种状况必须依法予以纠正。

（2）各会计核算单位必须依照《会计法》和国家统一的会计制度的规定设置会计账簿，包括总账、明细账、日记账和其他辅助账簿，不允许用总账代替明细账和日记账，也不允许用明细账代替总账和日记账，或者用日记账代替总账和明细账。凡是依法必须设置的会计账簿，各会计核算单位必须依法设置，不得规避。

（3）各会计核算单位不得违反《会计法》和国家统一的会计制度的规定，在法定的会计账簿之外另设会计账簿（又称私设会计账簿或账外账）。但是，在市场经济条件下，受利益驱动，许多单位设置了账外账，成为滋生腐败的"温床"。这是法律所不允许的，应当依法予以纠正。

（4）各会计核算单位必须保证依法设置的会计账簿真实、完整。即依法应当设置的会计账簿已经全部设置，且记录的内容真实、完整。

（四）会计账簿的种类

各单位要依法设置的会计账簿包括：

（1）总账（总分类账）。总账是根据会计科目（也称总账科目）开设的账簿，用于分类登记单位的全部经济业务事项，提供资产、负债、资本、费用、成本、收入和成果等总括核算的资料。总账一般使用外表形式订本账，格式为三栏式。

（2）明细账（明细分类账）。明细账是根据总账科目所属的明细科目设置的，用于分类登记某一类经济业务事项，提供有关明细核算资料。明细账一般使用外表形式活页账，格式有三栏式、数量金额式、多栏式。

（3）日记账。日记账是一种特殊的序时明细账，它是按照经济业务事项发生的时间顺序，逐日逐笔地进行登记的账簿，包括现金日记账和银行存款日记账。日记账一般使用外表形式订本账，格式为三栏式。

（4）其他辅助账簿（备查账簿）。其他辅助账簿是为备忘备查而设置的。在会计实务中，主要包括各种租借设备、物资的辅助登记或有关应收、应付款项的备查簿，担保、抵押备查簿等。一般使用外表形式订本账或活页账。

提示

"各单位必须依法设置会计账簿，并保证其真实、完整。"此规定属于法律的强制性规范，各会计核算单位必须执行，不得违反。如果有人置国家的法律于不顾，将受到法律的严惩。

（五）会计账簿登记的基本要求

会计账簿的登记应满足以下要求：

（1）根据审核无误的会计凭证登记会计账簿。依据会计凭证登记会计账簿，是基本的会计记账规则，是保证会计账簿记录质量的重要一环。

（2）各种账簿要按页次顺序连续登记，不得跳行、隔页。

（3）会计账簿记录发生错误时，应当按照规定的更正方法进行更正。主要的更正方法有划线更正法、补充登记法、红字更正法三种。更正处由更正人员签章，以明确责任。

（4）实行会计电算化的单位，其会计账簿的登记、更正，也应符合国家统一的会计制度的规定。

（5）禁止账外设账。各单位发生的各项经济业务事项应当在依法设置的会计账簿上统一登记、核算，不得私设账外账。

提示

《会计法》严禁设立的账外账，不同于有些单位为了强化内部管理而在法定会计账簿之外设置的管理会计账簿。

（六）账目核对

《会计法》第十七条规定：

各单位应当定期将会计账簿记录与实物、款项及有关资料相互核对，保证会计账簿记录与实物及款项的实有数额相符、会计账簿记录与会计凭证的有关内容相符、会计账簿之间相对应的记录相符、会计账簿记录与会计报表的有关内容相符。

账目核对也称对账，是保证会计账簿记录质量的重要程序。账目核对要做到账实相符、账证相符、账账相符和账表相符。

1. 账实相符

账实相符是会计账簿记录与实物、款项实有数核对相符的简称。主要包括：（1）现金日记账的账面余额与现金实际库存数核对相符；（2）银行存款日记账的账面余额与银行对账单核对相符；（3）各种财物明细账的账面余额与财物实存数核对相符；（4）各种应收、应付款明细账的账面余额与有关债务债权单位或者个人核对相符。在核对过程中，要对财产进行清查，确定各种材料物资、货币资金和债权债务的实存数，检查账面结存数与实存数是否相符。对账实不符的，要查明原因并依照国家有关规定正确进行会计处理，切实做到账实相符。

2. 账证相符

账证相符是会计账簿记录与会计凭证有关内容核对相符的简称。会计账簿是根据会计凭证等资料登记的，会计凭证是会计账簿登记的基础。通过账证核对，可以检查、验证会计账簿记录和会计凭证的内容是否正确无误，保证会计账簿资料真实、完整。要具体核对会计账簿记录与原始凭证、记账凭证的时间、凭证字号、内容、金额是否一致，记账方向是否相符，切实做到账证相符。

3. 账账相符

账账相符是会计账簿之间对应的记录核对相符的简称。会计账簿之间，包括总账各账户之间、总账与明细账之间、总账与日记账之间，以及会计机构的财产物资明细账与保管部门、使用部门的有关财产物资明细账之间存在内在联系，通过定期核对，可以检查、验证、确认会计账簿记录的正确性，便于及时发现问题，纠正错误，保证会计资料真实、完整和准确无误。

应当对不同会计账簿的记录进行核对，包括总账有关账户的余额核对，总账与明细账核对，总账与日记账核对，会计部门的财产物资明细账与财产物资保管、使用部门的有关明细账核对等，切实做到账账相符。

提示

每个会计事项，一方面要记入有关总账，另一方面要记入该账所属的明细账。

4. 账表相符

账表相符是会计账簿记录与会计报表有关内容核对相符的简称。会计报表是根据会计账簿记录及有关资料编制的，会计账簿和相关资料是编制会计报表的基础，两者之间存在必然的联系。通过检查账表之间的相互关系，可以发现其中是否存在违法行为。

各单位应当严格按照《会计法》关于“财务会计报告应当根据经过审核的会计账簿记录和有关资料编制”的要求编制会计报表，做到有根有据，不得估列代编、弄虚作假，在此基础上定期将会计账簿记录与会计报表的有关内容相互核对，使会计报表所反映的有关资产、负债、现金流量等数据与会计账簿记录的相关数据互相符合，切实做到账表相符。

【例题 24 · 多选】根据会计法律制度的规定，下列各项中，属于单位依法设置的会计账簿的有（　　）。

A. 总账　　B. 明细账　　C. 日记账　　D. 辅助账簿

【答案】ABCD

【例题 25 · 单选】单位会计账簿记录与会计报表有关内容核对相符，也称（　　）。

A. 账实相符　　B. 账证相符　　C. 账表相符　　D. 账账相符

【答案】C

【例题 26 · 多选】根据《会计法》的规定，账目核对应做到（　　）。

A. 账证相符　　B. 账实相符　　C. 账账相符　　D. 账表相符

【答案】ABCD

五、财务会计报告

财务会计报告是对企业财务状况、经营成果和现金流量的结构性表述。财务报表至少应当包括下列组成部分：（1）资产负债表；（2）利润表；（3）现金流量表；（4）所有者权益（或股东权益，下同）变动表；（5）附注。财务报表的上述组成部分具有同等的重要程度。

《会计法》第二十条规定：

财务会计报告应当根据经过审核的会计账簿记录和有关资料编制，并符合本法和国家统一的会计制度关于财务会计报告的编制要求、提供对象和提供期限的规定；其他法律、行政法规另有规定的，从其规定。财务会计报告由会计报表、会计报表附注和财务情况说明书组成，向不同的会计资料使用者提供的财务会计报告，其编制依据应当一致。有关法律、行政法规规定会计报表、会计报表附注和财务情况说明书须经注册会计师审计的，注册会计师及其所在的会计师事务所出具的审计报告应当随同财务会计报告一并提供。

《会计法》第二十一条规定：

财务会计报告应当由单位负责人和主管会计工作的负责人、会计机构负责人（会计主管人员）签名并盖章；设置总会计师的单位，还须由总会计师签名并盖章。单位负责人应当保证财务会计报告真实、完整。

这是对财务会计报告的编制依据、注册会计师审计、签章程序等做出的法律规定。财政部2019年4月30日发布的《关于修订印发2019年度一般企业财务报表格式的通知》对企业财务报表列报等做出了具体规定。各企业和单位必须按照上述法律、法规和准则的规定执行，做好财务会计报告的编制与对外提供这一重要工作。

（一）财务会计报告的概念、构成和分类

1. 财务会计报告的概念

财务会计报告又称财务报告，是企业对外提供的反映企业某一特定日期的财务状况和某一会计期间的经营成果、现金流量等会计信息的文件。

2. 财务会计报告的构成

财务会计报告包括财务报表和其他应当在财务会计报告中披露的相关信息和资料。财务报表至少应当包括“四表一注”，即资产负债表、利润表、现金流量表、所有者权益变动表以及附注。

3. 财务会计报告的分类

财务会计报告分为年度、半年度、季度和月度财务会计报告。

财务报表按照不同的标准可分为不同的种类：

（1）按财务报表编报期间的不同，可以分为中期财务报表和年度财务报表。其中，中期财务报表是以短于一个完整会计年度的报告期间为基础编制的财务报表，包括月报、季报和半年报等。

（2）按财务报表编报主体的不同，可以分为个别财务报表和合并财务报表。

（二）对财务会计报告编制和报送的要求

（1）财务会计报告应当根据经过审核的会计账簿记录和有关资料编制。由于财务会计报告是根据日常的会计账簿记录及其他有关资料编制的，因此会计账簿记录及其他有关资料是否真实、完整、准确，直接关系到财务会计报告的质量。为了保证财务会计报告的准确性、真实性和完整性，《会计法》要求会计账簿记录和有关资料必须经过审核，在编制财务会计报告前依法对会计账簿进行审核。

（2）财务会计报告的编制应当符合《会计法》和国家统一的会计制度的要求。各单位要严格按照《会计法》和国家统一的会计制度规定的财务会计报告的种类、格式和内容编制，并按照规定期限及时报送有关部门。关于财务会计报告的提供期限，根据国家统一的会计制度的规定，各单位应当在月份、季度、年度终了后一定时间内报送。关于财务会计报告的提供对象，因各单位的性质、隶属关系、国家对其监管的要求不同而有所差别。各单位应按规定期限及时对外提供财务会计报告。企业会计准则规定，企业至少应当按年编制财务报表。

提示

对外提供的财务会计报告应当依次编定页码，加具封面，装订成册，加盖公章。会计报表的封面需要下列人员签名并盖章：单位负责人和主管会计工作的负责人、会计机构负责人（会计主管人员）；设置总会计师的单位，还须由总会计师签名并盖章。

（3）向不同的会计资料使用者提供的财务会计报告，其编制依据应当一致。财务会计报告是反映单位财务状况和经营成果的书面文件，按照国家统一的会计制度的规定，财务会计报告应当报送财政部门、税务部门、上级主管部门等有关部门。《会计法》要求向不同的会计资料使用者提供的财务会计报告的编制依据应当一致，实际上是要求单位财务会计报告应当真实反映其生产经营成果和财务状况，防止单位对不同的会计资料使用者采取不同的计算口径、计算方法、计算依据编制和提供内容不同的财务会计报告，以达到逃避缴纳税款、隐瞒收支或其他违法违纪等目的。同时，对单位向不同的会计资料使用者提供编制依据不一致的财务会计报告的行为规定了法律责任。

企业应当依照《公司法》的规定，向投资者提供财务会计报告。国务院派出监事会的国有重点大型企业、国有重点金融机构和省、自治区、直辖市人民政府派出监事会的国有企业，应当依法定期向监事会提供财务会计报告。国有企业、国有控股或占主导地位的企业，应当至少每年一次向本企业的职工代表大会公布财务会计报告。

（4）有关法律、行政法规规定会计报表、会计报表附注和财务情况说明书须经注册会计师审计的，注册会计师及其所在的会计师事务所出具的审计报告应当随同财务会计报告一并提供。由注册会计师对会计报表、会计报表附注和财务情况说明书进行审计，是中介机构对单位财务会计报告的评价和审核，是对会计工作实施社会监督的一种形式。

提示

编制财务会计报告的基本要求一般包括：数据真实、内容完整、计算准确和编报及时。企业应当按照规定的结账日进行结账，不得提前或延迟。年度结账日为公历每年 12 月 31 日（一般称为资产负债表日）；半年度、季度、月度结账日分别为公历每半年、每季、每月的最后一天。

【例题27·单选】根据《会计法》的规定，下列单位有关负责人在财务会计报告上签章的做法中，正确的是（　　）。

A. 签名　　B. 盖章　　C. 签名或盖章　　D. 签名并盖章

【答案】D

【例题28·多选】根据国家统一的会计制度的规定，单位对外提供的财务会计报告应当由单位有关人员签字并盖章。下列各项中，应当在单位对外提供的财务会计报告上签字并盖章的有（　　）。

A. 单位负责人　　B. 总会计师

C. 会计机构负责人　　D. 单位内部审计人员

【答案】ABC

【例题29·判断】公司、企业可以根据不同报表使用者的需要，采取不同的编制基础、编制依据、编制原则和编制方法分别编制并提供财务会计报告。（　　）

【答案】×

六、会计处理方法

《会计法》第十八条规定：

各单位采用的会计处理方法，前后各期应当一致，不得随意变更；确有必要变更的，应当按照国家统一的会计制度的规定变更，并将变更的原因、情况及影响在财务会计报告中说明。

会计处理方法是指各单位在会计核算时运用的具体方法。主要包括：编制合并会计报表的原则和方法，外币折算处理方法，收入确认原则和方法，企业所得税会计处理方法，存货计价会计处理方法，长期投资会计处理方法，折旧计提方法，坏账损失计提和核算方法等。会计处理方法的变更会直接影响会计资料的质量和可比性。由于经济业务的复杂性和多样化，一些经济业务可以有多种会计处理方法，例如计提固定资产折旧有年限平均法、工作量法、加速折旧法（双倍余额递减法和年数总和法）等。尽管加速折旧法的使用受到限制，但是在年限平均法中选择使用年限、净残值率等时，企业有一定的自主权。应注意，会计方法的选择必须符合国家统一的会计制度的规定。由于不同的会计处理方法会产生不同的核算结果，因此，有些单位会通过改变会计处理方法，来达到粉饰单位业绩、少交税等目的。为此，《会计法》对会计处理方法做了专门规定，主要包括以下内容。

（1）各单位采用的会计处理方法前后各期应当一致，不得随意变更。一个单位一旦选定一种会计处理方法，就应当保持一贯性，这是会计核算一贯性原则的具体要求。因为尽管不同的会计处理方法在本质上都是正确的，但仍然存在一定的差异，不同的会计处理方法会产生不同的核算结果。如果各单位在不同时期运用不同的会计处理方法，其不同时期的核算结果就会缺乏可比性。因此，在会计核算中坚持一贯性原则有利于提高会计信息的使用价值，便于不同会计期间会计信息的纵向比较。同时，一贯性原则还可以制约和防止单位通过变更会计处理方法在会计核算上弄虚作假。

（2）各单位采用的会计处理方法确有必要变更的，应当按照国家统一的会计制度的规定变更，并将变更原因、情况及影响在财务会计报告中说明。

这是在“各单位采用的会计处理方法前后各期应当一致”的基础上做的补充规定。会计核算的一贯性原则并不意味着各单位的会计处理方法一成不变，如果确实需要变更会计处理方法，依照《会计法》的规定是可以变更的。允许单位变更会计处理方法，有利于各单位根据实际情况，选择更客观真实地反映单位活动的会计处理方法进行会计核算，使其提供的企业财务状况、经营成果和现金流量等信息更加可靠。因为单位选择会计处理方法的依据是业务发生时所处的特定经济环境以及某类业务的实际情况，随着经济环境的变化，当继续采用原来的会计处理方法不能保证会计信息的可靠性和相关性时，就需要改变会计处理方法。比如，企业原来采用先进先出法进行存货周转成本的计价，但由于通货膨胀，现在采用加权平均法进行计价能更好地反映存货的实际成本。在这种情况下，就应当舍弃原来采用的先进先出法而采用加权平均法。当然，允许单位变更会计处理方法的前提是“确有必要变更”。

提示

企业可以变更会计政策的情形有：一是有关法规发生变化，要求企业变更会计政策；二是改变会计政策后能够更恰当地反映企业的财务状况和经营成果。

七、或有事项的列报和披露

《会计法》第十九条规定：

单位提供的担保、未决诉讼等或有事项，应当按照国家统一的会计制度的规定，在财务会计报告中予以说明。

或有事项是指现存的一种状况，具有不确定性，其最终结果是损失还是收益，只能由某些不完全由企业控制的未来不确定事项的发生或不发生予以证明，可能会给企业未来经营的财务状况带来影响（包括风险）。这些可能发生的损失称为或有损失，可能发生的负债称为或有负债，可能发生的收益称为或有收益，可能发生的资产称为或有资产。比如，甲企业作为原告起诉乙企业违约，要求乙企业承担违约责任。对于甲企业来讲，它作为原告能否胜诉获得赔偿，要经过法院的最后判决才能确定。甲企业可能获得赔偿这种不确定的情形称为或有事项，可能获得的赔偿称为或有收益。对于乙企业来讲，其作为被告是否要承担违约责任，也要等法院做出最后判决才能确定。乙企业可能要承担违约责任这种不确定的情形就是或有事项，可能承担的违约责任就是或有损失。

或有事项主要涉及以下两种情形。

（一）担保

即债务人或第三人以其财产为自己或者他人所做的偿还债务和承担责任的担保。

我国担保法规定的担保方式有保证、抵押、质押、留置和定金。在日常的经济活动中，最常见的担保方式是保证、抵押和质押。

1. 保证

保证是指由第三人向债权人担保，在债务人不履行债务时，由该第三人负责履行债务或者承担责任。依照担保法的规定，保证分为一般保证和连带责任保证。二者的主要区别是：一般保证是只有在债务人确实不能履行债务时，保证人才承担责任。换言之，债权人首先应当向债务人追偿债务，而不能直接向保证人主张权利。保证人在主合同纠纷未经审判或仲裁，并就债务人财产依法强制执行仍不能履行债务前，对债权人可以拒绝承担保证责任。而连带责任保证是指一旦被保证履行的债务期限届满而债务人未履行债务，债权人就可以直接要求保证人承担保证责任。因此，连带责任保证是一种比一般保证更为严格的保证方式。但无论是哪种保证方式，作为保证人都有以单位财产承担保证责任的可能。

2. 抵押

抵押是指债务人或者第三人不转移财产的占有，将该财产作为债权的担保。当债务人不履行债务时，债权人有权依法以该财产折价、拍卖、变卖的价款优先受偿。虽然以抵押方式提供担保不转移对财产的占有，抵押人仍然具有对抵押财产的占有、使用、收益、处分的权利，但是存在以抵押财产清偿债务的可能。这种担保方式，既包括以单位的财产为自己履行合同提供担保，又包括以单位的财产为他人履行合同提供担保。

3. 质押

质押是指债务人或第三人将其动产或者权利移交债权人占有，将该动产或者权利作为债权的担保。当债务人不履行债务时，债权人有权依法以该动产或者权利折价、拍卖、变卖的价款优先受偿。虽然质押不转移质押物的所有权，但是存在以质押物清偿债务的可能。这种担保方式，既包括以单位的财产或者权利为自己提供担保，也包括以单位的财产或者权利为他人提供担保。

所以，单位提供担保，无论是一般保证还是连带责任保证，无论是单位为自己提供担保还是为他人提供担保，都存在以单位财产承担担保责任的可能。

（二）未决诉讼

未决诉讼是指单位作为原告或者被告的正在进行未做最后判决的民事诉讼。双方当事人的民事纠纷起诉到法院后，法院的最后判决是确定双方当事人权利义务的依据。在诉讼尚未结束，法院未做最后判决之前，双方的权利义务是不确定的。

财务会计报告是一个单位依法向国家有关部门提供或者向社会公开披露的反映该单位财务状况和经营成果的书面文件，应当全面、真实、完整地反映单位的资产情况。单位提供担保，存在以提供的担保财产清偿债务的可能，即存在或有损失；未决诉讼使单位在民事诉讼中的责任尚未确定，存在或有收益或者或有损失，这些都涉及单位的资产问题。为此，《会计法》要求单位应当按照国家统一的会计制度的规定，将其提供担保、未决诉讼等或有事项在财务会计报告中予以说明，以使单位的财务会计报告充分反映单位真实的财务状况。

八、会计年度

（一）会计年度的概念

会计年度是以年度为单位进行会计核算的时间区间，是反映单位财务状况、核算经营成果的时间界限。

（二）我国关于会计年度的规定

《会计法》第十一条规定：

会计年度自公历 1 月 1 日起至 12 月 31 日止。

按照持续经营原则，一个单位的业务经营活动总是连续不断地进行的。按照会计分期原则，必须对企业的业务活动进行分期核算，以考核企业在一定期间的财务成果。因此，会计核算中必须将连续不断的经营过程人为地划分为若干相等的时期，分期进行结算，分期编制财务会计报告，分期反映单位的财务状况和经营成果。这种分期进行会计核算的时间区间，在会计上称为会计期间。《企业财务会计报告条例》规定，会计期间分为年度、半年度、季度和月度，以满足单位经营管理和投资者对会计资料的需要。

企业应当依照有关法律、行政法规和《企业财务会计报告条例》规定的结账日进行结账，不得提前或者延迟。年度结账日为公历年度每年的 12 月 31 日；半年度、季度、月度结账日分别为公历年度每半年、每季、每月的最后一天，这是我国会计年度的法律规定。我国自新中国成立以来一直实行公历制，是为了与我国的财政、计划、统计、税务等年度保持一致，便于国家进行宏观经济管理。各单位按年度提供的会计资料是国家实施宏观调控的重要依据。

提示

《会计法》关于会计年度的规定，不仅适用于内资企业，也适用于外商投资企业。

【例题 30 · 单选】根据《会计法》的规定，下列各项中，属于我国法定会计年度期间的是（　　）。

A. 公历 1 月 1 日起至 12 月 31 日止

B. 公历 4 月 1 日起至 3 月 31 日止

C. 公历 7 月 1 日起至 6 月 30 日止

D. 由企业根据经营特点自行确定的会计年度期间

【答案】A

九、记账本位币

《会计法》第十二条规定：

会计核算以人民币为记账本位币。业务收支以人民币以外的货币为主的单位，可以选定其中一种货币作为记账本位币，但是编报的财务会计报告应当折算为人民币。

我国境内各单位的会计核算以人民币为记账本位币，单位的一切经济业务事项通过人民币进行核算和反映。随着改革开放的不断深入，人民币以外的其他币种在一些单位的日常会计核算中占据了主导地位。《会计法》规定，可以选用人民币以外的货币作为记账本位币，但是必须符合“业务收支以人民币以外的货币为主”的要求，而且记账本位币一经确定，不得随意变动。以人民币以外的货币为记账本位币的单位，在编制财务会计报告时，应当依据国家统一的会计制度的规定，按照一定的外汇汇率折算为人民币，以便于财务会计报告使用者阅读和使用，也便于税务、工商等部门通过财务会计报告计算应缴税款和进行工商年检。

【例题31·单选】业务收支以人民币以外的货币为主的单位，（　　）。

A. 必须使用人民币为记账本位币

B. 可以选定其中一种货币作为记账本位币

C. 其财务会计报告不必折算为人民币

D. 可以根据需要变动记账本位币

【答案】B

【例题32·判断】会计核算以人民币为记账本位币，业务收支以人民币以外的货币为主的单位，应当折算成人民币记账。（　　）

【答案】×

十、会计文字记录

《会计法》第二十二条规定：

会计记录的文字应当使用中文。在民族自治地方，会计记录可以同时使用当地通用的一种民族文字。在中华人民共和国境内的外商投资企业、外国企业和其他外国组织的会计记录可以同时使用一种外国文字。

会计资料作为一种商业语言和社会资源，必须使用规范统一的文字，以使会计资料的使用者真正全面地了解会计资料反映的实际情况。因此，《会计法》规定，会计记录的文字应当使用中文。根据这一规定，在我国境内所有国家机关、社会团体、公司、企业、事业单位和其他组织的会计记录文字都必须使用中文，这是法定要求，违反这一规定应当承担法律责任。

在使用中文的前提下，会计记录可以同时使用民族自治地区通用的一种民族文字，在我国境内的外国经济组织的会计记录可以同时使用一种外国文字。使用中文是强制性的，使用其他文字是备选性的，不能理解为既可以使用中文，也可以使用其他文字。

【例题33·多选】下列关于会计文字记录的表述中，正确的有（　　）。

A. 在我国境内所有单位的会计记录都必须使用中文

B. 在我国境内的外国组织可以单独使用外国文字

C. 民族自治地区的单位的会计记录，可以单独使用当地通用的一种民族文字

D. 使用中文是强制性的，使用其他通用文字是备选性的

【答案】AD

十一、财产清查

（一）财产清查的概念

财产清查是根据账簿记录对各项财产物资和库存现金进行实地盘点，对银行存款和债权债务进行核对，确定各项财产物资、货币资金和债权债务的实存数，并查明实存数与账面数是否相符的一种专门方法。

（二）关于财产清查的法律规定

《会计法》第十七条规定：

各单位应当定期将会计账簿记录与实物、款项及有关资料相互核对，保证会计账簿记录与实物及款项的实有数额相符、会计账簿记录与会计凭证的有关内容相符、会计账簿之间相对应的记录相符、会计账簿记录与会计报表的有关内容相符。

《会计法》第二十七条规定：

财产清查的范围、期限和组织程序应当明确。

财产清查是会计核算工作的一项重要程序，特别是在编制年度财务会计报告之前，必须进行财产清查，并对账实不符等问题根据国家统一的会计制度的规定进行会计处理，以保证财务会计报告反映的会计信息真实、完整。通过财产清查，可以发现财产管理工作中存在的问题，以便查清原因，改善经营管理，保护财产的完整和安全；可以确定各项财产的实存数，以便查明实存数与账面数是否相符，并查明不符的原因和责任，制定相应的措施，做到账实相符，保证会计资料的真实性。

（三）财产清查的种类

1. 按照清查的对象和范围可分为全面清查和局部清查

（1）全面清查。全面清查的内容多、范围广，投入的人力多，不可能经常进行，一般只用于年终结算前的清查。当然，在某些特殊情况下，如企业破产、合并、改变隶属关系、清产核资或单位主要负责人调离工作岗位时，为了明确经济责任或核定资金，要进行全面清查。

（2）局部清查。局部清查是指根据需要对部分财产、物资和往来款项等进行盘点和清查。

2. 按照清查的时间可分为定期清查和不定期清查

（1）定期清查。定期清查通常在年末、半年末、季末、月末结账时进行。

（2）不定期清查。不定期清查是指事先没有规定清查时间，根据特殊需要而进行的临时性清查。

十二、会计档案管理

《会计法》第二十三条规定：

各单位对会计凭证、会计账簿、财务会计报告和其他会计资料应当建立档案，妥善保管。会计档案的保管期限和销毁办法，由国务院财政部门会同有关部门制定。

（一）会计档案的内容

会计档案是指单位在进行会计核算等过程中接收或形成的，记录和反映单位经济业务事项的，具有保存价值的文字、图表等各种形式的会计资料，包括通过计算机等电子设备形成、传输和存储的电子会计档案。具体包括：

（1）会计凭证类：原始凭证、记账凭证、汇总凭证及其他会计凭证。

（2）会计账簿类：总账、明细账、日记账、固定资产卡片账、辅助账簿及其他会计账簿。

（3）财务报告类：月度、季度、年度财务报告，包括会计报表、附表、附注及文字说明和其他财务报告。

（4）其他类：银行存款余额调节表、银行对账单、应当保存的会计核算专业资料、会计档案移交清册、会计档案保管清册、会计档案销毁清册。

提示

财务预算、计划、制度等文件材料属于文书档案，不属于会计档案。

（二）会计档案的管理部门

县级以上各级人民政府财政部门和档案行政管理部门共同负责会计档案工作的指导、监督和检查，管理本行政区域内的会计档案工作。

（三）会计档案的归档

各单位每年形成的会计档案，应当由会计机构按照归档要求，负责整理立卷归档。采用电子计算机进行会计核算的单位，应当保存打印出的纸质会计档案。

单位的会计机构或会计人员所属机构（统称单位会计管理机构），负责会计资料整理、归档、立卷，编制会计档案保管清册。

（四）会计档案的移交

1. 单位内部会计档案移交

当年形成的会计档案，在会计年度终了后，可由单位会计管理机构临时保管1年，再移交单位档案管理机构保管。

因工作需要确需推迟移交的，应当经单位档案管理机构同意。单位会计管理机构临时保管会计档案最长不超过 3 年。出纳人员不得兼管会计档案。

单位会计管理机构在办理会计档案移交时，应当编制会计档案移交清册，并按照国家档案管理的有关规定办理移交手续。纸质会计档案移交时应当保持原卷的封装。电子会计档案移交时应当将电子会计档案及其原数据一并移交，特殊格式的电子会计档案应当与其读取平台一并移交。

2. 单位之间会计档案移交

单位之间交接会计档案时，交接双方应当办理会计档案交接手续。交接会计档案时，交接双方应当按照会计档案移交清册所列内容逐项交接，并由交接双方的单位有关负责人负责监督。交接完毕后，交接双方经办人和监督人应当在会计档案移交清册上签名或盖章。

电子会计档案应当与其原数据一并移交，特殊格式的电子会计档案应当与其读取数据平台一并移交。

（五）会计档案的查阅

单位应当严格按照相关制度利用会计档案，在进行会计档案查阅、复制、借出时履行登记手续，严禁篡改和损坏。

单位保存的会计档案一般不得对外借出，确因工作需要且根据国家有关规定必须借出的，应当严格按照规定办理相关手续。

（六）会计档案的保管期限

会计档案的保管期限分为永久和定期两类。定期保管期限一般分为 10 年或 30 年。会计档案的保管期限，从会计年度终了后的第一天算起。

（七）会计档案的销毁

（1）单位应当定期对已到保管期限的会计档案进行鉴定。

（2）经鉴定仍需继续保存的会计档案，应当重新划定保管期限。

（3）对保管期满、确无保存价值的会计档案，可以销毁。

（4）保管期满但未结清的债权债务会计凭证和涉及其他未了事项的会计凭证不得销毁。

【例题 34 · 多选】会计档案的保管期限分为永久和定期两类，其中（　　）属于《会计档案管理办法》中所规定的定期保管期限。

A. 3 年　　B. 10 年　　C. 25 年　　D. 30 年

【答案】BD

【例题 35 · 单选】某单位 1995 年 9 月的会计凭证按照规定应当保管 15 年，那么期满之日应当是（　　）。

A. 2010 年 1 月　　B. 2010 年 9 月　　C. 2011 年 1 月　　D. 2011 年 9 月

【答案】C

【例题36·判断】会计档案的保管期限分为永久和定期两类，保管期限从整理归档之日起计算。（　　）

【答案】×

第3节习题

一、单项选择题

1. 企业年度财务报告的保管期限是（　　）。
A. 5年　　B. 10年
C. 永久　　D. 15年

2. 下列各项中，不属于会计档案的是（　　）。
A. 会计移交清册
B. 会计档案保管清册
C. 会计档案销毁清册
D. 月度财务计划

3. 下列不属于账账核对项目的是（　　）。
A. 总账与日记账核对
B. 总账与明细账核对
C. 银行存款日记账与银行对账单核对
D. 会计部门的财产物资明细账与财产物资保管部门的有关明细账核对

4. 会计报表不包括（　　）。
A. 资产负债表　　B. 财务预算方案
C. 现金流量表　　D. 利润表

5. 关于会计记录文字，下列说法中错误的是（　　）。
A. 会计记录应当用中文
B. 会计记录不可以用外国文字
C. 除中文外，民族自治单位的会计记录可以同时使用当地通用的一种民族文字
D. 除中文外，在中国境内的外商投资企业、外国企业和其他外国组织的会计记录可以同时使用一种外国文字

6. 下列各项中，对报送的财务报告的合法性、真实性负法律责任的是（　　）。
A. 总会计师　　B. 会计主管人员
C. 单位负责人　　D. 会计机构负责人

7. 根据《会计法》的规定，凡是法律、行政法规规定的财务会计报告应当经（　　）审计的单位，在提供报告时，应将审计报告随同会计报告一并提供。
A. 会计师　　B. 注册会计师
C. 注册税务师　　D. 注册审计师

8. 财务会计报告的责任主体是（　　）。
A. 会计人员
B. 会计主管人员
C. 主管会计工作的负责人
D. 单位负责人

9. 用电子计算机进行会计核算的单位，所使用的会计软件及其生成的会计资料应当符合政府有关部门的规定。该政府部门是指（　　）。
A. 财政部门
B. 国务院税务主管部门
C. 省级以上工商行政管理部门
D. 单位上级业务主管部门

10. 下列关于编制财务会计报告的表述中，不正确的是（　　）。
A. 财务会计报告应当依据会计账簿记录和有关会计资料编制
B. 财务会计报告的编制要求、提供对象、提供期限应当符合法定要求
C. 向不同的会计资料使用者提供的财务会计报告，其编制依据应当一致
D. 各单位的财务会计报告在上报有关部门前必须经注册会计师审核签字

11. 根据《会计档案管理办法》的规定，下列各项中不属于会计档案的是（　　）。
A. 信贷计划　　B. 原始凭证
C. 会计档案移交清册　　D. 固定资产卡片

12. 下列关于原始凭证错误更正的说法中，正确的是（　　）。
A. 原始凭证金额错误，由开具单位更正
B. 原始凭证内容有错误，应由取得单位重开

C. 原始凭证金额错误，只能由原开具单位重新开具或更正

D. 原始凭证所记载的除金额外的其他各项内容发生错误，可以涂改

13. 下列会计档案中，保管期限与银行对账单的保管期限相同的是（　　）。

A. 原始凭证　　B. 总账

C. 银行余额调节表　　D. 会计移交清册

14. 下列会计档案中，保管期限为5年的是（　　）。

A. 记账凭证　　B. 现金日记账

C. 辅助账簿　　D. 固定资产卡片账

15. 我国规定会计核算的记账本位币是（　　）。

A. 人民币　　B. 美元

C. 港元　　D. 欧元

16. 会计账簿与会计凭证上的时间、编号、内容、金额、记账方向等核对相符，称为（　　）。

A. 账实相符　　B. 账证相符

C. 账账相符　　D. 账表相符

17. 下列关于原始凭证错误更正的说法中，正确的是（　　）。

A. 原始凭证所记载的各项内容除了金额之外均不得修改，随意涂改原始凭证即为无效凭证

B. 原始凭证记载的内容有误的，可以由复核人员进行更正

C. 原始凭证金额出现错误的，可以由原始凭证开具单位进行更改

D. 原始凭证开具单位应当依法开具准确无误的原始凭证，对于填制有误的原始凭证，负有更正和重新开具的法律义务

18. 下列各项中，不属于财务会计报告编制要求的有（　　）。

A. 内容完整

B. 数目真实、计算准确

C. 说明清楚、不漏报或任意取舍

D. 合法、合理

19. 某外商投资企业业务收支以美元为主，也有少量的人民币，根据《会计法》的规定，为方便会计核算，该单位可以采用（　　）作为记账本位币。

A. 人民币　　B. 人民币和美元

C. 欧元　　D. 美元

20. 单位进行会计核算的最基本要求是（　　）。

A. 及时填制或取得原始凭证

B. 依法编制记账凭证

C. 依法设置会计账簿

D. 依法编制财务会计报告

21. 会计档案由（　　）负责整理立卷归档。

A. 专人　　B. 档案管理部门

C. 会计机构　　D. 单位负责人

22. 我国境内的外商投资企业，会计记录应符合的规定是（　　）。

A. 只能使用中文

B. 只能使用外文

C. 使用中文，同时可选择一种外文

D. 在中文和外文中选择一种

23. 下列各项中，不属于会计档案的是（　　）。

A. 年度财务计划　　B. 会计凭证

C. 会计账簿　　D. 银行对账单

24. 同一企业不同时期发生的相同或相似的交易或事项，应当采用一致的会计政策，不得随意变更。确需变更的，应当在附注中说明。这是（　　）原则的要求。

A. 可比性　　B. 及时性

C. 相关性　　D. 实质重于形式

25. 我国境内业务收支以人民币以外的货币为主的单位，（　　）应折算为人民币反映。

A. 记账凭证

B. 财务会计报告

C. 原始凭证

D. 会计账簿

二、多项选择题

1. 应当办理会计手续、进行会计核算的经济业务事项包括（　　）。

A. 款项和有价证券的收付；财物的收发、增减和使用

B. 债权债务的发生和结算；资本、基金的增减

C. 收入、支出、费用、成本的计算；财务成果的计算和处理

D. 需要办理会计手续、进行会计核算的其他事项

2. 除小企业外，企业的财务报表至少应当包括（　　）。

A. 资产负债表

B. 利润表

C. 现金流量表

D. 所有者权益变动表以及附注

3. 单位负责人是单位对外提供财务会计报告的责任主体，必须保证对外提供的财务会计报告的（　　）。

A. 真实性　　B. 完整性

C. 全面性　　D. 连续性

4. 根据《会计法》的规定，各单位应当设置的会计账簿包括（　　）。

A. 总账　　B. 明细账

C. 日记账　　D. 其他辅助账簿

5. 在《会计法》中，关于记账本位币的基本规定有（　　）。

A. 会计核算应当以人民币作为本位币

B. 编报的财务会计报告必须以人民币反映

C. 特殊情况的，可以选定人民币以外的某种货币作为记账本位币

D. 编报的财务会计报告可以用外币反映

6. 会计档案的（　　），由国务院财政部门会同有关部门制定。

A. 保管地点　　B. 保管期限

C. 查阅手续　　D. 销毁办法

7. 企业在编制财务会计报告前要完成的工作有（　　）。

A. 进行全面财产清查，核对债务并按规定程序报批，进行相应的会计处理

B. 按规定结账日结账，并核对各会计账簿之间的余额

C. 检查相关的会计核算是否按照国家统一的会计制度的规定进行

D. 检查相关的会计核算是否存在因会计差错、会计政策变更等原因需要调整前期或本期相关项目

8. 下列各项中，属于会计档案管理制度的内容有（　　）。

A. 立卷　　B. 归档

C. 保管　　D. 查阅和销毁

9. 下列各项中，属于我国会计法律制度对会计核算做出统一规定的内容有（　　）。

A. 填制会计凭证　　B. 登记会计账簿

C. 会计档案管理　　D. 编制审计报告

10. 会计工作交接时，应在移交清册上注明（　　）。

A. 单位名称

B. 交接日期

C. 交接双方和监交人的职务

D. 移交清册页数

11. 《企业财务会计报告条例》规定的会计期间包括（　　）。

A. 年度　　B. 季度

C. 月度　　D. 半个月

12. 对财务会计报告的编制依据、编制要求、提供对象做出规定的法规制度主要有（　　）。

A. 《会计法》

B. 《企业财务会计报告条例》

C. 《会计专业技术资格考试管理规定》

D. 《会计基础工作规范》

13. 下列各种企业会计档案中，根据规定应当永久保存的有（　　）。

A. 总账

B. 会计档案保管清册

C. 年度财务决算报告

D. 汇总凭证

14. 下列说法中正确的有（　　）。

A. 一般来说，会计核算应以人民币为记账本位币

B. 某单位业务收支以美元为主，可以选用美元为记账本位币，编报的会计报告无须折算为人民币

C. 货币计量是会计核算的基本假设之一

D. 记账本位币一经确定，不得随意变动

15. 会计人员对于（　　）原始凭证，有权不予受理，并向单位负责人报告，请求查明原因，追究有关当事人的责任。

A. 不真实的　　B. 不合法的

C. 不准确的　　D. 不完整的

16. 会计凭证是（ ）的书面证明，是会计核算的重要会计资料。

A. 记录经济业务事项的发生和完成情况

B. 明确经济责任

C. 作为编制报表依据

D. 作为记账依据

17. 下列各项中，属于会计核算基本原则的有（ ）。

A. 客观性　　B. 实质重于形式

C. 相关性　　D. 完整性

18. 根据《会计法》的规定，财务会计报告由（ ）组成。

A. 会计报表　　B. 会计报表附注

C. 财务情况说明书　　D. 其他会计资料

19. 会计档案一般分为（ ）。

A. 会计凭证类　　B. 会计账簿类

C. 财务会计报告类　　D. 其他会计资料类

20. 会计档案的销毁程序包括（ ）。

A. 编造会计档案的销毁清册

B. 单位负责人签署意见

C. 专人负责监销

D. 报告监销情况

21. 下列情况中，不得销毁会计档案的有（ ）。

A. 保管期未满

B. 正在项目建设期间的建设单位的保管期满的会计档案

C. 未结清的债权债务的原始凭证

D. 未了事项的原始凭证

三、判断题

1. 对于我国的少数民族自治地区，会计记录可以使用少数民族文字。（ ）

2. 会计档案的保管期限从会计年度终了后的第一天算起。（ ）

3. 对于保管期满但未结清的会计档案，不得销毁。（ ）

4. 会计档案是指会计凭证、会计账簿和财务会计报告等会计核算专业资料，它是记录和反映经济工作的重要史料和证据。（ ）

5. 各级财政部门销毁会计档案时，可以不由审计部门派人监销。（ ）

6. 各单位的会计凭证必须由单位有关负责人签章，以明确责任。（ ）

7. 正在项目建设期间的建设单位，其保管期满的会计档案不得销毁。（ ）

8. 会计档案原件不得借出。（ ）

9. 各单位对外报送的财务会计报告，应当经由单位负责人、总会计师、会计机构负责人、会计主管人员和经办会计人员签名并盖章。（ ）

10. 对所有保管期满的会计档案，各单位都可以自行决定销毁。（ ）

11. 会计档案原件原则上不得借出，但若本单位负责人批准则可借出。（ ）

12. 企业实际发生的经济业务事项都需要进行会计记录和会计核算。（ ）

13. 在我国，企业可根据自身情况划分会计年度，但一经采用后不得随意变动。（ ）

14. 我国境内的所有企业必须以人民币为记账本位币。（ ）

15. 会计机构、会计人员对不真实、不合法的原始凭证，有权不予受理，并向单位负责人报告。（ ）

16. 原始凭证金额出现错误，不得更正，只能由原始凭证开出单位重开。（ ）

17. 经涂改的原始凭证不能作为填制记账凭证或登记会计账簿的依据。（ ）

18. 如果填制记账凭证时发生错误，应当重新填制。因此，当发现原始凭证的内容错误时，也一定要重开。（ ）

19. 根据《会计法》的规定，各单位采用的会计处理方法前后各期应一致，不得改变。（ ）

20. 财务会计报告是由会计报表和会计报表附注组成的。（ ）

21. 会计档案的其他类资料包括预算、计划、制度等文件材料，但不包括会计移交清册、会计档案保管清册、会计档案销毁清册等。（ ）

22. 单位负责人应对本单位的会计工作和会计资料的真实性、完整性负责。（ ）

23. 原始凭证金额有错误的，可以在凭证上进行更正，但必须加盖更改人印章。（ ）

24. 单位编制的财务会计报告无论向谁提供

或者使用者有何种要求，都必须基于同一种依据进行编制。（　　）

25. 会计主管对本单位的会计工作和会计资料的真实性、完整性负责。（　　）

第4节　会计监督

一、单位内部会计监督

（一）单位内部会计监督的概念

单位内部会计监督是指会计机构、会计人员依照法律的规定，通过会计手段对经济活动的合法性、合理性和有效性进行的一种监督。

《会计法》第二十九条规定：

会计机构、会计人员发现会计账簿记录与实物、款项及有关资料不相符的，按照国家统一的会计制度的规定有权自行处理的，应当及时处理；无权处理的，应当立即向单位负责人报告，请求查明原因，作出处理。

（二）单位内部会计监督的主体和对象

（1）单位内部会计监督的主体是各单位的会计机构和会计人员。

（2）内部会计监督的对象是单位的经济活动。会计机构和会计人员在内部会计监督中的工作是在单位负责人的领导下，在进行会计核算的同时，对单位的经济活动进行监督，保证单位财务会计活动和经济活动符合国家法律、法规和内部有关管理规定。单位负责人负责单位内部会计监督制度的组织实施，对本单位内部会计监督制度的建立及有效实施承担最终责任。

（三）单位内部会计监督的要求

1. 记账人员与经济业务事项和会计事项的审批人员、经办人员、财物保管人员、记账人员的职责权限应当明确并相互分离、相互制约

（1）上述人员应做到职权明确、程序规范、责任清楚。

（2）上述人员应实行职务分离，相互制约，即记账人员不得兼任审批人员、经办人员或财物保管人员。这样可以有效防止因权力集中、职务重叠而产生的贪污、舞弊等。

提示

记账人员与审批人员、经办人员、财物保管人员实行职务分离是基本要求。而审批人员、经办人员、财物保管人员之间是否实行职务分离，可以由单位根据情况自行决定。

2. 重大经济业务事项的决策和执行程序应当明确

重大对外投资、资产处置、资金调度等经济业务事项既是各单位重大的经济活动，也是非常重要的财务管理事项，如果缺乏有效的监督和控制，不仅会给单位造成巨大的损失，也会影响会计秩序和会计资料质量。因此，各单位应当明确其重大对外投资、资产处置、资金调度和其他重要经济业务决策和执行的程序，做到制度化、规范化；同时，决策和执行程序中应当体现决策人员和执行人员之间的相互监督、相互制约，既要防止权限过于集中，也要防止政出多门、各行其是。

3. 财产清查的范围、期限和组织程序应当明确

财产清查既是加强财产物资管理的一项重要制度，也是会计核算的一项重要制度。通过财产清查，可以保护资产的安全和完整，也可以保证会计资料的真实、完整。为保证财产清查制度的有效实施，各单位必须对财产清查的范围、期限和组织程序做出明确规定。

4. 对会计资料定期进行内部审计的办法和程序应当明确

内部审计是指由被审计单位内部机构或人员，对被审计单位内部控制的有效性、财务信息的真实性和完整性以及经营活动的效率和效果等开展的一种评价活动。

提示

内部审计是和政府审计、注册会计师审计并列的三种审计类型之一。内部审计可以对会计工作实行控制和再监督，是单位内部保证会计资料真实、完整的重要措施。

【例题 37 · 判断】 记账人员与经济业务或事项的审批人员、经办人员、财产保管人员的职责权限应当明确，并相互分离、相互制约。(　　)

【答案】 √

(四) 单位负责人和会计机构、会计人员在单位内部会计监督中的职责

《会计法》第二十八条规定：

单位负责人应当保证会计机构、会计人员依法履行职责，不得授意、指使、强令会计机构、会计人员违法办理会计事项。会计机构、会计人员对违反本法和国家统一的会计制度规定的会计事项，有权拒绝办理或者按照职权予以纠正。

单位负责人和会计机构、会计人员在单位内部会计监督中的职责表现在以下几个方面。

1. 单位负责人有义务保证会计机构、会计人员依法履行职责

会计机构、会计人员依法履行职责，既是会计监督的基本要求，也是实现内部会计监督的重要保证。要实现这一基本要求，必要条件是单位负责人遵循法律的规定，积极支持会计机构、会计人员忠于职守，履行职责，也就是为会计机构、会计人员依法履行职责提供保证，包括在单位中由负责人主持建立健全内部的会计工作制度，支持会计机构、会计人员认真执行财经纪律，加强会计管理。更为重要的是，单位负责人应坚持保证会计资料的真实性、完整性、合法性，为会计机构、会计人员处理会计

事务达到这个基本要求创造有利条件，提供有效保障。为会计机构、会计人员依法履行职责提供保证，是单位负责人本身的法定义务，也是《会计法》对单位负责人提出的一项法定职责。

2. 单位负责人不得授意、指使、强令会计机构、会计人员违法办理会计事项

授意是一种暗示的手段，或者说是一种或明或暗的方式，这种方式的关键在于违法的意图来源于单位负责人。指使就是以明确的指示方式安排他人实施违法行为。强令一般是指以强制的手段命令他人去实施违法行为。

授意、指使、强令，都是以暗示或明示的方式迫使他人服从自己的意志，违法办理会计事项。这些行为不仅危害了经济管理和会计管理，而且直接与会计监督的本意相违背，所以，《会计法》对这种行为予以禁止。

3. 会计机构和会计人员应对单位内部的会计资料和财产物资实施监督

为保证会计资料的真实性、完整性，会计机构和会计人员必须加强对本单位会计资料和财产物资的监督。首先，应通过建立账簿、款项和实物核查制度，保证账账相符、账款相符、账实相符、账表相符。其次，对账实不符的情况，要及时做出处理。会计机构、会计人员如果发现会计账簿记录与实物、款项及有关资料不相符，按照国家统一的会计制度的规定有权自行处理的，应当及时处理；无权处理的，应当立即向单位负责人报告，请求查明原因，做出处理。

《会计法》赋予了会计机构和会计人员更积极行动的权利，首先是拒绝违法行为的权利，即拒绝违法办理会计事项的要求，这是会计机构、会计人员的一种责任。他们不但有权拒绝，而且有责任拒绝。其次是会计机构、会计人员对拒绝办理的职权范围内的事，还应当予以纠正，比如，对于不真实、不合法的单证，只要是职权范围内的，应当予以制止和纠正。

（五）内部控制

1. 内部控制的概念与目标

对企业而言，内部控制是指由企业董事会、监事会、经理层和全体员工实施的，旨在实现控制目标的过程。对行政事业单位而言，内部控制是指单位为实现控制目标，通过制定制度、实施措施和执行程序，对经济活动的风险进行防范和管控的过程。

企业内部控制的目标主要包括：合理保证企业经营管理合法合规、资产安全、财务报告及相关信息真实完整，提高经营效率和效果，促进企业实现发展战略。行政事业单位内部控制的目标主要包括：合理保证单位经济活动合法合规、资产安全和使用有效、财务信息真实完整，有效防范舞弊和预防腐败，提高公共服务的效率和效果。

2. 内部控制的原则

企业、行政事业单位建立与实施内部控制体系，均应遵循全面性原则、重要性原则、制衡性原则和适应性原则。此外，企业还应遵循成本效益原则。

3. 内部控制的责任人

对企业而言，董事会负责内部控制体系的建立健全和有效实施。监事会对董事会建立与实施内部控制体系进行监督。经理层负责组织领导企业内部控制体系的日常运行。

对行政事业单位而言，单位负责人对本单位内部控制体系的建立健全和有效实施负责。

4. 内部控制的内容

企业建立与实施有效的内部控制体系应当包括下列要素：(1) 内部环境；(2) 风险评估；(3) 控制活动；(4) 信息与沟通；(5) 内部监督。

行政事业单位建立与实施内部控制体系的具体工作包括：梳理单位各类经济活动的业务流程，明确业务环节，系统分析经济活动风险，确定风险点，选择风险应对策略，在此基础上根据国家有关规定建立健全单位各项内部管理制度，并督促相关工作人员认真执行。

5. 内部控制的措施

对企业而言，内部控制的措施一般包括：不相容职务分离控制、授权审批控制、会计系统控制、财产保护控制、预算控制、运营分析控制和绩效考评控制等。

对行政事业单位而言，内部控制的措施一般包括：不相容岗位相互分离、内部授权审批控制、归口管理、预算控制、财产保护控制、会计控制、单据控制、信息内部公开等。

企业的内部控制与行政事业单位的内部控制的对比见表 2-4。

表 2-4　企业与行政事业单位内部控制的对比

	企业	行政事业单位
概念	由企业董事会、监事会、经理层和全体员工实施的，旨在实现控制目标的过程	单位为实现控制目标，通过制定制度、实施措施和执行程序，对经济活动的风险进行防范和管控
目标	合理保证企业经营管理合法合规、资产安全、财务报告及相关信息真实完整，提高经营效率和效果，促进企业实现发展战略	合理保证单位经济活动合法合规、资产安全和使用有效、财务信息真实完整，有效防范舞弊和预防腐败，提高公共服务的效率和效果
原则	全面性原则、重要性原则、制衡性原则、适应性原则、成本效益原则	全面性原则、重要性原则、制衡性原则、适应性原则
责任人	(1) 董事会负责内部控制体系的建立健全和有效实施 (2) 监事会对董事会建立与实施内部控制体系进行监督 (3) 经理层负责组织领导企业内部控制体系的日常运行	单位负责人对本单位内部控制体系的建立健全和有效实施负责

续表

	企业	行政事业单位
内容	（1）内部环境 （2）风险评估 （3）控制活动 （4）信息与沟通 （5）内部监督	梳理单位各类经济活动的业务流程，明确业务环节，系统分析经济活动风险，确定风险点，选择风险应对策略，在此基础上根据国家有关规定建立健全单位各项内部管理制度，并督促相关工作人员认真执行
措施	不相容职务分离控制、授权审批控制、会计系统控制、财产保护控制、预算控制、运营分析控制和绩效考评控制等	不相容岗位相互分离、内部授权审批控制、归口管理、预算控制、财产保护控制、会计控制、单据控制、信息内部公开等

（六）内部审计

1. 内部审计的概念与内容

内部审计是指单位内部的一种独立客观的监督和评价活动，它通过单位内部独立的审计机构和审计人员审查和评价本部门、本单位财务收支和其他经营活动，以及内部控制的适当性、合法性和有效性来促进单位目标的实现。内部审计的内容在不断发展变化，主要包括：财务审计、经营审计、经济责任审计、管理审计和风险管理等。

2. 内部审计的特点与作用

（1）内部审计的特点。内部审计的审计机构和审计人员都设在本单位内部，审计的内容更侧重于经营过程是否有效、各项制度是否得到遵守与执行。审计结果的客观性和公正性较低，并且以建议性意见为主。

（2）内部审计在单位内部会计监督制度中的重要作用有：①预防保护；②服务促进；③评价鉴证。

（七）内部稽核制度

《会计法》第三十七条规定：

会计机构内部应当建立稽核制度。出纳人员不得兼任稽核、会计档案保管和收入、支出、费用、债权债务账目的登记工作。

稽核是稽查和复核的简称。稽核制度是会计机构内部的一种制度。从会计工作实际情况来看，会计稽核是会计工作的重要内容，加强会计稽核工作是做好会计核算工作的重要保证。

会计机构内部稽核工作的主要内容包括：

（1）审核财务、成本、费用等计划指标是否齐全，编制依据是否可靠，有关计算是否正确，各项计划指标是否衔接等。审核之后应当提出建议或意见，以便修改、完善计划和预算。

（2）审核实际发生的经济业务或财务收支是否符合有关法律、法规、规章制度的规定。如果发现问题，应及时指出并采取切实措施加以制止和纠正。

（3）审核会计凭证、会计账簿、会计报表和其他会计资料的内容是否合法、真实、准确、完整，手续是否齐全，是否符合有关法律、法规、规章、制度规定的要求。

（4）审核各项财产物资的增减变动和结存情况，并与账面记录进行核对，确定账实是否相符，并查明账实不符的原因。

提示

会计机构内部的稽核制度≠单位内部的审计制度。会计稽核制度是会计机构内部的一种工作制度，单位审计制度是由在会计机构之外另行设置的内部审计机构或审计人员对会计工作进行再检查的一种制度。

二、会计工作的政府监督

（一）会计工作的政府监督的概念

会计工作的政府监督主要是指财政部门代表国家对单位和单位中相关人员的会计行为实施的监督检查，以及对发现的违法会计行为实施的行政处罚。会计工作的政府监督是一种外部监督，又称国家监督。

财政部门是会计工作的政府监督的实施主体。除财政部门外，审计、税务、人民银行、银行监管、证券监管、保险监管等部门依照有关法律、行政法规规定的职责和权限，也可以对有关单位的会计资料实施监督检查。

（二）财政部门实施会计监督的主要内容

《会计法》第三十二条规定：

财政部门对各单位的下列情况实施监督：（一）是否依法设置会计账簿；（二）会计凭证、会计账簿、财务会计报告和其他会计资料是否真实、完整；（三）会计核算是否符合本法和国家统一的会计制度的规定；（四）从事会计工作的人员是否具备专业能力、遵守职业道德。在对前款第（二）项所列事项实施监督，发现重大违法嫌疑时，国务院财政部门及其派出机构可以向与被监督单位有经济业务往来的单位和被监督单位开立账户的金融机构查询有关情况，有关单位和金融机构应当给予支持。

1. 财政部门实施会计监督的主体

县级以上各级人民政府财政部门是本行政区域内的会计监督检查主体，对本行政区域内各单位的会计工作行使监督权，并依法对违法会计行为实施行政处罚。

2. 财政部门实施会计监督的对象和范围

财政部门实施会计监督的对象是会计行为，并对发现的有违法会计行为的单位和个人实施行政处罚。违法会计行为是指公民、法人和其他组织违反《会计法》和其他有关法律、行政法规、国家统一的会计制度的行为。财政部门对各单位的下列事项实施监督：

（1）对单位是否依法设置会计账簿的检查。具体包括：①各单位设置会计账簿是否规范，是否符合法律、法规和国家统一的会计制度的要求；②各单位会计账簿的设置是否符合唯一的原则，是否存在账外设账行为；③各单位是否存在设置虚假会计账簿的行为。

（2）对单位会计资料真实性、完整性的检查。具体包括：①应当依法办理会计手续、进行会计核算的经济业务事项是否如实在会计凭证、会计账簿、财务会计报告和其他会计资料上反映；②填制的会计凭证、登记的会计账簿、编制的财务会计报告与实际发生的经济业务事项是否相符；③财务会计报告的内容是否符合有关法律、行政法规和国家统一的会计制度的规定；④其他会计资料是否真实、完整；⑤使用的会计软件及其生成的会计资料是否符合法律、行政法规和国家统一的会计制度的规定。

（3）对单位会计核算情况的检查。具体包括：①会计核算是否符合《会计法》和国家统一的会计制度的规定，包括会计年度、记账本位币和会计记录文字是否符合有关规定；②填制或者取得原始凭证、编制记账凭证、登记会计账簿是否符合有关规定；③财务会计报告的编制程序、报送对象和报送期限是否符合有关规定；④会计处理方法的采用和变更是否符合有关规定；⑤是否按照有关规定建立并实施内部会计监督制度；⑥会计档案的建立、保管和销毁是否符合有关规定；⑦会计核算是否有其他违法会计行为。

（4）对单位会计人员任职资格的检查。具体包括：①从事会计工作的人员是否具备专业能力，遵守职业道德；②会计机构负责人是否符合任职条件等。

此外，国务院财政部门和省、自治区、直辖市人民政府财政部门，依法对注册会计师、会计师事务所和注册会计师协会进行监督、指导。

（5）对会计师事务所出具审计报告的程序和内容的检查。国务院财政部门和省、自治区、直辖市人民政府财政部门应当对会计师事务所出具审计报告的程序和内容进行监督检查，这是对社会中介组织监督职能的再监督，有利于会计监督职能的强化和完善。

提示

在对会计工作的国家监督中，财政部门有权进行普遍监督，对有关单位会计资料实施监督检查。

（三）会计工作政府监督的其他形式

《会计法》第三十三条规定：

财政、审计、税务、人民银行、证券监管、保险监管等部门应当依照有关法律、行政法规规定的职责，对有关单位的会计资料实施监督检查。前款所列监督检查部门对有关单位的会计资料依法实施监督检查后，应当出具检查结论。有关监督检查部门已经做出的检查结论能够满足其他监督检查部门履行本部门职责需要的，其他监督检查部门应当加以利用，避免重复查账。

除财政部门外，审计、税务、人民银行、证券监管、保险监管等部门依照有关法律、行政法规规定的职责和权限，也可以对有关单位的会计资料实施监督检查。

这些部门虽然也履行一定的会计监督检查职责，但与财政部门相比，在检查范围、目的等方面存在明显不同。财政部门依据《会计法》进行的监督检查，是面向所有单位的，其目的是规范会计行为、保证会计资料的真实完整，对于被检查单位及其相关人员违反《会计法》的行为，财政部门可做出罚款等处罚。其他部门则只能在其法定职责范围内对有关单位的会计资料实施监督检查，监督检查的范围和权限不能超越相关法律的规定，具体而言：

（1）审计部门只能对行政事业单位、国有金融机构、国有企业等单位的会计资料进行监督检查，对于被审计单位不直接涉及财政收支和财务收支的会计违法行为，审计机关无权做出处理处罚，而应移送财政部门处理。

（2）税务部门只能对纳税人和扣缴义务人的会计资料进行监督检查。

（3）中国人民银行依法对金融机构及其业务实施监督管理，维护金融业的合法、稳健运行。

（4）国务院证券监督管理机构依法对全国证券市场实行集中统一的监督管理。证券监督管理部门只能对证券发行人、上市公司、证券公司、证券投资基金管理公司、证券服务机构、证券交易所、证券登记结算机构等的会计资料进行监督检查。

（5）金融监督管理部门制定商业保险的主要险种的基本保险条款和保险费率。

政府监督部门应当避免重复查账，具体要求如下：（1）应当出具检查结论。（2）应当尽可能利用已有检查结论，避免重复查账。对已有检查结论的，有关监督检查部门应当加以利用，不必再组织重复性的检查，以避免因重复查账而加重被监督检查单位的负担，影响监督检查部门的工作效率和形象。

【例题 38 · 单选】对会计工作的政府监督中，有权进行普遍监督的机构是（　　）。

A. 审计部门　　B. 税务部门　　C. 财政部门　　D. 人民银行

【答案】C

【例题 39 · 多选】对各单位是否依法设置会计账簿进行监督，财政部门检查的内容包括（　　）。

A. 会计账簿的设置必须符合统一的原则

B. 设置会计账簿必须规范，应符合法律、法规和国家统一的会计制度的要求

C. 外资企业的会计账簿和会计报表应当用中文书写

D. 不得设置虚假的会计账簿

【答案】ABD

三、会计工作的社会监督

（一）会计工作的社会监督的概念

会计工作的社会监督主要是指由注册会计师及其所在的会计师事务所依法对委托单位的经济活动进行审计、鉴证的监督制度。此外，单位和个人检举违反《会计法》

和国家统一的会计制度规定的行为，也属于会计工作的社会监督的范畴。

（二）注册会计师审计与内部审计的关系

注册会计师审计与内部审计既有联系又有区别。表2-5展示了注册会计师审计与内部审计的区别与联系。

表2-5　注册会计师审计与内部审计的区别与联系

<table>
<tr><td rowspan="10">区别</td><td rowspan="2">1. 审计目标不同</td><td>内部审计：主要针对内部控制</td></tr>
<tr><td>注册会计师审计：主要针对被审计单位财务报表</td></tr>
<tr><td rowspan="2">2. 独立性不同</td><td>内部审计：独立性较弱</td></tr>
<tr><td>注册会计师审计：独立性较强</td></tr>
<tr><td rowspan="2">3. 接受审计的自愿程度不同</td><td>内部审计：单位内部的组织必须接受内部审计人员的监督</td></tr>
<tr><td>注册会计师审计：委托人可自由选择会计师事务所</td></tr>
<tr><td rowspan="2">4. 遵循的审计标准不同</td><td>内部审计：遵循内部审计准则</td></tr>
<tr><td>注册会计师审计：遵循注册会计师审计准则</td></tr>
<tr><td rowspan="2">5. 审计时间不同</td><td>内部审计：定期或不定期审计，时间安排比较灵活</td></tr>
<tr><td>注册会计师审计：定期审计</td></tr>
<tr><td>联系</td><td colspan="2">1. 注册会计师审计（外部审计）要对内部控制进行评价，了解内部审计的设置和工作情况，并可考虑利用内部审计的工作成果。2. 内部审计和外部审计都是现代审计体系的重要组成部分，在工作上具有一致性，在审计内容、审计方法等方面有许多相似之处。</td></tr>
</table>

（三）注册会计师的业务范围

注册会计师执行业务，应当加入会计师事务所。注册会计师可以承办审计业务和会计咨询、会计服务业务。

注册会计师承办业务，由其所在的会计师事务所统一受理并与委托人签订委托合同。会计师事务所对本所注册会计师承办的业务承担民事责任。

《会计法》第三十一条规定：

有关法律、行政法规规定，须经注册会计师进行审计的单位，应当向受委托的会计师事务所如实提供会计凭证、会计账簿、财务会计报告和其他会计资料以及有关情况。任何单位或者个人不得以任何方式要求或者示意注册会计师及其所在的会计师事务所出具不实或者不当的审计报告。财政部门有权对会计师事务所出具审计报告的程序和内容进行监督。

1. 会计师事务所的业务范围

社会审计监督是会计监督的一个重要方面，这种监督具体表现为由注册会计师对单位的会计事务进行检查审核。这种审计关系的建立，一方面是单位作为委托人，委托注册会计师对其会计事务进行审查，另一方面是注册会计师事务所作为受托人，依照法律和国家统一的会计制度以及委托人的要求进行审计，并出具审计报告。

会计师事务所依法承办下列业务：

（1）审计业务。具体包括：①审查企业财务会计报告，出具审计报告。②办理企业合并、分立、清算事宜中的审计业务，出具有关报告。③法律、行政法规规定的其他审计业务。

（2）其他业务。具体包括：会计咨询、会计服务业务。

2. 注册会计师的业务管理及审计责任

（1）注册会计师的业务规范。具体包括：①为保证注册会计师依法独立执行审计业务，被审计单位应如实提供会计凭证、会计账簿、财务会计报告和其他会计资料以及有关情况。②任何单位或者个人不得以任何方式要求或者示意注册会计师及其所在的会计师事务所出具不实或者不当的审计报告。③注册会计师的审计责任。注册会计师进行审计，仅对其出具的审计报告负责。注册会计师审计不能替代或减轻单位负责人对会计资料真实性、完整性承担的责任。

《会计法》规定，单位或者个人不得以任何方式要求或者示意社会审计机构出具不实或者不当的审计报告，这是在法律上禁止干涉社会审计机构的正常工作，不允许向社会审计机构提出不合法的要求。规范社会审计机构行为的《注册会计师法》规定，注册会计师执行审计业务，必须按照执业准则、规则确定的工作程序出具报告。注册会计师仅对其出具的审计报告负责，其审计责任不能代替会计人员的会计责任。

（2）不允许注册会计师采取的行为。具体包括：①明知委托人对重要事项的财务会计处理与国家有关规定相抵触而不予指明。②明知委托人的财务会计处理会直接损害报告使用人或者其他利害关系人的利益，而予以隐瞒或者做不实的报告。③明知委托人的财务会计处理会导致报告使用人或者其他利害关系人产生重大误解而不予指明。④明知委托人的会计报表的重要事项有其他不实的内容而不予指明。

（3）注册会计师拒绝出具报告的情形。具体包括：①委托人示意其做不实或者不当证明的。②委托人故意不提供有关会计资料和文件的。③因委托人有其他不合理要求，致使注册会计师出具的报告不能对财务会计的重要事项做出正确表述的。

提示

表 2－6 对三类会计监督进行了总结。

表 2－6　会计监督的内容

监督种类		主体	对象
单位内部会计监督		会计机构和会计人员	单位经济活动
外部监督	政府监督（国家监督）	财政部门（主要监督人）	会计行为
		审计、税务、人民银行、证券监管、保险监管等部门	会计资料
	社会监督	注册会计师及其所在会计师事务所（主要监督人）	单位经济活动
		单位和个人检举	违法行为

【例题 40 · 判断】目前我国实行的三位一体的会计监督体系中，以注册会计师为主体的监督属于国家监督。（　　）

【答案】×

【例题41·多选】下列各项中，属于会计工作社会监督范畴的有（　　）。

A. 会计师事务所受托审计

B. 律师事务所的法律咨询

C. 单位和个人检举违反《会计法》的行为

D. 纪律检查委员会的监督检查

【答案】AC

四、对违法会计行为的检举

《会计法》第三十条规定：

任何单位和个人对违反本法和国家统一的会计制度规定的行为，有权检举。收到检举的部门有权处理的，应当依法按照职责分工及时处理；无权处理的，应当及时移送有权处理的部门处理。收到检举的部门、负责处理的部门应当为检举人保密，不得将检举人姓名和检举材料转给被检举单位和被检举人个人。

（一）任何单位和个人都对会计违法行为有检举权

任何单位和个人都可以对违反《会计法》和国家统一的会计制度规定的行为进行检举，并将这种检举作为一种权利来对待，不受任何单位和人员的干涉，更不允许任何单位和个人否定这项权利。

（二）收到检举的部门有权处理的应及时处理

在对会计违法行为的检举中，财政、审计、税务、人民银行、工商行政管理和海关等部门有可能收到来自社会的检举。这些部门有各自的职责分工，但是来自社会的检举难以按照既定的职责分工投送，因而在收到的检举中有一些是职权范围内的，还有一些则不属于本部门职权范围。所以，《会计法》规定，有权处理的，应当依法按照职责分工及时处理。这里包含三条重要的规则：（1）必须依法处理。（2）分工秩序不乱，凡属于自己职责范围内的就有责任进行处理，不应推诿不管。（3）及时处理，不能搁置、拖延，不能贻误查处时机。

（三）对于无权处理的应移送有权处理部门处理

如果一些部门收到了对会计违法行为的检举，但又无权进行处理，则应将这些检举及时移送有权处理的部门处理。

移送既是一个法定的工作程序，也是一项法定的责任，即对于自己无权处理的检举，不能放任不管，必须认真负责地将其移送给有权处理的部门，否则即为失职。有权处理的部门收到移送的检举，应当按照有权处理的规则进行处理。各有关部门应密切配合，共同鼓励、支持社会监督，以有效遏制会计违法行为。移送的检举，包括书面和口头等不同形式。只要是检举会计违法行为的，都应在部门之间采取可行的方式移送。

（四）依法保护检举人

对于会计监督中的社会监督，既要鼓励、支持对会计违法行为的检举，又要保护检举人，只有有效地保护检举人，才能保证社会监督发挥作用。具体规定为：（1）收到检举的部门、负责处理的部门应当为检举人保密。（2）不得将检举人姓名和检举材料转给被检举单位和被检举人个人。

五、监督过程中的义务

（一）监督检查部门及其工作人员的保密义务

《会计法》第三十四条规定：

依法对有关单位的会计资料实施监督检查的部门及其工作人员对在监督检查中知悉的国家秘密和商业秘密负有保密义务。

财政、审计、税务、人民银行、证券监管、保险监管等有关部门及其工作人员在依法实施监督检查时，有查阅有关单位的会计凭证、会计账簿、会计档案及其他会计资料等的职权，有的还有查询银行资料的职权。这些资料都反映了单位的基本经营状况或财务情况，有的还涉及单位的商业秘密，甚至国家秘密。国家秘密关系到国家的安全和利益，是依照法定程序确定，在一定时间内只限一定范围的人员知悉的事项。一切国家机关、武装力量、政党、社会团体、企业事业单位和公民都有保守国家秘密的义务。

（二）接受监督检查的单位需如实提供会计资料

《会计法》第三十五条规定：

各单位必须依照有关法律、行政法规的规定，接受有关监督检查部门依法实施的监督检查，如实提供会计凭证、会计账簿、财务会计报告和其他会计资料以及有关情况，不得拒绝、隐匿、谎报。

各单位在接受依法实施的监督检查时，要如实提供会计凭证、会计账簿、财务会计报告和其他会计资料以及有关情况。如实提供，就是全部、完整地提供，也是对隐匿会计凭证、私设会计账簿和提供虚假财务会计报告行为的一种禁止。单位作为政府部门行政监管的对象，法律对其义务做了规定，要求其如实提供资料，单位不能以各种理由拒绝、阻挠和刁难，应当积极配合，提供便利条件和真实、完整的资料，而不能弄虚作假或在资料上做手脚，也不能妨碍行政部门的行政管理行为。

□ 第 4 节习题

一、单项选择题

1. 根据会计法律制度的规定，单位内部会计监督的对象是（　　）。

A. 本单位的经济活动

B. 本单位的会计机构和会计人员

C. 本单位负责人

D. 本单位经济业务的经办人员

2. 会计工作的社会监督主要是指由（　　）依法对委托单位的经济活动进行审计、鉴证的一种监督制度。

A. 法院

B. 财政部门

C. 税务部门

D. 注册会计师及其所在的会计师事务所

3. 会计监督是会计（　　）之一。

A. 基本职能　　B. 唯一职能

C. 特有职能　　D. 管理职能

4. 单位内部会计监督制度要求，（　　）与经济业务事项和会计事项的审批人员、经办人员、财务保管人员的职责权限应当明确，并相互分离、相互制约。

A. 会计人员　　B. 审计人员

C. 记账人员　　D. 审核人员

5. 下列各项中，不属于会计监督体系的是（　　）。

A. 社会舆论监督

B. 单位内部会计监督

C. 以财政部门为主体的会计工作的国家监督

D. 以注册会计师为主体的会计工作的社会监督

6. 下列部门中，有权对会计师事务所出具审计报告的程序和内容进行监督的是（　　）。

A. 县级以上人民政府

B. 县级以上财政部门

C. 审计部门

D. 被审计单位的主管部门

7. 会计工作的政府监督中，无权代表国家对各单位的财务会计工作实行监督的机关是（　　）。

A. 财政　　B. 工商

C. 税务　　D. 审计

8. 财政部门实施会计监督的对象是（　　）。

A. 会计违法行为

B. 公民、法人和其他组织违反《会计法》和国家统一的会计制度的行为

C. 各单位的会计工作

D. 各单位的会计机构和会计人员

9. 根据《会计法》的规定，各单位接受监督检查部门依法实施的会计监督检查是（　　）。

A. 应尽责任　　B. 应尽义务

C. 基本要求　　D. 法定义务

10. 下列各项中，不属于单位内部会计监督要实现的工作目标的是（　　）。

A. 保证单位经营管理目标的实现和单位各项经济活动在法定范围内进行

B. 保证业务活动按照适当的授权进行，保证资产和记录的接触、处理均经过适当的授权

C. 保证单位领导提出的各项指标的实现

D. 保护单位资产的安全完整，保证账面资产与实存资产定期核对相符

11. 下列关于单位内部会计监督制度的说法中，正确的是（　　）。

A. 会计事项的经办人员和审批人员可由一人兼任

B. 记账人员和经济业务的审批人员可由一人兼任

C. 财产清查的范围、期限和组织程序应当明确

D. 记账人员和经济业务的经办人员可由一人兼任

12. 下列主体中，应当对本单位内部会计监督制度的建立和有效实施承担最终责任的是（　　）。

A. 会计机构负责人　　B. 会计主管人员

C. 总会计师　　D. 单位负责人

13. 会计工作的（　　）是指由注册会计师及其所在的会计师事务所依法对委托单位的经济活动进行审计、鉴证的一种监督制度。

A. 政府监督　　B. 社会监督

C. 单位内部监督　　D. 群众监督

14. 下列对会计工作社会监督的描述中，错误的是（　　）。

A. 社会监督是一种外部监督，主要是指社会各界对会计工作的监督

B. 社会监督是一种外部监督，主要是指注册会计师及其所在的会计师事务所对受托单位会计工作的监督

C. 社会监督具有很强的权威性和公正性

D. 财政部门对中介机构实行的社会监督可以实施再监督，主要是对其出具审计报告的程序和内容进行监督

15. 在我国，单位内部会计监督的主体一般是指（　　）。

A. 财政、税务、审计机关

B. 注册会计师及其事务所

C. 本单位的会计机构和会计人员

D. 本单位的内部审计机构及其人员

16.（　　）是在会计机构内部，对于本机构在会计流程中的会计凭证、会计账簿、会计报表及其他会计资料，进行自我检查或者审核的一项工作，是对会计信息再确认、再监督的过程。

A. 会计控制　　B. 会计审计

C. 会计稽核　　D. 会计牵制

17. 财政部门对有检举线索或者在财政管理工作中发现有违法嫌疑的单位进行（　　）。

A. 全面检查　　B. 专项检查

C. 重点检查　　D. 定期抽查

18. 下列各项中，注册会计师审计和内部审计存在联系的是（　　）。

A. 审计目标　　B. 审计内容

C. 审计标准　　D. 审计职责

19. 财政部门实施会计监督的对象是（　　）。

A. 会计行为

B. 单位的经济活动

C. 会计行为和单位的经济活动

D. 以上均不对

二、多项选择题

1. 根据我国的实际情况，会计监督应当包括（　　）。

A. 会计工作的政府监督

B. 会计工作的社会监督

C. 会计工作的国际监督

D. 单位内部的会计监督

2. 下列各项中，属于会计监督体系内容的有（　　）。

A. 社会舆论监督

B. 单位内部会计监督

C. 以财政部门为主体的会计工作的国家监督

D. 以注册会计师为主体的会计工作的社会监督

3. 根据《会计法》的规定，各单位会计工作必须依照法律和国家有关规定接受政府监督。实施上述监督的政府机构包括（　　）。

A. 财政机关

B. 审计机关

C. 税务机关

D. 工商行政管理机关

4. 下列各项中，属于财政部门对各单位实施监督的事项有（　　）。

A. 是否依法设立会计机构

B. 会计凭证、会计账簿、财务会计报告和其他会计资料是否真实、完整

C. 会计核算是否符合《会计法》和国家统一的会计制度的规定

D. 会计师事务所出具审计报告的程序和内容

5. 下列机构中，有权依法对有关单位的会计资料实施监督检查的有（　　）。

A. 财政部门　　B. 审计部门

C. 税务部门　　D. 商业银行

6. 单位内部会计监督的主体是各单位的（　　）。

A. 审计机构　　B. 会计机构

C. 会计人员　　D. 审计人员

7. 下列各项中，属于单位内部会计监督管理制度的有（　　）。

A. 账务处理程序制度

B. 会计专业技术资格考试管理规定

C. 计量验收制度

D. 成本核算制度

8. 会计工作政府监督包括（　　）。

A. 财政部门对各单位会计工作的监督

B. 人民银行对有关金融单位相关会计账簿的监督

C. 证券监管部门对证券公司有关资料的检查

D. 税务机关对纳税人记账凭证的检查

9. 关于单位负责人在内部会计监督中的职责，下列表述中正确的有（　　）。

A. 单位负责人必须事事参与，严格把关

B. 单位负责人发现会计账簿记录与实物、款项有不相符的，应当严肃处理

C. 不能授意、指使、强令会计人员办理违法事项

D. 必须保证内部监督制度的建立和健全，有效发挥其作用

10. 下列各项中，属于内部会计监督制度的基本要求的有（　　）。

A. 重大经济事项的决策和执行程序应当明确

B. 建立会计档案管理制度

C. 对会计资料定期进行内部审计的办法和程序应当明确

D. 会计事项相关人员的职责权限应当明确

11. 国务院财政部门和省、自治区、直辖市人民政府财政部门依法对（　　）进行监督指导。

A. 注册会计师协会

B. 会计师事务所

C. 注册会计师

D. 会计师事务所出具审计报告的程序和内容

12. 下列关于注册会计师审计与内部审计关系的说法中，正确的有（　　）。

A. 两者遵循的审计标准不同

B. 注册会计师不得利用内部审计工作成果

C. 内部审计和外部审计在工作上不具有一致性

D. 两者接受审计的自愿程度不同

13. 根据《中华人民共和国审计法》的规定，审计部门只能对（　　）的会计资料进行监督检查。

A. 行政事业单位　　B. 国有金融机构

C. 国有企业　　D. 民营企业

14. 会计师事务所的业务范围包括（　　）。

A. 审查企业财务会计报告，出具审计报告

B. 验证企业资本，出具验资报告

C. 办理企业合并、分立、清算事宜中的审计业务，出具有关报告

D. 法律、行政法规规定的其他审计业务

三、判断题

1. 单位和个人检举违反《会计法》和国家统一的会计制度的行为，也属于会计工作的社会监督。（　　）

2. 财政部门有权对会计师事务所出具审计报告的程序和内容进行监督。（　　）

3. 财政部门实施会计监督的内容不包括各单位是否设置会计机构。（　　）

4. 任何单位或者个人不得以任何方式要求或者示意注册会计师及其所在的会计师事务所出具不实或不当的审计报告。（　　）

5. 注册会计师能替代或减轻单位负责人对会计资料真实性、完整性承担的责任。（　　）

6. 为保证注册会计师依法独立执行审计业务，被审计单位应如实提供会计凭证、会计账簿、财务会计报告和其他会计资料。（　　）

7. 《会计法》规定，会计机构、会计人员发现会计账簿记录与实物、款项及有关资料不相符的，可以自行处理，无须向单位负责人报告。（　　）

8. 记账人员与经济业务事项和会计事项的审批人员、经办人员、财务人员要实行职务分离，相互制约。（　　）

9. 单位负责人负责单位内部会计监督制度的组织实施，对本单位内部会计监督制度的建立及有效实施承担最终责任。（　　）

10. 会计工作的社会监督，主要是指由注册会计师及其所在的会计师事务所依法对受托单位的经济活动进行审计、鉴证的一种监督制度。（　　）

11. 单位内部会计监督的主体是单位的会计机构、会计人员，但单位负责人对本单位内部会计监督制度的建立及有效实施承担最终责任。（　　）

12. 会计人员对不真实、不合法的原始凭证，有权不予受理，并向单位负责人报告，请求查明原因，追究相关当事人的责任。（　　）

13. 目前我国实行四位一体的会计监督体系，以注册会计师为主体的监督属于群众监督。（　　）

14. 在我国，单位内部会计监督的主体一般

是指本单位的会计机构和会计人员。(　　)

15. 内部稽核制度是会计机构内部的一种工作制度。(　　)

16. 单位内部会计监督的对象是会计机构和会计人员。(　　)

17. 公司制企业的董事长对本单位的会计工作和会计资料的真实性、完整性负责。(　　)

18. 会计监督可分为社会监督、国家监督、群众监督和单位内部监督。(　　)

第 5 节　会计机构和会计人员

一、会计机构的设置和负责人任职资格

(一) 办理会计事务的组织方式

各单位办理会计事务的组织方式有三种：(1) 单独设置会计机构；(2) 在有关机构中配置专职会计人员；(3) 实行代理记账。

《会计法》第三十六条规定：

各单位应当根据会计业务的需要，设置会计机构或者在有关机构中设置会计人员并指定会计主管人员；不具备设置条件的，应当委托经批准设立从事会计代理记账业务的中介机构代理记账。国有的和国有资产占控股地位或者主导地位的大、中型企业必须设置总会计师。总会计师的任职资格、任免程序、职责权限由国务院规定。

一个单位是否设置会计机构应考虑如下因素：(1) 单位规模的大小；(2) 经济业务和财务收支的繁简；(3) 经营管理的要求。

1. 单独设置会计机构

实行独立核算的大、中型企业（包括集团公司、股份有限公司、有限责任公司等）、实行企业化管理的事业单位，以及财务收支数额较大、会计业务较多的机关团体和其他组织，通常应当设置会计机构，并配备必要的会计人员。而财务收支数额不大、单位业务形式比较简单、会计核算不太复杂的单位，如一些业务规模小、业务量少的企业，人员及业务比较少的机构、团体和事业单位，可以不设置专门的会计机构。

设置会计机构的单位，应当配备符合会计任职资格的一定数量的会计人员。会计工作岗位，可以一人一岗、一人多岗或者一岗多人。

(1) 会计档案管理岗位在会计档案正式移交之前，属于会计岗位，正式移交档案管理部门之后不再属于会计岗位。档案管理部门管理会计档案的人员，不属于会计岗位。

(2) 医院门诊收费员、住院处收费员、药房收费员、药品库房记账员、商场收费(银) 员均不属于会计岗位。

(3) 单位内部审计、社会审计、政府审计相关人员也不属于会计岗位。

提示

出纳人员不得兼管稽核、会计档案保管和收入、费用、债权债务账目的登记工作。会计工作岗位还应当有计划地轮换。

【例题42·判断】根据《会计法》的规定，各单位原则上应设置会计机构，不设置会计机构的单位必须配备会计人员并指定会计主管人员。（　　）

【答案】×

【例题43·单选】下列各项中，不属于会计岗位的是（　　）。

A. 会计档案管理岗位　　B. 单位内部审计岗位

C. 财产物资收发、增减核算岗位　　D. 总账岗位

【答案】B

【例题44·多选】根据《会计法》的规定，下列各项中，单位出纳人员不得兼任的工作有（　　）。

A. 稽核　　B. 会计档案保管

C. 银行存款日记账登记　　D. 费用账目登记

【答案】ABCD

【例题45·多选】有些单位规模较小，出纳业务不多，出纳人员可以兼任（　　）账目的登记工作。

A. 固定资产明细　　B. 低值易耗品明细

C. 支出、费用　　D. 债权债务

【答案】AB

2. 在有关机构中配置专职会计人员

财务收支数额不大、会计业务比较简单、不需要设置会计机构的单位，应当在有关机构中配备若干办理会计事务的专职和兼职会计人员，单位领导人应当在这些会计人员中指定一人为会计主管人员，负责领导本单位的会计工作。会计主管人员是《会计法》中的一个特指概念，不同于人们通常所说的“会计主管”“主管会计”“主办会计”等，指的是负责组织管理会计事务、行使会计机构负责人职权的人。

3. 实行代理记账

（1）代理记账的概念。代理记账是随着我国经济发展出现的社会性会计服务活动。在我国社会经济迅速发展的背景下，经济组织形式发生了很大变化，民营经济、个体经济得到大力发展。这些经济组织的经营规模一般较小，人员不多，不可能也没有必要设置专门的会计机构或者配备专职的会计人员，由此，受托从事代理记账业务的中介机构应运而生。

不具备设置会计机构和配备会计人员条件的单位，可以委托经批准设立的从事代理记账业务的中介机构代理记账。此项规定不但满足了符合相关条件的小型经济组织记账、算账、报账的需要，同时也确立了代理记账业务的法律地位。

为了具体规范代理记账业务，财政部于2005年1月发布了《代理记账管理办法》（财政部第27号令），2016年2月发布了新的《代理记账管理办法》（财政部第80号令），2019年3月进行了修改（财政部第98号令），自2019年3月14日起施行。该管理办法对代理记账机构的设立条件、代理记账的业务范围、代理记账的基本程序、委托人的责任和义务，以及代理记账人员应遵守的法律、行政法规、制度，应遵循的道德规范等都做了具体规定。

（2）代理记账机构的基本要求。

①代理记账机构应具备的条件：为依法设立的企业；有具备相应会计工作经验的专职从业人员；主管代理记账业务的负责人具有会计师以上专业技术职务资格且为专职从业人员；有健全的代理记账业务内部规范。

提示

申请成立除会计师事务所以外的代理记账机构，必须经过所在地的县级以上人民政府财政部门审查批准，并领取由财政部统一印制的代理记账许可证书，才能从事代理记账业务。

②代理记账的业务范围。根据委托人提供的原始凭证和其他相关资料，按照国家统一的会计制度的规定进行会计核算，包括审核原始凭证、填制记账凭证、登记会计账簿、编制财务会计报告等；对外提供财务会计报告：代理记账机构为委托人编制的财务会计报告，经代理记账机构负责人和委托人签名并盖章后，按照有关法律、行政法规和国家统一的会计制度的规定对外提供；向税务机关提供税务资料；委托人委托的其他会计业务。

（3）代理记账机构与委托人各自的义务。

①委托人的义务。对本单位发生的经济业务事项，应当填制或者取得符合国家统一的会计制度规定的原始凭证；应当配备专人负责日常货币收支和保管；及时向代理记账机构提供真实、完整的原始凭证和其他相关资料；对于代理记账机构退回的，要求按照国家统一的会计制度的规定进行更正、补充的原始凭证，应当及时予以更正、补充。

②代理记账机构及其从业人员的义务。遵守有关法律、法规和国家统一的会计制度的规定，按照委托合同办理代理记账业务；对在执行业务中知悉的商业秘密应当保密；如果委托人示意要求做出不当的会计处理，提供不实的会计资料，以及提出其他不符合法律、法规和国家统一的会计制度规定的要求，应当拒绝；对委托人提出的有关会计处理原则问题应当予以解释。

【例题 46 · 多选】代理记账机构可以接受委托办理的业务有（　　）。

A. 根据委托人提供的原始凭证和其他资料，按国家统一的会计制度的规定进行会计核算

B. 对外提供财务会计报告

C. 向税务机关提供税务资料

D. 委托人委托的其他会计业务

【答案】ABCD

（二）会计机构负责人的任职资格

会计机构负责人（会计主管人员）是指在一个单位内具体负责会计工作的中层领

导人员。

设置会计机构的单位，其负责人称为会计机构负责人。未设置会计机构的单位（在有关机构中配置专职会计人员），其负责人称为会计主管人员。

担任单位会计机构负责人（会计主管人员）的人员，应当具备会计师以上专业技术职务资格或者从事会计工作3年以上。

二、会计工作岗位的设置

（一）会计工作岗位的概念

会计工作岗位是指单位会计机构内部根据业务分工而设置的从事会计工作、办理会计事项的具体职位。

（二）会计工作岗位设置的要求

会计工作岗位设置的要求包括：

（1）按需设岗。根据本单位会计业务的需要设置会计工作岗位。

（2）符合内部牵制的要求。会计工作岗位可以一人一岗、一人多岗或者一岗多人；出纳人员不得兼任稽核、会计档案保管和收入、费用、债权债务账目的登记工作，但可以登记固定资产。

（3）建立岗位责任制。

（4）建立轮岗制度。对会计人员的工作岗位要有计划地进行轮岗，以促进会计人员全面熟悉业务和不断提高业务素质。

（三）主要会计工作岗位

会计工作岗位一般可分为：（1）总会计师（或行使总会计师职权）岗位；（2）会计机构负责人或者会计主管人员岗位；（3）出纳岗位；（4）稽核岗位；（5）资本、基金核算岗位；（6）收入、支出、债权债务核算岗位；（7）职工薪酬、成本费用、财务成果核算岗位；（8）财产物资的收发、增减核算岗位；（9）总账岗位；（10）财务会计报告编制岗位；（11）会计机构内会计档案管理岗位；（12）其他会计工作岗位。

会计档案管理岗位在会计档案正式移交之前属于会计岗位，在正式移交档案管理部门之后不再属于会计岗位。

提示

下列岗位不属于会计岗位：

（1）档案管理部门管理会计档案的人员。

（2）医院门诊收费员、住院处收费员、药房收费员、药品库房记账员、商场收款（银）员。

（3）单位内部审计、社会审计、政府审计相关人员。

三、取消会计从业资格考试后的财政部门的管理内容

考虑到我国涉及会计执业能力评价的考试较多，会计人员可以通过参加其他会计类考试证明执业能力，还可以通过接受继续教育、业务培训、学历教育等方式来提高专业能力和水平。修改后的《会计法》删除了关于从事会计工作的人员必须取得会计从业资格证书等规定，没有从业资格证，意味着会计人员要想在企业从事会计工作，不能单纯依靠证书，需要有真本事、硬技能。今后继续教育主要是提高会计人员的业务素质和专业胜任能力，以满足会计行业快速发展的要求。

修订后的《会计法》删除了关于从事会计工作的人员必须取得会计从业资格证书等规定，管理会计人员的省级财政部门的职能也相应发生了变化。

（一）省级财政部门的职能转变

（1）自 2017 年 11 月 5 日起施行的《会计法》取消了会计从业资格认定。省级财政部门不再组织会计从业资格认定以及考试、证书核发和换发、调转登记等工作。

（2）已建会计从业人员信息管理系统的省级财政部门，可结合会计人员管理职能转变进行升级改造，对相关数据资料妥善加以利用。

（3）已经取得的会计从业资格证书，不再作为从事会计工作的证明文件，但仍可作为能力水平的证明。

（二）省级财政部门应该切实加强组织领导

财政部要求省级财政部门切实加强组织领导，坚持改革创新，把取消会计从业资格认定与转变会计监管职能结合起来，进一步强化会计诚信建设和会计人员事中事后监管等措施；树立服务理念，主动为会计人员继续教育、信用评价等提供便利和信息服务；加强信息交流，对贯彻落实“放管服”改革要求、加强会计人员事中事后监管方面好的经验、做法及时总结推广。

四、主要国外注册会计师简介

（一）ACCA 简介

ACCA 在国内称为国际注册会计师，实际上是特许公认会计师公会（The Association of Chartered Certified Accountants）的缩写。ACCA 成立于 1904 年，是目前全球最大的国际会计师组织，也是国际上海外学员最多、学员规模发展最快的专业会计师组织。

ACCA 是英国具有特许头衔的四家注册会计师协会之一，也是当今最知名的国际性会计师组织之一。ACCA 资格被认为是“国际财会界的通行证”。许多国家立法许可 ACCA 会员从事审计、投资顾问和破产执行工作。ACCA 在欧洲会计专家协会（FEE）、亚太会计师联合会（CAPA）和加勒比海地区特许会计师协会（ICAC）等会计组织中起着非常重要的作用。

自1990年起，ACCA便积极参与中国财会人员的培训工作，先后在北京、上海、广州、天津、武汉、大连、南京、长沙、深圳、西安等城市设立了考点和培训中心。ACCA考试共15门课程，分为4个阶段，全程学习可获得4份不同等级的资格证书。

（二）CFA简介

CFA即特许金融分析师（Chartered Financial Analyst），是全球投资业中最严格、含金量最高的资格认证，为全球投资业在道德操守、专业标准及知识体系等方面设立了规范与标准。自1962年CFA课程设立以来，投资知识、准则及道德方面的全球性标准被广泛认知与认可。

50多年来，CFA协会培养了许多活跃于金融行业前沿的高水平专业人才。CFA持证人遍布全球，服务于众多企业。2015年10月，CFA协会正式在北京设立中国办事处。

（三）CMA简介

CMA即美国注册管理会计师（Certified Management Accountant），是美国管理会计师协会旗下的注册管理会计师认证，是全球管理会计及财务管理领域的权威认证。美国注册管理会计师（CMA）与美国注册会计师（US CPA）、特许金融分析师（CFA）一起并称为美国财会领域的国际三大黄金认证，在全球范围内为企业财务高管所认可。

（四）FRM简介

FRM（Financial Risk Manager）是全球金融风险管理领域顶级的权威国际资格认证，由美国全球风险管理协会（GARP）设立。

GARP是一个拥有来自超过195个国家150 000名会员的世界最大的金融协会组织之一，主要服务于银行、证券公司、学术研究机构、政府管理机构、资产管理机构、保险公司及非金融性公司等。其主要职能是交换信息，实施教育计划，提高全世界金融风险管理领域的标准。

FRM考试始于1997年，如今在中国北京、上海、广州、成都、武汉、香港和台湾等地设有考点。

（五）US CPA简介

US CPA即美国注册会计师（USA Certified Public Accountants），得到了包括中国在内的众多国家和地区的广泛认可，是具有权威性的国际会计师资格认证。美国注册会计师协会（AICPA）成立于1887年，如今已成为世界上最具影响力的会计职业组织。

提示

US CPA是英文考试，只考4门，分为财务会计与报告（FAR）、法律法规（REG）、商业环境及理论（BEC）和审计与鉴证（AUD）。

中国CPA考试分为专业阶段考试和综合阶段考试。考生在通过专业阶段考试的全部科目后，才能参加综合阶段考试。专业阶段考试科目为 6 门，即《会计》《审计》《财务成本管理》《经济法》《税法》和《公司战略与风险管理》；综合阶段考试科目为职业能力综合测试（试卷一、试卷二）。

四大会计师事务所及跨国公司的招聘中，比较欢迎持有美国注册会计师资格的应聘人员。随着会计的国际化及国际会计准则的普及，无论是在海外上市的中资企业，还是国内的欧美知名公司或会计师事务所，都倾向于招募持有美国注册会计师资格者从事财务管理工作。

五、会计专业技术资格与职务

（一）会计专业技术资格

会计专业技术资格分为初级资格、中级资格和高级资格。初级、中级资格的取得实行全国统一考试制度。高级会计师资格的取得实行考试与评审相结合的制度，正高级会计师资格的取得实行评审制度。

1. 会计专业技术资格考试

会计专业技术资格考试报名的基本要求如表 2－7 所示。

表 2－7　我国会计专业技术资格考试报名条件

会计职称	考试科目	报名基本条件	报名附加条件	成绩保留年限
初级（会计员、助理会计师）	闭卷：“初级会计实务”“经济法基础”	①坚持原则，具备良好的职业道德品质 ②认真执行《会计法》和国家统一的会计制度，无严重违反财经纪律的行为 ③履行岗位职责，热爱本职工作	高中以上学历	1 年
中级（会计师）	闭卷：“中级会计实务”“经济法”“财务管理”		大学专科：从事会计工作 5 年 大学本科：从事会计工作 4 年 双学士或研究生班毕业：从事会计工作 2 年 硕士：从事会计工作 1 年 博士：从事会计工作 0 年	2 年
高级（高级会计师）	开卷“高级会计实务”＋评审		具备任职基本条件和任职资格评审条件	3 年
高级（正高级会计师）	评审	①本科以上学历 ②具备当地规定的条件	具备高级会计师等资格 5 年以上	

提示

报名条件中所规定的从事会计工作年限是指取得规定学历前后从事会计工作的合计年限，其截止日期为考试报名当年年底前。

2. 会计专业技术资格考试时间

会计专业技术初级、中级、高级资格考试，原则上每年举行一次。

（二）会计专业职务

会计专业职务分为正高级会计师、高级会计师、会计师、助理会计师、会计员。其中，正高级会计师和高级会计师为高级职务，会计师为中级职务，助理会计师与会计员为初级职务。

提示

财政部从2013年开始增设正高级会计专业技术资格，形成初级、中级、高级等层次清晰、相互衔接、体系完整、逐级递进的会计专业技术资格体系。会计专业职务的级别已经完整化，有初级（会计员、助理会计师）、中级（会计师）、高级（高级会计师）和正高级（正高级会计师）。

六、会计人员工作交接

会计工作交接，是指会计人员工作调动或者因故离职时，与接替人员办理交接手续的一种工作程序。会计人员工作调动或者因故离职，必须将本人所经管的会计工作全部移交给接替人员。没有办清交接手续的，不得调动或者离职。

（一）交接的范围

《会计法》第四十一条规定：

会计人员调动工作或离职，必须与接管人员办清交接手续。一般会计人员办理交接手续，由会计机构负责人（会计主管人员）监交；会计机构负责人（会计主管人员）办理交接手续，由单位负责人监交，必要时主管单位可以派人会同监交。

（二）交接的程序

1. 提出交接申请

会计人员在向单位或者有关机关提出调动工作或者离职的申请时，应当同时向会计机构提出会计交接申请。

2. 做好办理移交手续前的准备工作

具体内容包括：

（1）已经受理的经济业务尚未填制会计凭证的应当填制完毕。

（2）尚未登记的账目应当登记完毕，结出余额，并在最后一笔余额后加盖经办人印章。

（3）整理好应该移交的各项资料，对未了事项和遗留问题要写出书面说明。

（4）编制移交清册，列明应该移交的会计凭证、会计账簿、财务会计报告、公章、现金、有价证券、支票簿、发票、文件、其他会计资料和物品等内容；实行会计电算化的单位，从事该项工作的移交人员应在移交清册上列明会计软件及密码、数据盘、磁带等内容。

(5) 会计机构负责人（会计主管人员）移交时，应将财务会计工作、重大财务收支问题和会计人员等情况向接替人员介绍清楚。

3. 移交点收

接替人员应认真按照移交清册逐项点收。具体要求是：

(1) 现金要根据会计账簿记录余额进行当面点交，不得短缺，接替人员发现不一致或白条抵库现象时，移交人员应在规定期限内负责查清处理。

(2) 有价证券的数量要与会计账簿记录一致，有价证券面额与发行价不一致时，按照会计账簿余额交接。

(3) 会计凭证、会计账簿、财务会计报告和其他会计资料必须完整无缺，不得遗漏。如有短缺，必须查清原因，并在移交清册中加以说明，由移交人负责。

(4) 银行存款账户余额要与银行对账单核对相符，如有未达账项，应编制银行存款余额调节表调节相符；各种财产物资和债权债务的明细账户余额，要与总账有关账户的余额核对相符；对重要实物要实地盘点，对余额较大的往来账户要与往来单位、个人核对。

(5) 公章、收据、空白支票、发票、科目印章以及其他物品等必须交接清楚。

(6) 实行会计电算化的单位，交接双方应在电子计算机上对有关数据进行实际操作，确认有关数字正确无误后方可交接。

4. 专人负责监交

为了明确责任，会计人员办理工作交接，必须有专人负责监交。通过监交，保证双方都按照国家有关规定认真办理交接手续，防止流于形式，保证会计工作不因人员变动而受影响；保证交接双方处在平等的法律地位上享有权利和承担义务，不允许任何一方以大压小，以强凌弱，或采取非法手段进行威胁。移交清册应当经过监交人员审查和签名、盖章，作为交接双方明确责任的证件。对监交的具体要求是：

(1) 一般会计人员办理交接手续，由单位会计机构负责人（会计主管人员）监交。

(2) 会计机构负责人（会计主管人员）办理交接手续，由单位负责人监交，必要时主管单位可以派人会同监交。这里所称“必要时主管单位可以派人会同监交”，是指有些交接需要主管单位监交或者主管单位认为需要参与监交。通常有三种情况：一是所属单位负责人不能监交，需要由主管单位派人代表主管单位监交。例如因单位撤并而办理交接手续等。二是所属单位负责人不能尽快监交，需要由主管单位派人督促监交。例如主管单位责成所属单位撤换不合格的会计机构负责人（会计主管人员），所属单位负责人却以各种借口拖延不办交接手续，此时主管单位就应派人督促会同监交。三是不宜由所属单位负责人单独监交，而需要主管单位会同监交。例如所属单位负责人与办理交接手续的会计机构负责人（会计主管人员）有矛盾，交接时需要主管单位派人会同监交，以防可能发生的单位负责人借机刁难等情况。此外，主管单位认为交接中存在某种问题需要派人监交时，也可派人会同监交。

5. 处理交接后的事宜

(1) 会计工作交接完毕后，交接双方和监交人在移交清册上签名或盖章，并应在移交清册上注明：单位名称，交接日期，交接双方和监交人的职务、姓名，移交清册页数以及需要说明的问题和意见等。

（2）接替人员应继续使用移交前的账簿，不得擅自另立账簿，以保证会计记录前后衔接，内容完整。

（3）移交清册一般应填制一式三份，交接双方各执一份，存档一份。

（三）交接人员的责任

会计工作交接中，合理、公正地区分移交人和接替者的责任是非常必要的。交接工作完成后，移交人员所移交的会计凭证、会计账簿、财务会计报告和其他会计资料是在其经办会计工作期间内发生的，移交人员应当对这些会计资料的真实性、完整性负责，即便接替人员在交接时因疏忽没有发现所接会计资料在真实性、完整性方面的问题，如事后发现，仍应由原移交人员负责，原移交人员不应以会计资料已移交而推脱责任。

【例题 47 · 单选】一般会计人员办理会计工作交接手续时，应由（　　）负责监交。

A. 其他会计人员　　B. 审计人员

C. 会计机构负责人　　D. 单位负责人

【答案】C

【例题 48 · 判断】会计机构负责人办理会计交接手续时，应当由单位负责人监交，必要时主管单位可以派人监交。（　　）

【答案】√

【例题 49 · 多选】会计人员移交前必须做好的工作包括（　　）。

A. 已经受理的经济业务，尚未填制会计凭证的应当填制完毕

B. 尚未登记的账目应当登记完毕，结出余额，并在最后一笔余额后加盖经办人印章

C. 尚未编制的财务会计报告应当编制完毕

D. 编制移交清册

【答案】ABD

【例题 50 · 判断】某单位出纳王某因工作变动需要办理移交手续，主办会计李某负责监交。（　　）

【答案】×

【例题 51 · 单选】根据会计法律制度的有关规定，会计人员在办理会计工作交接手续中发现白条抵库现象时，应采取的做法是（　　）。

A. 由监交人员负责查清处理

B. 由移交人员在规定期限内负责查清处理

C. 由接管人员在移交后负责查清处理

D. 由会计档案管理人员负责查清处理

【答案】B

【例题 52 · 单选】 贾某在会计机构负责人林某的监交下，将会计资料移交给王某。事后王某发现该会计资料存在严重差错，贾某以已经移交完毕为由不予理睬。根据规定，应该承担法律责任的是（　　）。

A. 贾某　　B. 王某

C. 贾某和王某　　D. 贾某、王某及林某

【答案】 A

七、总会计师

总会计师是单位主要管理人员，承担经济预测、决策、控制、分析等工作。随着经济形势的变化，总会计师在企业中的地位不断提升，成为决定企业前途命运的至关重要的决策者。尤其是大型企业、金融企业、上市公司的总会计师，已经成为企业价值的创造者、资本运营的设计师、财务创新的引路人，是建立和完善中国社会主义市场经济体制的重要力量。

提示

我国将大中型企事业单位总会计师素质提升工程列入会计人才规划六大工程之一。从 2005 年开始，财政部启动企业类、行政事业类、注册会计师类、学术类四大类别全国会计领军人才培养工程，以 6 年为一个周期，下大决心、花大力气培养造就高素质、国际化、复合型高端会计人才。

（一）总会计师的设置

《会计法》第三十六条规定：

国有的和国有资产占控股地位或者主导地位的大、中型企业必须设置总会计师。

凡设置总会计师的单位，在行政领导成员中不再设与总会计师职权重叠的副职。

《会计行业中长期人才发展规划（2010—2020 年）》（简称《会计人才规划》）进一步提出："所有具备条件的企业必须设置总会计师。"《总会计师条例》第二条规定："全民所有制大、中型企业设置总会计师。事业单位和业务主管部门根据需要，经批准可以设置总会计师。"2010 年出台的《国家中长期教育改革和发展规划纲要（2010—2020 年）》从"坚持依法理财，严格执行国家财政资金管理法律制度和财经纪律"出发，提出"在高等学校试行设立总会计师职务，提升经费使用和资产管理专业化水平，公办高等学校总会计师由政府委派"。这将对事业单位推行总会计师制度起到示范作用。

提示

总会计师是一个行政职务，不是技术职称，但是只有具备中级会计专业技术职务以上的人员才能担任。

（二）总会计师的管理体制

《总会计师条例》规定，企业的总会计师由本单位主要行政领导人提名，政府主管部门任命或者聘任；免职或者解聘程序与任命或者聘任程序相同。

实际工作中，总会计师主要实行四种管理模式：

（1）由政府主管部门或上级组织部门直接委派或任命。

（2）由单位主要负责人聘任，外商独资企业采用的主要是这种模式。

（3）由企业董事会任命，股份制企业采用的主要是这种模式。

（4）由集团公司委派或提名。

（三）总会计师的职责权限

要在继续保持传统财务会计管理功能的前提下，充分发挥总会计师在提升企业价值和股东价值方面的重要作用。总会计师除了在编制和执行预算、进行成本管理和经济核算、实施会计监督和控制、配备和管理会计人员等方面具有职权外，还在企业价值管理、风险管理、信息管理、人力资源管理等方面具有职权。

总会计师的任职资格、任免程序、职责权限由国务院制定。

（四）总会计师的能力框架体系

（1）决策能力，即进行财务决策及参与其他战略决策的能力。

（2）战略规划能力，即规划公司财务目标、财务战略及财务功能远景的能力。

（3）分析能力，即建立和运用模型，进行财务分析，提供决策支持的能力。

（4）领导能力，即领导团队实施财务战略，实现财务功能远景，建立高效会计核算系统和财务流程的能力。

（5）协作能力，即维护相关关系的能力，以及与其他高层管理人员、业务部门形成业务伙伴关系的能力。

（6）控制能力，即以内部控制制度控制交易流程的能力，以及运用预算管理、成本管理、风险管理等手段控制既定业绩目标的能力。

（7）资源管理能力，即管理财务信息资源的能力，以及保全公司资产并使之高效运转的能力。

【例题 53 · 判断】某国有控股企业为加强会计工作，决定增设一名副经理主管财会工作，现任总会计师配合其工作。（　　）

【答案】×

八、注册会计师

注册会计师是向社会提供审计、咨询等专业服务的执业人员。注册会计师是我国会计人才队伍中对外开放需求较大、对外开放程度较高的专业人员。《会计人才规划》提出了 2020 年建成“国际一流会计人才队伍”的战略目标，要实现这一目标，必须形成独特的注册会计师人才竞争优势。

为解决我国注册会计师行业人才队伍建设面临的困难和问题，逐步缩小与国际同行的差距，努力提高全行业的整体素质，《会计人才规划》提出：要凝聚三类高素质注册会计师，建立注册会计师行业“人才方阵”，形成“领军人才辐射带动、开拓国际，优秀人才奋力拼搏、大展宏图，潜在人才不断积聚、蓄势待发，行业队伍人才济济、充满活力的生动局面”。

注册会计师考试科目包括会计、审计、财务成本管理、公司战略与风险管理、经济法、税法；综合阶段考试设职业能力综合测试一个科目。该考试鼓励具有一定英语基础的考生，进一步学习会计、审计、财务、经济等方面的专业英语知识，以处理英文环境下的实务问题。

《会计人才规划》以培养造就具有国际认可度的注册会计师为重点，提出“到 2015 年，培养造就 600 名具有国际认可度的中国注册会计师；到 2020 年，在 2015 年的基础上再新增 2 000 人，推荐其中 50 名左右的高端人才到国际性或区域性会计审计组织任职或服务”，为注册会计师行业加快发展提供人才保障。

【例题 54 · 案例】 2014 年 12 月，某公司汪总经理以加强对公司财务部的管理为由，将自己朋友的女儿张唯调入财务部担任出纳，负责登记现金和银行存款日记账，并兼管会计档案。2016 年 12 月，汪总经理任命张唯为公司财务部经理，全面主持财务部工作。

要求：指出上述情况中哪些行为不符合国家规定，并说明理由。

【解析】

汪总经理将张唯调入公司担任出纳的行为不符合规定；出纳兼任会计档案工作不符合规定；任命张唯为财务部经理的行为不符合规定。

理由：

(1)《会计法》规定，出纳人员不得兼任稽核、会计档案保管和收入、支出、费用、债权债务账目的登记工作。

(2)《会计法》规定，担任单位会计机构负责人（会计主管人员）的，应当具备会计师以上专业技术职务资格或者从事会计工作 3 年以上经历。而张唯被任命时既不是会计师，从事会计工作也不满 3 年。

【例题 55 · 案例】 2015 年 12 月，A 有限公司发生以下事项：

(1) 5 日，为节约公司历史档案管理费用支出，公司会计科会同档案科销毁了一批保管期限已满的会计档案，未编造会计档案销毁清册，也未报经公司总经理批准，销毁后未履行任何手续。

(2) 16 日，公司会计人员郑某脱产学习两周，会计科科长指定出纳王某兼任郑某的债权债务账目的登记工作，未办理会计工作交接手续。

(3) 20 日，公司会计科预计下年度将亏损 120 万元。公司总经理授意会计科科长采取伪造会计凭证等手段调整公司的财务会计报告，将本年度利润调整为盈利 60 万元，并将调整后的公司财务会计报告交公司总经理及有关人员签名、盖章后报送有关单位。

要求：根据以上事实，回答下列问题：

（1）公司会计科会同档案科销毁保管期满的会计档案在程序上是否符合规定？为什么？

（2）出纳王某临时兼任郑某的债权债务账目的登记工作是否符合规定？

（3）会计人员郑某脱产学习两周，是否需要办理会计工作交接手续？

（4）公司总经理授意会计科科长采取伪造会计凭证等手段调整企业财务会计报告，是否应承担法律责任？为什么？

【解析】

（1）公司会计科会同档案科未编造会计档案销毁清册，也未报经公司总经理批准，自行销毁了一批保管期限已满的会计档案，销毁后未履行任何手续，这种做法不符合会计法律制度的规定。会计档案保管期满需要销毁的，需编造会计档案销毁清册，经单位负责人签署意见同意后方可销毁，销毁后，监销人应当在会计档案销毁清册上签章，并将监销情况报告单位负责人。

（2）出纳王某临时兼任郑某的债权债务账目的登记工作，不符合《会计法》出纳人员不得兼任债权债务账目的登记工作的规定。

（3）会计人员郑某脱产学习两周，需要办理会计工作交接手续。

（4）公司总经理应承担相应的法律责任。根据《会计法》的规定，单位负责人对本单位的会计工作和会计资料的真实性、完整性负责。

【例题56·案例】龙泉有限公司发生以下事项：

（1）2016年4月，市财政部门对公司进行例行检查时发现，3月公司会计王某休产假，公司一时找不到合适人选，决定由出纳李某兼任王某的收入、费用账目的登记工作。

（2）8月，公司以“财政部门无权对股份有限公司进行会计检查”为由，拒绝市财政局的年度会计信息质量抽查。

要求：简要分析上述事项是否正确，并说明理由。

【解析】

（1）公司让出纳李某兼管王某的收入、费用账目登记工作是不正确的。《会计法》规定，出纳人员不得兼任收入、支出、费用、债权债务账目的登记工作。

（2）公司拒绝市财政局的年度会计信息质量抽查的理由是不正确的。《会计法》规定，县级以上地方各级人民政府财政部门管理本行政区域内的会计工作；财政部门代表国家对各单位的会计工作实行监督；各单位必须自觉接受财政等部门的监督、检查。市财政局有权对所管辖的公司进行会计信息质量的抽查，该公司不得拒绝。

□ 第5节习题

一、单项选择题

1. 根据会计法律制度的规定，下列各项中不属于代理记账机构业务范围的是（　　）。

A. 对外提供财务会计报告

B. 向税务机关提供税务资料

C. 审核原始凭证、填制记账凭证、登记会计

账簿等

D. 出具审计报告

2. 根据会计法律制度的规定，一般会计人员办理会计工作交接时，负责监交的是（　　）。

A. 其他会计人员

B. 会计机构负责人

C. 单位负责人

D. 上级主管机构指派人员

3. 下列各项中，关于代理记账的表述错误的是（　　）。

A. 代理记账之前应当在委托人与代理记账机构之间签订书面委托合同

B. 代理记账机构为委托人编制的财务会计报表在报送有关部门之前，应经代理记账机构负责人与委托人审阅并盖章

C. 代理记账机构必须持有县级以上财政部门核发的代理记账许可证书

D. 代理记账机构有健全的代理记账业务内部规范

4.（　　）是指从事代理记账业务的社会中介机构，接受委托人的委托办理会计业务。

A. 代理记账机构　　B. 会计师事务所

C. 会计机构　　D. 审计部门

5. 会计机构、会计人员对违法的收支（　　）。

A. 应当退回予以更正

B. 应当向单位领导人提出书面意见，请求处理

C. 应当向主管单位或者财政、审计、税务机关报告

D. 不予受理，并向单位负责人报告

6. 实行会计电算化的单位的会计人员办理工作交接时，交接双方应（　　）。

A. 在电子计算机上实际操作确认

B. 将手工账余额与报表核对

C. 将明细账与总账核对

D. 将手工账与电子计算机生成的会计资料核对

7. 下列各项中，不属于代理记账基本程序的是（　　）。

A. 委托人与受托人在相互协商的基础上签订书面委托合同

B. 会计凭证传递程序和签收手续

C. 编制和提供财务会计报告的要求

D. 申请人在规定的时间内办理工商登记手续，领取营业执照

8.《会计法》规定：各单位应依据（　　）的需要设置会计机构，或者在有关机构中设置会计人员并指定会计主管人员。

A. 单位营业收入　　B. 会计人员数量

C. 会计业务　　D. 单位的规模

9. 下列各项中，不属于会计工作岗位设置要求的是（　　）。

A. 出纳人员兼任稽核　　B. 建立岗位责任制

C. 建立轮岗制度　　D. 按需设岗

10. 下列各项中，不属于《会计基础工作规范》中所规定的直系亲属范围的是（　　）。

A. 养父与养子关系　　B. 夫妻关系

C. 结拜兄弟关系　　D. 亲姐弟关系

11. 就其职务而言，总会计师是（　　）。

A. 单位行政领导成员

B. 会计机构负责人

C. 会计主管人员

D. 会计专业技术资格获得者

12. 移交人员因病或其他特殊原因不能亲自办理交接手续的，经单位负责人批准，可由（　　）代办交接。

A. 移交人委托他人　　B. 移交人授权他人

C. 会计机构负责人　　D. 移交人亲属

13. 下列各项中，不属于会计专业职务等级的是（　　）。

A. 注册会计师　　B. 高级会计师

C. 会计师　　D. 会计员

14. 担任单位会计机构负责人的人员，除具备从事会计工作所需的专业能力外，还应当具备（　　）以上的专业技术职务资格或者从事会计工作 3 年以上的经历。

A. 助理会计师　　B. 会计师

C. 高级会计师　　D. 会计员

15.（　　）负责会计从业资格管理、会计人员评优表彰奖惩、会计人员继续教育等。

A. 审计部门　　B. 工商部门

C. 税务部门　　D. 财政部门

16. 实行回避制度的单位，会计主管人员的直系亲属不得担任本单位的（　　）。

A. 会计机构负责人　B. 会计主管人员
C. 出纳　D. 稽核

17. 实行回避制度的单位，单位领导人的直系亲属不得担任本单位的（　　）。

A. 会计机构负责人　B. 商场收银员
C. 出纳　D. 稽核

18. 总会计师的任职资格、任免程序、职责权限由（　　）规定。

A. 注册会计师协会　B. 财政部
C. 国务院　D. 中国会计学会

19. 下列关于总会计师的说法中，错误的是（　　）。

A. 总会计师不是单位的行政领导成员
B. 总会计师是主管经济核算和财务会计工作的负责人
C. 总会计师直接对单位主要领导人负责
D. 总会计师参与单位的重大经营决策活动

20. 设置会计机构的依据是（　　）。

A. 有会计业务　B. 会计业务需要
C. 单位领导决定　D. 财政部门规定

21. 下列关于会计人员回避制度的说法中，错误的是（　　）。

A. 单位负责人的直系亲属不得担任本单位的会计机构负责人
B. 会计机构负责人的直系亲属不得在本单位会计机构中担任出纳工作
C. 事业单位任用会计人员可以不实行回避制度
D. 国有企业任用会计人员应当实行回避制度

22. 除会计师事务所外，从事代理记账业务的机构必须持有代理记账许可证书。该代理记账许可证书的核发机关是县级以上（　　）。

A. 工商行政管理部门
B. 税务部门
C. 财政部门
D. 审计部门

23. 担任单位会计机构负责人（会计主管人员）的，应当具备会计师以上专业技术职务资格或者从事会计工作（　　）年以上经历。

A. 1　B. 3
C. 2　D. 5

24. 主管代理记账业务的负责人，其专业技术资格必须在（　　）以上。

A. 会计员　B. 助理会计师
C. 会计师　D. 高级会计师

25. 单位内部会计监督的对象是单位的（　　）。

A. 经济活动　B. 产品质量
C. 预算　D. 内部控制制度

26. 会计移交清册一般应填制（　　）。

A. 一份　B. 一式两份
C. 一式三份　D. 一式四份

27. 下列各项中，属于会计岗位的是（　　）。

A. 医院门诊收费员
B. 档案管理部门管理会计档案的人员
C. 负责单位内部审计、社会审计、政府审计的相关人员
D. 总会计师

二、多项选择题

1. 下列各项中，属于代理记账机构业务范围的有（　　）。

A. 填制或取得原始凭证
B. 审核原始凭证
C. 填制记账凭证
D. 定期向税务机构提供税务资料

2. 会计工作交接完毕后，必须在移交清册上签名或盖章的人有（　　）。

A. 会计机构负责人　B. 监交人
C. 移交人　D. 接交人

3. 会计工作交接时，应在移交清册上注明（　　）。

A. 单位名称
B. 交接日期
C. 交接双方和监交人的职务
D. 移交清册页数

4. 从事代理记账业务的中介机构应符合的条件包括（　　）。

A. 有具备会计专业技能的专职从业人员
B. 主管代理记账业务的负责人必须具有会计

师以上专业技术资格

C. 有健全的代理记账业务规范和财务制度

D. 机构的设立依法经过工商行政管理部门或其他管理部门核准

5. 代理记账机构为委托人编制并对外提供的财务会计报告应由（　　）签名并盖章。

A. 代理记账机构负责人

B. 委托人

C. 代理记账机构经办人

D. 委托人的代理人

6. 会计机构负责人的任职资格和条件包括（　　）。

A. 遵纪守法，坚持原则

B. 具备专业技术资格条件

C. 具备从事会计工作 4 年以上经历

D. 具备一定的专业技术水平

7. 下列各项中，属于代理记账机构及其从业人员义务的有（　　）。

A. 配备专人负责日常货币收支和保管

B. 对在执行业务中知悉的商业秘密保密

C. 接受委托人示意其做出的会计处理

D. 对委托人提出的有关会计处理原则问题予以解释

8. 下列各项中，不属于会计专业技术职务的有（　　）。

A. 会计员、助理会计师

B. 总会计师

C. 高级会计师

D. 注册会计师

9. 下列各项中，属于会计人员继续教育内容的有（　　）。

A. 计算机信息应用技术

B. 会计理论与实务

C. 会计职业道德规范

D. 财务、会计法规制度

10. 下列各项中，应当具备从事会计工作所需的专业能力，方能从事的工作岗位有（　　）。

A. 出纳

B. 稽核

C. 单位内部审计

D. 会计机构内会计档案保管

11. 根据《会计法》的规定，下列属于单位会计机构负责人（会计主管人员）任职条件的有（　　）。

A. 具有会计专业技能

B. 工作 3 年以上

C. 具有会计师以上专业技术职务

D. 担任总会计师职务

12. 下列关于会计工作者的表彰奖励的说法中，正确的有（　　）。

A. 财政部负责组织全国先进会计工作者的评选表彰工作，一般每两年组织一次自上而下的全面评选

B. 每年组织评选表彰 20 名年度全国先进会计工作者

C. 财政部规定了《全国先进会计工作者评选表彰办法》，明确了评选范围、条件和程序等，先进会计工作者表彰做到了经常化、制度化

D.《会计法》明确规定，对认真执行《会计法》、忠于职守、坚持原则、做出显著成绩的会计人员，给予精神的或物质的奖励

13. 下列各项中，属于回避制度中所指的直系亲属的有（　　）。

A. 夫妻关系　　B. 直系亲属关系

C. 三代以内旁系血亲　D. 近姻亲关系

14. 下列各项中，不属于会计工作岗位的有（　　）。

A. 会计机构内部管理会计档案的人员

B. 档案管理机构管理会计档案的人员

C. 医院门诊收费员、住院处收费员、药品库房记账员

D. 单位内部审计人员、社会审计人员

15. 下列各项中，属于《代理记账管理办法》主要内容的有（　　）。

A. 代理记账机构设置的条件

B. 代理记账机构的业务范围

C. 代理记账机构与委托人的关系

D. 代理记账人员的道德规范

16. 下列各项中，属于必须设置总会计师的单位有（　　）。

A. 国有企业

B. 国有大中型企业

C. 国有资产占控股地位或者主导地位的大中型企业

D. 大中型企业

17. 会计人员应该办理会计工作交接的情形有（　　）。

A. 调动工作　　B. 离职

C. 临时离职　　D. 因病不能工作

18. 会计机构负责人办理交接，由单位负责人监交，必要时主管单位可以派人会同监交，这通常出现在（　　）的情形下。

A. 单位撤并

B. 所属单位负责人拖延

C. 所属单位负责人与办理交接手续的会计机构负责人有矛盾

D. 主管单位认为交接中存在某种问题需要派人监交

19. 下列各项中，任用会计人员应当实行回避制度的有（　　）。

A. 国家机关　　B. 国有企业

C. 事业单位　　D. 集体企业

20. 在办理会计工作交接时，交接双方要按照移交清册列明的内容进行逐项交接，具体要求包括（　　）。

A. 现金要根据会计账簿记录余额进行当面点交，不得短缺

B. 有价证券的数量要与会计账簿记录一致，由于一些有价证券（如债券、国库券等）的面额与发行价格可能会不一致，因此可以与账簿记录不一致

C. 移交人员经管的票据、印章及其他会计用品等，也必须交接清楚

D. 所有会计资料必须完整无缺

三、判断题

1. 会计工作交接完毕后，接管人员可以另立账簿。（　　）

2. 会计机构负责人是单位对外提供的财务会计报告的责任主体，必须保证对外提供的财务会计报告真实、完整。（　　）

3. 会计工作交接时，移交清册应填制一式两份，交接双方各执一份。（　　）

4. 会计工作交接时，交接双方在移交清册上签名或盖章，监交人不必签章。（　　）

5. 会计人员交接工作时，因接替人员的工作疏忽而没有发现所接会计资料在真实性、完整性方面的问题，如事后发现，接替人员应对会计资料的真实性、完整性负法律责任。（　　）

6. 会计机构、会计人员对记载不准确、不完整的原始凭证有权予以退回，并要求经办人员按照国家统一的会计制度的规定进行更正、补充。（　　）

7. 出纳人员可以兼管稽核、债权债务账目登记和会计档案保管工作。（　　）

8. 在会计工作交接中，现金要根据会计账簿记录余额进行当面点交，如有短缺，可用白条抵库。（　　）

9. 一般会计人员办理交接手续时，应由单位负责人监交。（　　）

10. 单位的会计业务不能一人多岗或一岗多人。（　　）

11. 根据《会计法》的规定，各单位都必须单独设置会计机构。（　　）

12. 代理记账机构只需按法律规定设立即可开展代理记账业务。（　　）

13. 一般会计人员办理交接手续由单位的会计机构负责人、会计主管人员负责监交，会计机构负责人、会计主管人员办理交接手续由单位领导人负责监交。（　　）

14. 移交人对自己经办且已经移交的会计资料的真实性、完整性承担法律责任，不能因为会计资料已经移交而推脱责任。（　　）

15. 会计工作交接时，若有价证券面额与发行价不一致，按照会计账簿余额交接。（　　）

16. 担任单位会计机构负责人的人员，应当具备会计师以上专业技术职务资格或从事会计工作5年以上经历。（　　）

17. 根据《会计法》的规定，总会计师的任职资格、任免程序、职责权限由国务院规定。（　　）

18. 报名参加会计专业技术资格考试的人员，必须具备会计专业技能，具有高中以上学历。（　　）

19. 当记账人员或者会计机构负责人调动工作时，只需要在账簿的登账处注明交接日期、接办人员和监交人员姓名，并由交接双方签字或者盖章。（　　）

20. 根据《会计法》的规定，不具备设置会计机构和会计人员条件的单位，应当委托从事会计代理记账业务的中介机构代理记账。（　　）

21. 从事代理记账人员对委托人提出的有关会计处理原则问题负有解释的责任。（　　）

22. 总会计师没有正副之分，是单位领导成员。（　　）

23. 凡设置总会计师的单位，在单位行政领导成员中，不设与总会计师职权重叠的副职。（　　）

24. 会计机构和会计人员发现会计账簿记录与实物、款项及有关资料不相符的，应当立即向本单位负责人报告，请求查明原因，做出处理。（　　）

25. 代理记账的委托人一般不再需要配备专人负责日常货币的收支和保管。（　　）

26. 会计岗位可以一人一岗、一人多岗或者一岗多人，但出纳不得兼管稽核、会计档案保管和收入、费用、债权债务账目的登记工作。（　　）

27. 会计资料移交后，如发现是在移交人员经办会计工作期间内发生的问题，应由原移交人员负责。（　　）

28. 担任单位会计机构负责人只要具备会计师以上专业技术职务资格或从事会计工作 3 年以上经历。（　　）

29. 没有办清交接手续的会计人员，一律不得调动或者离职。（　　）

30. 对违反国家统一的财政、财务、会计制度规定的财务收支，会计机构和会计人员有权不予办理。（　　）

第 6 节　法律责任

一、法律责任概述

法律责任是指违反法律规定的行为应当承担的法律后果。《会计法》规定的法律责任主要有行政责任和刑事责任。

（一）行政责任（违法行为）

《会计法》规定的行政责任有两种形式：行政处罚和行政处分。

1. 行政处罚

行政处罚是特定的行政主体基于一般行政管理职权，对其认为违反行政法上的强制性义务、违反行政管理程序的行政管理相对人所实施的一种行政制裁措施。

（1）行政处罚的种类主要有：①罚款；②责令限期改正；③五年内不得从事会计工作等。

（2）行政处罚由违法行为发生地县级以上地方人民政府具有行政处罚权的行政机关实施。

提示

对当事人的同一违法行为，不得给予两次以上罚款的行政处罚（“一事不再罚”原则）。

2. 行政处分

行政处分是国家工作人员违反行政法律规范所应承担的一种行政法律责任。行政处分的形式主要有：（1）警告；（2）记过；（3）记大过；（4）降级；（5）降职；（6）撤职；（7）留用察看；（8）开除。

3. 行政处罚与行政处分的主要区别

（1）制裁的原因不同；（2）制裁的对象不同；（3）制裁权的来源和根据不同；（4）制裁的范围和形式不同；（5）行为的属性及效力不同。

（二）刑事责任（犯罪行为）

刑事责任是指犯罪行为应当担承的法律责任，包括主刑和附加刑两种。

刑事责任与行政责任不同，二者的主要区别表现在：（1）追究的违法行为不同。追究行政责任的是一般违法行为，追究刑事责任的是犯罪行为。（2）追究责任的机关不同。追究行政责任由国家特定的行政机关依照有关法律的规定决定，而追究刑事责任只能由司法机关依照《中华人民共和国刑法》（以下简称《刑法》）的规定决定。（3）承担法律责任的后果不同。追究刑事责任是最严厉的制裁，可以判处死刑，比追究行政责任严厉得多。

【例题 57 · 多选】下列各项中，不属于《会计法》规定的行政处罚形式的是（　　）。

A. 警告　　B. 罚款

C. 不得再从事会计工作　　D. 责令停产停业

【答案】AD

【例题 58 · 多选】下列各项中，属于《会计法》规定的行政处罚形式的有（　　）。

A. 罚款　　B. 警告

C. 处分　　D. 不得再从事会计工作

【答案】AD

二、会计违法行为的法律责任

（一）不依法设置会计账簿等会计违法行为的法律责任

《会计法》第四十二条规定：

违反本法规定，有下列行为之一的，由县级以上人民政府财政部门责令限期改正，可以对单位并处三千元以上五万元以下的罚款；对其直接负责的主管人员和其他直接责任人员，可以处二千元以上二万元以下的罚款；属于国家工作人员的，还应当由其所在单位或者有关单位依法给予行政处分：（一）不依法设置会计账簿的；（二）私设会计账簿的；（三）未按照规定填制、取得原始凭证或者填制、取得的原始凭证不符合规定的；（四）以未经审核的会计凭证为依据登记会计账簿或者登记会计账簿不符合规定的；（五）随意变更会计处理方法的；（六）向不同的会计资料使用者提供的财务会计报告编制依据不一致的；（七）未按照规定使用会计记录文字或者记账本位币的；（八）未按照规定保管会计资料，致使会计资料毁损、灭失的；（九）未按照规定建立并实施单位内部会计监督制度或者拒绝依法实施的监督或者不如实提供有关会计资料及有关情况的；（十）任用会计人员不符合本法规定的。

有前款所列行为之一，构成犯罪的，依法追究刑事责任。会计人员有第一款所列行为之一，情节严重的，五年内不得从事会计工作。

有关法律对第一款所列行为的处罚另有规定的，依照有关法律的规定办理。

不依法设置会计账簿等会计违法行为应当承担的法律责任如下：

（1）责令限期改正。违法单位或者个人应当按照县级以上人民政府财政部门责令限期改正决定的要求，停止违法行为，纠正错误。

（2）罚款。县级以上人民政府财政部门可以对单位并处 3 000 元以上 5 万元以下的罚款，对其直接负责的主管人员和其他直接责任人可以处 2 000 元以上 2 万元以下的罚款。

（3）给予行政处分。属于国家工作人员的，由其所在单位、上级单位或者行政监察部门给予警告、记过、记大过、降级、撤职、留用察看或开除等行政处分。

（4）五年内不得从事会计工作。

（5）依法追究刑事责任。

提示

上述（1）、（2）、（4）项是县级以上人民政府财政部门给予的处罚。有关法律对违反会计核算法律规定行为的处罚另有规定，应当遵循特别法优于普通法的原则。

（二）其他会计违法行为的法律责任

1. 伪造、变造会计凭证、会计账簿，编制虚假财务会计报告的法律责任

《会计法》第四十三条规定：

伪造、变造会计凭证、会计账簿，编制虚假财务会计报告，构成犯罪的，依法追究刑事责任。有前款行为，尚不构成犯罪的，由县级以上人民政府财政部门予以通报，可以对单位并处五千元以上十万元以下的罚款；对其直接负责的主管人员和其他直接责任人员，可以处三千元以上五万元以下的罚款；属于国家工作人员的，还应当由其所在单位或者有关单位依法给予撤职直至开除的行政处分；其中的会计人员，五年内不得从事会计工作。

伪造、变造会计凭证、会计账簿或者编制虚假财务会计报告，情节较轻，社会危害不大，根据《刑法》的有关规定，尚不构成犯罪的，应当按照规定予以处罚，具体包括：

（1）通报。由县级以上人民政府财政部门采取通报方式对违法行为人予以批评、公告。通报决定由县级以上人民政府财政部门送达被通报人，并通过一定的媒介在一定的范围内公布。

（2）罚款。县级以上人民政府财政部门可视违法行为的情节轻重，在予以通报的同时，对单位并处 5 000 元以上 10 万元以下的罚款；对其直接负责的主管人员和其他直接责任人员，可以处 3 000 元以上 5 万元以下的罚款。

（3）行政处分。对上述违法行为直接负责的主管人员和其他直接责任人员中的国家工作人员，应当由其所在单位、上级单位或者行政监察部门给予撤职、留用察看或者开除的行政处分。

（4）五年内不得从事会计工作。

2. 隐匿或者故意销毁依法应当保存的会计凭证、会计账簿、财务会计报告的法律责任

《会计法》第四十四条规定：

隐匿或者故意销毁依法应当保存的会计凭证、会计账簿、财务会计报告，构成犯罪的，依法追究刑事责任。有前款行为，尚不构成犯罪的，由县级以上人民政府财政部门予以通报，可以对单位并处五千元以上十万元以下的罚款；对其直接负责的主管人员和其他直接责任人员，可以处三千元以上五万元以下的罚款；属于国家工作人员的，还应当由其所在单位或者有关单位依法给予撤职直至开除的行政处分；其中的会计人员，五年内不得从事会计工作。

隐匿、故意销毁依法应当保存的会计凭证、会计账簿、财务会计报告，情节较轻，社会危害不大，根据《刑法》的有关规定，尚不构成犯罪的，应追究行政责任，具体包括：

（1）通报。由县级以上人民政府财政部门采取通报方式对违法行为人予以批评、公告。通报决定由县级以上人民政府财政部门送达被通报人，并通过一定的媒介在一定的范围内公布。通报对单位和个人都适用。

（2）罚款。县级以上人民政府财政部门可视违法行为的情节轻重，在予以通报的同时，对单位并处5 000元以上10万元以下的罚款；对其直接负责的主管人员和其他直接责任人员，可以处3 000元以上5万元以下的罚款。

（3）行政处分。对隐匿、故意销毁依法应当保存的会计凭证、会计账簿、财务会计报告的国家工作人员，应当由其所在单位、上级单位或者行政监察部门给予撤职、留用察看或者开除的行政处分。

（4）五年内不得从事会计工作。

3. 授意、指使、强令会计机构、会计人员及其他人员伪造、变造会计凭证、会计账簿，编制虚假财务会计报告或者隐匿、故意销毁依法应当保存的会计凭证、会计账簿、财务会计报告的法律责任

《会计法》第四十五条规定：

授意、指使、强令会计机构、会计人员及其他人员伪造、变造会计凭证、会计账簿，编制虚假财务会计报告或者隐匿、故意销毁依法应当保存的会计凭证、会计账簿、财务会计报告，构成犯罪的，依法追究刑事责任；尚不构成犯罪的，可以处五千元以上五万元以下的罚款；属于国家工作人员的，还应当由其所在单位或者有关单位依法给予降级、撤职、开除的行政处分。

对有上述违法行为，情节较轻，社会危害不大，根据《刑法》的有关规定，尚不构成犯罪的，应当按照规定予以处罚，具体包括：

（1）罚款。县级以上人民政府财政部门可视违法行为的情节轻重，对违法行为人

处5 000元以上5万元以下的罚款。

（2）行政处分。对上述违法行为的国家工作人员，还应当由其所在单位、上级单位或者行政监察部门给予降级、撤职或者开除的行政处分。

4. 单位负责人对会计人员打击报复的法律责任

《会计法》第四十六条规定：

单位负责人对依法履行职责、抵制违反本法规定行为的会计人员以降级、撤职、调离工作岗位、解聘或者开除等方式实行打击报复，构成犯罪的，依法追究刑事责任；尚不构成犯罪的，由其所在单位或者有关单位依法给予行政处分。对受打击报复的会计人员，应当恢复其名誉和原有职务、级别。

单位负责人对依法履行职责、抵制违反《会计法》规定行为的会计人员实行打击报复，情节轻微，危害性不大，按照《刑法》的有关规定，不构成犯罪的，应当依照有关法律法规的规定，由其所在单位或者有关单位视情节轻重给予相应的行政处分。这里所说的有关单位，是指其上级单位和行政监察部门。

对会计人员进行打击报复的，除对单位负责人依法进行处罚外，还应当按照有关规定，采取必要的补救措施，主要包括：

（1）恢复名誉。受打击报复的会计人员的名誉受到损害的，其所在单位或者上级单位及有关部门应当要求打击报复者向受打击报复的会计人员赔礼道歉，并澄清事实，消除影响，恢复名誉。

（2）恢复原有职位、级别。会计人员受到打击报复，被调离工作岗位、解聘或者开除的，应当在征得会计人员同意的前提下，恢复其工作；被撤职的，应当恢复其原有职务；被降级的，应当恢复其原有级别。

5. 财政部门及有关行政部门的工作人员滥用职权、玩忽职守、徇私舞弊或者泄露国家秘密、商业秘密的法律责任

《会计法》第四十七条规定：

财政部门及有关行政部门的工作人员在实施监督管理中滥用职权、玩忽职守、徇私舞弊或者泄露国家秘密、商业秘密，构成犯罪的，依法追究刑事责任；尚不构成犯罪的，依法给予行政处分。

财政部门及有关行政部门的工作人员虽有滥用职权、玩忽职守、徇私舞弊或者泄露国家秘密、商业秘密的行为，但是情节显著轻微，危害性不大，按照《刑法》的有关规定，不构成犯罪的，应当依照相关法律法规的规定，给予行政处分。对有上述违法行为的财政部门及有关行政部门的工作人员，可以由其所在单位、上级单位或者行政监察部门视情节轻重给予相应的行政处分。

6. 将检举人姓名和检举材料转给被检举单位、被检举人个人的法律责任

《会计法》第四十八条规定：

违反本法第三十条规定，将检举人姓名和检举材料转给被检举单位和被检举人个人的，由所在单位或者有关单位依法给予行政处分。

根据《会计法》的规定，收到检举的部门、负责处理的部门及其工作人员，将检举人姓名和检举材料转给被检举单位和被检举人个人的，应当由所在单位或者有关单

位对直接负责的主管人员和其他直接责任人员视情节轻重给予相应的行政处分。

7. 违反《会计法》的同时违反其他法律规定行为的处罚

《会计法》第四十九条规定：

违反本法规定，同时违反其他法律规定的，由有关部门在各自职权范围内依法进行处罚。

为了保证会计资料的真实性、完整性，除《会计法》以外，其他法律也对相关单位的会计工作制定了相应的规范，并赋予税务、审计、人民银行、证券监管、保险监管等部门对有关会计工作实施监督管理及对相关会计违法行为进行处罚的职权。表2-8总结了违反《会计法》的规定应当承担的法律责任。

表2-8 违反《会计法》的规定应承担的法律责任

违法（犯罪）行为	行政责任				刑事责任
	行政处罚			行政处分	
	责令限期改正	罚款	五年内不得从事会计工作	其他处分形式	
违反会计制度规定	√	（1）单位：3 000元以上5万元以下 （2）责任人：2 000元以上2万元以下	情节严重的	警告、记过、记大过、降级、撤职、留用察看或开除等	√
伪造、变造会计凭证、会计账簿，编制虚假财务会计报告	×	（1）单位：5 000元以上10万元以下 （2）责任人：3 000元以上5万元以下	√	撤职直至开除	√
隐匿或者故意销毁依法应当保存的会计凭证、会计账簿、财务会计报告	×	（1）单位：5 000元以上10万元以下 （2）责任人：3 000元以上5万元以下	√	撤职直至开除	√
授意、指使、强令会计机构、会计人员及其他人员伪造、变造会计凭证、会计账簿，编制虚假财务会计报告或隐匿、故意销毁依法应当保存的会计凭证、会计账簿、财务会计报告	×	5 000元以上5万元以下	×	降级、撤职、开除	√

【例题59·多选】为了实现当年利润达到150万元的目标，某公司负责人李某指使财务部会计人员贾某在会计账簿上做一些“技术处理”，贾某请示财务部经理张某后遵照办理。该公司行为尚未构成犯罪，该公司及相关人员应承担的法律责任有（　　）。

A. 对公司负责人处5 000元以上5万元以下的罚款

B. 贾某五年内不得从事会计工作

C. 对财务部经理张某处 3 000 元以上 5 万元以下的罚款

D. 对该公司予以通报的同时，并处 5 000 元以上 10 万元以下的罚款

【答案】ABCD

【例题 60 · 多选】对受打击报复的会计人员应采取的补救措施通常有（　　）。

A. 要求打击报复者赔礼道歉　　B. 赔偿精神损失费

C. 官复原职　　D. 给予经济补偿

【答案】AC

第 6 节习题

一、单项选择题

1. 根据《会计法》的规定，对不依法设置会计账簿的行为，县级以上人民政府财政部门在责令限期改正的同时，对其直接负责的主管人员和其他直接责任人员可以处（　　）元的罚款。

A. 1 000～10 000　　B. 2 000～20 000

C. 3 000～30 000　　D. 5 000～50 000

2. 以虚假的经济业务为依据来编制会计凭证和会计账簿，这种行为属于（　　）。

A. 变造会计凭证和会计账簿

B. 伪造会计凭证和会计账簿

C. 设置账外账

D. 报送虚假会计报表

3. 伪造、变造会计凭证、会计账簿或者编制虚假财务会计报告，尚不构成犯罪的，由县级以上人民政府财政部门予以通报，可以对单位并处（　　）的罚款。

A. 5 000 元以上 10 万元以下

B. 2 000 元以上 2 万元以下

C. 3 000 元以上 5 万元以下

D. 5 000 元以下

4. 不依法设置会计账簿的，由县级以上人民政府财政部门根据违法行为的性质、情节及危害程度，在责令限期改正的同时，对单位并处（　　）的罚款。

A. 2 000 元以上 10 000 元以下

B. 3 000 元以上 50 000 元以下

C. 10 000 元以上 50 000 元以下

D. 2 000 元以下

5. 下列各项中，属于伪造会计凭证的是（　　）。

A. 以虚假的经济业务事项编造不真实的会计凭证

B. 用涂改手段改变会计凭证的真实内容

C. 用挖补手段改变会计凭证的真实内容

D. 以药水腐蚀手段改变会计凭证的真实内容

6. 以未经审核的会计凭证为依据登记会计账簿的，由县级以上财政部门视情况对直接负责的主管人员处以（　　）的罚款。

A. 2 000 元及以下

B. 2 000 元以上 10 000 元以下

C. 2 000 元以上 20 000 元以下

D. 3 000 元以上 50 000 元以下

7. 根据《会计法》的规定，对随意变更会计处理方法的会计人员应处以（　　）。

A. 3 000 元以上 50 000 元以下的罚款

B. 2 000 元以上 20 000 元以下的罚款

C. 3 000 元以上 20 000 元以下的罚款

D. 2 000 元以上 50 000 元以下的罚款

8. 根据《会计法》的规定，故意销毁依法应当保存的会计凭证、会计账簿、财务会计报告，尚不构成犯罪的，县级以上财政部门按规定对直接负责的主管人员和其他直接责任人员进行处罚，对单位予以通报，可以对单位并处罚款。对单位所处的罚款金额最低为（　　）元。

A. 1 000　　B. 2 000

C. 3 000　　D. 5 000

9. 某公司会计温女士采用涂改手段，将金额为10 000元的购货发票改为40 000元。根据《会计法》的有关规定，该行为属于（　　）。

A. 伪造会计凭证　　B. 变造会计凭证
C. 伪造会计账簿　　D. 变造会计账簿

10. 各单位必须根据（　　）进行会计核算，填制会计凭证，登记会计账簿，编制财务会计报告。

A. 实际发生的经济业务事项
B. 连续发生的经济业务事项
C. 累计发生的经济业务事项
D. 主要经济业务事项

11. 授意、指使、强令会计机构、会计人员及其他人员伪造、变造会计凭证、会计账簿，编制虚假财务会计报告或者隐匿、故意销毁依法应当保存的会计凭证、会计账簿、财务会计报告，尚不构成犯罪的，可以处以（　　）的罚款。

A. 50元以上50 000元以下
B. 5 000元以上50 000元以下
C. 5元以上50 000元以下
D. 500元以上50 000元以下

二、多项选择题

1. 下列各项中，属于变造会计凭证行为的有（　　）。

A. 某公司为一客户虚开销货发票一张，并按票面金额的10%收取好处费
B. 某业务员用“消字灵”将购货发票上的金额50万元改为80万元报账
C. 某企业现金出纳将一张报销凭证上的金额7 000元涂改为9 000元
D. 购货部门转来一张购货发票，原金额计算有误，出票单位已做更正并加盖出票单位公章

2. 根据《会计法》的规定，某外商投资企业存在私设会计账簿，搞账外账的严重违法行为，但尚未构成犯罪，对其直接负责的主管人员和其他直接责任人员可能受到的行政处罚有（　　）。

A. 责令限期改正
B. 处2 000元以上2万元以下罚款
C. 负有直接责任的企业负责人就地免职
D. 负有直接责任的会计人员五年内不得从事会计工作

3. 根据《会计法》的规定，对受到打击报复的会计人员应采取的补救措施通常有（　　）。

A. 消除影响
B. 恢复其名誉
C. 恢复其原有职务、级别
D. 对单位负责人依法处罚

4. 根据《会计法》的规定，下列尚不构成犯罪的行为中，可以对单位处3 000元以上50 000元以下罚款的有（　　）。

A. 随意变更会计处理方法
B. 未按照规定使用会计记录文字
C. 以未经审核的会计凭证为依据登记会计账簿
D. 未按照规定建立并实施单位内部会计监督制度

5. 下列规定中，体现对会计人员法律保护的有（　　）。

A. 规定单位负责人为本单位会计行为的责任主体
B. 规定单位负责人要保证会计人员依法履行职责
C. 规定任何单位和个人不得对会计人员打击报复
D. 规定对做出显著成绩的会计人员进行表彰奖励

6. 下列各项中，属于变造会计账簿行为的有（　　）。

A. 以虚假的经济业务事项编造不真实的会计账簿
B. 用涂改手段改变会计账簿的真实内容
C. 用挖补手段改变会计账簿的真实内容
D. 以虚假的原始凭证为依据编造不真实的会计账簿

7. 私设会计账簿的，依《会计法》应追究的法律责任有（　　）。

A. 由县级以上人民政府财政部门予以通报
B. 对单位处3 000元以上5万元以下的罚款
C. 对直接负责的主管人员和其他直接责任人员，可以处2 000元以上2万元以下的罚款
D. 由县级以上人民政府财政部门责令限期

改正

8. 依照《会计法》的规定，下列行为中，可以对直接负责的主管人员和其他直接责任人员处 3 000 元以上 5 万元以下罚款的是（　　）。

A. 随意变更会计处理方法

B. 伪造、变造会计凭证、会计账簿

C. 编制虚假财务报告

D. 隐匿依法应当保存的会计档案

9. 下列属于行政处分的是（　　）。

A. 警告　　B. 记过

C. 降级　　D. 留用察看

10. 行政处分与行政处罚的主要区别是（　　）。

A. 制裁的原因不同

B. 制裁的对象不同

C. 制裁权的来源和根据不同

D. 行为的属性及效力不同

三、判断题

1. 会计人员应当对伪造、变造、故意销毁会计账簿的行为予以制止和纠正，制止和纠正无效的，应当向上级主管单位报告，请求做出处理。（　　）

2. 伪造会计凭证是指用涂改、挖补等手段来改变会计凭证的真实内容，歪曲事实真相的行为。（　　）

3. 单位应当保证会计机构、会计人员依法履行职责，不得授意、指使、强令会计机构、会计人员违法办理会计事项。（　　）

4. 对伪造、变更会计资料或者编制虚假财务报告的会计人员，可处 5 000 元以上 10 万元以下罚款，会计人员五年内不得从事会计工作。（　　）

5. 销毁是指故意将依法应当保存的会计凭证、会计账簿、财务会计报告予以毁灭的行为。（　　）

6. 财政部门在实施会计监督中发现重大违法嫌疑时，可以向与被监督单位有经济往来的单位和被监督单位开立账户的金融机构查询有关情况，有关单位和金融机构应当给予支持。（　　）

7. 责令限期改正是指要求违法行为人在一定期限内将其违法行为恢复到合法状态。（　　）

8. 变造会计凭证的行为，是指以虚假的经济业务或者资金往来为前提，编造虚假的会计凭证的行为。（　　）

9. 伪造会计凭证的行为，是指采取涂改、挖补以及其他方法改变会计凭证真实内容的行为。（　　）

10. 根据《会计法》的规定，有限责任公司的总经理应对本公司的会计工作和会计资料的真实性、完整性负责。（　　）

四、不定项选择题

（一）光华公司是一家股份有限公司，2015 年度发生了以下事项：

（1）3 月 10 日，公司从外地购买了一批货物，收到发票后，经办人员刘某发现发票金额与实际支付金额不相符，于是将发票金额改为实际金额并盖章。

（2）4 月 15 日，公司从事收入、支出、费用账目登记工作的林晓休产假，公司决定由出纳员温玉临时顶替其工作，并办理交接手续。

（3）5 月 17 日，公司供销人员杨某出差归来报销差旅费 500 元，同时将多余现金 100 元退给出纳员温玉，温玉随即退还给杨某 600 元借款收据。

（4）6 月 21 日，公司销售人员招待客户，发生招待费 800 元，事后他将酒店开出的收据金额改为 1 800 元，并作为报销凭证报销。

根据资料，回答下列问题：

1. 根据《会计法》的规定，对于金额错误的发票，刘某的下列做法中正确的是（　　）。

A. 不得在发票上更正

B. 退回发票，由对方单位重新开具

C. 更正为正确金额，并加盖单位财务专用章

D. 退回发票，由对方单位改正后加盖其财务专用章

2. 根据《会计基础工作规范》的规定，下列可以由出纳员温玉担任的工作是（　　）。

A. 现金日记账的登记

B. 会计档案的保管

C. 收入、费用、债权债务账目的登记

D. 稽核

3. 下列关于职工的借款凭证的处理中，正确

的是（ ）。

A. 公出借款凭证必须附在记账凭证之后

B. 收回借款时，应当另开收据

C. 收回借款时，应退还借款副本

D. 收回借款时，应退还原借款收据

4. 该公司销售人员的行为属于（ ）。

A. 伪造原始凭证 B. 伪造记账凭证

C. 变造原始凭证 D. 变造记账凭证

5. 对于该公司销售人员，相关部门可以处以（ ）的罚款。

A. 5 000元以上5万元以下

B. 5 000元以上10万元以下

C. 3 000元以上2万元以下

D. 3 000元以上5万元以下

（二）2016年3月，某国有企业的会计工作中出现了以下情况：

（1）厂长林晓将朋友的女儿章雨调入该厂会计科担任出纳，兼管稽核、会计档案保管工作。章雨不具备会计工作能力。

（2）该厂销毁的会计档案中有一些是保管期满但未结清的债权债务原始凭证。

（3）任命张华为会计机构负责人，张华刚毕业，具备一定的会计工作能力。

（4）企业负责人召集本单位的会计工作人员对上年度的财务支出流水账、凭证等会计资料进行审核，确认无误后，将余额转到新账簿上，并指使将审核过的会计资料予以烧毁。

根据资料，回答下列问题：

1. 章雨被调入该厂会计科任出纳事项中，违反《会计法》规定的是（ ）。

A. 章雨担任出纳，兼管稽核工作

B. 章雨担任出纳，兼管会计档案保管工作

C. 章雨是厂长林晓的朋友的女儿，在该厂担任出纳

D. 章雨不具备会计工作能力就从事会计工作

2. 下列关于该厂销毁会计档案的表述中，正确的是（ ）。

A. 销毁会计档案时，应报单位负责人批准

B. 销毁会计档案时，应报会计主管批准

C. 会计档案中保管期满但未结清的债权债务原始凭证不得销毁

D. 会计档案中保管期满但未结清的债权债务原始凭证可销毁

3. 根据《会计法》的规定，张华担任会计机构负责人还应当（ ）。

A. 具备注册会计师资格

B. 具备从事会计工作3年以上经历

C. 具备会计师以上专业技术职务资格

D. 具备从事会计工作5年以上经历

4. 下列关于企业烧毁会计资料的行为的说法中，正确的是（ ）。

A. 烧毁会计资料的行为是为了企业的利益，故不构成犯罪

B. 会计的资料已审核，且确认无误，故烧毁和保留都无所谓

C. 违反了《会计法》的有关规定

D. 违反了《会计档案管理办法》的有关规定

5. 情节严重，构成故意销毁会计凭证、会计账簿、财务会计报告罪的，处罚为（ ）。

A. 对企业负责人处以5年以下有期徒刑或者拘役

B. 对企业负责人处以3年以下有期徒刑或者拘役

C. 对企业负责人处以2万元以上20万元以下的罚金

D. 对企业负责人处以5万元以上50万元以下的罚金

第3章 Chapter 3 支付结算法律制度

基本要求

1. 了解支付结算的相关概念及其主要法律依据
2. 了解银行结算账户的开立、变更和撤销
3. 熟悉票据的相关概念
4. 熟悉各银行结算账户的概念、使用范围和开户要求
5. 掌握现金管理的基本要求和现金的内部控制
6. 掌握填写票据和结算凭证的基本要求
7. 掌握支票、商业汇票、银行汇票、银行卡、汇兑结算方式的规定，并能综合分析具体案例
8. 了解网上银行和第三方支付

第1节 支付结算概述

一、支付结算的概念和特点

（一）支付结算的概念

支付结算是指单位、个人在社会经济活动中使用票据、信用卡和汇兑、托收承付、委托收款等结算方式进行货币给付及资金清算的行为。

银行、城市信用合作社、农村信用合作社（以下简称银行）以及单位（含个体工商户）和个人是办理支付结算的主体。其中，银行是支付结算和资金清算的中介机构。

提示

支付结算当事人是付款方和收款方，银行则是中介方。银行是支付结算和资金清算的中介机构。未经中国人民银行批准的非银行金融机构和其他单位不得作为中介机构经营支付结算业务。

（二）支付结算的特点

1. 支付结算必须通过中国人民银行批准的金融机构进行

支付结算的方式包括票据、信用卡和汇兑、托收承付、委托收款、电子支付等，这些结算必须通过中国人民银行批准的金融机构或其他机构进行。《支付结算办法》第六条规定："银行是支付结算和资金清算的中介机构。未经中国人民银行批准的非银行金融机构和其他单位不得作为中介机构经营支付结算业务。但法律、行政法规另有规定的除外。"这表明，支付结算与一般的货币给付及资金清算不同。

2. 支付结算的发生取决于委托人的意志

银行在支付结算中扮演中介机构的角色，因此，银行只要以善意且符合规定的正常操作程序进行审查，对伪造、变造的票据和结算凭证上的签章以及需要交验的个人有效身份证件未发现异常而支付金额的，对出票人或付款人不再承担受委托付款的责任，对持票人或收款人不再承担付款的责任。当事人对在银行的存款有自己的支配权；银行对单位、个人在银行开立存款账户的存款，除国家法律、行政法规另有规定外，不得为任何单位或者个人查询账户情况；除国家法律另有规定外，银行不得为任何单位或个人冻结、扣款，不得停止单位、个人存款的正常支付。

3. 支付结算实行统一管理和分级管理相结合的管理体制

中国人民银行总行负责制定统一的支付结算制度，组织、协调、管理、监督全国的支付结算工作，调解、处理银行之间的支付结算纠纷；中国人民银行各分行根据统一的支付结算制度制定实施细则，报总行备案，根据需要可以制定单项支付结算办法，报中国人民银行总行批准后执行；中国人民银行分（支）行负责组织、协商、管理、监督本辖区的支付结算工作，协调、处理本辖区银行之间的支付结算纠纷；充当中介机构的银行可以根据统一的支付结算制度，结合本行情况，制定具体的管理实施办法，报中国人民银行总行批准后执行，并负责组织、管理、协调本行内的支付结算工作，调解、处理本行内分支机构之间的支付结算纠纷。

4. 支付结算是一种要式行为

要式行为是指法律规定必须依照一定形式进行的行为。如果该行为不符合法定的形式要件，即为无效。票据和结算凭证是办理支付结算的工具。单位、个人和银行办理支付结算，必须使用按中国人民银行统一规定印制的票据凭证和统一规定的结算凭证，未使用按中国人民银行统一规定印制的票据，票据无效；未使用中国人民银行统一规定格式的结算凭证，银行不予受理。为了保证支付结算的准确、及时和安全，使其业务正常进行，中国人民银行除了对票据和结算凭证的格式有统一的要求外，还就正确填写票据和结算凭证做出了基本规定。

提示

未使用按中国人民银行统一规定印制的票据，票据无效；未使用中国人民银行统一规定格式的结算凭证，银行不予受理。注意票据和结算凭证的区别，结算凭证主要是办理汇兑、托收承付的凭证。

5. 支付结算必须依法进行

银行以及单位和个人办理支付结算，必须遵守国家的法律、行政法规和《支付结算办法》的各项规定，不得损害社会公共利益。因此，当事人必须严格依法进行支付结算活动。

【例题 1 · 多选】下列各项中，属于办理支付结算主体的有（　　）。

A. 城市信用合作社　　B. 个人

C. 单位　　D. 个体工商户

【答案】ABCD

【例题 2 · 多选】下列各项中，属于支付结算和资金清算的中介机构的有（　　）。

A. 城市信用合作社　　B. 银行

C. 保险公司　　D. 大型股份公司

【答案】AB

【例题 3 · 多选】除（　　）另有规定外，银行对单位、个人在银行开立存款账户的存款，不得为任何单位或者个人查询账户情况。

A. 法律　　B. 规章　　C. 行政法规　　D. 地方性法规

【答案】AC

【例题 4 · 判断】支付结算的实质性权利义务关系是当事人之间的权利义务关系，银行仅仅是结算活动和资金清算的中介机构。（　　）

【答案】√

【例题 5 · 判断】未使用按中国人民银行统一规定印制的票据，银行不予受理；未使用中国人民银行统一规定格式的结算凭证，结算凭证无效。（　　）

【答案】×

二、支付结算的主要法律依据

支付结算方面的法律、法规和制度主要包括：《中华人民共和国票据法》《票据管理实施办法》《支付结算办法》《现金管理暂行条例》《银行卡业务管理办法》《人民币银行结算账户管理办法》《异地托收承付结算办法》《电子支付指引（第一号）》等。

三、支付结算的基本原则

支付结算的原则是指单位、个人和银行在进行支付结算活动时必须遵循的行为准则。具体内容如下：

1. 恪守信用、履约付款原则

根据该原则，各单位之间、单位与个人之间发生交易往来，产生支付结算行为时，结算当事人必须依照双方约定的民事法律关系内容，依法承担义务和行使权利，严格遵守信用，履行付款义务，特别是应当按照约定的付款金额和付款日期进行支付。结算双方办理款项收付完全建立在自觉自愿、相互信任的基础上。

2. 谁的钱进谁的账、由谁支配原则

根据该原则，银行在办理结算时，必须按照存款人的委托，将款项支付给其指定的收款人；存款人的资金，除国家法律另有规定外，必须由其自由支配。这一原则旨在维护存款人对存款资金的所有权，保证其对资金支配的自主权。

3. 银行不垫款原则

银行在办理结算的过程中，只负责办理结算当事人之间的款项划拨，不承担垫付任何款项的责任。这一原则旨在划清银行资金与存款人资金的界限，保护银行资金的所有权和安全，促使单位和个人直接对自己的债权债务负责。

【例题 6·单选】甲公司的经办人于某持转账支票到其开户银行某工商银行办事处办理转账手续，要求将其账面上的存款转 5 万元到本市与该公司有业务往来的某信用社。当日下午，于某持工商银行办事处加盖有转讫章的进账单（回单）到信用社要求提取现金 10 万元，信用社柜员因该公司是信用社老客户，为其办理了提现手续，次日上午信用社发现甲公司转存至本信用社的 10 万元尚未到账。该信用社对此业务的处理违反了支付结算的（　　）原则。

A. 恪守信用、履约付款　　B. 谁的钱进谁的账、由谁支配

C. 银行不垫款　　D. 自主选择

【答案】C

【例题 7·判断】银行在办理结算时，因业务需要，可以承担一定的垫付款项的责任。（　　）

【答案】×

四、支付结算的基本要求

（一）办理支付结算的基本要求

（1）办理支付结算必须使用中国人民银行统一规定的票据和结算凭证，未使用中国人民银行统一规定的票据，票据无效；未使用中国人民银行统一规定的结算凭证，银行不予受理。

（2）办理支付结算必须按照《人民币银行结算账户管理办法》的规定开立和使用账户。

（二）填写票据和结算凭证的基本要求

1. 总体要求

（1）填写票据和结算凭证应当全面规范，做到数字正确、要素齐全、不错不漏、

字迹清晰，防止涂改。票据和结算凭证金额以中文大写和阿拉伯数字同时记载，二者必须一致。二者不一致的票据无效；二者不一致的结算凭证，银行不予受理。

（2）票据和结算凭证上的签章和记载事项必须真实，不得变造、伪造。

（3）少数民族地区和外国驻华使领馆根据实际需要，金额大写可以使用少数民族文字或者外国文字。

2. 中文大写金额数字的书写要求

（1）中文大写金额数字应用正楷或行书填写，不得自造简化字。如果金额数字书写中使用繁体字的，也应受理。

（2）中文大写金额数字到“元”为止的，在“元”之后，应写“整”（或“正”）字；大写金额数字到“角”为止的，在“角”之后可以不写“整”（或“正”）字；大写金额数字有“分”的，“分”后面不写“整”（或“正”）字。

（3）中文大写金额数字前应标明“人民币”字样，大写金额数字应紧接“人民币”字样填写，不得留有空白。大写金额数字前未印“人民币”字样的，应加填“人民币”三字。在票据和结算凭证大写金额栏内不得预印固定的“仟、佰、拾、万、仟、佰、拾、元、角、分”字样。

【例题 8 · 单选】填写票据和结算凭证时的大写金额数字到（　　）为止的，应在其后写“整”或“正”字。

A. 元　　B. 角　　C. 分　　D. 元或角

【答案】A

【例题 9 · 判断】填写会计凭证和票据时，中文大写金额数字到“角”为止的，在“角”之后应写“整”字。（　　）

【答案】×

（4）阿拉伯小写金额数字中有“0”时，中文大写应按照汉语语言规律、金额数字构成和防止涂改的要求进行书写。

①阿拉伯金额数字中间有“0”时，中文大写金额要写“零”字。如“￥1 508.50”应写成“人民币壹仟伍佰零捌元伍角”。

②阿拉伯金额数字中间连续有几个“0”时，中文大写金额中间可以只写一个“零”字。如“￥3 009.24”应写成“人民币叁仟零玖元贰角肆分”；又如“￥6 007.14”应写成“人民币陆仟零柒元壹角肆分”。

③阿拉伯金额数字万位或元位是“0”，或者数字中间连续有几个“0”，万位、元位也是“0”，但千位、角位不是“0”时，中文大写金额中可以只写一个“零”字，也可以不写“零”字。如“￥1 980.42”应写成“人民币壹仟玖佰捌拾元零肆角贰分”，或者写成“人民币壹仟玖佰捌拾元肆角贰分”；又如“￥206 000.73”应写成“人民币贰拾万陆仟元零柒角叁分”，或者写成“人民币贰拾万零陆仟元柒角叁分”。

④阿拉伯金额数字角位是“0”，而分位不是“0”时，中文大写金额“元”后面应写“零”字。如“￥36 408.02”应写成“人民币叁万陆仟肆佰零捌元零贰分”；又如“￥225.04”应写成“人民币贰佰贰拾伍元零肆分”。

3. 阿拉伯小写金额数字的书写要求

阿拉伯小写金额数字前面均应填写人民币符号“¥”。阿拉伯小写金额数字要认真填写，不得连写、分辨不清。

4. 票据出票日期的书写要求

（1）票据出票日期必须使用中文大写。为防止变造票据的出票日期，在填写月、日时，月为壹、贰和壹拾的，日为壹至玖以及壹拾、贰拾和叁拾的，应在其前加“零”；日为拾壹至拾玖的，应在其前加“壹”。如“2月12日”应写成“零贰月壹拾贰日”；“10月20日”应写成“零壹拾月零贰拾日”。

（2）票据出票日期使用小写填写的，银行不予受理。大写日期未按要求规范填写的，银行可予受理，但由此造成损失的，由出票人自行承担。

5. 票据和结算凭证上签章和其他记载事项的书写要求

（1）票据上有伪造、变造签章的，不影响票据上其他当事人真实签章的效力。票据和结算凭证上的签章，为签名、盖章或者签名加盖章。

单位、银行在票据上的签章和单位在结算凭证上的签章，为该单位、银行的盖章加其法定代表人或其授权的代理人的签名或盖章。个人在票据和结算凭证上的签章，为该个人本名的签名或盖章。

（2）票据和结算凭证的金额、出票或签发日期、收款人名称不得更改，更改的票据无效；更改的结算凭证，银行不予受理。对票据和结算凭证上的其他记载事项，原记载人可以更改，更改时应当由原记载人在更改处签章证明。

（3）票据和结算凭证上的签章和其他记载事项应当真实，不得伪造、变造。

伪造是指无权限人假冒他人或虚构他人名义签章的行为。变造是指无权更改票据内容的人对票据上签章以外的记载事项加以改变的行为。

【例题10·单选】根据票据法律制度的规定，下列有关单位票据签章的说法中，符合规定的是（　　）。

A. 单位在票据上的签章为单位的盖章

B. 单位在票据上的签章为单位的盖章或法定代表人或其授权代理人的签名

C. 单位在票据上的签章为单位的盖章加上法定代表人或其授权代理人的签名和盖章

D. 单位在票据上的签章为单位的盖章加上法定代表人或其授权代理人的签名或盖章

【答案】D

【例题11·判断】个人在票据上的签章和在财务会计报告中的签章在要求上是一样的，都是签名并加盖个人名章。（　　）

【答案】×

【例题12·判断】甲公司因购货向乙公司签发了一张商业汇票，金额记载为“50万元”，该汇票无效，银行有权不予受理。（　　）

【答案】√

【例题13·单选】根据《支付结算办法》的规定，签发票据时，可以更改的项目是（　　）。

A. 出票日期　　　　B. 收款人名称

C. 用途　　D. 票据金额

【答案】C

【例题 14 · 单选】某公司于 2005 年 2 月 10 日开出一张支票，下列有关支票日期的写法中符合要求的（　　）。

A. 贰零零伍年贰月拾日　　B. 贰零零伍年零贰月壹拾日

C. 贰零零伍年零贰月零壹拾日　　D. 贰零零伍年贰月壹拾日

【答案】C

【例题 15 · 单选】填写票据时，“3 月 20 日”应当写为（　　）。

A. 叁月贰拾日　　B. 零叁月零贰拾日

C. 零叁月贰拾日　　D. 叁月零贰拾日

【答案】D

【例题 16 · 判断】票据出票日期使用小写的，开户银行可予受理，但由此造成的损失由出票人自行承担。（　　）

【答案】×

【例题 17 · 判断】填写票据和结算凭证时，中文大写金额可以使用繁体字书写。（　　）

【答案】√

【例题 18 · 判断】单位在结算凭证上的签章，为该单位的公章加其法定代表人或其授权的代理人的签名或者盖章。（　　）

【答案】√

□ 第 1 节习题

一、单项选择题

1. 在我国，票据金额以中文大写和阿拉伯小写数字同时记载，若两者不一致，则（　　）。

A. 票据无效

B. 票据有效

C. 以中文大写为准

D. 以阿拉伯小写数字为准

2. 下列选项中，不属于票据行为的是（　　）。

A. 出票　　B. 背书

C. 汇兑　　D. 保证

3. 下列各项中，不符合票据和结算凭证填写要求的是（　　）。

A. 中文大写金额数字到“角”为止的，在“角”之后没有写“整”字

B. 票据的出票日期用阿拉伯数字填写

C. 阿拉伯小写金额数字前填写了人民币符号

D. “1 月 15 日”出票的票据，出票日期填写为“零壹月壹拾伍日”

4. 在填写票据出票日期时，“10 月 20 日”应写成（　　）。

A. 拾月贰拾日

B. 零拾月零贰拾日

C. 壹拾月贰拾日

D. 零壹拾月零贰拾日

5. 南京市金陵公司出纳林晓于 2009 年 2 月 10 日签发了一张转账支票，转账支票上日期填写正确的是（　　）。

A. 贰零零玖年贰月拾日

B. 贰零零玖年零贰月壹拾日

C. 贰零零玖年零贰月零壹拾日

D. 贰零零玖年贰月壹拾日

6. 单位、个人和银行办理支付结算必须使用（　　）。

A. 各开户银行印制的票据和结算凭证

B. 按财政部统一规定印制的票据和结算凭证

C. 按中国人民银行统一规定印制的票据和结算凭证

D. 按国家税务部门统一规定印制的票据和结算凭证

7. 根据《支付结算办法》的规定，下列各项中，不属于票据和结算凭证上不得更改的项目的是（　　）。

A. 金额　　B. 出票日期

C. 收款人名称　　D. 付款人名称

8.（　　）是指无权更改票据内容的人对票据上签章以外的记载事项加以改变的行为。

A. 伪造　　B. 变造

C. 仿造　　D. 更改

9. 支付结算必须通过（　　）批准的金融机构进行。

A. 中国人民银行　　B. 银监会

C. 证监会　　D. 国务院

10. 支付结算实行（　　）的管理体制。

A. 统一管理

B. 分级管理

C. 会员制

D. 统一管理与分级管理相结合

11. 根据《支付结算办法》的规定，（　　）负责制定统一的支付结算制度。

A. 政策性银行

B. 商业银行

C. 中国人民银行总行

D. 中国人民银行各分行

12. 根据《支付结算办法》的规定，下列各项中，可作为支付结算和资金清算中介机构的是（　　）。

A. 证券公司　　B. 保险公司

C. 银行　　D. 个体工商户

13.（　　）是指法律规定必须按照一定形式进行的行为。

A. 法律行为　　B. 契约行为

C. 支付结算　　D. 要式行为

14.（　　）是指单位、个人在社会经济活动中使用票据、银行卡和汇兑、托收承付、委托收款等结算方式进行货币给付及资金清算的行为。

A. 商业支付　　B. 商业结算

C. 支付结算　　D. 交易结算

15. 下列各项中，不属于支付结算应当坚持的原则是（　　）。

A. 恪守信用、履约付款

B. 谁的款进谁的账、由谁支配

C. 银行适度垫款

D. 银行不垫款

16. 中国人民银行各分行可根据统一的支付结算制度，制定单项支付结算办法，报（　　）批准后执行。

A. 中国人民银行总行

B. 国务院

C. 中国银行总行

D. 财政部

17. 票据和结算凭证上记载的（　　），原记载人可以更改，更改时应当由原记载人在更改处签章证明。

A. 金额

B. 出票或签发日期

C. 付款日期

D. 收款人名称

二、多项选择题

1. 下列各项中，符合《支付结算办法》规定的有（　　）。

A. 用繁体字书写中文大写金额数字

B. 中文大写金额数字的“角”之后不写“整”（或“正”）字

C. 阿拉伯小写金额数字前面应填写人民币符号

D. 票据出票日期用阿拉伯数字填写

2. 根据《支付结算办法》的规定，签发票据和结算凭证时不得更改的项目有（　　）。

A. 出票或签发日期　　B. 收款人名称

C. 金额　　D. 用途

3. 支付结算是指单位和个人在社会经济活动中使用（　　）等方式进行货币给付及资金清算

的行为。

A. 票据　　B. 现金

C. 汇兑　　D. 托收承付

4. 根据《支付结算办法》的规定，（　）是支付结算和资金清算的中介机构。

A. 银行　　B. 城市信用合作社

C. 农村信用合作社　　D. 保险公司

5. 办理支付结算应遵循的原则包括（　）。

A. 恪守信用、履约付款原则

B. 谁的钱进谁的账、由谁支配原则

C. 银行不垫款原则

D. 礼貌原则

三、判断题

1. 没有开立银行存款账户的个人不能通过银行办理支付结算。（　）

2. 票据上的收款人、金额和日期等，随着持票人与付款人的改变而改变。（　）

3. 票据出票日期使用小写的，银行可予受理，但由此造成的损失由出票人自行承担。（　）

4. 中文大写金额数字到“元”为止的，在“元”之后应写“整”字。（　）

5. 银行只要以善意且符合规定的正常操作程序审查，对伪造、变造的票据和结算凭证上的签章以及需要交验的个人有效身份证件，未发现异常而支付金额的，对出票人或付款人不再承担受委托付款的责任，对持票人或收款人不再承担付款的责任。（　）

6. 在任何情况下，银行不得为任何单位或者个人查询、冻结、划拨当事人在银行开立存款账户的存款，不得停止当事人银行存款的正常支付。（　）

7. 单位、个人和银行办理支付结算，必须使用按中国人民银行统一规定印制的票据和结算凭证。（　）

8. 票据和结算凭证金额须以中文大写和阿拉伯数字同时记载，两者必须一致，两者不一致的票据无效，两者不一致的结算凭证，银行不予受理。（　）

9. 某票据金额为“¥5 208.50”，应写成“人民币伍仟贰佰零捌元伍角零分”。（　）

10. 某票据的出票日期为“1 月 30 日”，应写成“零壹月零叁拾日”。（　）

11. 变造票据除签章以外的记载事项的，在变造之前签章的人和在变造之后签章的人，均对变造之后的记载事项负责。（　）

12. 中国银行是我国的中央银行。（　）

13. 在办理支付结算的过程中，当事人对在银行的存款有自己的支配权。（　）

14. 城市信用合作社和农村信用合作社可以为单位和个人办理支付结算。（　）

15. 支付结算是一种要式行为，即必须按照一定形式进行的行为。（　）

16. 商业银行总行可根据统一的支付结算制度，结合本行情况制定具体的管理实施办法，不必报经其他机关批准就可执行。（　）

17. 银行在办理结算时，只负责办理结算当事人之间的款项划拨，不承担垫付任何款项的责任。（　）

18. 根据《支付结算办法》的规定，未经中国人民银行批准的非银行金融机构和其他单位不得作为中介机构经营支付结算业务。（　）

第 2 节　现金管理

一、现金使用的范围

开户单位之间的经济往来，除按《现金管理暂行条例》规定的范围可以使用现金外，其他款项的支付应当通过开户银行进行转账结算。

开户单位可以在下列范围内使用现金：（1）职工工资、津贴；（2）个人劳务报酬；（3）根据国家规定颁发给个人的科学技术、文化艺术、体育等各种奖金；（4）各种劳保、福利费用以及国家规定的对个人的其他支出；（5）向个人收购农副产品和其他物资的价款；（6）出差人员必须随身携带的差旅费；（7）结算起点1 000元以下的零星支出；（8）中国人民银行确定需要支付现金的其他支出。

除上述第（5）、（6）项外，开户单位支付给个人的款项，超过使用现金限额的部分，应当以支票或者银行本票支付；确需全额支付现金的，经开户银行审核后，予以支付现金。

【例题19·单选】按照规定，下列各项中，开户单位可以使用现金的情形是（　　）。

A. 向A公司购买2 000元的原材料　　B. 向B公司购买5万元的固定资产

C. 支付C公司1 500元货款　　D. 支付个人劳务报酬

【答案】D

【例题20·多选】下列各项中，属于现金开支范围的有（　　）。

A. 王小出差借支5 000元　　B. 向A公司支付2 000元购货款

C. 向李华支付工资6 000元　　D. 向B公司购买200元办公用品

【答案】ACD

【例题21·判断】单位之间的往来超过结算起点（人民币1 000元）的一律通过转账结算。（　　）

【答案】√

二、现金使用的限额

现金使用的限额，是指为了保证开户单位日常零星开支的需要，允许单位留存现金的最高数额。这一限额由开户行根据单位的实际需要核定，一般按照单位3～5天的日常零星开支所需确定。边远地区和交通不便地区的开户单位的库存现金限额，可按多于5天但不得超过15天的日常零星开支所需确定。经核定的库存现金限额，开户单位必须严格遵守。需要增加或者减少库存现金限额的，应当向开户银行提出申请，由开户银行核定。

【例题22·单选】开户单位的库存现金限额由开户银行根据开户单位（　　）的日常零星开支所需核定。

A. 3～5天　　B. 3天　　C. 5天　　D. 5～7天

【答案】A

【例题23·判断】对没有在银行单独开立账户的附属单位也要实行现金管理，必须对其保留的现金核定限额，但限额不包括在开户单位的库存现金限额之内。（　　）

【答案】×

【例题24·判断】商业和服务行业的找零备用现金也要根据营业额核定限额，包括在开户单位的库存现金限额之内。（　　）

【答案】×

三、现金收支的基本要求

（1）开户单位现金收入应当于当日送存开户银行，当日送存确有困难的，由开户银行确定送存时间。

（2）开户单位支付现金，可以从本单位库存现金限额中支付或从开户银行提取，不得从本单位的现金收入中直接支付（即坐支）。

（3）开户单位根据规定从开户银行提取现金时，应如实写明用途，由本单位财会部门负责人签字盖章，经开户银行审核后，予以支付现金。

（4）因特殊情况必须使用现金的，开户单位应当向开户银行提出申请，由本单位财会部门负责人签字盖章，经开户银行审核后，予以支付现金。

（5）“七不准”：不准用不符合国家统一的会计制度的凭证顶替库存现金，即不得“白条抵库”；不准单位之间互相借用现金；不准谎报用途套取现金；不准利用银行账户代其他单位和个人存入或支取现金；不准将单位收入的现金以个人名义储蓄；不准保留账外公款（即“小金库”）；禁止发行变相货币，不准以任何票券代替人民币在市场上流通。

【例题 25・多选】开户单位有下列（　　）情形之一的，开户银行应当按照中国人民银行的规定，予以警告或罚款。

A. 未经批准坐支　　B. 相互借用现金

C. 套取现金　　D. 保留账外公款

【答案】ABCD

【例题 26・判断】开户单位支付现金，可以从本单位的现金收入中直接支付。（　　）

【答案】×

【例题 27・判断】任何情况下都不允许坐支。（　　）

【答案】×

四、建立健全现金核算与内部控制制度

（一）建立单位货币资金内部控制制度

（1）单位负责人对本单位货币资金内部控制制度的建立健全和有效实施以及货币资金的安全完整负责。

（2）国务院有关部门可以根据国家有关法律法规和相关规范，制定本部门或本系统的货币资金内部控制规定。

（二）加强货币资金业务岗位管理

（1）各单位应按不相容岗位相互分离的原则建立货币资金业务的岗位责任制，形成相互制衡机制。

（2）出纳人员不得兼任稽核、会计档案保管和收入、支出、费用、债权债务账目

的登记工作。

（3）会计人员定期轮岗、换岗。

（三）严格进行货币资金的授权管理

（1）审批人应当根据货币资金授权批准制度的规定，在授权范围内进行审批，不得超越审批权限。

（2）经办人应当在职责范围内，按照审批人的批准意见办理货币资金业务。对于审批人超越授权范围审批的货币资金业务，经办人员有权拒绝办理，并及时向审批人的上级授权部门报告。

（3）货币资金的收付及保管只能由经授权的出纳人员负责处理。

（4）对于重要货币资金支付业务，应当实行集体决策和审批。

（四）按照规定程序办理货币资金支付业务

（1）支付申请。单位有关部门或个人用款时，应当提前向审批人提交货币资金支付申请，注明款项的用途、金额、预算、支付方式等内容，并附有效经济合同或相关证明。

（2）支付审批。审批人根据其职责、权限和相应程序对支付申请进行审批。对不符合规定的货币资金支付申请，审批人应当拒绝批准。

（3）支付复核。复核人应当对批准后的货币资金支付申请进行复核，复核货币资金支付申请的批准范围、权限、程序是否正确，手续及相关单证是否齐备，金额计算是否准确，支付方式、支付单位是否妥当等。复核无误后，交由出纳人员办理支付手续。

（4）办理支付。出纳人员应当根据复核无误的支付申请，按规定办理货币资金支付手续，及时登记现金和银行存款日记账。

【例题 28 · 单选】单位应当按照规定的程序办理货币资金支付业务，具体要求中不包括（　　）。

A. 支付申请　　B. 支付预算　　C. 支付审批　　D. 支付复核

【答案】B

【例题 29 · 判断】单位对于重要货币资金支付业务，应当实行集体决策和审批，并建立责任追究制度，防止贪污、侵占、挪用货币资金等行为。（　　）

【答案】√

□ 第 2 节习题

一、单项选择题

1. 负责现金管理的具体实施，并对开户单位收支、使用现金进行监督管理的是（　　）。

A. 开户银行

B. 国家政策性银行

C. 中国人民银行各级机构

D. 各级财政机关

2. 下列项目中，不符合国家现金使用范围规定的是（　　）。

A. 支付个人劳务报酬 1 000 元

B. 购买办公用品 1 500 元

C. 向个人收购农副产品 20 000 元

D. 支付职工差旅费 1 500 元

3. 根据《现金管理暂行条例》的规定，结算起点（　　）元以下的零星开支，可以使用现金。

A. 3 000　　B. 5 000

C. 1 000　　D. 2 000

4. 库存现金限额由开户银行根据开户单位（　　）天的日常零星开支所需核定。

A. 3～5　　B. 5～7

C. 5～15　　D. 7～15

5. 在开户单位收支现金的情形下，不符合现金管理规定的是（　　）。

A. 从本单位库存现金限额中支付

B. 从开户银行提取现金支付

C. 现金收入当日送存开户银行

D. 从本单位的现金收入中直接支付

6. 单位应当对货币资金业务建立严格的（　　）。

A. 岗位责任制度　　B. 授权批准制度

C. 内部报告制度　　D. 财产保全制度

7. 单位对于重要货币资金支付业务，应当实行（　　）决策和审批，并建立责任追究制度，防止贪污、侵占、挪用货币资金的行为。

A. 集体　　B. 单位负责人

C. 总会计师　　D. 会计机构负责人

8. 开户单位如对开户银行的处罚决定不服，必须首先按照处罚决定执行，然后可以在（　　）日内向当地人民银行申请复议。

A. 5　　B. 10

C. 15　　D. 20

9.（　　）有关部门可以根据国家有关法律法规和相关规范，制定本部门或本系统的货币资金内部控制规范。

A. 国务院　　B. 人民代表大会

C. 国务院常务委员会　D. 财政部门

10. 客户单位从开户银行提取现金，应当写明用途，由本单位（　　）签字盖章，经开户银行审核后，予以支付现金。

A. 财会部门　　B. 财会部门负责人

C. 负责人　　D. 行政部门

11. 用单位现金收入直接支付单位自身的支出，称为（　　）。

A. 透支　　B. 坐支

C. 垫支　　D. 超支

12. 根据会计法律制度的有关规定，会计人员在办理会计工作交接手续中发现白条抵库现象时，应采取的做法是（　　）。

A. 由监交人员负责查清处理

B. 由移交人员在规定期限内负责查清处理

C. 由接管人员在移交后负责查清处理

D. 由会计档案人员负责查清处理

13. 下列各项中，不可以使用现金结算的有（　　）。

A. 职工工资、津贴

B. 购买国家专控商品

C. 个人劳务报酬

D. 向个人收购农副产品和其他物资的价款

二、多项选择题

1. 按照《现金管理暂行条例》的规定，（　　）属于现金收入的范围。

A. 职工交回差旅费剩余款

B. 从银行提取现金

C. 将现金送存银行

D. 收取结算起点以下的小额销货款

2. 下列项目中，可以使用现金的有（　　）。

A. 支付 500 元购货款

B. 向个人收购农副产品 1 500 元

C. 林晓出差借支差旅费 1 000 元

D. 发放职工困难补助金 600 元

3. 下列各项中，违反现金收入管理规定的有（　　）。

A. 坐支现金

B. 将现金收入于当日送存银行

C. 将企业的现金收入按个人储蓄方式存入银行

D. 白条抵库

4. 现金管理内部控制制度的基本内容包括（　　）。

A. 编制现金收付计划

B. 出纳和会计人员合理分工，实行内部牵制

原则

C. 严格执行现金清查盘点制度

D. 现金总账和日记账必须由出纳人员登记

5. 企业发生的下列各项支出中，按规定可以用现金支付的有（　　）。

A. 支付银行结算手续费800元

B. 支付职工朱某的医药费2 000元

C. 支付购买设备的款项20 000元

D. 支付职工章某出差的差旅费3 000元

6. 按照规定办理货币资金支付业务的程序包括（　　）。

A. 支付申请　　B. 支付审批

C. 支付复核　　D. 办理支付

三、判断题

1. 国家鼓励开户单位和个人在经济活动中采取转账方式进行结算，减少使用现金。（　　）

2. 在经济往来中，转账结算凭证的支付能力与现金支付能力不同。（　　）

3. 开户单位在购销活动中，可以对现金结算给予比转账结算优惠的待遇。（　　）

4. 开户单位支付现金，不可以从本单位的现金收入中直接支付。（　　）

5. 单位应当指定专人定期核对银行账户，每月至少核对一次，编制银行存款余额调节表，使银行存款账面余额与银行对账单调节相符。（　　）

6. 单位应当加强银行预留印鉴的管理。财务专用章应由专人保管，个人名章必须由本人或其授权人员保管。必须由一人保管支付款项所需的全部印章。（　　）

7. 现金使用的限额，是指为了保证开户单位日常零星开支的需要，允许单位留存现金的最高限额。（　　）

8. 结算起点以下的零星支出，按现行的规定为1 500元。（　　）

9. 现金管理，是指现金管理单位按照规定管理各单位的现金收入、支出和库存的一项重要的经济管理活动。（　　）

10. 未经批准坐支或者未按开户银行核定坐支额度和使用范围坐支现金的，按坐支金额的20%～30%处罚。（　　）

11. 单位、个人和银行办理支付结算，必须使用按中国人民银行统一规定印制的票据凭证和统一规定的结算凭证。（　　）

12. 票据和结算凭证金额以中文大写和阿拉伯数字同时记载的，两者必须一致，两者不一致的票据无效。（　　）

13. 根据支付结算办法的规定，票据和结算凭证上的所有记载事项，任何人不得更改。（　　）

14. 票据的变造是指无权更改票据内容的人，对票据上的签章以外的记载事项加以变更的行为。（　　）

15. 少数民族地区和外国驻华使领馆根据实际需要，票据和结算凭证上的金额大写可以使用少数民族文字或者外国文字记载。（　　）

第3节　银行结算账户

一、银行结算账户的概念与分类

银行结算账户是指存款人在经办银行开立的办理资金收付结算的人民币活期存款账户。

银行结算账户有以下两种分类方式：

（1）按开立主体分为单位银行结算账户和个人银行结算账户。其中，单位银行结算账户按用途分为基本存款账户、一般存款账户、专用存款账户和临时存款账户。

①基本存款账户是存款人的主办账户，主要办理存款人日常经营活动的资金收付及其工资、奖金和现金的支取。②一般存款账户用于办理存款人借款转存、借款归还和其他结算的资金收付。一般存款账户可以办理现金缴存，但不得办理现金支取。③专

用存款账户用于办理各项专用资金的收付。④临时存款账户是存款人因临时需要并在规定期限内使用而开立的银行结算账户。临时存款账户的有效期最长不得超过 2 年。

（2）按开户地分为本地银行结算账户和异地银行结算账户。

提示

个人银行结算账户是自然人因投资、消费、结算等而开立的可办理支付结算业务的存款账户。自然人可根据需要申请开立个人银行结算账户，也可以选择已开立的储蓄账户，向开户银行申请确认为个人银行结算账户。

【例题 30 · 单选】下列关于银行结算账户的说法中，正确的是（　　）。

A. 银行结算账户既包括人民币存款结算账户，也包括外币存款结算账户

B. 银行结算账户属于单位定期存款账户

C. 银行结算账户不同于储蓄账户

D. 银行结算账户仅限于单位存款人开立

【答案】C

【例题 31 · 多选】根据存款人的不同，银行结算账户分为（　　）。

A. 个人银行结算账户　　B. 单位银行结算账户

C. 本地银行结算账户　　D. 基本存款账户

【答案】AB

【例题 32 · 多选】下列关于银行结算账户的分类方式中，表述准确的有（　　）。

A. 按用途可分为基本存款账户、一般存款账户、专用存款账户和临时存款账户

B. 按存款人不同可分为个人银行结算账户和单位银行结算账户

C. 按存入币种不同可分为人民币结算账户和外币结算账户

D. 按存款期限不同可分为定期存款账户和活期存款账户

【答案】AB

【例题 33 · 多选】银行结算账户按开户地的不同分为（　　）。

A. 本地银行结算账户　　B. 公司存款账户

C. 异地银行结算账户　　D. 个体工商户存款账户

【答案】AC

二、银行结算账户管理的基本原则

1. 一个基本账户原则

单位银行结算账户的存款人只能在银行开立一个基本存款账户，不能多头开立基本存款账户。

2. 自主选择银行原则

存款人可以自主选择银行开立银行结算账户。除国家法律、行政法规和国务院规

定外，任何单位和个人不得强令存款人到指定银行开立银行结算账户。

3. 守法合规原则

银行结算账户的开立和使用应当遵守法律、行政法规的规定，不得利用银行结算账户进行偷逃税款、逃避债务、套取现金及其他违法犯罪活动。

4. 存款信息保密原则

银行应依法为存款人的银行结算账户信息保密。对单位银行结算账户和个人银行结算账户的存款和有关资料，除国家法律、行政法规另有规定外，银行有权拒绝任何单位或个人查询。

提示

除国家法律、行政法规和国务院规定外，任何单位和个人不得强令存款人到指定银行开立银行结算账户。存款人开立单位银行结算账户，自正式开立之日起 3 个工作日后，方可办理付款业务。但注册验资的临时存款账户转为基本存款账户和因借款转存开立的一般存款账户除外。另外，存款人在同一营业机构撤销银行结算账户后重新开立银行结算账户时，重新开立的银行结算账户可自开立之日起办理付款业务。

【例题 34 · 单选】人民币银行结算账户管理的基本原则不包括（　　）。

A. 自主选择银行原则　　B. 恪守信用、履约付款原则

C. 一个基本账户原则　　D. 存款信息保密原则

【答案】B

三、银行结算账户的开立、变更与撤销

（一）银行结算账户的开立

存款人开立的银行结算账户，需要核准的，应及时报送中国人民银行当地分支行核准；不需要核准的，应在开户之后的法定期限内向中国人民银行当地分支行备案。

开立银行结算账户的一般程序如下：

1. 填制开户申请书

单位申请开立单位银行结算账户时，应由法定代表人或单位负责人直接办理，如因特殊原因法定代表人或单位负责人不能亲自办理的，必须授权他人办理。由法定代表人或单位负责人直接办理的，应出具法定代表人或单位负责人本人的身份证件；授权他人办理的，除出具被授权人本人的身份证件外，还应出具法定代表人或单位负责人的授权书及身份证件。

个人申请开立个人银行结算账户时，提倡由存款人本人亲自办理。申请开立使用支票、信用卡等信用支付工具的个人银行结算账户时，因存款人要办理预留签名或名章等开户手续，必须由存款人本人亲自办理。

单位开立银行结算账户的名称应与其提供的申请开户的证明文件的名称全称相一

致。有字号的个体工商户开立银行结算账户的名称应与其营业执照的字号相一致；无字号的个体工商户开立银行结算账户的名称，由“个体户”字样和营业执照记载的经营者姓名组成。自然人开立银行结算账户的名称应与其提供的有效身份证件中的名称全称相一致。

提示

存款人的预留签章：存款人为单位的，其预留签章为该单位的公章或财务专用章加其法定代表人（单位负责人）或其授权的代理人的签名或盖章；存款人为个人的，其预留签章为该个人的签名或者盖章。

2. 签订协议

账户名称、存款人名称及预留银行签章中的公章或财务专用章的名称应当保持一致，但下列情况除外：(1) 因注册验资开立的临时存款账户，其账户名称为工商行政管理部门核发的“企业名称预先核准通知书”或政府有关部门批文中注明的名称，其预留银行签章中公章或财务专用章的名称应是存款人与银行在银行结算账户管理协议中约定的出资人名称；(2) 预留银行签章中公章或财务专用章的名称依法可使用简称，账户名称应与其保持一致；(3) 没有字号的个体工商户开立的银行结算账户，其预留签章中公章或财务专用章应是“个体户”字样加营业执照上载明的经营者的签名或盖章。

3. 开户银行依法审查

银行应对存款人的开户申请书填写的事项和证明文件的真实性、完整性、合规性进行认真审查。

4. 中国人民银行当地分支行依法核准

中国人民银行应于2个工作日内对银行报送的基本存款账户、临时存款账户和预算单位专用存款账户的开户资料的合规性予以审核。

5. 开立账户

中国人民银行当地分支行依法核准后办理开户手续；符合开立一般存款账户、其他专用存款账户和个人银行结算账户条件的，银行应办理开户手续，并于开户之日起5个工作日内向中国人民银行当地分支行备案。银行为存款人开立一般存款账户、其他专用存款账户，应自开户之日起3个工作日内书面通知基本存款账户开户银行。

存款人开立单位银行结算账户，自正式开立之日起3个工作日后，方可使用该账户办理付款业务。

【例题35·单选】中国人民银行应于（　　）个工作日内对银行报送的基本存款账户、临时存款账户和预算单位专用存款账户的开户资料的合规性予以审核，符合开户条件的，予以核准。

A. 2　　　B. 3　　　C. 5　　　D. 7

【答案】A

【例题36·单选】符合开立一般存款账户、其他专用存款账户和个人银行结算账户条件的，银行办理开户手续，并于开户之日起（　　）个工作日内向中国人民银行当地分支行备案。

A. 3　　B. 5　　C. 7　　D. 10

【答案】B

【例题37·单选】银行为存款人开立一般存款账户、其他专用存款账户，应自开户之日起（　　）个工作日内书面通知基本存款账户开户银行。

A. 3　　B. 5　　C. 7　　D. 10

【答案】A

【例题38·判断】存款人为单位的，其预留签章为该单位的公章和财务专用章加其法定代表人（单位负责人）或其授权的代理人的签名和盖章；存款人为个人的，其预留签章为该个人的签名和盖章。（　　）

【答案】×

（二）银行结算账户的变更

存款人银行结算账户有法定变更事项的，应于5日内书面通知开户银行并提供有关证明；开户银行办理变更手续并于2日内向中国人民银行当地分支行报告。具体规定为：

（1）存款人下列账户资料变更后，应及时向开户银行办理变更手续：①存款人的账户名称；②单位的法定代表人或主要负责人；③地址、邮编、电话等其他开户资料。

（2）银行结算账户的存款人名称发生变更，但不改变开户银行及账号的，应于5个工作日内向开户银行提出银行结算账户的变更申请，并出具有关部门的证明文件。

（3）单位的法定代表人或主要负责人、地址以及其他开户资料发生变更时，应于5个工作日内书面通知开户银行并提供有关证明。

（4）银行接到存款人的变更通知后，应及时办理变更手续，并于2个工作日内向中国人民银行当地分支行报告。

【例题39·单选】银行结算账户发生变更的，应于（　　）个工作日内向开户银行提出银行结算账户的变更申请，并出具有关部门的证明文件。

A. 5　　B. 10　　C. 3　　D. 15

【答案】A

【例题40·多选】下列账户资料中，（　　）后，存款人应及时向开户银行办理变更手续。

A. 存款人的账户名称发生变更

B. 单位的法定代表人或主要负责人发生变更

C. 地址、邮编、电话等其他开户资料发生变更

D. 存款人破产

【答案】ABC

（三）银行结算账户的撤销

存款人有以下情形之一的，应向开户银行提出撤销银行结算账户的申请：（1）被撤并、解散、宣告破产或关闭的；（2）注销、被吊销营业执照的；（3）因迁址需要变更开户银行的；（4）其他原因需要撤销银行结算账户的。

银行结算账户的撤销程序为：

（1）存款人因被撤并、解散、宣告破产或关闭，或注销、被吊销营业执照等主体资格终止的，应于5个工作日内向开户银行提出撤销银行结算账户的申请。存款人申请撤销基本存款账户的，存款人基本存款账户的开户银行应自撤销银行结算账户之日起2个工作日内将撤销该基本存款账户的情况书面通知该存款人其他银行结算账户的开户银行；存款人其他银行结算账户的开户银行，应自收到通知之日起2个工作日内通知存款人撤销有关银行结算账户；存款人应自收到通知之日起3个工作日内办理其他银行结算账户的撤销。

存款人主体资格终止后，撤销银行结算账户的，应当先撤销一般存款账户、专用存款账户、临时存款账户，将账户资金转入基本存款账户后，方可办理基本存款账户的撤销。

银行得知存款人主体资格终止，存款人超过规定期限未主动办理撤销银行结算账户手续的，银行有权停止其银行结算账户的对外支付。

提示

各种账户的撤销顺序：先撤销一般存款账户、专用存款账户、临时存款账户，将账户资金转入基本存款账户后，方可办理基本存款账户的撤销。

（2）因地址变更或其他原因需要变更开户银行时，银行在收到存款人撤销银行结算账户的申请后，对于符合销户条件的，应当在2个工作日内办理撤销手续。存款人需要重新开立基本存款账户的，应在撤销其原基本存款账户后10日内申请重新开立基本存款账户。存款人在申请重新开立基本存款账户时，除应根据开立基本存款账户的规定出具相关证明文件外，还应当出具“已开立银行结算账户清单”。

办理银行结算账户撤销手续时应当注意以下事项：

（1）存款人尚未清偿其开户银行债务的，不得申请撤销该账户。

（2）存款人撤销银行结算账户，必须与开户银行核对银行结算账户存款余额，交回各种重要空白票据及结算凭证和开户登记证，银行核对无误后方可办理销户手续。存款人未按规定交回各种重要空白票据及结算凭证的，应出具有关证明，造成损失的，由其自行承担。

（3）银行撤销单位银行结算账户时应在其基本存款账户开户登记证上注明销户日期并签章，同时于撤销银行结算账户之日起2个工作日内，向中国人民银行报告。

（4）银行对一年未发生收付活动且未欠开户银行债务的单位银行结算账户，应通知单位自发出通知之日起30日内办理销户手续，逾期视同自愿销户，未划转款项列入久悬未取专户管理。

【例题41·单选】银行对一年未发生收付活动且未欠开户银行债务的单位银行结算账户，应通知单位自发出通知之日起（　　）日内办理销户手续，逾期视同自愿销户，未划转款项列入久悬未取专户管理。

A. 30　　B. 20　　C. 5　　D. 10

【答案】A

【例题42·单选】下列有关银行结算账户的变更和撤销的表述中，不正确的是（　　）。

A. 存款人变更名称但不改变开户银行及账号的，应于5个工作日内向开户银行提出变更申请，并出具相关证明

B. 单位的法定代表人发生变更时，应于3个工作日内书面通知开户银行并提供相关证明

C. 存款人注销、被吊销营业执照的，应于5个工作日内向开户银行提出撤销银行结算账户的申请

D. 存款人尚未清偿其开户银行债务的，不得申请撤销银行结算账户

【答案】B

【例题43·判断】银行得知存款人主体资格终止，存款人超过规定期限未主动办理撤销银行结算账户手续的，银行有权停止其银行结算账户的对外支付。（　　）

【答案】√

四、单位银行结算账户的分类

（一）基本存款账户

1. 使用范围

基本存款账户是指存款人因办理日常转账结算和现金收付而开立的银行结算账户，是存款人的主要存款账户。该账户主要办理存款人日常经营活动的资金收付及其工资、奖金和现金的支取。

2. 开户要求

（1）可以开立基本存款账户的存款人包括：①企业法人；②非法人企业；③机关、事业单位；④团级（含）以上军队、武警部队及分散值勤的支（分）队；⑤社会团体；⑥民办非企业组织；⑦异地常设机构；⑧外国驻华机构；⑨个体工商户；⑩居民委员会、村民委员会、社区委员会；⑪单位设立的独立核算的附属机构；⑫其他组织。

（2）存款人申请开立基本存款账户，应向开户银行出具下列证明文件之一：①当地工商行政管理机关核发的《企业法人营业执照》或《营业执照》；②中央或地方编制委员会、人事、民政等部门的批文；③军队军以上、武警总队财务部门的开户证明；④单位对附设机构同意开户的证明；⑤驻地有权部门对外地常设机构的批文；⑥承包双方签订的承包协议；⑦个人居民身份证和户口簿。

3. 开立程序

开立基本存款账户实行核准制，由中国人民银行进行审核。开户银行报请中国人民银行后，中国人民银行应该在 2 个工作日内核准。

提示

开户人填制开户申请书→开户银行审查→报送中国人民银行当地分支行→中国人民银行于 2 个工作日内核准。

【例题 44 · 多选】根据规定，可以申请开立基本存款账户的存款人包括（ ）。

A. 单位设立的独立核算的附属机构　　B. 个体工商户

C. 异地临时机构　　D. 外国驻华机构

【答案】ABD

【例题 45 · 单选】下列对象中，不能申请开立基本存款账户的是（ ）。

A. 非法人企业　　B. 个体工商户

C. 民办非企业组织　　D. 自然人

【答案】D

【例题 46 · 判断】只有法人组织才可以开立基本存款账户。（ ）

【答案】×

【例题 47 · 多选】根据《人民币银行结算账户管理办法》的规定，下列各项中，不具备开立基本存款账户资格的存款人有（ ）。

A. 自然人　　B. 单位设立的非独立核算的附属机构

C. 个体工商户　　D. 社区委员会

【答案】AB

【例题 48 · 判断】机关和实行预算管理的事业单位申请开立基本存款账户，应出具政府人事部门或编制委员会的批文或登记证书。（ ）

【答案】×

（二）一般存款账户

1. 使用范围

一般存款账户用于办理存款人借款转存、借款归还和其他结算的资金收付。该账户可以办理现金缴存，但不得办理现金支取。

提示

一般存款账户可以办理现金缴存，但不得办理现金支取，即能存不能取。而基本存款账户可办理现金存取，即能存又能取。

2. 开户要求

（1）开立一般存款账户的存款人资格：开立基本存款账户的存款人都可以开立一

般存款账户。只要存款人有借款或其他结算需要，都可以申请开立一般存款账户，且没有数量限制。

（2）开立一般存款账户所需的证明文件：①开立基本存款账户规定的证明文件；②基本存款账户开户登记证；③存款人因向银行借款需要，应出具借款合同；④存款人因其他结算需要，应出具有关证明。

3. 开立程序

开户银行审查，并于开户之日起 5 个工作日内向中国人民银行当地分支行备案，自开立一般存款账户之日起 3 个工作日内书面通知基本存款账户开户银行。

提示

开立一般存款账户实行备案制，无须中国人民银行核准。存款人在其基本存款账户开户登记证上登记账户信息并签章→填制开户申请书→开户银行审查→于开户之日起 5 个工作日内向中国人民银行当地分支行备案→自开立之日起 3 个工作日内书面通知基本存款账户开户银行。

【例题 49・单选】存款人可以办理现金缴存，但不得办理现金支取的账户是（　　）。

A. 一般存款账户　　B. 基本存款账户

C. 专用存款账户　　D. 临时存款账户

【答案】A

【例题 50・多选】下列有关银行账户的表述中，正确的有（　　）。

A. 一个单位只能在一家银行开立一个基本存款账户

B. 一个单位可以在多家银行开立多个基本存款账户

C. 现金缴存可以通过一般存款账户办理

D. 现金支付不能通过一般存款账户办理

【答案】ACD

【例题 51・单选】某公司在工商银行某支行开立了基本存款账户，现因经营需要向建设银行某支行申请贷款 100 万元，银行经审查同意其办理贷款，该公司应在建设银行某支行开立（　　）。

A. 基本存款账户　　B. 一般存款账户

C. 临时存款账户　　D. 个人银行结算账户

【答案】B

【例题 52・判断】会计员将用于归还甲公司的一笔借款以现金方式存入该公司的一般存款账户，并计划过几天对该账户中的另一笔款项提取现金。这两笔业务的办理都是正确的。（　　）

【答案】×

（三）专用存款账户

专用存款账户是存款人按照法律、行政法规和规章，对有特定用途资金进行专项管理和使用而开立的银行结算账户。

1. 使用范围

（1）单位银行卡账户的资金必须由其基本存款账户转账存入。该账户不得办理现金收付业务。

（2）财政预算外资金、证券交易结算资金、期货交易保证金和信托基金专用存款账户，不得支取现金。

（3）基本建设资金、更新改造资金、政策性房地产开发资金、金融机构存放同业资金账户需要支取现金的，应在开户时报中国人民银行当地分支行批准。中国人民银行当地分支行应根据国家现金管理的规定审查批准。

（4）粮、棉、油收购资金，社会保障基金，住房基金和党、团、工会经费等专用存款账户支取现金应按照国家现金管理的规定办理。银行应按照国家对粮、棉、油收购资金使用管理的规定加强监督，不得办理不符合规定的资金收付和现金支取。

（5）收入汇缴账户除向其基本存款账户或预算外资金财政专用存款账户划缴款项外，只收不付，不得支取现金。业务支出账户除从其基本存款账户拨入款项外，只付不收，其现金支取必须按照国家现金管理的规定办理。

合格境外机构投资者在境内从事证券投资开立的人民币特殊账户和人民币结算资金账户纳入专用存款账户管理。

2. 开户要求

根据《人民币银行结算账户管理办法》的有关规定，存款人申请开立专用存款账户时，应填制开户申请书，提供规定的证明文件；银行应对存款人的开户申请书填写的事项和证明文件的真实性、完整性、合规性进行认真审查。银行在办理专用存款账户开户手续时，同时应在其基本存款账户开户登记证上登记账户名称、账号、账户性质、开户银行、开户日期，并签章，自开立专用存款账户之日起3个工作日内书面通知基本存款账户开户银行。

3. 开立程序

如果专用存款账户属于预算单位专用存款账户，银行应将存款人的开户申请书、相关的证明文件和银行审核意见等开户资料报送中国人民银行当地分支行，经其对申报资料进行合规性审查，并核准后办理开户手续，该核准程序与基本存款账户的核准程序相同；如果属于预算单位专用存款账户之外的其他专用存款账户的，银行应办理开户手续，并于开户之日起5个工作日内向中国人民银行当地分支行备案。

【例题53·单选】 存款人按照法律、行政法规和规章，对其特定用途资金进行专项管理和使用而开立的银行结算账户是（　　）。

A. 一般存款账户　　B. 基本存款账户

C. 专用存款账户　　D. 临时存款账户

【答案】 C

【例题54·多选】根据《人民币银行结算账户管理办法》的规定，对（ ）的管理与使用，存款人可以申请开立专用存款账户。

A. 证券交易结算资金　　B. 粮、棉、油收购资金

C. 期货交易保证金　　D. 注册验资

【答案】ABC

【例题55·判断】专用存款账户用于办理各项专用资金的收付。（ ）

【答案】√

【例题56·判断】对于社会保障基金及党、团、工会设在单位的组织机构经费，可以申请开立专用存款账户。（ ）

【答案】√

（四）临时存款账户

1. 使用范围

临时存款账户用于办理临时机构以及存款人临时经营活动发生的资金收付。

2. 开户要求

（1）开立临时存款账户的条件：①设立临时机构；②异地临时经营活动；③注册验资；④境外（含港澳台地区）机构在境内从事经营活动等。

（2）开立临时存款账户所需的证明文件：①临时机构，应出具其驻地主管部门同意设立临时机构的批文；②异地建筑施工及安装单位，应出具营业执照正本或其隶属单位的营业执照正本，以及施工及安装地建设主管部门核发的许可证或建筑施工及安装合同；③异地从事临时经营活动的单位，应出具其营业执照正本以及临时经营地工商行政管理部门的批文；④境外（含港澳台地区）机构在境内从事经营活动的，应当出具政府有关部门批准其从事该项活动的证明文件；⑤增资验资资金，应当出具股东会或董事会决议等证明文件。

3. 开立程序

临时机构和注册验资需要开立临时存款账户的，应自开立临时存款账户之日起3个工作日内书面通知基本存款账户开户银行。

开立除注册验资临时存款账户外的其他临时存款账户实行核准制，程序同基本存款账户；开立注册验资临时存款账户实行备案制，程序同一般存款账户。

提示

临时存款账户的有效期最长不得超过2年。存款人为临时机构的，只能在其驻地开立一个临时存款账户，不得开立其他银行结算账户；存款人在异地从事临时活动的，只能在其临时活动地开立一个临时存款账户；建筑施工及安装单位在异地同时承建多个项目的，可以根据建筑施工及安装合同开立不超过项目合同个数的临时存款账户。

【例题57·多选】存款人可以申请开立临时存款账户的情况有（　　）。

A. 设立临时机构

B. 异地临时经营活动

C. 党、团、工会设在单位的组织机构经费

D. 注册验资

【答案】ABD

【例题58·单选】临时存款账户应根据有关开户证明文件确定的期限或存款人的需要确定其有效期限，最长不得超过（　　）年。

A. 1　　B. 3

C. 2　　D. 5

【答案】C

【例题59·判断】临时存款账户没有使用期限的限制。（　　）

【答案】×

【例题60·判断】注册验资的临时存款账户在验资期间只收不付。（　　）

【答案】√

【例题61·判断】临时存款账户用于办理临时机构以及存款人临时经营活动发生的资金收付。（　　）

【答案】√

【例题62·多选】根据《人民币银行结算账户管理办法》的规定，存款人可以申请开立临时存款账户的情况有（　　）。

A. 设立临时机构　　B. 异地建筑施工

C. 证券交易结算　　D. 注册验资

【答案】ABD

银行结算账户的对比如表3-1所示。

表3-1　银行结算账户的对比

结算账户	概念	使用范围	开立程序	核准/备案
基本存款账户	存款人因办理日常转账结算和现金收付需要开立的银行结算账户，是存款人的主办账户	存款人日常经营活动的资金收付及其工资、奖金和现金的支取	核准制：申请—审查—报送中国人民银行核准（2个工作日内）	核准
一般存款账户	存款人因借款或其他结算需要，在基本存款账户开户银行以外的银行营业机构开立的银行结算账户	用于办理存款人借款转存、借款归还和其他结算的资金收付；可以办理现金缴存，但不得办理现金支取	备案制：申请—审查—向中国人民银行备案（5个工作日内）—通知基本存款账户开户银行（3个工作日内）	备案

续表

结算账户	概念	使用范围	开立程序	核准/备案
专用存款账户	存款人对其特定用途资金进行专项管理和使用而开立的银行结算账户	(1) 基本建设资金；(2) 更新改造资金；(3) 财政预算外资金；(4) 粮、棉、油收购资金；(5) 证券交易结算资金；(6) 期货交易保证金；(7) 信托基金；(8) 金融机构存放同业资金；(9) 政策性房地产开发资金；(10) 单位银行卡备用金；(11) 住房基金；(12) 社会保障基金；(13) 收入汇缴资金和业务支出资金；(14) 党、团、工会设在单位的组织机构经费；(15) 其他需要专项管理和使用的资金。	(1) 核准制（预算单位专用存款账户）：同基本存款账户 (2) 备案制（除预算单位专用存款账户之外的其他专用存款账户）：同一般存款账户	核准 备案
临时存款账户	因临时需要并在规定期限内使用而开立的账户	用于办理临时机构以及存款人临时经营活动发生的资金收付；有效期最长不得超过 2 年；注册验资的临时存款账户在验资期间只收不付	(1) 核准制（除注册验资临时存款账户之外的其他临时存款账户）：同基本存款账户 (2) 备案制（注册验资临时存款账户）：同一般存款账户	核准 备案
个人银行结算账户	自然人因投资、消费、结算等而开立的可办理支付结算业务的存款账户	个人银行结算账户用于办理个人转账收付和现金支取	带身份证、护照、户口簿等有效证件办理	备案
异地银行结算账户	存款人符合法定条件，根据需要在异地开立的账户	其用途根据账户的类型而定	依账户性质而定	

【例题 63 · 多选】实行核准制的情形包括（　　）。

A. 存款人开立基本存款账户　　B. 存款人开立一般存款账户

C. 预算单位开立专用存款账户　　D. 因注册验资需要开立临时存款账户

【答案】AC

【例题 64 · 单选】关于个人银行结算账户的使用，下列表述中不正确的是（　　）。

A. 个人银行结算账户用于办理个人转账收付和现金存取

B. 个人银行结算账户具有普通转账结算功能

C. 个人银行结算账户不能使用支票等信用工具

D. 保险理赔款项可以转入个人银行结算账户

【答案】C

五、违反银行账户管理法律制度的法律责任

违反银行账户管理法律制度的法律责任具体包括：

（1）存款人在开立、撤销银行结算账户时有法定违法行为的，非经营性的存款人，给予警告并处以1 000元的罚款；经营性的存款人，给予警告并处以1万元以上3万元以下的罚款；构成犯罪的，移交司法机关依法追究刑事责任。

（2）存款人使用银行结算账户时，如违反规定将单位款项转入个人银行结算账户、支取现金、利用开立银行结算账户逃避银行债务、出租或出借银行结算账户，以及从基本存款账户之外的银行结算账户转账存入、将销货收入存入或现金存入单位信用卡账户等，非经营性的存款人，给予警告并处以1 000元罚款；经营性的存款人，给予警告并处以5 000元以上3万元以下的罚款。存款人未在法定期限内将变更事项通知银行的，给予警告并处以1 000元的罚款。

（3）伪造、变造、私自印制开户登记证的存款人，属非经营性的给予警告并处以1 000元罚款；属经营性的处以1万元以上3万元以下的罚款；构成犯罪的，移交司法机关依法追究刑事责任。

（4）银行在银行结算账户的开立中有法定违法行为时，给予警告，并处以5万元以上30万元以下的罚款；对该银行直接负责的高级管理人员、其他直接负责的主管人员、直接责任人员按规定给予纪律处分；情节严重的，中国人民银行有权停止对其开立基本存款账户的核准，责令该银行停业整顿或者吊销经营金融业务许可证；构成犯罪的，移交司法机关依法追究刑事责任。

（5）银行在银行结算账户的使用中有法定违法行为时，给予警告，并处以5 000元以上3万元以下的罚款；对该银行直接负责的高级管理人员、其他直接负责的主管人员、直接责任人员按规定给予纪律处分；情节严重的，中国人民银行有权停止对其开立基本存款账户的核准；构成犯罪的，移交司法机关依法追究刑事责任。

提示

违反银行账户结算管理制度的罚则为：

（1）存款人违反账户管理制度的处罚（见表3-2）。

表3-2　存款人违反账户管理制度的处罚

行为	处罚	
	经营性存款人	非经营性存款人
开立、撤销银行结算账户时违反银行结算管理制度	警告并处1万～3万元罚款	警告并处1 000元罚款
伪造、变造、私自印制开户登记证		
使用银行结算账户时违反银行结算管理制度	警告并处0.5万～3万元罚款	
未及时将变更事项通知银行	警告并处1 000元罚款	

（2）银行及其有关人员违反账户管理制度的处罚（见表3-3）。

表3-3 银行及其有关人员违反账户管理制度的处罚

行为	处罚
开立银行结算账户时违反账户管理制度	警告并处5万～30万元罚款
银行结算账户使用中违反账户管理制度	警告并处0.5万～3万元罚款

第3节习题

一、单项选择题

1. 下列有关支付结算的表述中，不符合规定的有（　　）。

A. 银行账户分为基本存款账户、一般存款账户、临时存款账户和专用存款账户

B. 存款人只能选择一家银行的一个营业机构开立一个基本存款账户

C. 存款人可以通过基本存款账户办理工资、奖金等现金的支取

D. 存款人可以通过一般存款账户办理工资、奖金等现金的支取

2. 根据支付结算法律制度的规定，存款人日常经营活动的资金收付，以及工资、奖金和现金的支取，只能通过规定的账户办理。该账户是（　　）。

A. 基本存款账户　　B. 一般存款账户

C. 专用存款账户　　D. 临时存款账户

3. 存款人开立单位银行结算账户，自正式开立之日起（　　）个工作日后，方可使用该账户办理付款业务。

A. 2　　B. 3

C. 5　　D. 7

4. 自然人因投资、消费、结算等需要而开立的可办理支付结算业务的存款账户称为（　　）。

A. 临时存款账户

B. 个人银行结算账户

C. 专用存款账户

D. 一般存款账户

5. 根据《人民币银行结算账户管理办法》的规定，下列各项中，不属于一般存款账户使用范围的是（　　）。

A. 办理借款转存　　B. 办理借款归还

C. 办理现金缴存　　D. 办理现金支取

6. 根据支付结算法律制度的规定，临时存款账户的有效期最长不得超过（　　）。

A. 1年　　B. 2年

C. 3年　　D. 5年

7. 宏大有限责任公司在中国工商银行A市支行开立了基本存款账户，现因经营需要向中国建设银行B分行申请贷款100万元，银行经审查同意其贷款，则该公司应在B分行开设（　　）。

A. 基本存款账户　　B. 一般存款账户

C. 专用存款账户　　D. 临时存款账户

8. 银行为存款人开立一般存款账户、临时存款账户和专用存款账户的，应自开户之日起一定期限内书面通知基本存款账户开户银行，该期限为（　　）。

A. 2个工作日　　B. 3个工作日

C. 5个工作日　　D. 10个工作日

9. 下列账户中，不得办理现金收付业务的是（　　）。

A. 基本存款账户　　B. 临时存款账户

C. 个人银行结算账户　D. 单位银行卡账户

10. 下列存款人中，不可以申请开立基本存款账户的是（　　）。

A. 甲、乙、丙三人合伙设立的宏大科技产品经营部

B. A市财政局

C. 个体工商户章雨经营的服装店

D. B市第一中学在校内设立的非独立核算的小卖部

11. 关于银行结算账户的变更与撤销，下列

表述中不正确的是（　　）。

A. 存款人更改名称但不更改开户银行及账号的，应于 5 个工作日内向开户银行提出变更申请，并出具相关证明

B. 单位的法定代表人发生变更时，应于 3 个工作日内书面通知开户银行并提供有关证明

C. 存款人注销、被吊销营业执照的，应于 5 个工作日内向开户银行提出撤销银行结算账户的申请

D. 存款人尚未结清其开户银行债务的，不得申请撤销银行结算账户

12. 为了加强对住房基金和社会保障基金的管理，存款人可依法申请在银行开立（　　）。

A. 一般存款账户　　B. 基本存款账户

C. 专用存款账户　　D. 临时存款账户

13. 下列关于基本存款账户与临时存款账户在管理上的区别的表述中，正确的是（　　）。

A. 基本存款账户能支取现金，而临时存款账户不能支取现金

B. 基本存款账户不能向银行借款，而临时存款账户可以向银行借款

C. 基本存款账户没有开设数量的限制，而临时存款账户有开设数量的限制

D. 基本存款账户没有时间限制，而临时存款账户实行有效期管理

14. 银行结算账户的监督管理部门是（　　）。

A. 各级财政部门

B. 中国人民银行

C. 各开户银行

D. 国务院及地方各级人民政府

15. 下列关于银行结算账户的说法中，正确的是（　　）。

A. 银行结算账户既包括人民币存款结算业务，也包括外币存款结算业务

B. 银行结算账户属于单位定期存款账户

C. 银行结算账户不同于储蓄账户

D. 银行结算账户限于单位存款人开立

16. 下列关于个人银行结算账户的说法中，正确的是（　　）。

A. 自然人可根据需要申请开立个人银行结算账户，也可以在已开立的储蓄账户中选择，并向开户银行申请确认为个人银行结算账户

B. 邮政储蓄机构办理银行卡业务开立的账户纳入个人银行结算账户管理

C. 储蓄账户可以办理现金存取业务，也可以办理转账结算

D. 个人银行结算账户用于办理个人转账收付和现金支取

17. 根据《人民币银行结算账户管理办法》的规定，存款人可以申请开立的一般存款账户数量为（　　）。

A. 1 个　　B. 2 个

C. 3 个　　D. 没有数量限制

18. 下列关于银行结算账户特点的表述中，不准确的为（　　）。

A. 办理人民币业务

B. 办理资金收付结算业务

C. 是活期存款账户

D. 是定期存款账户

19. 存款人银行结算账户有法定变更事项的，应于一定期限内书面通知开户银行并提供有关证明。该期限为（　　）。

A. 3 个工作日　　B. 5 个工作日

C. 7 个工作日　　D. 10 个工作日

20. 下列对象中，不具备开立基本存款账户资格的是（　　）。

A. 企业法人

B. 民办非法人企业

C. 社区委员会

D. 单位设立的非独立核算的附属机构

21. 下列关于个人银行结算账户使用的表述中，不准确的是（　　）。

A. 具有活期储蓄功能

B. 具有普通转账结算功能

C. 具有使用支票、信用卡等信用支付工具的功能

D. 个人储蓄账户也可办理转账结算

22. 存款人依法对有特定用途的资金进行专项管理和使用而开立的银行结算账户是（　　）。

A. 基本存款账户　　B. 一般存款账户

C. 专用存款账户　　D. 临时存款账户

23. 根据支付结算法律制度的规定，下列有关个人银行结算账户使用的表述中，不正确的是（　　）。

A. 个人银行结算账户用于办理个人转账收付和现金存取

B. 个人银行结算账户具有普通转账结算功能

C. 不能通过个人银行结算账户使用支票等信用工具

D. 保险理赔款项可以转入个人银行结算账户

二、多项选择题

1. 根据《人民币银行结算账户管理办法》的有关规定，存款人申请开立的下列人民币银行结算账户中，应当报送中国人民银行当地分支行核准的有（　　）。

A. 预算单位专用存款账户

B. 除注册验资临时存款账户外的其他临时存款账户

C. 个人存款账户

D. 一般存款账户

2. 下列账户中可办理现金支取的有（　　）。

A. 一般存款账户　　B. 临时存款账户

C. 基本存款账户　　D. 专用存款账户

3. 根据《人民币银行结算账户管理办法》的规定，下列款项中可以转入个人银行结算账户的有（　　）。

A. 稿费收入

B. 个人产权转让收益

C. 证券交易结算资金

D. 保险理赔

4. 根据《人民币银行结算账户管理办法》的规定，存款人开立（　　）实行核准制度，经中国人民银行核准后由开户银行核发开户许可证。

A. 基本存款账户

B. 一般存款账户

C. 除注册验资临时存款账户外的其他临时存款账户

D. 个人银行结算账户

5. 银行结算账户管理应当遵守的基本原则有（　　）。

A. 一个基本账户原则

B. 自主选择银行原则

C. 守法合规原则

D. 存款信息保密原则

6. 根据《人民币银行结算账户管理办法》的规定，下列事项中存款人应向开户银行申请撤销银行结算账户的有（　　）。

A. 存款人尚未清偿其开户银行债务

B. 存款人因迁址需要变更开户银行

C. 存款人迁址但不变更开户银行

D. 存款人注销、被吊销营业执照

7. 下列情形中，存款人可以申请开立临时存款账户的有（　　）。

A. 设立临时机构　　B. 异地建筑施工

C. 注册验资　　D. 证券交易结算

8. 下列资金中，存款人可用于申请开立专用存款账户的有（　　）。

A. 财政预算外资金　　B. 住房基金

C. 基本建设资金　　D. 社会保障基金

9. 下列款项中，可以转入个人银行结算账户的有（　　）。

A. 个人的工资、奖金收入

B. 个人债权转让收益

C. 保险理赔款项

D. 个人贷款转存

10. 在银行结算账户的使用中，银行为储蓄账户办理转账结算的，应给予的处罚包括（　　）。

A. 给予警告，并处以5 000元以上3万元以下的罚款

B. 对该银行直接负责的高级管理人员、其他直接负责的主管人员、直接责任人员按规定给予纪律处分

C. 情节严重的，中国人民银行有权停止对其开立基本存款账户的核准

D. 构成犯罪的，移交司法机关依法追究刑事责任

11. 企业因（　　）等资金管理的需要，可以在银行开设专用存款账户。

A. 更新改造资金　　B. 商品收购款

C. 期货交易保证金　　D. 财政预算外资金

12. 下列事项中，存款人需于 5 个工作日内书面通知开户银行并提供相关证明，及时办理变更手续的有（　　）。

A. 名称改变　　B. 法定负责人变更

C. 住址变更　　D. 改变开户银行

13. 下列有关银行账户的表述中，正确的有（　　）。

A. 现金缴存可以通过一般存款账户办理

B. 现金支取可以通过一般存款账户办理

C. 注册验资可以申请开立临时存款账户

D. 注册验资可以申请开立专用存款账户

14. 下列情形中，存款人可以在异地开立有关银行结算账户的有（　　）。

A. 营业地与注册地不在同一行政区域需开立基本存款账户的

B. 办理异地借款需要开立基本存款账户的

C. 异地临时经营需要开立个人银行结算账户的

D. 自然人根据需要在异地开立个人银行结算账户的

三、判断题

1. 存款人只能在注册地开立一个基本存款账户，不得在异地开立银行结算账户。（　　）

2. 单位人民币卡销户时，账户资金可以转入其基本存款账户，也可以提取现金。（　　）

3. 个体工商户凭营业执照以字号或经营者姓名开立的银行结算账户纳入个人银行结算账户管理。（　　）

4. 单位银行卡账户可以由基本存款账户转账存入资金，也可以存入收到的现金。（　　）

5. 存款人开立单位银行结算账户的，自开立之日起即可使用该账户办理结算业务。（　　）

6. 对单位、个人在银行开设的银行结算账户的存款，银行不得为任何单位或个人查询。（　　）

7. 存款人的收入汇缴账户除向基本存款账户或预算外资金财政专用存款账户划缴款项外，也可以办理其他转账结算业务，但不得支取现金。（　　）

8. 出票人签发支票时，必须使用与其本名的签名式样和印鉴相一致的签章或相应的支付密码。（　　）

9. 为了便于结算，一个单位可以同时在几家金融机构开立银行基本存款账户。（　　）

10. 企业法人内部单独核算的单位可以申请开立基本存款账户。（　　）

11. 与基本存款账户的存款人不在同一地点的附属非独立核算单位，可以申请开立一般存款账户。（　　）

12. 存款人尚未清偿其开户银行债务的，不得申请撤销银行结算账户。（　　）

13. 一般存款账户是指存款人因借款或其他结算需要，在基本存款账户开户银行的其他营业机构开立的银行结算账户。（　　）

14. 自然人可根据需要申请开立个人银行结算账户，也可以在已开立的储蓄账户中选择并向开户银行申请确认为个人银行结算账户。（　　）

15. 个人银行结算账户用于办理个人转账收付和现金支取，储蓄账户仅限于办理现金存取业务，不得办理转账结算。（　　）

16. 存款人因异地临时经营活动需要可以申请开立专用存款账户。（　　）

17. 存款人银行结算账户有法定变更事项的，应于 5 日内书面通知开户银行，并向中国人民银行报告办理变更手续。（　　）

18. 单位、个人和银行都应当按照《人民币银行结算账户管理办法》的规定开立、使用账户。（　　）

19. 中国人民银行是银行结算账户的监督管理部门。（　　）

20. 因迁址需要变更开户银行的存款人，尚未结清开户银行债务的，不得申请撤销银行结算账户。（　　）

21. 开立基本存款账户的存款人都可以开立一般存款账户，且没有数量限制，但在基本存款账户的开户银行只能开立一个一般存款账户。（　　）

22. 基本存款账户的存款人附属的非独立核算机构因收入汇缴资金和支出资金开立的专用存款账户，应使用基本存款账户存款人的名称。（　　）

第4节 票据结算方式和其他支付结算方式

一、票据结算概述

（一）票据的概念与种类

票据是由出票人依法签发的，约定自己或者委托付款人在见票时或指定的日期向收款人或持票人无条件支付一定金额的有价证券。

在我国，票据主要包括银行汇票、银行本票、支票和商业汇票。

（二）票据的特征与功能

1. 票据的特征

票据的特征主要包括：

（1）票据是债券凭证和金钱凭证。票据权利人对票据义务人可行使付款请求权和追索权，同时，票据以一定的金钱为交付标的。票据上体现的权利性质是财产权，财产权的内容是请求支付一定的金钱而不是物品。

（2）票据是设权证券。这是指票据权利的发生必须首先作成证券。一般的证券（如提单、仓单等），其权利在证券作成之前就已经存在，证券仅起证明的作用。票据则不同，票据设立与票据原因相分离，设立并非为了证明已经存在的原因，而是创设票据权利。没有票据或离开了票据，就无所谓票据权利，所以票据是设权证券。

（3）票据是文义证券。票据的文义性是指票据当事人的权利和义务完全以票面记载为准，除法律规定的以外，持票人不得行使票据所载文义以外的权利，票据债务人也不负票据所载文义以外的责任。即一方面，凡在票据上签章的人，都应依票据上所载文义负责，而不能以票据以外的事由和书面记载变更其责任。例如，当票据上记载的出票日与实际出票日不一致时，以票据上所记载日期为准。另一方面，凡是未在票据上签章的人，不负票据责任，包括被伪造签章的被伪造者。

例如，持票人A将一票据作记名背书后转让给B，B向该票据主债务人提示要求承兑或付款遭拒绝后，便可向其任一前手行使追索权，此时，A如被追索，就不能以主债务人未付款为事由对抗B，因为A已在票据上签章，须负承兑或付款的责任。如果A的票据被C偷走，C假冒A的名义作背书后转让给B，此时，A由于没有在票据上签章，可不负责任。

（4）票据是无因证券。①票据如果符合《票据法》规定的条件，票据权利就成立，持票人不必证明取得票据的原因，可仅以票据文义请求履行票据权利。②票据债务人有理由认为持票人是以欺诈、偷盗或者胁迫等手段取得票据，或者明知有上述情形而出于恶意取得票据，或者因为重大过失取得票据的，持票人应当负责对自己持票的合法性举证。

(5) 票据是要式证券。票据的制作、形式、文义都有规定的格式和要求。

【例题 65 · 单选】 下列有关票据特征的说法中，错误的是（　　）。

A. 必须由持票人证明其取得票据的原因才能使票据权利成立

B. 票据上体现的权利性质是财产权而不是其他权利

C. 票据上的一切权利义务必须严格依照票据记载的文义而定，文义之外的任何理由、事项均不得作为根据

D. 票据权利的产生必须通过作成票据，票据是一种设权证券

【答案】 A

2. 票据的功能

票据的功能主要包括：

(1) 支付功能。

(2) 汇兑功能，指一国货币所具有的购买外国货币的能力。

(3) 信用功能，即票据当事人可以凭借自己的信誉，将未来才能获得的金钱作为现在的金钱来使用。

(4) 结算功能，即债务抵销功能。

(5) 融资功能，即融通资金或调度资金的能力，是通过票据的贴现、转贴现和再贴现实现的。

(三) 票据行为

票据行为是指票据当事人以发生票据债务为目的、以在票据上签名或盖章为权利与义务成立要件的法律行为，包括出票、背书、承兑和保证四种。

(1) 出票。是指出票人签发票据并将其交付给收款人的行为。

(2) 背书。按照目的不同分为转让背书和非转让背书。转让背书是以持票人将票据权利转让给他人为目的；非转让背书是将一定的票据权利授予他人行使，包括委托收款背书和质押背书。

(3) 承兑。是指汇票付款人承诺在汇票到期日支付汇票金额并签章的行为。

(4) 保证。是指票据债务人以外的人，为担保特定债务人履行票据债务而在票据上记载有关事项并签章的行为。

提示

出票人在票据上的签章不符合《票据法》等规定的，票据无效；承兑人、保证人在票据上的签章不符合《票据法》等规定的，其签章无效，但不影响其他符合规定签章的效力；背书人在票据上的签章不符合《票据法》等规定的，其签章无效，但不影响其前手符合规定签章的效力。

(四) 票据权利

票据权利是指票据持票人向票据债务人请求支付票据金额的权利，包括付款请求

权和票据追索权。

（1）付款请求权，是指持票人向汇票的承兑人、本票的出票人、支票的付款人出示票据要求付款的权利，是第一顺序权利，又称主要票据权利。行使付款请求权的持票人可以是票据记载的收款人或最后被背书人；担负付款请求权付款义务的主要是主债务人。

（2）票据追索权，是指票据当事人行使付款请求权遭到拒绝或有其他法定原因存在时，向其前手请求偿还票据金额及其他法定费用的权利，是第二顺序权利，又称偿还请求权利。行使追索权的当事人除票据记载的收款人和最后被背书人外，还可能是代为清偿票据债务的保证人、背书人。

表 3－4 对上述两种权利进行了总结。

表 3－4　票据的两种权利

类型	解释	说明	举例
付款请求权	持票人向汇票的承兑人、本票的出票人、支票的付款人出示票据要求付款的权利	第一顺序权利； 行使付款请求权的持票人可以是票据记载的收款人或最后被背书人；担负付款请求权付款义务的主要是主债务人	A 与 B 之间签订买卖合同，A 向 B 开具商业汇票，付款人是 A 的开户银行。该银行同时也是承兑人。收款人 B 将票据背书给 C，C 是最后被背书人，即持票人。持票人 C 在法定期限内向付款银行提示承兑，如果付款银行接受承兑，则付款银行就是票据上的主债务人；持票人 C 到期就可以向付款银行行使付款请求权
票据追索权	票据当事人行使付款请求权遭到拒绝或有其他法定原因存在时，向其前手请求偿还票据金额及其他法定费用的权利	第二顺序权利； 只有当付款请求权不能实现时，才能行使追索权；行使追索权的当事人除票据记载的收款人和最后被背书人外，还可能是代为清偿票据债务的保证人、背书人	如果票据形式要件不符合规定，则付款银行会拒绝付款，此时持票人 C 可以向前手 A，B 行使追索权

持票人行使票据权利，应当按照法定程序在票据上签章，并出示票据。以偷盗、欺诈或者胁迫等手段取得票据的，或者明知有前述情形而出于恶意取得票据的，持票人不得享有票据权利。持票人因重大过失取得不符合法律规定的票据的，也不得享有票据权利。

【例题 66 · 单选】下列各项中，不能行使票据追索权的是（　　）。

A. 承兑人　　B. 收款人　　C. 保证人　　D. 背书人

【答案】A

【例题 67 · 多选】下列各项中，可以行使票据追索权的当事人有（　　）。

A. 票载收款人　　B. 代为清偿票据债务的保证人

C. 最后被背书人　　D. 代为清偿票据债务的背书人

【答案】ABCD

【例题 68 · 判断】行使票据追索权的当事人除票据记载的收款人和最后被背书人

之外，还可能是代为清偿票据债务的保证人、背书人。（　　）

【答案】√

（五）票据签章

票据签章，是指票据当事人在票据上签名、盖章或者签名加盖章的行为。票据签章是票据行为生效的重要条件，也是票据行为表现形式中必须记载的事项。如果缺少当事人的签章，则票据无效或该项票据行为无效。

票据行为的性质不同，票据上的签章当事人也不相同。票据签发时，由出票人签章；票据背书转让时，由背书人签章；票据承兑时，由承兑人签章；票据保证时，由保证人签章；持票人行使票据权利时，由持票人签章。一般来讲，出票人在票据上的签章不符合法律规定的，票据无效；背书人在票据上的签章不符合法律规定的，其签章无效，但不影响其前手符合规定签章的效力；承兑人、保证人在票据上的签章不符合法律规定的，其签章无效，但不影响其他符合规定签章的效力。

【例题 69·判断】票据背书转让时，由背书人签章；持票人行使票据权利时，由持票人签章。（　　）

【答案】√

在经济工作中，需要签章的情形总结如表 3-5 所示。

表 3-5　需要签章的情形总结

具体项目	签章主体	签章内容
财务会计报告	单位负责人、主管会计工作的负责人、会计机构负责人（会计主管人员）、总会计师	签名并盖章
会计工作交接	交接双方经办人和监交人	签名或盖章
票据、预留银行签章	银行、单位	单位、银行的盖章＋法定代表人或者其授权的代理人的签名或盖章
	个人	签名或盖章

（六）票据记载事项

票据记载事项，是指依法在票据上记载的相关内容。票据记载事项一般分为绝对记载事项、相对记载事项、任意记载事项和不产生《票据法》上的效力的记载事项等。票据记载事项的汇总见表 3-6。

表 3-6　票据记载事项汇总

记载事项	特点	内容
绝对记载事项	《票据法》明文规定必须记载的，如不记载票据即为无效的事项	如表明票据种类的事项，必须记明“汇票”“本票”“支票”，否则票据无效
相对记载事项	相对记载事项可以记载，也可以不记载。记载的，按照记载的具体事项履行权利和义务；未记载的，适用法律的统一认定	如背书由背书人签章并记载背书日期；背书未记载日期的，视为在票据到期日前背书。这里的“背书日期”就属于相对记载事项

续表

记载事项	特点	内容
任意记载事项	《票据法》不强制当事人必须记载而允许当事人自行选择，不记载时不影响票据效力，记载时则产生票据效力的事项	如出票人在汇票上记载“不得转让”字样的，汇票不得转让，其中的“不得转让”事项即为任意记载事项
不产生《票据法》上的效力的记载事项	除了必须记载事项、相对记载事项、任意记载事项外，票据上还可以记载其他一些事项，但这些事项不具有票据效力	汇票上可以记载《票据法》规定事项以外的其他出票事项，如签发票据的用途，但是该记载事项不具有汇票上的效力

【例题70·多选】汇票中未记载付款地的，可以付款人的（　　）为付款地。

A. 营业场所　　　　B. 住所

C. 经常居住地　　　　D. 主要财产所在地

【答案】ABC

【例题71·多选】根据《票据法》的规定，下列各项中，不会导致票据失效的是（　　）。

A. 未记载付款日期　　　　B. 未记载付款地

C. 未记载“不得转让”字样　　　　D. 未记载出票人签章

【答案】ABC

（七）票据丧失的补救

票据丧失是指票据因灭失、遗失、被盗等原因而使票据权利人脱离其对票据的占有。

票据丧失后，可以采取挂失止付、公示催告、普通诉讼三种形式进行补救。票据丧失的补救具体内容见表3-7。

表3-7　票据丧失的补救具体内容

类型	解释	说明
挂失止付	失票人将丧失票据的情况通知付款人/代理付款人，由接受通知的付款人/代理付款人审查后暂停支付的一种方式	1. 必须确定付款人/代理付款人 2. 适用于已承兑的商业汇票、支票、填明“现金”字样的银行汇票和银行本票
公示催告	票据丧失后由失票人向人民法院提出申请，请求人民法院以公告方式通知不确定的利害关系人限期申报权利，逾期未申报者，则权利失效，而由法院通过除权判决宣告所丧失的票据无效的一种制度或程序	
普通诉讼	以丧失票据的人为原告，以承兑人或出票人为被告，请求法院判令其向失票人付款的诉讼活动	

【例题 72 · 多选】票据丧失后，可以采取的补救措施有（　　）。

A. 普通诉讼　　B. 公示催告　　C. 挂失止付　　D. 登报声明

【答案】ABC

【例题 73 · 判断】票据丧失后可以采取挂失止付、公示催告、普通诉讼三种形式进行补救。（　　）

【答案】√

【例题 74 · 判断】票据丧失后必须采取挂失止付、公示催告、普通诉讼三种形式进行补救。（　　）

【答案】×

（八）票据当事人

票据当事人可分为基本当事人和非基本当事人。基本当事人包括出票人、付款人和收款人。非基本当事人包括承兑人、背书人、被背书人、保证人等。票据当事人的具体内容见表 3－8。

表 3－8　票据当事人

类别	具体内容	含义	汇票	本票	支票
基本当事人	出票人	指依法定方式签发票据并将票据交付给收款人的人	银行汇票：银行；商业汇票：银行以外的企业和其他组织	出票银行	在银行开立支票存款账户的企业、其他组织和个人
	收款人	票据正面记载的到期后有权收取票据所载金额的人			
	付款人	由出票人委托付款或自行承担付款责任的人	银行承兑汇票：承兑银行；商业承兑汇票：合同中应给付款项的一方当事人	出票人即付款人	出票人的开户银行
非基本当事人	承兑人	接受汇票出票人的付款委托，同意承担支付票款义务的人，是汇票主债务人			
	背书人	在转让票据时，在票据背面或粘单上签字或盖章，并将该票据交付给受让人的票据收款人或持有人			
	被背书人	被记名受让票据或接受票据转让的人；背书后，被背书人成为票据新的持有人，享有票据的所有权利			
	保证人	为票据债务提供担保的人，由票据债务人以外的第三人担当			

1. 基本当事人

基本当事人是指在票据作成和交付时就已经存在的当事人，包括出票人、付款人和收款人。汇票和支票的基本当事人有出票人、付款人与收款人。本票的基本当事人有出票人与收款人。

2. 非基本当事人

非基本当事人包括承兑人、背书人、被背书人、保证人等，他们是在票据作成并交付后，通过一定的票据行为加入票据关系而享有一定权利、承担一定义务的当事人。

（1）承兑人。是指接受汇票出票人的付款委托，同意承担支付票款义务的人，是汇票主债务人。

（2）背书人与被背书人。背书人是指在转让票据时，在票据背面或粘单上签字或盖章，并将该票据交付给受让人的票据收款人或持有人。被背书人是被记名受让票据或接受票据转让的人；背书后，被背书人成为票据新的持有人，享有票据的所有权利。

（3）保证人。是指为票据债务提供担保的人，由票据债务人以外的第三人担当。保证人在被保证人不能履行票据付款责任时，以自己的金钱履行票据付款义务，然后取得持票人的权利，向票据债务人追索。

非基本当事人是否存在，取决于相应票据行为是否发生。非基本当事人之间的关系见图3-1。

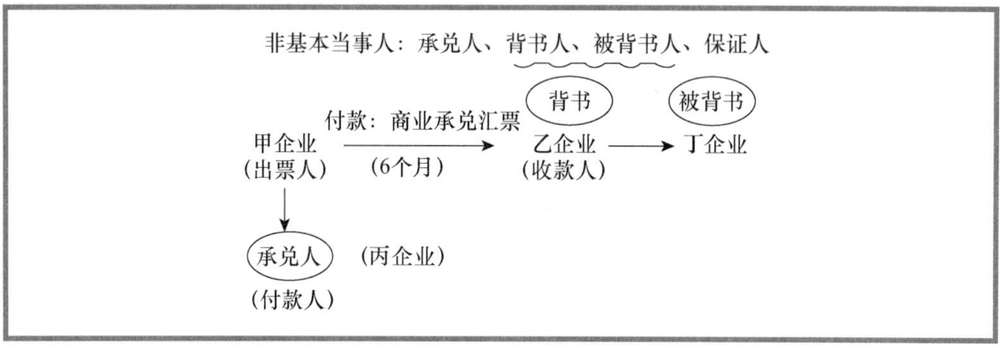

图3-1 非基本当事人关系图

二、银行汇票

（一）银行汇票的概念和适用范围

银行汇票是由出票银行签发的，在见票时按照实际结算金额无条件支付给收款人或者持票人的票据。单位和个人在异地、同城或同一票据交换区域的各种款项结算，均可使用银行汇票。

银行汇票结票流程如图3-2所示。

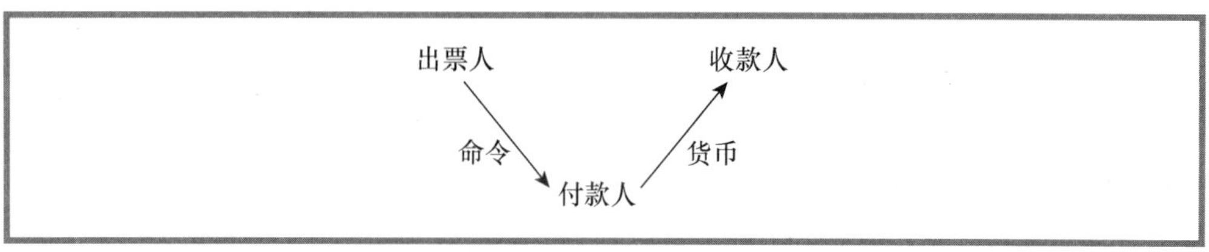

图3-2 银行汇票结票流程示意图

银行汇票的格式如图3-3所示。

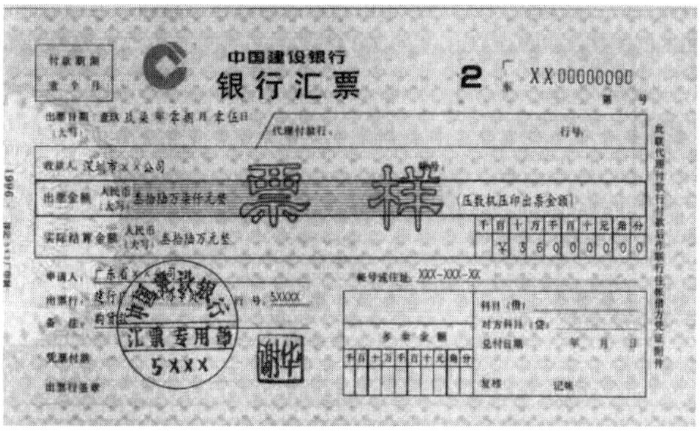

图3-3 银行汇票票样

(二) 银行汇票的记载事项

银行汇票的记载事项有：(1) 表明“银行汇票”的字样；(2) 无条件支付的承诺；(3) 确定的金额；(4) 付款人名称；(5) 收款人名称；(6) 出票日期；(7) 出票人签章。

汇票上未记载上述事项之一的，汇票无效。

(三) 银行汇票的基本规定

银行汇票的基本规定包括：

(1) 银行汇票可以用于转账，标明“现金”字样的银行汇票也可以提取现金。

(2) 银行汇票的付款人为银行汇票的出票银行，银行汇票的付款地为代理付款人或出票人所在地。

(3) 银行汇票的出票人在票据上的签章，应为经中国人民银行批准使用的该银行汇票专用章加其法定代表人或其授权经办人的签名或者盖章。

(4) 银行汇票的提示付款期限为自出票日起1个月内。持票人超过付款期限提示付款的，代理付款人（银行）不予受理。

(5) 银行汇票可以背书转让，但标明“现金”字样的银行汇票不得背书转让。银行汇票的背书转让以不超过出票金额的实际结算金额为准。未填写实际结算金额或实际结算金额超过出票金额的银行汇票不得背书转让。

(6) 标明“现金”字样和代理付款人的银行汇票丧失，可以由失票人通知付款人或者代理付款人挂失止付。

(7) 银行汇票丧失，失票人可以凭人民法院出具的其享有票据权利的证明，向出票银行请求付款或退款。

(四) 银行汇票申办和兑付的基本规定

收款人受理银行汇票依法审查无误后，应在出票金额以内，根据实际需要的款项办理结算，并将实际结算金额和多余金额填入银行汇票和解讫通知的有关栏内。未填明实际结算金额和多余金额或实际结算金额超过出票金额的，银行不予受理。银行汇票的实际结算金额不得更改，更改实际结算金额的银行汇票无效。

持票人向银行提示付款时，必须同时提交银行汇票和解讫通知，缺少任何一联，银行不予受理。

持票人超过提示付款期限向代理付款银行提示付款不获付款的，必须在票据权利时效内向出票银行做出说明，并提供本人身份证件或单位证明，持银行汇票和解讫通知向出票银行请求付款。

银行汇票操作流程如图3-4所示。

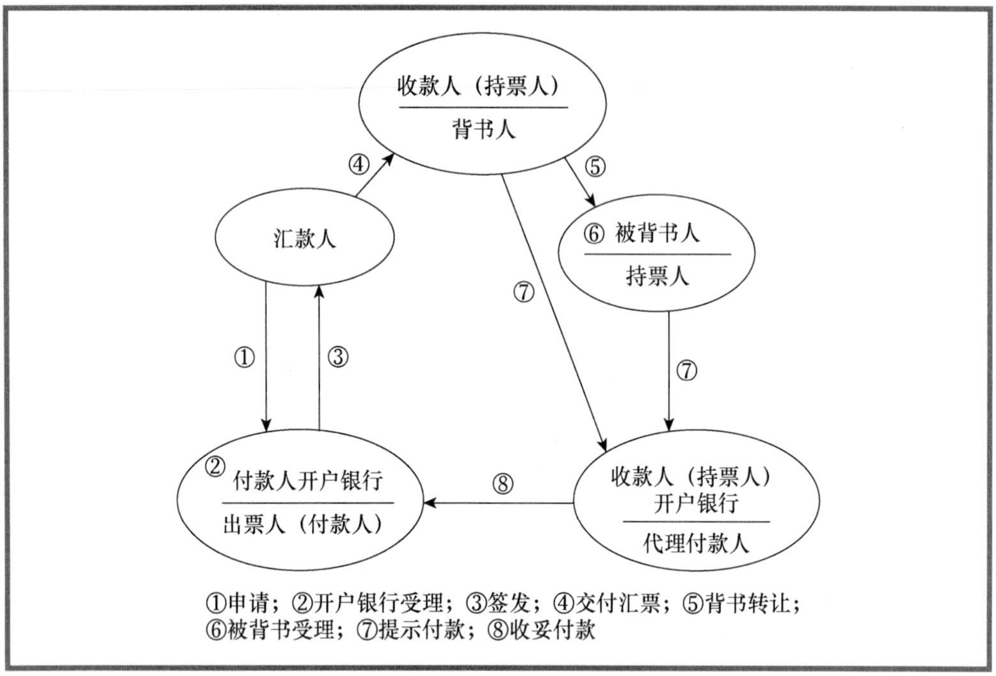

图3-4 银行汇票操作流程图

【例题75·单选】银行汇票的付款方式是（　　）。

A. 定日付款　　B. 出票后定期付款

C. 见票即付　　D. 见票后定期付款

【答案】C

【例题76·单选】下列关于银行汇票办理和使用要求的表述中，不正确的是（　　）。

A. 签发现金银行汇票，申请人和收款人都必须是个人

B. 出票银行收妥款项后签发银行汇票，并用压数机压印出票金额，只需将银行汇票联交给申请人

C. 银行汇票应在出票金额内按实际结算金额办理结算

D. 银行汇票的实际结算金额不得更改，更改实际结算金额的银行汇票无效

【答案】B

【例题77·单选】银行汇票持票人向银行提示付款时，必须同时提交银行汇票和（　　）。

A. 解讫通知　　B. 进账单　　C. 个人身份证　　D. 支款凭证

【答案】 A

【例题 78 · 多选】 下列关于银行汇票结算方式的表述中，正确的有（　　）。

A. 银行汇票的提示付款期限为自出票日起 2 个月

B. 单位和个人的各种款项结算都可以使用银行汇票

C. 银行汇票未填明实际结算金额和多余金额的，银行不受理

D. 实际结算金额超过出票金额的银行汇票不得背书转让

【答案】 BCD

【例题 79 · 多选】 下列关于银行汇票结算方式的表述中，正确的有（　　）。

A. 签发可支取现金的银行汇票的，其申请人和收款人都必须是个人

B. 实际结算金额超过票面金额的，票据无效

C. 银行汇票未记载付款日期、付款地的，票据无效

D. 银行汇票适用于单位和个人在异地、同城的各种款项结算

【答案】 ABD

【例题 80 · 判断】 银行汇票上未记载付款人的，汇票无效。（　　）

【答案】 √

【例题 81 · 判断】 银行汇票上必须记载签发票据的原因和用途。（　　）

【答案】 ×

三、银行本票

（一）银行本票的概念和特征

本票是出票人签发的，承诺自己在见票时无条件支付确定的金额给收款人或者持票人的票据。本票的基本当事人有两个，出票人和收款人。

银行本票的特点包括：

（1）出票人完成出票行为之后，即承担无条件支付票据金额的责任。

（2）本票不需要进行承兑。

（3）银行本票的出票人，为经中国人民银行当地分支行批准办理银行本票业务的银行机构，非银行金融机构不得签发银行本票。

银行本票的格式如图 3－5 所示。

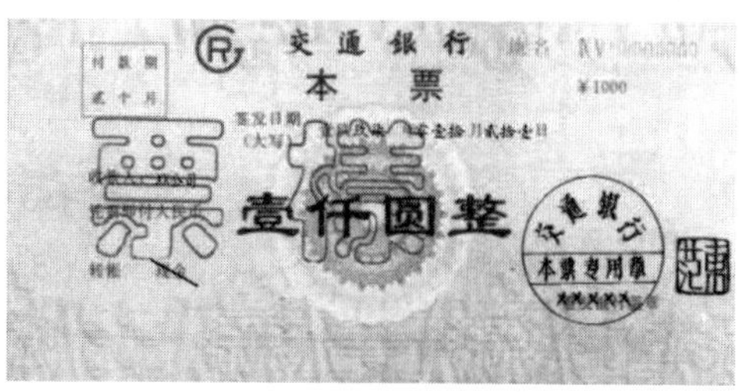

图 3－5　银行本票票样

（二）银行本票的种类

根据面额的不同，银行本票分为定额银行本票和不定额银行本票。定额银行本票面额为1 000元、5 000元、1万元和5万元。

（三）银行本票的使用范围

（1）单位和个人在同一票据交换区域进行各种款项结算，均可使用银行本票，但银行本票只能在同一票据交换区域内使用，异地结算不能使用银行本票。

（2）银行本票可以用于转账，注明“现金”字样的银行本票可以用于支取现金。

（四）银行本票的记载事项

（1）绝对记载事项：①表明“本票”的字样；②无条件支付的承诺；③确定的金额；④收款人名称；⑤出票日期；⑥出票人签章。

（2）相对记载事项：①付款地。本票上未记载付款地的，以出票人的营业场所为付款地。②出票地。本票上未记载出票地的，以出票人的营业场所为出票地。

（五）银行本票的出票

（1）申请人和收款人均为个人，且需要支取现金的，应在“支付金额”栏先填写“现金”字样，后填写支付金额，并在银行本票上划去“转账”字样。

（2）用于转账的，在银行本票上划去“现金”字样。

（3）申请人或收款人为单位的，银行不得为其签发现金银行本票。

（六）银行本票的付款

（1）银行本票见票付款，收款人或持票人取得银行本票后，可随时请求出票人付款。

（2）本票的出票人在持票人提示付款时，必须承担付款的责任。本票的持票人未按照规定期限提示付款的，丧失对出票人以外的前手的追索权。

（3）本票的出票人是票据主债务人，负有绝对付款责任。

（4）银行本票的提示付款期限，自出票之日起最长不得超过2个月。持票人超过提示付款期限不获付款的，在票据权利时效内向出票银行做出说明，并提供本人身份证件或单位证明，可持银行本票向出票银行请求付款。

【例题82·单选】根据《票据法》的规定，下列关于本票的表述中，不正确的是（　　）。

A. 到期日是本票的绝对记载事项

B. 本票的基本当事人只有出票人和收款人

C. 本票无须承兑

D. 本票是出票人本人对持票人付款的票据

【答案】A

【例题83·单选】下列关于银行本票的表述中，不正确的是（　　）。

A. 银行本票的付款人见票时必须无条件付款给持票人

B. 持票人超过提示付款期限不获付款的，可向出票银行请求付款

C. 银行本票不可以背书转让

D. 注明“现金”字样的银行本票可以用于支取现金

【答案】C

【例题84·单选】根据《票据法》的规定，如果本票的持票人未在法定付款提示期限内提示见票，则丧失对特定票据债务人以外的其他债务人的追索权。该特定票据债务人是（　　）。

A. 出票人　B. 保证人　C. 背书人　D. 被背书人

【答案】A

【例题85·多选】下列各项中，属于银行本票特征的有（　　）。

A. 银行本票是自付证券，由出票人自己付款

B. 银行本票的基本当事人有两个，即出票人和收款人，在出票人之外不存在独立的付款人

C. 银行本票的出票人承担无条件支付票据金额的责任，不需要承兑

D. 银行本票的出票人只能是经中国人民银行当地分支行批准的银行机构

【答案】ABCD

【例题86·多选】甲开具一张银行本票给乙，乙将该本票背书转让给丙，丁作为乙的保证人在票据上签章，丙又将该本票背书转让给戊，戊作为持票人未按规定期限向出票人提示见票。根据《票据法》的规定，下列选项中，戊不得行使追索权的有（　　）。

A. 甲　B. 乙　C. 丙　D. 丁

【答案】BCD

四、支票

（一）支票的概念和适用范围

支票是指由出票人签发的，委托办理支票存款业务的银行在见票时无条件支付确定的金额给收款人或者持票人的票据。

单位和个人的各种款项结算均可使用支票。2007年7月8日，中国人民银行宣布，支票可以实现全国范围内互通使用。

支票的基本当事人包括出票人、付款人和收款人（如图3-6所示）。出票人是签发支票的单位或个人，付款人是出票人的开户银行。支票可以背书转让，但用于支取现金的支票不能背书转让。

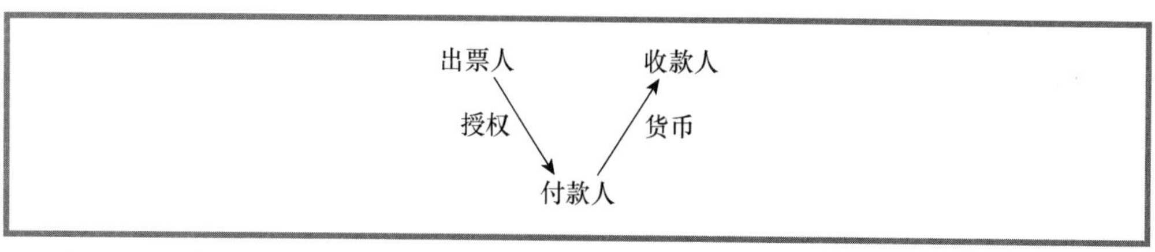

图3-6　支票的基本当事人示意图

（二）支票的种类

支票按支付票款的方式不同，分为现金支票、转账支票和普通支票。

（1）现金支票。支票上印有“现金”字样的为现金支票。现金支票只能用于支取现金，不能用于转账。

（2）转账支票。支票上印有“转账”字样的为转账支票（如图3－7所示）。转账支票只能用于转账，不能用于支取现金。

图3－7 转账支票示例

（3）普通支票。支票上未印有“现金”或“转账”字样的为普通支票。普通支票可以用于支取现金，也可以用于转账。在普通支票左上角划两条平行线，为划线支票，划线支票只能用于转账，不得用于支取现金。

（三）支票的记载事项与出票

1. 支票的绝对记载事项

支票的绝对记载事项有：（1）表明“支票”的字样；（2）无条件支付的委托；（3）确定的金额；（4）付款人名称；（5）出票日期；（6）出票人签章。支票的金额、收款人名称可以由出票人授权补记，未补记前不得背书转让和提示付款。

2. 支票的相对记载事项

支票的相对记载事项有：（1）付款地。支票上未记载付款地的，付款人的营业场所、住所或者经常居住地为付款地。（2）出票地。支票上未记载出票地的，出票人的营业场所、住所或者经常居住地为出票地。

此外，支票上可以记载非法定记载事项，但这些事项并不发生支票上的效力。支票的记载事项见表3－9。

表3－9 支票的记载事项

	内容	说明
绝对记载事项	表明“支票”的字样；无条件支付的委托；确定的金额；付款人名称；出票日期；出票人签章	缺少任一事项，支票无效

续表

	内容	说明
相对记载事项	付款地；出票地	不记载不影响支票效力；支票上未记载付款地的，付款地为付款人的营业场所、住所或经常居住地；支票上未记载出票地的，出票地为出票人的营业场所、住所或经常居住地
出票人授权补记事项	金额；收款人名称	出票人授权补记，未补记前不得背书转让

3. 支票出票的效力

出票人作成支票并交付之后，出票人必须在付款人处存有足够可处分的资金，以保证支票票款的支付；付款人对支票拒绝付款或者超过支票付款提示期限的，出票人应向持票人承担付款责任。

（四）支票的付款

支票限于见票即付，不得另行记载付款日期，另行记载付款日期的，该记载无效。

1. 提示付款期限

支票的持票人应当自出票日起 10 日内提示付款；异地使用的支票，其提示付款的期限由中国人民银行另行规定。

2. 付款

出票人在付款人处的存款足以支付支票金额时，付款人应当在见票当日足额付款。

3. 付款责任的解除

付款人依法支付支票金额的，对出票人不再承担受委托付款的责任，对持票人不再承担付款的责任。但是，付款人有恶意或者有重大过失的除外。

（五）支票的办理要求

1. 签发支票的要求

（1）签发支票应当使用碳素墨水或墨汁，中国人民银行另有规定的除外。

（2）签发现金支票和用于支取现金的普通支票，必须符合国家现金管理的规定。

（3）支票的出票人签发支票的金额不得超过付款时在付款人处实有的存款金额。禁止签发空头支票。空头支票是指出票人签发的支票金额超过其付款时在付款人处实有存款金额的支票。签发空头支票是一种违背诚实信用原则、扰乱金融秩序的违法行为，为法律所禁止。

（4）支票的出票人预留银行签章是银行审核支票付款的依据；银行也可以与出票人约定使用支付密码，作为银行审核支付支票金额的条件。

（5）出票人不得签发与其预留银行签章不符的支票；使用支付密码的，出票人不得签发支付密码错误的支票。

（6）出票人签发空头支票或者签发与其预留银行签章不符的支票，不以骗取财物为目的的，由中国人民银行处以5%但不低于1 000元的罚款；持票人有权要求出票人赔偿支票金额2%的赔偿金。对屡次签发的，银行应停止其签发支票。

2. 签发支票的注意事项

（1）签发日期应填写实际出票日期，支票正联出票日期必须使用中文大写，支票存根部分出票日期可用阿拉伯数字书写。在支票正联填写出票日期时，为防止变造支票的出票日期，在填写月、日时应注意：①月为壹、贰和壹拾的，日为壹至玖和壹拾、贰拾和叁拾的，应在其前加“零”；②日为拾壹至拾玖的，应在其前加“壹”。如“1月15日”应写成“零壹月壹拾伍日”。又如“10月20日”应写成“零壹拾月零贰拾日”。

（2）收款单位名称应填写全称并与预留银行印鉴中的单位名称保持一致。如是本单位自行提取现金，可填为“本单位”。

（3）大写金额应紧接“人民币”书写，不得留有空白，以防加填。大小写金额要对应，按规定书写。

（4）阿拉伯小写金额数字前面，均应填写人民币符号“¥”。阿拉伯小写金额数字要认真填写，不得连写、分辨不清。

（5）如实写明用途，存根联与支票正联填写的用途应一致。

（6）在签发人签章处按预留银行印鉴分别签章，签章不能缺漏。

（7）支票签发后，将支票从存根联与正联之间骑缝线剪开，正联交给收款人办理提现，存根联留下作为记账依据。

【例题87·单选】下列有关转账支票的表述中，错误的是（　　）。

A. 用于转账结算

B. 可背书转让

C. 既可用于转账结算，也可用于支取现金

D. 无须承兑，见票即付

【答案】C

【例题88·单选】下列有关支票的表述中，正确的是（　　）。

A. 转账支票可以用于支取现金，也可用于转账

B. 现金支票可以用于支取现金，也可用于转账

C. 普通支票可以用于支取现金，也可用于转账

D. 用于支取现金的支票可以背书转让

【答案】C

【例题89·判断】普通支票用于支取现金时，可在支票的左上角加划两条平行线。（　　）

【答案】×

3. 兑付支票的要求

（1）持票人可以委托开户银行收款或直接向付款人提示付款。用于支取现金的支

票仅限于收款人向付款人提示付款。

（2）持票人委托开户银行收款时，应作委托收款背书，在支票背面背书人签章栏签章，记载“委托收款”字样、背书日期，在被背书人栏记载开户银行名称，并将支票和填制的进账单送交开户银行。

（3）持票人持用于转账的支票向付款人提示付款时，应在支票背面背书人签章栏签章，并将支票和填制的进账单送交出票人开户银行。

收款人持用于支取现金的支票向付款人提示付款时，应在支票背面收款人签章处签章，持票人为个人的，还需交验本人身份证件，并在支票背面注明证件名称、号码及发证机关。

提示

支票的特征：（1）以银行或者其他金融机构作为付款人。（2）见票即付。（3）支票的提示付款期限为自出票日起10日内。

五、商业汇票

（一）商业汇票的概念和种类

商业汇票是指由出票人签发的，委托付款人在指定日期无条件支付确定金额给收款人或者持票人的票据。商业汇票的付款期限最长不得超过6个月。

按承兑人的不同，商业汇票分为商业承兑汇票（如图3－8所示）和银行承兑汇票（如图3－9所示）。商业承兑汇票由银行以外的付款人承兑，银行承兑汇票由银行承兑。商业汇票的付款人为承兑人。

在银行开立存款账户的法人以及其他组织之间，必须有真实的交易关系或债权债务关系，才能使用商业汇票。

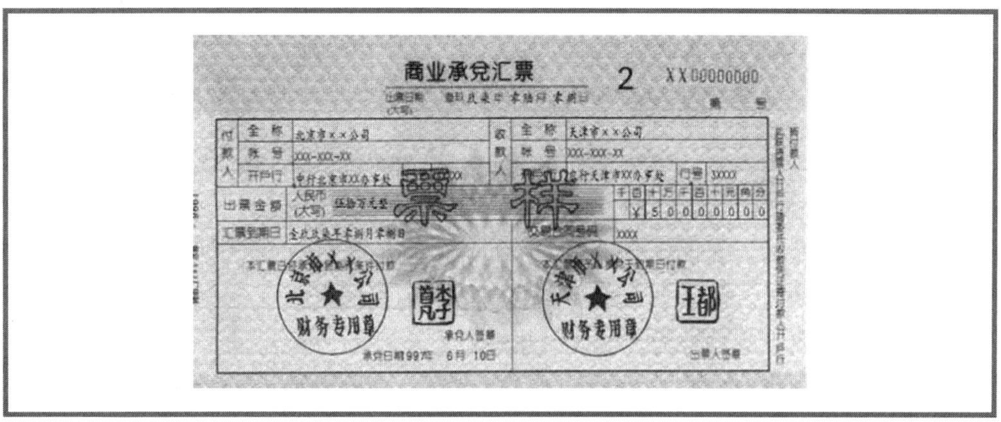

图3－8　商业承兑汇票票样

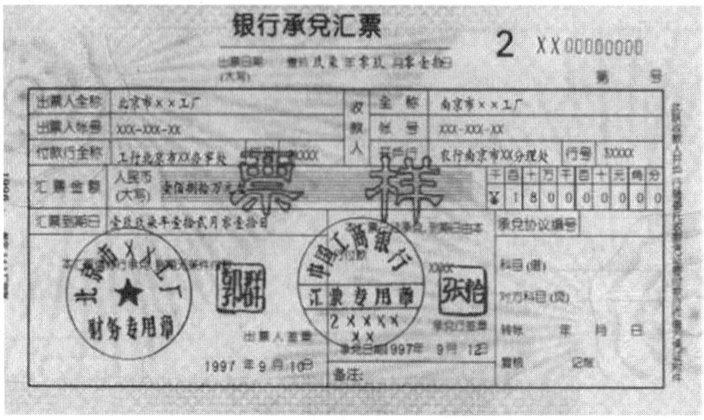

图 3－9　银行承兑汇票票样

（二）商业汇票的记载事项与出票

1．出票人的确定

商业汇票的出票人为在银行开立存款账户的法人以及其他组织，与付款人具有真实的委托付款关系，具有支付汇票金额的可靠资金来源。

（1）商业承兑汇票可以由付款人签发并承兑，也可由收款人签发交由付款人承兑。

（2）银行承兑汇票由在承兑银行开立存款账户的存款人签发。

2．商业汇票的绝对记载事项

签发商业汇票必须记载下列事项，欠缺记载下列事项之一的，商业汇票无效：（1）表明“商业承兑汇票”或“银行承兑汇票”的字样；（2）无条件支付的委托；（3）确定的金额；（4）付款人名称；（5）收款人名称；（6）出票日期；（7）出票人签章。

3．商业汇票的相对记载事项

相对记载事项的内容主要包括：（1）付款日期。汇票上未记载付款日期的，视为见票即付；（2）付款地。汇票上未记载付款地的，以付款人的营业场所、住所或者经常居住地为付款地；（3）出票地。汇票上未记载出票地的，以出票人的营业场所、住所或者经常居住地为出票地。

此外，汇票上可以记载非法定记载事项，但这些事项不具有汇票上的效力。

4．商业汇票出票的效力

出票人依照《票据法》的规定完成出票行为之后，即产生票据上的效力。包括：

（1）对收款人的效力。收款人取得汇票后，即取得票据权利。

（2）对付款人的效力。付款人在对汇票承兑后，即成为汇票的主债务人。

（3）对出票人的效力。出票人签发汇票后，即承担保证该汇票承兑和付款的责任。

（三）商业汇票的承兑

承兑是指汇票付款人承诺在汇票到期日支付汇票金额的票据行为。承兑是汇票特有的制度。

1. 承兑的程序

（1）提示承兑。定日付款或者出票后定期付款的汇票，持票人应当在汇票到期日前向付款人提示承兑；见票后定期付款的汇票，持票人应当自出票日起 1 个月内向付款人提示承兑；汇票未按规定期限提示承兑的，持票人丧失对其前手的追索权；见票即付的汇票无须提示承兑。

（2）承兑成立。

①承兑时间。付款人对向其提示承兑的汇票，应当自收到提示承兑的汇票之日起 3 日内承兑或者拒绝承兑。如果付款人在 3 日内不做承兑与否表示的，则应视为拒绝承兑。持票人可以请求其做出拒绝承兑证明，向其前手行使追索权。

②接受承兑。付款人收到持票人提示承兑的汇票时，应当向持票人签发收到汇票的回单。回单上应当记明汇票提示承兑日期并签章。回单是付款人向持票人出具的已收到请求承兑汇票的证明。

③承兑的格式。付款人承兑汇票的，应当在汇票正面记载“承兑”字样和承兑日期并签章；见票后定期付款的汇票，应当在承兑时记载付款日期。汇票上未记载承兑日期的，以 3 天承兑期的最后一日为承兑日期。上述应记载事项必须记载于汇票的正面。

④退回已承兑的汇票。付款人依承兑格式填写完毕应记载事项并将已承兑的汇票退回持票人后才产生承兑的效力。

2. 承兑的效力

（1）承兑人于汇票到期日必须向持票人无条件地支付汇票上的金额，否则必须承担迟延付款责任。

（2）承兑人必须对汇票上的一切权利人承担责任，该等权利人包括付款请求权人和追索权人。

（3）承兑人不得以其与出票人之间的资金关系来对抗持票人，拒绝支付汇票金额。

（4）承兑人的票据责任不因持票人未在法定期限提示付款而解除。

3. 承兑不得附有条件

付款人承兑商业汇票，不得附有条件；承兑附有条件的，视为拒绝承兑。银行承兑汇票的承兑银行，应当按照票面金额向出票人收取万分之五的手续费。

（四）商业汇票的付款

商业汇票的付款，是指付款人依据票据所载文义支付票据金额，以消灭票据关系的行为。

1. 提示付款

持票人应当按照下列法定期限提示付款：（1）见票即付的汇票，自出票日起 1 个月内向付款人提示付款。（2）定日付款、出票后定期付款或者见票后定期付款的汇票，自到期日起 10 日内向承兑人提示付款。持票人未按照上述规定期限提示付款的，在做出说明后，承兑人或者付款人仍应当继续对持票人承担付款责任。

2. 支付票款

持票人提示付款后，付款人依法审查无误后必须无条件地在当日按票据金额足额支付给持票人。否则，应承担迟延付款的责任。

3. 付款的效力

付款人依法足额付款后，全体汇票债务人的责任解除。

（五）商业汇票的背书

商业汇票的背书，是指以转让商业汇票权利或者将一定的商业汇票权利授予他人行使为目的，按照法定的事项和方式在商业汇票背面或者粘单上记载有关事项并签章的票据行为。如果出票人在汇票上记载“不得转让”字样，则该汇票不得转让。

1. 背书的形式

（1）背书签章和背书日期的记载。背书由背书人签章并记载背书日期。背书未记载日期的，视为在汇票到期日前背书。背书人背书时，必须在票据上签章。

（2）被背书人名称的记载。汇票以背书转让或者以背书将一定的汇票权利授予他人行使时，必须记载被背书人名称。背书人未记载被背书人名称即将票据交付他人的，持票人在票据的被背书人栏内记载自己的名称与背书人记载具有同等法律效力。

（3）禁止背书的记载。背书人在汇票上记载“不得转让”字样，其后手再背书转让的，原背书人对后手的被背书人不承担保证责任。

（4）粘单的使用。第一位使用粘单的背书人必须将粘单粘接在票据上，并且在汇票和粘单的粘接处签章。

（5）背书不得记载的内容。背书不得附有条件，背书时附有条件的，所附条件不具有汇票上的效力。将汇票金额的一部分转让的背书或将汇票金额分别转让给两人以上的背书是无效背书。

2. 背书连续

背书连续是指在票据转让中，转让汇票的背书人与受让汇票的被背书人在汇票上的签章依次前后衔接。如果背书不连续，付款人可以拒绝向持票人付款，否则付款人应自行承担票据责任。

3. 法定禁止背书

被拒绝承兑、被拒绝付款或者超过付款提示期限的汇票，不得背书转让；背书转让的，背书人应当承担汇票责任。

提示

汇票转让只能采取背书方式。

（六）商业汇票的保证

1. 保证的当事人

保证的当事人为保证人与被保证人。保证应由汇票债务人以外的他人承担。

2. 保证的格式

保证人必须在汇票或粘单上记载下列事项：(1) 表明“保证”的字样；(2) 保证人名称和住所；(3) 被保证人的名称；(4) 保证日期；(5) 保证人签章。

3. 保证的效力

(1) 保证人的责任。对被保证的汇票，保证人应当与被保证人对持票人承担连带责任。

(2) 共同保证人的责任。保证人为两人以上的，保证人之间承担连带责任。

(3) 保证人的追索权。保证人清偿汇票债务后，可以行使持票人对被保证人及其前手的追索权。

商业汇票操作流程见图 3 - 10。

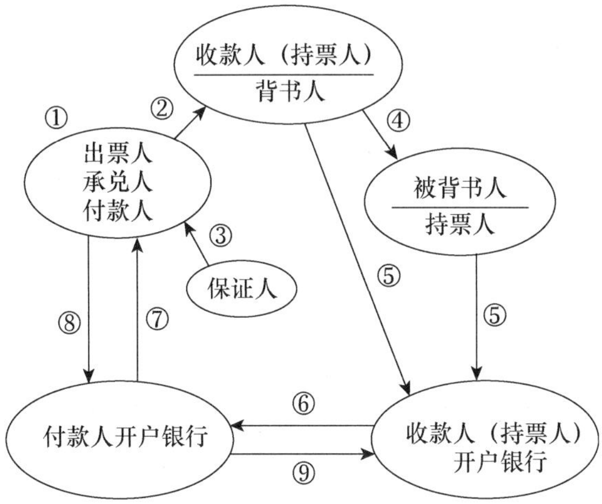

图 3 - 10　商业汇票操作流程图

银行汇票、商业汇票、银行本票与支票的主要内容的对比见表 3 - 10。

表 3 - 10　主要票据的对比

项目	银行汇票	商业汇票	银行本票	支票
出票人	银行	单位	银行	单位/个人
付款人	银行	银行/单位	银行	银行
付款金额	实际结算金额	确定金额	确定金额	确定金额
付款时间	见票即付	见票即付/定日/出票后定期/见票后定期	见票即付	见票即付
使用主体	单位/个人	单位	单位/个人	单位/个人
提示承兑	无须承兑	见票即付：无须承兑；定日/出票后定期：到期日前；见票后定期：出票日起 1 个月	无须承兑	无须承兑

续表

项目	银行汇票	商业汇票	银行本票	支票
付款期限	不存在付款期限	不超过 6 个月	不存在付款期限	不存在付款期限
提示付款	出票日起 1 个月	到期日起 10 日	出票日起 2 个月	出票日起 10 日
超过提示付款期的处理	代理付款人（开户）银行不予受理	丧失对其前手的追索权，但在做出说明后，承兑人或付款人仍应继续对持票人承担付款责任（票据权利时效未过）	未按规定情形提示见票的，丧失对出票人以外的前手的追索权，但仍可对出票人享有付款请求权和追索权	付款人可以不予付款，但持票人仍有追索权，出票人仍应支付票款
票据权利时效	出票日起 2 年	到期日起 2 年	出票日起 2 年	出票日起 6 个月
挂失止付适用范围	填明“现金”字样	已承兑	填明“现金”字样	适用
追索权行使期间	持票人对前手的追索权，自被拒绝承兑或者被拒绝付款之日起 6 个月			
再追索权行使期间	持票人对前手的再追索权，自清偿日或者被提起诉讼之日起 3 个月			

【例题 90 · 单选】若一张汇票上记载“见票后 2 个月付款”，这张汇票属于（　　）。

A. 出票后定期付款的汇票　　B. 见票后定期付款的汇票

C. 见票即付汇票　　D. 定日汇票

【答案】B

【例题 91 · 单选】若一张出票日为 5 月 7 日的汇票上记载“7 月 8 日付款”，这张汇票属于（　　）。

A. 出票后定期付款的汇票　　B. 见票后定期付款的汇票

C. 见票即付汇票　　D. 定日汇票

【答案】D

【例题 92 · 单选】依据《票据法》的规定，下列票据中，需要提示承兑的是（　　）。

A. 支票　　B. 本票

C. 见票后定期付款的汇票　　D. 银行汇票

【答案】C

【例题 93 · 多选】根据《票据法》的规定，商业汇票出票人依法完成出票行为后即产生票据上的效力。下列表述中，正确的有（　　）。

A. 汇票的出票人出票后，就产生直接付款义务

B. 付款人在出票人完成出票之日，即成为汇票的主债务人

C. 汇票签发后，如付款人不予付款，出票人应当承担票据责任

D. 付款人在承兑之前不承担任何票据责任

【答案】CD

【例题 94 · 判断】商业汇票在出票时付款人是否承担付款责任并不确定，因而需要由付款人进行承兑。（　　）

【答案】√

【例题 95 · 判断】商业汇票上如没有记载付款日期，则该汇票无效。（　　）

【答案】×

六、银行卡

（一）银行卡的概念与分类

银行卡是指经批准由商业银行（含邮政金融机构）向社会发行的具有消费信用、转账结算、存取现金等全部或部分功能的信用支付工具。

银行卡的分类：

（1）按照发行主体是否在境内分为境内卡和境外卡。

（2）按照是否给予持卡人授信额度分为信用卡和借记卡。

（3）按照账户币种的不同分为人民币卡、外币卡和双币种卡。

（4）按照信息载体的不同分为磁条卡和芯片卡。

（二）银行卡账户与交易

1. 银行卡交易的基本规定

（1）单位人民币卡可办理商品交易和劳务供应款项的结算，但不得透支。单位卡不得支取现金。

（2）发卡银行应当依照法律规定遵守信用卡业务风险控制指标。

（3）持卡人透支消费享受免息还款期和最低还款额待遇的条件和标准等，由发卡机构自主确定。

（4）发卡银行通过下列途径追偿透支款项和诈骗款项：扣减持卡人保证金、依法处理抵押物和质押物；向保证人追索透支款项；通过司法机关的诉讼程序进行追偿。

2. 银行卡的资金来源

单位卡账户的资金，一律从其基本存款账户转账存入，不得交存现金，不得将销货收入的款项存入其账户。

个人人民币卡账户的资金以其持有的现金存入或以其工资性款项、属于个人的合法的劳务报酬、投资回报等收入转账存入。严禁将单位的款项存入个人卡账户。

（三）银行卡的计息和收费

1. 计息

（1）发卡银行对借记卡（不含储值卡）账户内的存款，按照中国人民银行规定的同期同档次存款利率及计息办法计付利息。

（2）发卡银行对储值卡（含 IC 卡的电子钱包）内的币值不计付利息。

（3）免息还款期和最低还款额待遇。贷记卡持卡人非现金交易享受如下优惠条件：①免息还款期待遇。银行记账日至发卡行规定的到期还款日之间为免息还款期。②最低还款额待遇。持卡人在到期还款日前偿还所使用全部银行款项有困难的，可按发卡行规定的最低还款额还款。

（4）利率标准。对信用卡透支利率实行上限和下限管理，透支利率上限为日利率万分之五，透支利率下限为日利率万分之五的 0.7 倍。

2. 收费

收费是指商业银行办理银行卡收单业务向商户收取结算手续费。

3. 违约金和服务费用

对信用卡持卡人违约逾期未还款的行为，发卡机构应与持卡人通过协议约定是否收取违约金，以及相关收取方式和标准。发卡机构对向持卡人收取的违约金和年费、取现手续费、货币兑换费等服务费用不得计收利息。

4. 信用卡预借现金业务

信用卡预借现金业务包括现金提取、现金转账和现金充值。

5. 非本人授权交易的处理

持卡人提出存在伪卡交易和账户盗用等非本人授权交易时，发卡机构应及时引导持卡人留存证据，按照相关规则进行差错争议处理，并定期向持卡人反馈处理进度。

（四）银行卡申领、注销和挂失

1. 银行卡的申领

凡在中国境内金融机构开立基本存款账户的单位，可凭中国人民银行核发的开户许可证申领单位卡。凡具有完全民事行为能力的公民，可凭本人有效身份证件及发卡银行规定的相关证明文件申领个人卡。

2. 银行卡的注销

持卡人在还清全部交易款项、透支本息和有关费用后，有下列情形之一的，可申请办理销户：

（1）信用卡有效期满 45 天后，持卡人不更换新卡的；

（2）信用卡挂失满 45 天后，没有附属卡又不更换新卡的；

（3）信用卡被列入止付名单，发卡银行已收回其信用卡 45 天的；

（4）持卡人死亡，发卡银行已收回其信用卡 45 天的；

（5）持卡人要求销户或担保人撤销担保，并已交回全部信用卡 45 天的；

（6）信用卡账户两年（含）以上未发生交易的；

（7）持卡人违反其他规定，发卡银行认为应该取消资格的。

发卡机构调整信用卡利率标准的，应至少提前 45 天通知持卡人。持卡人有权在新利率标准生效之日前选择销户，并按照已签订的协议偿还相关款项。

销户时，单位卡账户余额转入其基本存款账户，不得提取现金；个人卡账户可以转账结清，也可以提取现金。

3. 银行卡的挂失

持卡人丢失银行卡，应立即持本人身份证件或其他有效证明，并按规定提供有关情况，向发卡银行或代办银行申请挂失。

七、汇兑

（一）汇兑的概念和分类

汇兑是汇款人委托银行将其款项支付给收款人的结算方式。汇兑分为电汇和信汇两种。汇兑结算适用于各种经济内容的异地提现和结算。

（二）办理汇兑的程序

1. 签发汇兑凭证

汇兑凭证必须记载下列事项：（1）表明“信汇”或“电汇”的字样；（2）无条件支付的委托；（3）确定的金额；（4）收款人名称；（5）汇款人名称；（6）汇入地点、汇入行名称；（7）汇出地点、汇出行名称；（8）委托日期；（9）汇款人签章。

汇款人和收款人均为个人，需要在汇入银行支取现金的，应在信汇、电汇凭证的汇款金额大写栏，先填写“现金”字样，后填写汇款金额。

2. 银行受理

汇出银行受理汇款人签发的汇兑凭证，经审查无误后，应及时向汇入银行办理汇款，并向汇款人签发汇款回单。汇款回单只能作为汇出银行受理汇款的依据，不能作为该笔汇款已转入收款人账户的证明。

3. 汇入处理

汇入银行对开立存款账户的收款人，应将汇入款项直接转入收款人账户，并向其发出收账通知。收账通知是银行确认已将款项收入收款人账户的凭据。

（三）汇兑的撤销和退汇

1. 汇兑的撤销

汇款人对汇出银行尚未汇出的款项可以申请撤销。

2. 汇兑的退汇

汇款人对汇出银行已经汇出的款项可以申请退汇。转汇银行不得受理汇款人或汇出银行对汇款的撤销或退汇。

对在汇入银行开立存款账户的收款人，由汇款人与收款人自行联系退汇；对未在汇入银行开立存款账户的收款人，汇款人应出具正式函件或本人身份证件以及原信汇、电汇回单，由汇出银行通知汇入银行，经汇入银行核实汇款确未支付，并将款项退回汇出银行，方可办理退汇。汇入银行对于收款人拒绝接受的汇款，应立即办理退汇。汇入银行对于向收款人发出取款通知，经过 2 个月无法交付的汇款，应主动办理退汇。

八、委托收款

（一）委托收款的概念

委托收款是指收款人委托银行向付款人收取款项的结算方式。单位和个人凭已承兑的商业汇票、债券、存单等付款人债务证明办理款项的结算，均可使用委托收款结算方式，委托收款在同城、异地均可使用，其结算款项的划回方式分为邮寄和电报两种，由收款人选用。图 3－11 为委托收款凭证示例。

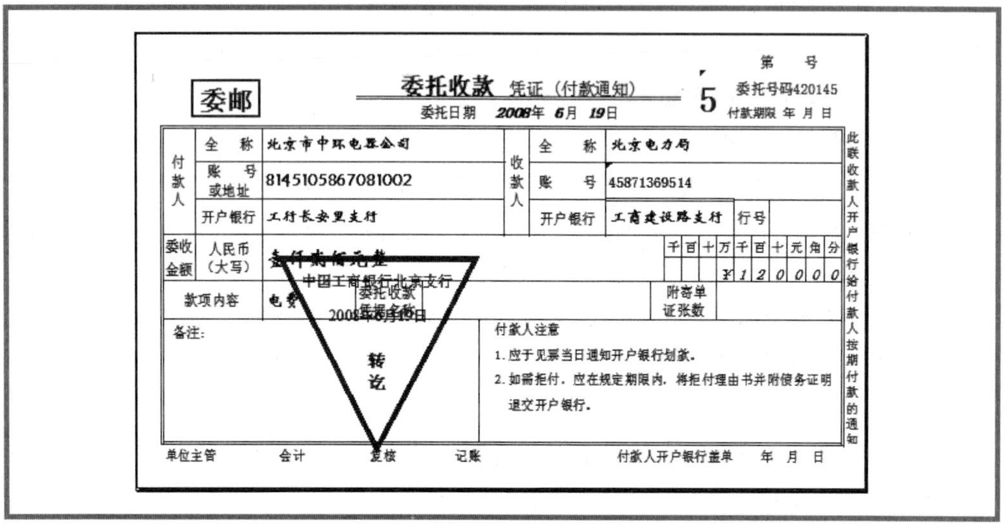
委邮
委托收款 凭证（付款通知） 5
第 号
委托号码420145
委托日期 2008年 6月 19日
付款期限 年 月 日

付款人	全称	北京市中环电器公司	收款人	全称	北京电力局		
	账号或地址	8145105867081002		账号	45871369514		
	开户银行	工行长安里支行		开户银行	工商建设路支行	行号	
委收金额	人民币（大写）	壹仟贰佰元整				千百十万千百十元角分	¥120000
款项内容		电费	委托收款凭据名称		附寄单证张数		
备注：			付款人注意：1. 应于见票当日通知开户银行划款。2. 如需拒付，应在规定期限内，将拒付理由书并附债务证明退交开户银行。				

中国工商银行北京支行 2008年6月19日 转讫

单位主管 会计 复核 记账 付款人开户银行盖单 年 月 日

此联收款人开户银行给付款人按期付款的通知

图 3－11 委托收款凭证示例

（二）委托收款的结算规定

1. 委托收款办理方法

（1）以银行为付款人的，银行应在当日将款项主动支付给收款人。

（2）以单位为付款人的，银行通知付款人后，付款人应于接到通知当日书面通知银行付款。

银行在办理划款时，付款人存款账户不能足额支付的，应通过被委托银行向收款人发出未付款项通知书。

2. 委托收款的注意事项

（1）付款人审查有关债务证明后，对收款人委托收取的款项需要拒绝付款的，有权提出拒绝付款。

（2）收款人收取公用事业费，必须具有收付双方事先签订的经济合同，由付款人向开户银行授权，并经开户银行同意，报经中国人民银行当地分支行批准，可以使用同城特约委托收款。

3. 委托收款的流程

（1）签发委托收款凭证，记载下列事项：①表明“委托收款”的字样；②确定的金额；③付款人名称；④收款人名称；⑤委托收款凭据名称及附寄单证张数；⑥委托日期；⑦收款人签章。

（2）委托。收款人向银行提交委托收款凭证和有关债务证明并办理委托收款手续。

（3）付款。银行接到寄来的委托收款凭证及债务证明，审查无误后向收款人办理付款。

【例题 96·多选】根据《支付结算办法》的规定，下列支付结算的种类中，没有金额起点限制的有（　　）。

A. 委托收款　　　　B. 支票

C. 托收承付　　　　D. 汇兑

【答案】ABD

【例题 97·多选】同城、异地都可使用的支付结算方式有（　　）。

A. 银行汇票　　　　B. 银行本票

C. 委托收款　　　　D. 托收承付

【答案】AC

九、托收承付

（一）托收承付的概念

托收承付是指根据购销合同由收款人发货后委托银行向异地付款人收取款项，由付款人向银行承付的结算方式。

使用托收承付结算方式的收款单位和付款单位，必须是国有企业、供销合作社以及经营管理较好，并经开户银行审查同意的城乡集体所有制工业企业。

办理托收承付结算的款项，必须是商品交易以及因商品交易而产生的劳务供应的款项。代销、寄销、赊销商品的款项不得办理托收承付结算。

托收承付结算每笔的金额起点为 1 万元，新华书店系统每笔的金额起点为 1 000 元。

（二）托收承付的结算规定

托收承付凭证的记载事项有：（1）表明“托收承付”的字样；（2）确定的金额；（3）付款人的名称和账号；（4）收款人的名称和账号；（5）付款人的开户银行名称；（6）收款人的开户银行名称；（7）托收附寄单证张数或册数；（8）合同名称、号码；（9）委托日期；（10）收款人签章。

收付双方使用托收承付结算方式必须签有符合《中华人民共和国合同法》的购销合同，并在合同上订明使用托收承付结算款项的划回方法，分为邮寄和电报，由收款人选用。

托收承付的流程如图 3－12 所示。

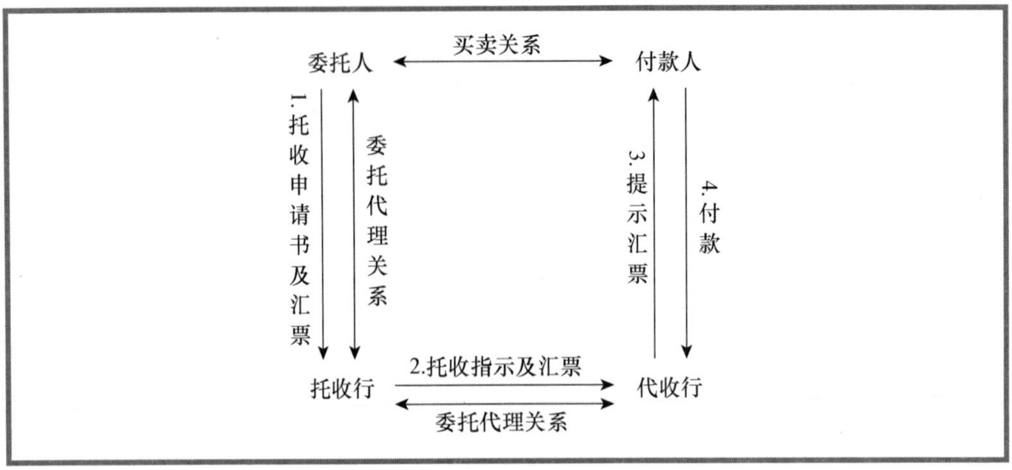

图 3-12 托收承付流程图

(三) 托收承付的办理方法

1. 托收

收款人按照签订的购销合同发货后，应将托收凭证并附发运凭证或其他符合托收承付结算的有关证明和交易单证送交银行。

2. 承付

购货单位承付货款有验单承付和验货承付两种方式。验单承付期为3天，从购货单位开户银行发出通知的次日算起（承付期内遇法定节假日顺延）。验货付款的承付期为10天，从运输部门向付款人发出提货通知的次日算起。付款人在承付期内未向银行表示拒绝付款，银行即视作承付，在承付期满的次日上午将款项划给收款人。

【例题98·单选】甲、乙均为国有企业，甲向乙购买一批货物，约定采用托收承付验货付款结算方式。8月1日，乙办理完发货手续，发出货物；8月2日，乙到开户行办理托收手续；8月10日，铁路部门向甲发出提货通知；8月14日，甲向开户行表示承付，通知银行付款。则承付期的起算时间是（　　）。

A. 8月2日　　B. 8月3日　　C. 8月11日　　D. 8月15日

【答案】C

【例题99·单选】9月1日，甲公司销售给乙公司一批化肥，双方协商采用托收承付验货付款结算方式。9月4日，运输公司向乙公司发出提货单。乙公司在承付期内未向其开户银行表示拒绝付款。已知9月7日、8日、14日和15日为法定休假日。则乙公司开户银行向甲公司划拨货款的日期为（　　）。

A. 9月6日　　B. 9月9日　　C. 9月13日　　D. 9月16日

【答案】D

【例题100·判断】单位和个人的各种款项的结算均可使用托收承付结算方式。（　　）

【答案】×

【例题 101 · 判断】如果购货单位既没有将提货通知送交银行，又未将货物尚未到达的情况告知银行，则银行不得付款。(　　)

【答案】×

十、国内信用证

(一) 国内信用证的概念

国内信用证（简称信用证）是适用于国内贸易的一种支付结算方式，是开证银行依照申请人（购货方）的申请向受益人（销货方）开出的有一定金额、在一定期限内凭信用证规定的单据支付款项的书面承诺。

(二) 国内信用证的结算方式

国内信用证结算方式只适用于国内企业之间商品交易产生的货款结算，并且只能用于转账结算，不得支取现金。

(三) 国内信用证办理的基本程序

1. 开证

开证行决定受理开证业务时，应向申请人收取不低于开证金额 20%的保证金，并可根据申请人资信情况要求其提供抵押、质押或由其他金融机构出具保函。

2. 通知

通知行收到信用证审核无误后，应填制信用证通知书，连同信用证交付受益人。

3. 议付

议付，是指信用证指定的议付行在单证相符条件下，扣除议付利息后向受益人给付对价的行为。议付行必须是开证行指定的受益人开户行。议付仅限于延期付款信用证。

议付行议付后，应将单据寄开证行索偿资金。议付行议付信用证后，对受益人具有追索权。到期不获付款的，议付行可从受益人账户收取议付金额。

4. 付款

开证行对议付行寄交的凭证、单据等审核无误后，对即期付款信用证，从申请人账户收取款项支付给受益人；对延期付款信用证，应向议付行或受益人发出到期付款确认书，并于到期日从申请人账户收取款项支付给议付行或受益人。

申请人交存的保证金和其存款账户余额不足支付的，开证行仍应在规定的付款时间内进行付款。对不足支付的部分作逾期贷款处理。

表 3 - 11 为本节主要支付结算方式汇总表。

表 3-11 支付结算方式汇总

结算方式	分类	使用规定	适用范围与条件	结算期限	金额起点	背书转让	账户设置
支票	现金支票(只能支取现金)、转账支票(只能转账)、普通支票(可支取现金也可转账)、划线支票(只能转账)	禁止签发空头支票；若银行退票，按票面金额处以5%但不低于1 000元罚款，持票人有权要求出票人按票面金额的2%赔偿	单位与个人均可；同城异地均可结算	提示付款期自出票日起10日	无	允许（用于支取现金的支票不能背书转让）	“银行存款”
银行本票	不定额本票、定额本票	可用于转账，也可用于支取现金；申请人或收款人为单位的，不得申请签发现金银行本票	单位与个人均可；同城结算	提示付款期自出票日起最长不得超过2个月	不定额本票无金额起点限制；定额本票有1 000元、5 000元、10 000元和50 000元面额	允许	“其他货币资金——银行本票”
银行汇票		可用于转账，也可用于支取现金；申请人或收款人为单位的，不得使用现金银行汇票	单位与个人均可；同城异地均可结算	提示付款期自出票日起1个月	无	允许（标明“现金”字样或未填写实际结算金额或实际结算金额超过出票金额的，不得背书转让）	“其他货币资金——银行汇票”
商业汇票	商业承兑汇票、银行承兑汇票		在银行开立存款账户的法人及其他组织之间，具有真实交易关系或债权债务关系	付款期限最长不得超过6个月；提示付款期自汇票到期日起10天	无	允许	“应收票据”“应付票据”
汇兑	信汇、电汇	汇款人可申请撤销；可以办理退汇	单位与个人均可；异地结算		无		“银行存款”
委托收款	邮寄、电报	单位和个人凭已承兑商业汇票、债券、存单等付款人债务证明办理结算；不得部分拒付	同城异地均可结算		无		“应收账款”“应付账款”

续表

结算方式	分类	使用规定	适用范围与条件	结算期限	金额起点	背书转让	账户设置
托收承付	邮寄、电报	收款人办理托收，必须具有商品确已发运的证件及其他有效证件；付款人开户银行对付款人逾期支付的款项，按每天万分之五计算赔偿金	必须是国有企业、供销合作社及经审查同意的城乡集体所有制工业企业；必须是商品交易以及因商品交易而产生的劳务款项；异地结算	验单付款3天；验货付款10天	10 000元(新华书店系统为1 000元)		"应收账款""应付账款"

第4节习题

一、单项选择题

1. 出票银行签发的，并由其在见票时按实际结算金额无条件支付给收款人或持票人的票据是（　　）。

A. 商业汇票　　B. 银行汇票

C. 银行本票　　D. 支票

2. 下列关于银行汇票办理和使用的表述中，不正确的是（　　）。

A. 签发现金银行汇票，申请人和收款人都必须是个人

B. 出票银行收妥款项后签发银行汇票，并用压数机压印出票金额，只将银行汇票联交给申请人

C. 银行汇票应在出票金额内按实际结算金额办理结算

D. 银行汇票的实际结算金额不得更改

3. 银行汇票的持票人向银行提示付款时，必须同时提交（　　），缺少任何一联，银行不予受理。

A. 银行汇票和解讫通知

B. 银行汇票和进账单

C. 银行汇票和收账通知书

D. 银行汇票和收款委托书

4. 根据《支付结算办法》的规定，银行汇票的付款人为（　　）。

A. 汇票的申请人　　B. 出票银行

C. 汇票的持有人　　D. 汇票的背书人

5. 根据《票据法》的规定，支票的提示付款期限为自出票日起（　　）。

A. 3天　　B. 10天

C. 1个月　　D. 2个月

6. 接受汇票出票人的付款委托，同意承担支付票据义务的人就是（　　）。

A. 被背书人　　B. 背书人

C. 承兑人　　D. 保证人

7. 根据《票据法》的规定，现金支票与转账支票的关系是（　　）。

A. 现金支票可以转账，转账支票不能支取现金

B. 现金支票只能支取现金，转账支票只用于转账

C. 现金支票在特殊情况下可以转账

D. 转账支票可以支取现金，现金支票不能转账

8. 某银行签发的一张银行汇票中有以下记载事项，其中属于非必须记载事项的是（　　）。

A. 出票行名称及签章

B. 付款地S市

C. 出票金额50万元人民币

D. 收款人某工厂

9. 下列有关票据的表述中，不正确的是（　　）。

A. 票据是由出票人依法签发的有价证券

B. 票据所记载的金额由出票人自行支付或委托付款人支付

C. 票据都有付款提示期限

D. 任何票据都可以用于办理结算或提取现金

10. 下列各项中，不属于银行汇票必须记载事项的是（　　）。

A. 表明“银行汇票”的字样

B. 无条件支付的承诺

C. 付款地

D. 出票金额

11. 根据《支付结算办法》的规定，银行汇票的提示付款期限是（　　）。

A. 自见票日起1个月

B. 自出票日起1个月

C. 自见票日起2个月

D. 自出票日起4个月

12. 甲公司8月20日的银行存款账户余额为5万元。当天，一材料供应商上门到甲公司催要金额为20万元的材料货款。财务人员为了尽快将供应商打发走，向材料供应商开出了一张20万元的转账支票。根据规定，甲公司开出的这张转账支票属于（　　）。

A. 空头支票　　B. 远期支票

C. 伪造支票　　D. 变造支票

13. 根据《票据法》的规定，银行汇票的付款方式是（　　）。

A. 定日付款　　B. 出票后定期付款

C. 见票即付　　D. 见票后定期付款

14. 下列票据中可以背书转让的是（　　）。

A. 银行汇票

B. 注明“现金”字样的银行汇票

C. 现金支票

D. 注明“现金”字样的银行本票

15. 甲企业在其银行存款不足1万元的情况下，向业务单位开出一张1.5万元的转账支票，银行可对其处以（　　）罚款。

A. 1 000元　　B. 750元

C. 500元　　D. 300元

16. 出票人签发空头支票，持票人有权要求出票人按支票金额一定比例支付赔偿金，赔偿比例为（　　）。

A. 2%

B. 5%

C. 10%

D. 5%但不低于1 000元

17. 见票后定期付款的商业汇票，持票人应当自出票之日起（　　）内向付款人提示承兑。

A. 1个月　　B. 2个月

C. 1年　　D. 2年

18. 商业汇票的付款期限，最长不得超过（　　）。

A. 3个月　　B. 6个月

C. 9个月　　D. 12个月

19. 银行本票的提示付款期限为自出票日起（　　）。

A. 1个月　　B. 2个月

C. 3个月　　D. 6个月

20. 根据《支付结算办法》的规定，汇款人委托银行将其款项支付给收款人的结算方式是（　　）。

A. 汇兑　　B. 信用证

C. 托收承付　　D. 委托收款

21. 托收承付结算制度中，验货付款的承付期为（　　），从运输部门向付款人发出提货通知的次日算起。

A. 10天　　B. 3天

C. 15天　　D. 1年

22. 根据票据法律制度的规定，下列各项中，不属于票据基本当事人的是（　　）。

A. 出票人　　B. 收款人

C. 付款人　　D. 保证人

23. 下列各项中，属于出票行为的是（　　）。

A. 出票人签发票据并将其交付给收款人的行为

B. 持票人在票据背面记载有关事项并签章的行为

C. 汇票付款人承诺在汇票到期日支付汇票金额并签章的行为

D. 票据债务人以外的人为担保特定债务人履行票据债务而在票据上记载有关事项并签章的行为

24. 根据《票据法》的规定，下列关于支票的说法中正确的是（　　）。

A. 支票的收款人可以由出票人授权补记

B. 支票不可以背书转让

C. 支票的提示付款期限为自出票日起1个月

D. 持票人提示付款时，支票的出票人账户金额不足的，银行应先向持票人支付票款

25. 下列关于商业汇票的说法中，正确的是（　　）。

A. 商业汇票的绝对付款人为承兑人

B. 商业汇票的付款日期是必须记载事项

C. 商业汇票提示付款期限为自汇票到期日起1个月

D. 商业汇票的付款期限最长不得超过3个月

26. 根据《票据法》的规定，不属于本票必须记载事项的是（　　）。

A. 表明“本票”的字样

B. 无条件支付的委托

C. 确定的金额和收款人名称

D. 出票人签章

27. 根据《票据法》的规定，下列各项中，属于无须提示承兑的汇票的是（　　）。

A. 见票后定期付款的汇票

B. 见票即付的汇票

C. 定日付款的汇票

D. 出票后定期付款的汇票

28. 下列关于托收承付结算方式的表述中，正确的是（　　）。

A. 代销、寄销、赊销商品的款项，不得采用托收承付结算方式

B. 托收承付结算每笔的金额起点是500元

C. 任何企业之间的商品交易款项均可以采取托收承付结算方式

D. 托收承付结算方式中，验单付款的承付期为10天，验货付款的承付期为3天

29. 根据《银行卡业务管理办法》的规定，下列各项中不属于借记卡的是（　　）。

A. 信用卡　　B. 专用卡

C. 转账卡　　D. 储值卡

30. 甲公司将自己持有的一张商业汇票背书转让给乙公司，但只在背书人栏签章，并未在被背书人栏记载乙公司的名称，乙公司发现后将公司名称填入被背书人栏，则该项行为（　　）。

A. 无效

B. 有效

C. 经甲公司追认后有效

D. 属于侵权行为

二、多项选择题

1.《票据法》规定的票据包括（　　）。

A. 银行汇票　　B. 股票

C. 商业汇票　　D. 支票

2. 下列关于银行汇票结算方式的说法中，正确的有（　　）。

A. 银行汇票的提示付款期限为自出票日起2个月

B. 单位和个人的各种款项的结算，均可使用银行汇票

C. 银行汇票未填明实际结算金额和多余金额的，银行不予受理

D. 实际结算金额超过出票金额的银行汇票不得背书转让

3. 银行签发银行汇票，除表明“银行汇票”的字样、无条件支付的承诺外，还必须记载（　　）。

A. 出票日期　　B. 付款日期

C. 出票地　　D. 出票人签章

4. 关于票据背书，下列说法中符合《票据法》规定的是（　　）。

A. 用于支取现金的支票不可以背书转让

B. 背书转让可以附条件，所附条件也具有票据上的效力

C. 背书未记载日期的，视为票据到期日前的背书

D. 银行汇票的背书转让以不超过出票金额

的实际结算金额为准

5. 根据《票据法》的规定，支票的记载事项可以授权补记的是（　　）。

A. 付款人名称　　B. 收款人名称

C. 出票日期　　D. 出票金额

6. 下列关于银行汇票适用范围的表述中，错误的是（　　）。

A. 银行汇票限于单位使用

B. 银行汇票限于个人使用

C. 银行汇票限于异地使用

D. 银行汇票限于同城使用

7. 下列说法中错误的是（　　）。

A. 票据的金额可以更改

B. 票据的金额不得更改

C. 票据的出票日期不得更改

D. 票据的收款人名称可以背书更改

8. 下列票据中，不得背书转让的是（　　）。

A. 现金支票

B. 未填明实际结算金额的银行汇票

C. 填明“现金”字样的银行汇票

D. 未授权补记金额的支票

9. 丧失票据的补救措施主要有（　　）。

A. 登报声明作废　　B. 挂失止付

C. 公示催告　　D. 提起诉讼

10. 单位和个人都可以采用的结算方式是（　　）。

A. 支票　　B. 银行本票

C. 银行汇票　　D. 商业汇票

11. 根据《票据法》的规定，禁止签发的支票包括（　　）。

A. 未记载付款地的支票

B. 没有记载金额的支票

C. 空头支票

D. 与预留签章不符的支票

12. 下列选项中，属于无效票据的是（　　）。

A. 更改签发日期的票据

B. 更改收款单位名称的票据

C. 出票日期使用中文大写，但未按要求规范填写的票据

D. 更改中文大写金额的票据

13. 下列关于背书的表述中，符合《支付结算办法》规定的有（　　）。

A. 背书不得附条件

B. 背书可以附条件且所附条件具有票据上的效力

C. 未注明“现金”字样的支票仅限于在其交换区域内背书

D. 票据背书人背书后不再承担票据责任

14. 不可采用托收承付结算的款项有（　　）。

A. 赊销的商品款

B. 商品交易以及由商品交易产生的劳务供应款项

C. 寄销的货款

D. 代销的货款

15. 下列表述中，正确的有（　　）。

A. 票据是出票人依法签发的有价证券

B. 票据所记载的金额由出票人自己支付或委托付款人支付

C. 票据行为包括出票、背书和承兑三种

D. 票据签章是票据行为生效的重要条件

16. 下列各项中，属于汇票绝对记载事项的有（　　）。

A. 出票日期　　B. 付款日期

C. 出票地　　D. 付款人名称

17. 汇票中未记载付款地的，可以付款人的法定地点为付款地。该法定地点为付款人的（　　）。

A. 营业场所　　B. 住所

C. 经常居住地　　D. 财产所在地

18. 票据的基本当事人包括（　　）。

A. 背书人　　B. 出票人

C. 付款人　　D. 收款人

19. 既可用于转账，又可用于支取现金的票据有（　　）。

A. 银行本票　　B. 银行汇票

C. 商业汇票　　D. 支票

20. 票据行为包括（　　）。

A. 出票　　B. 承兑

C. 背书　　D. 保证

21. 商业承兑汇票的签发人可以是（　　）。

A. 银行　　B. 代理付款银行

C. 收款人　　D. 付款人

22. 商业汇票付款方式包括（　　）。

A. 定日付款　　B. 出票后定期付款

C. 见票后定期付款　　D. 见票即付

23. 银行本票的定额本票面额有（　　）。

A. 1 000 元　　B. 5 000 元

C. 10 000 元　　D. 50 000 元

24. 可支取现金的支票有（　　）。

A. 现金支票　　B. 转账支票

C. 普通支票　　D. 划线支票

25. 单位使用票据结算时不可提现的票据有（　　）。

A. 银行本票　　B. 支票

C. 银行汇票　　D. 商业汇票

26. 受结算起点金额限制的结算方式有（　　）。

A. 银行汇票　　B. 银行本票

C. 托收承付　　D. 委托收款

27. 根据《票据法》的规定，支票的（　　）可以由出票人授权补记。未补记前，不得背书转让和提示付款。

A. 支票金额　　B. 出票日期

C. 付款人名称　　D. 收款人名称

28. 根据《支付结算办法》的规定，银行卡按使用对象不同分为（　　）；按信誉等级不同分为（　　）。

A. 单位卡、个人卡

B. 单位卡、借记卡

C. 金卡、普通卡

D. 信用卡、人民币卡

29. 可以使用托收承付结算方式的企业包括（　　）。

A. 国有企业

B. 中外合资企业

C. 供销合作社

D. 经开户银行审查同意的城乡集体所有制工业企业

30. 根据《支付结算办法》的规定，在托收承付结算方式下，付款人在承付期内可向银行提出拒绝付款的理由有（　　）。

A. 经查验，货物与合同规定不符

B. 收款人在未协商的情况下提前交货

C. 收款人逾期交货，付款人认为已不需要该项货物

D. 赊销商品

31. 下列各项中，属于委托收款凭证必须记载事项的是（　　）。

A. 确定的金额和付款人名称

B. 委托收款凭据名称和附寄单证张数

C. 收款人名称和签章

D. 收款日期

32. 下列各项中，属于违反支付结算规定的行为有（　　）。

A. 银行对到期的票据故意压票、拖延支付

B. 出票人签发无资金保证的汇票、本票

C. 单位签发空头支票

D. 出租、出借银行结算账户

三、判断题

1. 票据的签发、取得和转让，必须具有真实的交易关系和债权债务关系。（　　）

2. 出票人签章不符合要求的，票据无效；背书人在票据上的签章不符合要求的，票据同样丧失法律效力。（　　）

3. 票据可以背书转让，但支票和注明“现金”字样的银行汇票不得背书转让。（　　）

4. 根据《票据管理实施办法》的规定，票据的付款人对见票即付或者到期的票据故意压票、拖延支付的，由中国人民银行处以压票、拖延支付期间每日票据金额0.7‰的罚款。（　　）

5. 背书人是指被记名受让票据或接受票据转让的人。（　　）

6. 票据的非基本当事人是否存在，取决于相应票据行为是否发生。（　　）

7. 行使追索权的票据当事人，有可能是代为清偿票据债务的保证人、背书人。（　　）

8. 汇票上未记载付款日期的，为见票即付。（　　）

9. 任意记载事项在不记载时会影响票据效力，记载时则产生票据效力。（　　）

10. 票据丧失后可以采取公示催告的形式进行补救。（　　）

11. 注明“现金”字样的银行汇票不得背书

转让。（　　）

12. 申请人和收款人均为个人的，出票银行才可以为其签发现金银行汇票。（　　）

13. 银行承兑汇票应由在承兑银行开立存款账户的存款人签发。（　　）

14. 商业汇票的实付贴现金额按票面金额扣除贴现日至汇票到期日的利息计算。（　　）

15. 承兑人在异地的，贴现期的计算应另加3天的划款日期。（　　）

16. 银行汇票和不定额银行本票的出票金额可以手写，也可以用压数机压印。（　　）

17. 支票的金额、收款人名称，可以由出票人授权补记。（　　）

18. 支票在其票据交换区域内可以背书转让，但用于支取现金的支票不能背书转让。（　　）

19. 商业汇票的提示付款期限为自汇票出票日起10日。（　　）

20. 出票人签发空头支票，银行应予以退票，并按票面金额处以5%但不低于1 000元的罚款。（　　）

21. 银行汇票的实际结算金额不得更改，更改实际结算金额的银行汇票无效。（　　）

22. 挂失止付并不是票据丧失后采取的必要措施，只是一种暂时的预防措施，最终要通过申请公示催告或提起普通诉讼来保护自身权益。（　　）

23. 保证人在被保证人不能履行票据付款责任时，以自己的金钱履行票据付款义务，然后取得持票人的权利，再向票据债务人追索。（　　）

24. 保证人是指为票据债务提供担保的人，由票据债务人担当。（　　）

25. 持票人超过规定期限提示付款的，银行汇票、银行本票的出票人，以及商业汇票的承兑人在持票人做出说明后，仍应当对持票人承担付款责任。（　　）

四、不定项选择题

（一）甲公司2015年在采购物资时，在票据方面遇到了如下情况：

（1）甲公司销售给乙公司一批货物，按合同约定如期交货，乙公司给甲公司签发了一张金额为30万元的转账支票。甲公司到银行提示付款时，发现该支票是空头支票。甲公司认为，对乙公司应处以罚款，并有权要求乙公司给予经济赔偿。

（2）甲公司某采购人员持该公司开户银行签发的注明“现金”字样的银行本票，购置一批物资。由于该采购人员保管不慎，将银行本票丢失。随后，甲公司采取了一系列措施。

根据资料，回答下列问题：

1. 对于乙公司的行为，应由（　　）进行处罚。

A. 财政部门　　B. 甲公司开户银行

C. 中国人民银行　　D. 乙公司开户银行

2. 按照法律规定，有关部门对乙公司开具空头支票行为的罚款金额是（　　）元。

A. 1 000　　B. 6 000

C. 10 000　　D. 15 000

3. 甲公司可以获得的赔偿金额是（　　）元。

A. 1 000　　B. 6 000

C. 10 000　　D. 15 000

4. 根据《票据法》的规定，对于票据遗失行为，甲公司可以采取的措施中不属于暂时性预防措施的是（　　）。

A. 诉讼　　B. 公示催告

C. 挂失止付　　D. 刊登遗失声明

5. 甲公司在票据丧失后最终采取的补救措施可通过（　　）实现。

A. 人民法院　　B. 中国人民银行

C. 财政机关　　D. 公安局

（二）A公司因向B公司购买一批产品，签发一张金额为10万元的支票给B公司，B公司为支付工程价款将该支票背书转让给C公司，C公司接受后，不慎将支票遗失，该支票被D公司拾获，D公司便伪造了C公司的签章，并将支票转让给不知情的E公司，E公司又将该支票的金额改为18万元转让给F公司，F公司则背书转让给G公司。

根据资料，回答下列问题：

1. 根据以上资料，不需要承担票据责任的公司是（　　）。

A. A公司　　B. C公司

C. D公司　　D. G公司

2. B公司需要承担（　　）万元的票据责任。

A. 5　　B. 9

C. 10　　D. 18

3. F公司需要承担（　　）万元的票据责任。

A. 5　　B. 9

C. 10　　D. 18

4. 如果G公司要求F公司承担票据责任，则F公司的下列处理中正确的是（　　）。

A. 应先向G公司支付9万元，然后向E公司要求支付9万元

B. 应先向G公司支付18万元，然后向E公司要求支付18万元

C. 应先向G公司支付9万元，然后向E公司要求支付18万元

D. 应先向G公司支付18万元，然后向E公司要求支付9万元

5. 如果G公司要求E公司承担票据责任，则E公司应向G公司支付（　　）万元。

A. 5　　B. 9

C. 10　　D. 18

（三）甲向乙签发一张20万元的支票，出票时间为2015年4月1日，乙于同年4月5日背书转让给丙。

根据资料，回答下列问题：

1. 根据《票据法》的规定，持票人丙应当在（　　）提示付款。

A. 4月11日前　　B. 5月1日前

C. 6月1日前　　D. 9月1日前

2. 如果丙在5月10日提示付款，下列说法中正确的是（　　）。

A. 已过提示付款期，付款人可拒绝付款，但持票人并未丧失票据权利

B. 持票人对支票出票人的权利，自出票日起6个月内有效

C. 已过提示付款期，付款人可拒绝付款，同时持票人丧失票据权利

D. 持票人对支票出票人的权利，自出票日起3个月内有效

3. 关于支票的付款，下列说法中正确的是（　　）。

A. 支票是见票即付，因此支票不得另行记载付款日期

B. 另行记载付款日期的支票，记载无效

C. 持票人应当自出票日起1个月内向付款人提示付款

D. 超过提示付款期限的，出票人不再对持票人承担付款责任

4. 下列属于签发支票必须记载的事项的是（　　）。

A. 无条件支付的委托　　B. 确定的金额

C. 承兑的时间　　D. 出票人签章

5. 下列关于支票的说法中，正确的是（　　）。

A. 支票按照收付方式可以分为现金支票、转账支票、普通支票

B. 普通支票可以用于支取现金，但不能用于转账

C. 普通支票在上角划两条平行线的，为划线支票，只能用于支取现金，不能用于转账

D. 转账支票印明“转账”字样的，专门用于转账，不能用于支取现金

（四）2015年，某市外商投资企业甲公司发生下列情况：

（1）3月9日，经甲公司董事会批准，对外报送了经会计师事务所审计的2014年度财务会计报告，封面上由总会计师签名，董事长称总会计师对公司财务会计报告的真实性负责。

（2）4月15日，甲公司向乙公司开出一张面额为15 000元的支票，用于支付购货款。4月18日，乙公司向银行提示付款，银行发现该支票为空头支票。

（3）7月8日，甲公司处理一批报废设备收入10 000元，公司领导要求不在公司收入账上反映，并指定会计人员樊某另设账簿，樊某遵照办理。

根据资料，回答下列问题：

1. 根据有关规定，下列不属于我国财务会计报告责任主体的是（　　）。

A. 总会计师　　B. 单位负责人

C. 会计主管人员　　D. 会计机构负责人

2. 对于甲公司签发空头支票的行为，中国人

民银行可处以（　　）元的罚款。

A. 300　　B. 750

C. 1 000　　D. 2 000

3. 对于甲公司签发空头支票的行为，乙公司可向其要求赔偿的金额为（　　）元。

A. 300　　B. 750

C. 1 000　　D. 2 000

4. 针对事项（3）的行为，相关部门可对甲公司的领导处以（　　）的罚款。

A. 3 000元以上5万元以下

B. 3 000元以上2万元以下

C. 2 000元以上5万元以下

D. 2 000元以上2万元以下

5. 樊某的行为违反了会计职业道德规范中（　　）的基本要求。

A. 爱岗敬业　　B. 坚持准则

C. 参与管理　　D. 强化服务

第5节　网上支付

网上支付是电子支付的一种形式，它是指电子交易的当事人，包括消费者、商户、银行或者支付机构，使用电子支付手段通过信息网络进行的货币支付或资金流转。网上支付的主要方式有网上银行和第三方支付两种。

一、网上银行

（一）网上银行的概念

网上银行，也称网络银行，简称网银，就是银行在互联网上设立虚拟银行柜台，使传统银行服务不再通过物理的银行分支机构来实现，而是借助网络与信息技术手段在互联网上实现。

（二）网上银行的分类

1. 按经营模式分为单纯网上银行和分支型网上银行

单纯网上银行是完全依赖于互联网的虚拟的电子银行，它没有实际的物理柜台，一般只有一个办公地址，没有分支机构，也没有营业网点，采用互联网等高科技服务手段与客户建立密切的联系，为客户提供全方位的金融服务。

分支型网上银行是指现有的传统银行利用互联网开展传统的银行业务，即传统银行利用互联网作为新的服务手段为客户提供在线服务，实际上是传统银行服务在互联网上的延伸。

2. 按主要服务对象分为企业网上银行和个人网上银行

企业网上银行主要服务于企事业单位，企事业单位可以通过企业网上银行实时了解财务状况，及时调度资金，轻松处理工资发放和大批量的网络支付业务。

个人网上银行主要服务于个人，个人可以通过个人网上银行实时查询、转账，进行网络支付和汇款。

（三）网上银行的主要功能

1. 企业网上银行的功能

（1）账户信息查询；（2）支付指令；（3）B2B网上支付，B2B即企业之间进行的电子商务活动；（4）批量支付。

2. 个人网上银行的功能

（1）账户信息查询；（2）人民币转账业务；（3）银证转账业务；（4）外汇买卖业务；（5）账户管理业务；（6）B2C 网上支付，B2C 即企业与消费者之间的电子商务活动，具体指的是企业与消费者之间进行的在线式零售商业活动（包括网上购物和网上拍卖等）。

（四）网上银行业务流程及交易时的身份认证

1. 客户开户流程

开户时，客户必须出具身份证或有关证件，并遵守有关实名制的规定。

2. 网上交易

网上银行的具体交易流程如下：

（1）客户使用浏览器通过互联网连接到网银中心，发出网上交易请求。

（2）网银中心接收并审核客户的交易请求，并将交易请求转发给相应成员行的业务主机。

（3）成员行业务主机完成交易处理，并将处理结果返回给网银中心。

（4）网银中心对交易结果进行再处理后，将相应信息返回给客户。

3. 交易时的身份认证

（1）密码；（2）文件数字证书；（3）动态口令卡；（4）动态手机口令；（5）移动口令牌；（6）移动数字证书。

二、第三方支付

（一）第三方支付的概念

第三方支付是指经中国人民银行批准从事第三方支付业务的非银行支付机构，借助通信、计算机和信息安全技术，采用与各大银行签约的方式，在用户与银行支付结算系统间建立连接的电子支付模式（其中，通过手机端进行的支付称为移动支付）。它本质上是一种新型的支付手段，是互联网技术与传统金融支付的有机结合。

非金融机构提供支付服务，应当取得《支付业务许可证》，成为支付机构。未经中国人民银行批准，任何非金融机构和个人不得从事或变相从事支付业务。

（二）第三方支付的种类

1. 线上支付

线上支付是指通过互联网实现的用户和商户之间、商户和商户之间在线货币支付、资金清算等行为。

2. 线下支付

线下支付是指通过非线上支付方式进行的支付行为，包括 POS 机刷卡支付、拉卡拉等自助终端支付、电话支付、手机近端支付等方式。

【例题 102 · 多选】下列各项中，属于第三方支付方式的有（　　）。

A. 用户和商户之间在线货币支付　　B. 电话支付

C. POS 机刷卡支付　　D. 拉卡拉等自助终端支付

【答案】ABCD

（三）第三方支付交易流程及其身份验证

1. 开户

支付机构为客户开立支付账户的，应当对客户实行实名制管理，登记并采取有效措施验证客户身份基本信息，按规定核对有效身份证件并留存有效身份证件复印件或者影印件，建立客户唯一识别编码，并在与客户业务关系存续期间采取持续的身份识别措施，确保有效核实客户身份及其真实意愿，不得开立匿名、假名支付账户。支付账户不得透支，不得出借、出租、出售，不得利用支付账户从事或者协助他人从事非法活动。

2. 账户充值

客户开户后，将银行卡和支付账户绑定。付款前，将银行卡中的资金转入支付账户。

3. 收付款

客户下单后付款时，通过支付平台将自己支付账户中的资金划转到支付平台暂存，待客户收到商品并确认后，支付平台会将款项划转到商家的支付账户中，支付行为完成。

4. 交易时的身份验证

支付机构可以组合选用下列三类要素，对客户使用支付账户付款进行身份验证：

（1）仅客户本人知悉的要素；

（2）仅客户本人持有并特有的，不可复制或者不可重复利用的要素；

（3）客户本人生理特征要素。

支付机构应当确保采用的要素相互独立，部分要素的损坏或者泄露不应导致其他要素损坏或者泄露。

（四）第三方支付机构及支付账户管理规定

（1）支付机构应根据客户身份对同一客户在本机构开立的所有支付账户进行关联管理，并按照要求对个人支付账户进行分类管理。

①Ⅰ类支付账户，账户余额仅可用于消费和转账，余额付款交易自账户开立起累计不超过 1 000 元（包括支付账户向客户本人同名银行账户转账）。

②Ⅱ类支付账户，账户余额仅可用于消费和转账，其所有支付账户的余额付款交易年累计不超过 10 万元（不包括支付账户向客户本人同名银行账户转账）。

③Ⅲ类支付账户，账户余额可以用于消费、转账以及购买投资理财等金融类产品，其所有支付账户的余额付款交易年累计不超过 20 万元（不包括支付账户向客户本人同名银行账户转账）。

（2）支付机构办理银行账户与支付账户之间转账业务的，相关银行账户与支付账户应属于同一客户。

(3) 因交易取消（撤销）、退货、交易不成功或者投资理财等金融类产品赎回等原因需划回资金的，相应款项应当划回原扣款账户。

(4) 支付机构应根据交易验证方式的安全级别，对个人客户使用支付账户余额付款的交易进行限额管理：

①支付机构采用包括数字证书或电子签名在内的两类（含）以上有效要素进行验证的交易，单日累计限额由支付机构与客户通过协议自主约定。

②支付机构采用不包括数字证书、电子签名在内的两类（含）以上有效要素进行验证的交易，单个客户所有支付账户单日累计金额应不超过 5 000 元（不包括支付账户向客户本人同名银行账户转账）。

③支付机构采用不足两类有效要素进行验证的交易，单个客户所有支付账户单日累计金额应不超过 1 000 元（不包括支付账户向客户本人同名银行账户转账），且支付机构应当承诺无条件全额承担此类交易的风险损失赔付责任。

第 5 节习题

一、单项选择题

1. 下列关于预付卡的说法中，正确的是（　　）。

A. 单张记名预付卡资金限额不得超过 1 000 元

B. 购买不记名预付卡不需要提供购买人身份证件

C. 无论是否为记名预付卡，只要一次性充值金额在 5 000 元以上，均不允许使用现金

D. 不记名预付卡在购卡后 3 个月可赎回

2. 根据支付结算法律制度的规定，下列关于预付卡使用的表述中，正确的是（　　）。

A. 可在发卡机构拓展、签约的特约商户中使用

B. 可用于提取现金

C. 可用于购买、交换非本发卡机构发行的预付卡

D. 卡内资金可向非本发卡机构开立的网络支付账户转移

3. 下列情形中，属于线上支付的有（　　）。

A. 赵某在机场购物，使用手机近端支付购物款

B. 钱某在超市购物，使用公交一卡通支付购物款

C. 孙某在商场购物，通过 POS 机刷卡支付购物款

D. 李某通过手机 APP 购物，使用微信支付货款

4. 下列关于个人银行结算账户的说法中，正确的是（　　）。

A. 银行只能为Ⅰ类、Ⅱ类账户发放实体介质，不得为Ⅲ类账户发放实体介质

B. 赵某使用自助机具开立个人银行结算账户，银行工作人员未现场核验赵某身份信息，这种情况下银行只能为赵某开立Ⅲ类账户

C. 单位代理开立的个人银行账户，在被代理人持本人有效身份证件到开户银行办理身份确认、密码重置等激活手续前，只收不付

D. 无民事行为能力人不可以申请开立个人银行结算账户

5. 根据支付结算法律制度的规定，下列关于个人申请贷记卡条件的说法中不正确的有（　　）。

A. 年满 16 周岁，有固定职业和稳定收入，工作单位和户口在常住地的城乡

居民

B. 填写申请表，并在持卡人处亲笔签字

C. 向发卡银行提供本人及附属卡持卡人、担保人的身份证复印件

D. 向发卡银行提供本人有效身份证件

6. 根据支付结算法律制度的规定，下列情形可能发生的有（　　）。

A. 赵某持贷记卡刷卡消费，在享受免息还款期待遇的同时还能享受最低还款额优惠

B. 钱某持贷记卡通过ATM机办理现金提取业务，当日提现2万元

C. 孙某持借记卡通过ATM机办理现金提取业务，当日提现2万元

D. 某银行为推广使用信用卡，决定将透支利率定为日万分之五的0.6倍

7. 王某到发卡机构一次性购买6万元不记名预付卡，发卡机构办理该业务不正确的做法是（　　）。

A. 要王某使用现金购买

B. 登记王某的购卡总金额

C. 要求王某实名购买

D. 留存王某有效身份证件的复印件

8. 个人网上银行的具体功能包括（　　）。

A. 账户信息查询　　B. 外币转账业务

C. 批量支付业务　　D. B2B网上支付

9. 能提供担保功能的第三方支付品牌包括（　　）。

A. 支付宝　　B. 财富通

C. 银联商务　　D. 快钱

二、多项选择题

1. 网上支付的主要方式有（　　）。

A. 网上银行　　B. 第三方支付

C. 银行转账支付　　D. 手机银行支付

2. 网上银行按经营模式分为（　　）。

A. 单纯网上银行　　B. 企业网上银行

C. 分支型网上银行　　D. 个人网上银行

3. 个人网上银行主要服务于个人，个人可以通过个人网上银行进行（　　）。

A. 实时查询　　B. 转账

C. 网络支付　　D. 汇款

4. 网上银行的主要功能包括企业网上银行的功能和个人网上银行的功能，其中企业网上银行的功能包括（　　）。

A. 账户信息查询　　B. 支付指令

C. B2B网上支付　　D. B2C网上支付

5. 第三方支付是指经中国人民银行批准从事第三方支付业务的非银行支付机构，借助通信、计算机和信息安全技术，采用与各大银行签约的方式，在用户与银行支付结算系统间建立连接的电子支付模式（其中，通过手机端进行的称为移动支付），它本质上是一种新型的支付手段，是（　　）与（　　）的有机结合。

A. 互联网技术　　B. 传统金融支付

C. 网络支付　　D. 银行转账支付

6. 网上银行按主要服务对象分为（　　）。

A. 企业网上银行　　B. 个人网上银行

C. 分支型网上银行　　D. 单纯网上银行

7. 下列不属于企业网上银行功能的是（　　）。

A. B2B网上支付　　B. 人民币转账业务

C. 银证转账业务　　D. B2C网上支付

8. 关于第三方支付交易流程中开户的表述正确的是（　　）。

A. 确保有效核实客户身份及其真实意愿，不得开立匿名、假名支付账户

B. 支付账户不得透支

C. 支付账户不得出借、出租、出售，不得利用支付账户从事或者协助他人从事非法活动

D. 按规定核对有效身份证件并留存有效身份证件复印件或者影印件，建立客户唯一识别编码

9. 第三方支付中支付机构可以组合选用（　　）等要素，对客户使用支付账户付款进行身份验证。

A. 仅客户本人知悉的要素

B. 仅客户本人持有并特有的，不可复制或者不可重复利用的要素

C. 客户本人生理特征要素

D. 普通人群都具有的要素

10. 第三方支付方式的种类包括（　　）。

A. 线上支付　　B. 支付宝支付

C. 微信支付　　D. 线下支付

三、判断题

1. 线上支付包括直接使用网上银行进行的支付和通过第三方支付平台间接使用网上银行进行的支付。(　　)

2. 网上银行，也称网络银行，简称网银，就是银行在互联网上设立虚拟银行柜台，使传统银行服务不再通过物理的银行分支机构来实现，而是借助网络与信息技术手段在互联网上实现。(　　)

3. 网上银行按主要服务对象分为企业网上银行和个人网上银行。(　　)

第 4 章 Chapter 4 税收法律制度

基本要求

1. 了解税收法律制度
2. 了解税法及其构成要素
3. 熟悉税收征管的具体规定，包括税务登记管理、发票的开具与管理、纳税申报、税款征收等规定
4. 掌握增值税、消费税、企业所得税和个人所得税的相关原理及应纳税额的计算

第 1 节 税收法律制度概述

一、税收的概念、特征与分类

（一）税收的概念与作用

1. 税收的概念

税收是指国家为了实现国家职能，凭借政治权力，按照国家法律规定的标准，强制、无偿地取得财政收入的一种分配关系。税收收入是国家财政收入的最主要来源。

2. 税收的作用

（1）税收是国家组织财政收入的主要形式。

（2）税收是国家调控经济运行的重要手段。

（3）税收具有维护国家政权的作用。

（4）税收是国际经济交往中维护国家利益的可靠保证。

（二）税收的特征

税收的特征是税收的基本标志，是不同社会形态下税收所具有的共性，是税收与

其他财政收入的重要区别。与其他财政收入方式相比，税收具有征收上的强制性、缴纳上的无偿性、征收比例或数额上的固定性三大特征。

1. 强制性

税收的强制性是指国家凭借政治权力，以法律形式确定征纳双方的权利和义务关系。税收的强制性包括两层含义：一是税收分配关系是一种国家和社会成员必须遵守的权利义务关系，征税是国家的权利，纳税是每一个社会成员应尽的义务；二是税收的征收具有强制性，即国家借助税法来保证税收征收的实现。

2. 无偿性

税收的无偿性是指国家征税以后，税款归国家所有，既不需要再直接归还给纳税人，也不需要向纳税人支付任何报酬或代价。

3. 固定性

税收的固定性是指国家通过法律形式预先规定了征税对象和征税标准。征税对象和征税标准确定以后，征纳双方都要共同遵守，不能随意变动。

税收的三个特征是一个统一的整体，三者各有其内涵，但又相互联系、相互依存。税收的无偿性必然要求征税方式的强制性。强制性是无偿性和固定性得以实现的保证。

（三）税收的分类

税收的分类是指按照一定的标准对不同税种进行归类，通常有以下几种分类方法。

1. 按征税对象分类

这是最常见的税收分类方法，可将全部税收划分为以下五种类型。

（1）流转税。流转税是以货物或劳务的流转额为征税对象的一类税收。我国现行的增值税、消费税和关税等都属于流转税类。流转额包括两种：一是商品流转额，即商品交易的金额或数量；二是非商品流转额，即各种劳务收入或服务性业务收入的金额。流转税以商品流转额或非商品流转额为计税依据，在生产经营及销售环节征收，收入不受成本费用变化的影响，对价格变化较为敏感。

（2）所得税。所得税也称收益税，是以纳税人的各种所得额为课税对象的一类税收。现阶段，我国征收的所得税主要包括企业所得税、个人所得税等。所得税类税收属于终端征税，体现了量能负担的原则，即所得多的多征，所得少的少征，无所得的不征。所得税类税收的征税对象是收入总额减除准予扣除项目后的余额，即应纳税所得额，征税数额受成本、费用、利润高低的影响较大。

（3）财产税。财产税是以纳税人所拥有或支配的特定财产为征税对象的一类税收。我国现行的房产税、车船税等属于财产税类。财产税的特点是税收负担与财产价值、数量关系密切，体现调节财富、合理分配等原则。

（4）行为税。行为税也称特定目的税，是指国家为了实现特定目的，以纳税人的某些特定行为为征税对象的一类税收。车辆购置税、城市维护建设税等属于此类税收。行为税的特点是征税的选择性较为明显，税种较多。

（5）资源税。资源税是以自然资源和某些社会资源作为征税对象的一类税收。我国现行的资源税、土地增值税和城镇土地使用税等属于此类。资源税的特点是税负高低与资源级差收益水平关系密切，征税范围的选择比较灵活。

2. 按征收管理的分工体系分类

（1）工商税。工商税由税务机关负责征收管理，是我国现行税制的主体部分。

（2）关税。关税是国家授权海关对出入关境的货物和物品征收的一种税。

3. 按税收征收权限和收入支配权限分类

（1）中央税。中央税是指由中央政府征收和管理使用或者地方政府征税后全部划解中央，由中央所有和支配的税收。消费税（含进口环节由海关代征的部分）、关税、海关代征的进口环节增值税等为中央税。

（2）地方税。地方税是由地方政府征收、管理和支配的一类税收。地方税主要包括城镇土地使用税、耕地占用税、土地增值税、房产税、车船税、契税等。

（3）中央与地方共享税。中央与地方共享税是指税收收入由中央和地方政府按比例分享的税收，如增值税、企业所得税和个人所得税等。

4. 按计税标准分类

（1）从价税。从价税以课税对象的价格作为计税依据，一般实行比例税率和累进税率，税收负担比较合理，如我国现行的增值税、企业所得税、个人所得税等。

（2）从量税。从量税是以课税对象的实物量作为计税依据征收的一种税，一般采用定额税率，如我国现行的车船税、土地使用税、对啤酒和黄酒征收的消费税等。

（3）复合税。复合税是指对征税对象采用从价和从量相结合的计税方法征收的一种税，如我国现行的对卷烟、白酒等征收的消费税。

【例题1·多选】税收按计税标准不同，可分为（　　）。

A. 从价税　　B. 从量税　　C. 复合税　　D. 个别税

【答案】ABC

【例题2·多选】按照税收的征收权限和收入支配权限，可以将我国的税种分为中央税、地方税以及中央与地方共享税。下列各项中，属于中央与地方共享税的有（　　）。

A. 增值税　　B. 土地增值税　　C. 企业所得税　　D. 个人所得税

【答案】ACD

【例题3·单选】在我国现行的下列税种中，不属于财产税类的是（　　）。

A. 房产税　　B. 车船税　　C. 契税　　D. 车辆购置税

【答案】D

【例题4·多选】下列税种中，属于流转税的有（　　）。

A. 增值税　　B. 关税　　C. 消费税　　D. 城建税

【答案】ABC

二、税法及其构成要素

（一）税法的概念

税法是指税收法律制度，是国家权力机关和行政机关制定的用以调整国家与纳税人之间在税收征纳方面的权利与义务关系的法律规范的总称，是国家法律的重要组成部分。它是国家及纳税人依法征税、依法纳税的行为准则，其目的是保障国家利益和纳税人的合法权益，维护正常的税收秩序，保证国家的财政收入。

截至 2020 年 10 月 29 日，我国税种经历增加、精简、合并等过程，截至 2020 年 12 月，现行实施的税种共有 18 种，其中完成立法的税种有 11 个，占现行税种数量的 61%（关税未独立立法），即个人所得税、企业所得税、车船税、环境保护税、烟叶税、船舶吨位税、车辆购置税、耕地占用税、资源税、契税和城市维护建设税。如果考虑房产税和土地使用税可能合并，则目前尚未完成独立立法的税种有 6 个，即增值税、消费税、土地增值税、关税、房产税和印花税。除关税和房产税之外，其他 4 个税种均已公布了征求意见稿。

（二）税法的分类

1. 按税法的功能作用不同分类

（1）税收实体法。是规定税收法律关系主体的实体权利、义务的法律规范的总称。税收实体法具体规定了各种税种的征收对象、征收范围、税目、税率等。如《中华人民共和国企业所得税法》（以下简称《企业所得税法》）、《中华人民共和国个人所得税法》（以下简称《个人所得税法》）就属于实体法。

（2）税收程序法。是税务管理方面的法律规范。税收程序法主要包括税收管理法、纳税程序法、发票管理法、税务机关组织法、税务争议处理法等，如《中华人民共和国税收征收管理法》（以下简称《税收征收管理法》）《中华人民共和国海关法》《中华人民共和国进出口关税条例》。

2. 按主权国家行使税收管辖权不同分类

（1）国内税法。是指一国在其税收管辖权范围内，调整国家与纳税人之间权利义务关系的法律规范的总称，是由国家立法机关和经由授权或依法律规定的国家行政机关制定的法律、法规和规范性文件。

（2）国际税法。是指两个或两个以上的课税权主体对跨国纳税人的跨国所得或财产征税形成的分配关系，由此形成国与国之间的税收分配形式，主要包括双边或多边国家间的税收协定、条约和国际惯例。

（3）外国税法。是指其他国家制定的税收法律制度。

3. 按税法法律级次不同分类

（1）税收法律（狭义的税法）。由全国人民代表大会及其常务委员会制定，如《企业所得税法》《个人所得税法》《税收征收管理法》。

（2）税收行政法规。由国务院制定的有关税收方面的行政法规，如《中华人民共和国增值税暂行条例》（以下简称《增值税暂行条例》）、《中华人民共和国消费税暂行条例》（以下简称《消费税暂行条例》）。

（3）税收规章和税收规范性文件。是由国务院财税主管部门（财政部、国家税务总局、海关总署和国务院关税税则委员会）根据法律和国务院行政法规的要求，在本部门权限范围内发布的有关税收事项的规章和规范性文件，包括命令、通知、公告、通告、批复、意见、函等文件形式，如《中华人民共和国车船税暂行条例实施细则》《增值税专用发票使用规定》等。

（三）税法的构成要素

税法的构成要素，是指各种单行税法具有的共同的基本要素的总称。一般包括征税人、纳税义务人、征税对象、税目、税率、计税依据、纳税环节、纳税期限、纳税地点、减免税和法律责任等项目。其中，纳税义务人、征税对象、税率是构成税法的三个最基本的要素。

1. 征税人（又称征税主体）

征税人是指代表国家行使税收征管职权的各级税务机关和其他征收机关。因税种不同，可能有不同的征税人。如增值税的征税人是税务机关，关税的征税人是海关。

2. 纳税义务人（又称纳税人、纳税主体）

纳税义务人是指税法规定的直接负有纳税义务的单位和个人，可以是自然人，也可以是法人或其他社会组织。纳税义务人是税收制度中区别不同税种的重要标志之一，因此，每个税种都应明确规定各自的纳税义务人。

3. 征税对象（又称征税客体）

征税对象是指对什么征税，是税收法律关系中权利义务所指的对象。它包括物或行为，是区别不同类型税种的主要标志。不同的征税对象构成不同的税种。根据征税对象的不同，可分为对流转额征税、对所得额征税、对财产征税、对资源征税、对特定行为征税等。

4. 税目

税目是指税法中规定的征税对象的具体项目，是征税的具体根据，它规定了征税对象的具体范围。制定税目的基本方法一般有两种：一是列举法，即按照每种商品或经营项目分别设置税目，必要时还可以在一个税目下设若干子目；二是概括法，即把性质相近的产品或项目归类设置税目，如按产品大类或行业设置税目等。

5. 税率

税率是指应纳税额与征税对象的比例或征收额度，它是计算税额的尺度。税率是税法的核心要素，税率的高低直接关系到国家收入的多少和纳税义务人负担的轻重，因此，每一种税的适用税率都必须在税法中明确规定。我国现行税率的的形式主要有：

（1）比例税率。是指对同一征税对象，不论其数量多少、数额大小，均按同一个比例征收的税率。我国的增值税、城市维护建设税、企业所得税等采用的是比例税率。如企业所得税税率为25%。

（2）定额税率。是指对单位征税对象规定固定的税额，而不采用百分比形式。它适用于从量计征的税种。目前采用定额税率的有资源税、车船税等。

（3）累进税率。是按征税对象数额的大小划分为几个等级，各定一个税率递增征税，数额越大税率越高，一般适用于对所得额的征税。累进税率又分为全额累进税率、超额累进税率、超率累进税率三种。

①全额累进税率是指把征税对象的数额分为若干等级，确定不同等级的税率，征

税对象的全部数额达到哪一级，就按哪一级的税率征税。

②超额累进税率是指把征税对象按数额的大小划分为若干等级，每一等级规定一个税率，税率依次提高，每一纳税人的征税对象依所属等级同时适用几个税率，分别计算，将计算结果相加后得出应纳税款。目前采用这种税率的有个人所得税。

③超率累进税率是指以征税对象数额的相对率划分若干级距，分别规定相应的差别税率，相对率每超过一个级距，对超过的部分就按高一级的税率计算征税。目前采用这种税率的有土地增值税。

6. 计税依据

计税依据也称计税标准，是指计算应纳税额的依据或标准，即根据什么来计算纳税人应缴纳的税额。计税依据与征税对象虽然都反映征税客体，但两者解决的问题不同。征税对象规定对什么征税，计税依据则在确定征税对象之后解决如何计量的问题。计税依据可以分为从价计征、从量计征、复合计征三种类型。

（1）从价计征。计税金额是从价计征应纳税额的计税依据，主要包括收入额、收益额、财产额、资金额等。其计算公式为：

计税金额＝征税对象的数量×计税价格

应纳税额＝计税金额×适用税率

（2）从量计征。计税数量是从量计征应纳税额的计税依据。计税数量因征税对象不同，所包含的内容也不同，有重量、容量、面积等。其计算公式为：

应纳税额＝计税数量×单位适用税额

（3）复合计征。征税对象的价格和数量均为其计税依据。其计算公式为：

应纳税额＝计税数量×单位适用税额＋计税金额×适用税率

7. 纳税环节

纳税环节是指税法规定的征税对象在从生产到消费的流转过程中应当缴纳税款的环节。分为两种形式。（1）一次课征制：税种纳税环节单一，如消费税。（2）多次课征制：税种需要在两个或两个以上的多个环节征收，如增值税。

8. 纳税期限

纳税期限是指纳税人发生纳税义务后，向国家缴纳税款的期限。纳税期限分为两种：按期纳税和按次纳税。

9. 纳税地点

纳税地点是指根据各个税种纳税对象的纳税环节和有利于对税款的源泉控制而规定的纳税人（包括代征、代扣、代缴义务人）的具体纳税地点。如增值税和各种企业所得税等，除另有规定外，由纳税人向其所在地税务机关申报纳税。

10. 减免税

减免税是给予鼓励或照顾的一种特别规定。包括：

（1）减税和免税。减税是对应征税款减征一部分；免税是对应征税款全部予以免征。减税和免税具体又分为两种情况，一种是税法直接规定的减免税优惠，如高新技术企业所得税减按 15%的税率征收；另一种是依法给予一定期限的减免税优惠，期满后仍按规定纳税。

（2）起征点。又称征税起点或起税点，是指税法规定对征税对象开始征税的起点数额。征税对象的数额未达到起征点的不征税，达到起征点的就对全部数额征税。

（3）免征额。免征额是税法规定的课税对象全部数额中免予征税的数额，是对所有纳税人的照顾。

11. 法律责任

主要有行政责任和刑事责任。

【例题 5 · 单选】 下列税法构成要素中，衡量纳税义务人税收负担轻重与否的重要标志是（ ）。

A. 计税依据　　B. 减税免税　　C. 税率　　D. 征税对象

【答案】 C

【例题 6 · 单选】 所得税的税率形式是（ ）。

A. 累进税率　　B. 定额税率　　C. 比例税率　　D. 其他税率

【答案】 C

【例题 7 · 判断】 税种有不同的征税对象，不同的征税对象是区分不同税种的主要标志。（ ）

【答案】 √

【例题 8 · 判断】 起征点是指税法规定的计税依据应当征税的数额起点。计税依据数额达不到起征点的不征税，达到起征点的，对超过起征点的部分征税。（ ）

【答案】 ×

【例题 9 · 判断】 如果税法规定某一税种的起征点是 3 500 元，那么超过起征点的，只对超过 3 500 元的部分征税。（ ）

【答案】 ×

第 1 节习题

一、单项选择题

1. 下列税种中，税收收入归属于地方的是（ ）。

A. 增值税　　B. 消费税

C. 车辆购置税　　D. 房产税

2. 公司职工取得的用于购买企业国有股权的劳动分红，适用的税目为（ ）。

A. 工资薪金所得

B. 特许权使用费所得

C. 个体工商户的生产经营所得

D. 利息股息红利所得

3. 下列关于税收作用的表述中，不正确的是（ ）。

A. 税收是国家组织财政收入的主要形式

B. 税收是国家调控经济运行的重要手段

C. 税收具有控制国家财权的作用

D. 税收是国家经济交往中维护国家利益的可靠保证

4.《增值税暂行条例》属于（ ）。

A. 税收法律　　B. 税收行政法规

C. 税收规章　　D. 税收规范性文件

5. 下列项目中，不属于税收行政法规的是（　　）。

A.《增值税暂行条例》

B.《个人所得税法》

C.《企业所得税法暂行条例》

D.《消费税暂行条例》

6. 税收地方性法规的效力高于（　　）。

A. 税收行政法规

B. 税收授权立法

C. 税收部门规章

D. 税收地方政府规章

7. 区分不同税种的主要标志是（　　）。

A. 纳税人　　B. 征税对象

C. 税目　　D. 税率

8. 引起税收法律关系变更的法律事实是（　　）。

A. 税种的废除

B. 税法的修订

C. 纳税义务人发生应税行为

D. 纳税义务人履行了纳税义务

9. 下列各项中，直接关系着国家财政收入的多少和纳税人税收负担的轻重，属于税收制度中心环节的是（　　）。

A. 减免税　　B. 纳税期限

C. 税率　　D. 纳税人

10. 比例税率是指对同一（　　），不论数额大小，均按同一个比例征税的税率。

A. 税目　　B. 征税内容

C. 征税对象　　D. 纳税主体

11. 我国目前采用超额累进税率的是（　　）。

A. 增值税　　B. 土地增值税

C. 企业所得税　　D. 个人所得税

12. 我国目前采用超率累进税率的是（　　）。

A. 消费税　　B. 个人所得税

C. 企业所得税　　D. 土地增值税

13. 下列各项中，不属于流转税的是（　　）。

A. 消费税　　B. 增值税

C. 关税　　D. 印花税

14. 按照我国现行税种体系划分，下列税种中属于财产税类的是（　　）。

A. 增值税　　B. 契税

C. 资源税　　D. 印花税

15. 下列各项中，属于中央税的是（　　）。

A. 增值税　　B. 消费税

C. 房产税　　D. 印花税

16. 中央税、地方税以及中央与地方共享税是按照（　　）进行的分类。

A. 征收管理的分工体系

B. 征税对象不同

C. 税收征收权限和收入支配权限

D. 计税标准不同

17. 下列各项中，不属于从价税的是（　　）。

A. 增值税　　B. 关税

C. 车船税　　D. 个人所得税

18. 下列各项中，不属于资源税类的是（　　）。

A. 关税　　B. 资源税

C. 土地增值税　　D. 城镇土地使用税

19. 下列各项中，不属于按征税对象对税收分类的有（　　）。

A. 流转税　　B. 所得税

C. 行为税　　D. 地方税

20. 下列各项中，不属于税收法律的是（　　）。

A.《企业所得税法》

B.《税收征收管理法》

C.《个人所得税法》

D. 财政部发布的有关税收的公告

21. 企业所得税的税率形式是（　　）。

A. 累进税率　　B. 定额税率

C. 比例税率　　D. 其他税率

22. 下列各项中，不属于税法构成要素的是（　　）。

A. 计税依据　　B. 纳税义务人

C. 征税人　　D. 税务代理人

23. 我国现行的增值税属于（　　）。

A. 消费型增值税　　B. 收入型增值税

C. 生产型增值税　　D. 积累型增值税

24. 在我国现行的下列税种中，不属于财产税类的是（　　）。

A. 房产税　　B. 车船税
C. 契税　　D. 车辆购置税

二、多项选择题

1. 下列各项中，属于税收的形式特征的有（　　）。
A. 强制性　　B. 公共性
C. 固定性　　D. 无偿性

2. 税收行政法规的效力低于（　　）。
A. 地方性法规　　B. 宪法
C. 法律　　D. 税收部门规章

3. 下列各项中，以法律形式颁布税收实体法的涉及（　　）。
A. 增值税　　B. 企业所得税
C. 消费税　　D. 个人所得税

4. 我国现行税法规定的税率有（　　）。
A. 比例税率　　B. 定额税率
C. 超率累进税率　　D. 超额累进税率

5. 计税依据是计算应纳税额的依据或标准，即根据什么来计算纳税人应缴纳的税额。计税依据可分为（　　）。
A. 从价计征　　B. 选择计征
C. 从量计征　　D. 复合计征

6. 下列各项中，属于流转税类的有（　　）。
A. 关税　　B. 增值税
C. 消费税　　D. 印花税

7. 按照税收征收权限和收入支配权限分类，税收可分为（　　）。
A. 中央税　　B. 地方税
C. 中央与地方共享税　　D. 国税

8. 中央与地方共享税主要包括（　　）。
A. 增值税
B. 所得税
C. 资源税
D. 对证券股票交易征收的印花税

9. 税法按法律级次分为（　　）。
A. 税收法律　　B. 税收行政法规
C. 税收行政规章　　D. 税收规范性文件

10. 下列各项中，属于税收法律的有（　　）。
A.《企业所得税法》
B.《个人所得税法》
C.《税收征收管理法》
D.《增值税暂行条例》

11. 构成税法的最基本要素有（　　）。
A. 纳税义务人　　B. 征税对象
C. 税率　　D. 税目

12. 根据征税对象的不同，税收可分为对（　　）征税。
A. 流转额　　B. 所得额
C. 财产　　D. 资源

13. 计税金额是从价计征应纳税额的计税依据，主要包括（　　）。
A. 收入额　　B. 收益额
C. 财产额　　D. 资金额

14. 下列税种中，属于从价税的是（　　）。
A. 增值税　　B. 消费税
C. 企业所得税　　D. 个人所得税

15. 根据我国税法的规定，我国的增值税属于（　　）。
A. 流转税　　B. 工商税
C. 中央税　　D. 从价税

16. 根据税法功能作用的不同，可以将税法分为（　　）。
A. 税收行政法规　　B. 税收实体法
C. 税收程序法　　D. 国际税法

17. 下列各项中，属于税收实体法的有（　　）。
A.《税收征收管理法》
B.《增值税暂行条例》
C.《企业所得税法》
D.《进出口关税条例》

18. 下列各项中，关于实体法的构成要素说法正确的有（　　）。
A. 征税对象是区别不同税种的主要标志
B. 个人所得税执行超额累进税率
C. 土地增值税执行超率累进税率
D. 起征点是征税对象总额中免于征税的数额

19. 下列各项中，属于税收程序法的有（　　）。
A.《海关法》
B.《个人所得税法》
C.《税收征收管理法》
D.《进出口关税条例》

三、判断题

1. 税法是税收的法律依据和法律保障，而税

法又必须以保障税收活动的有序进行为其存在的理由和目的。(　　)

2. 税收是指国家为了实现其职能，凭借经济权力，根据法律法规，对纳税人强制无偿征收，取得财政收入的一种形式。(　　)

3. 税收法律关系的客体也就是征税对象，包括货币、实物、行为。(　　)

4. 税法的修订是引起税收法律关系产生的法律事实。(　　)

5. 由于不可抗力事件致使纳税人难以履行原定的纳税义务，是引起税收法律关系终止的法律事实。(　　)

6. 税种的废除是引起税收法律关系终止的法律事实。(　　)

7. 征税对象是区别不同税种的主要标志。(　　)

8. 税目是征税对象的具体项目。(　　)

9. 税率的高低直接关系到国家财政收入和纳税人的负担水平，国家在一定时期的税收政策主要体现在税率上，因此，税率是税收制度的中心环节。(　　)

10. 纳税期限是税收强制性、固定性在时间上的体现。(　　)

11. 稿酬所得适用比例税率，税率为 20%，并按应纳税额减征 30%，这属于税率式减免。(　　)

12. 我国现行税法体系中，增值税、消费税、房产税均属于流转税。(　　)

13. 我国增值税、企业所得税采用的是比例税率。(　　)

14. 起征点是指税法规定的计税依据应当征税的数额起点。计税依据数额达不到起征点的不征税，达到起征点的，则对超过起征点的部分征税。(　　)

15. 如果税法规定某一税种的起征点是 800 元，那么计税金额超过起征点的，只对超过 800 元的部分征税。(　　)

16. 税法调整的是国家在筹集财政资金方面形成的税收关系。(　　)

17. 税收规章和税收规范性文件是由国务院财税主管部门（财政部、国家税务总局、海关总署和国务院关税税则委员会）根据法律和国务院行政法规的要求，在本部门权限范围内发布的有关税收事项的规章和规范性文件。(　　)

18. 税收的强制性是税收“三性”的核心，保证了国家税款及时、足额入库。(　　)

19. 税法是调整税收关系的法律规范，是由国家最高权力机关和行政机关制定的用以调整国家与纳税人之间在税收征纳方面权利与义务关系的法律规范的总称。(　　)

20. 税收按照征收管理的分工体系分为工商税和关税。(　　)

第 2 节　增值税

一、增值税的概念与分类

增值税是以销售货物或者劳务，销售服务、无形资产、不动产以及进口货物过程中产生的增值额作为计税依据而征收的一种流转税。

增值税分为：(1) 生产型增值税。以纳税人的销售收入（或劳务收入）减去用于生产经营的外购原料、燃料、动力等物质资料价值后的余额作为法定的增值额，但对购入的固定资产及其折旧均不予扣除。(2) 收入型增值税。对于纳税人购置用于生产经营的固定资产，允许将已提折旧的价值额予以扣除。(3) 消费型增值税。允许纳税人将购置物质资料的价值和用于生产经营的固定资产价值中所含的税款，在购置当期全部一次扣除。

二、增值税的征税范围

1. 征税范围的基本规定

（1）销售或者进口的货物。货物是指有形动产，包括电力、热力、气体在内。销售货物是指有偿转让货物的所有权。

（2）提供的加工、修理修配劳务。提供加工、修理修配劳务是指有偿提供加工、修理修配劳务，但单位或个体经营者聘用的员工为本单位或雇主提供加工、修理修配劳务，不包括在内。

（3）提供的应税服务。包括销售服务、无形资产或者不动产，是指有偿提供服务、有偿转让无形资产或者不动产，但属于下列非经营活动的情形除外：

①行政单位收取的同时满足以下条件的政府性基金或者行政事业性收费：由国务院或者财政部批准设立的政府性基金，由国务院或者省级人民政府及其财政、价格主管部门批准设立的行政事业性收费；收取时开具省级以上（含省级）财政部门监（印）制的财政票据；所收款项全额上缴财政。

②单位或者个体工商户聘用的员工为本单位或者雇主提供取得工资的服务。

③单位或者个体工商户为聘用的员工提供服务。

④财政部和国家税务总局规定的其他情形。

2. 销售服务、无形资产、不动产的具体内容

销售服务是指提供交通运输服务、邮政服务、电信服务、建筑服务、金融服务、现代服务、生活服务。销售无形资产是指转让无形资产所有权或者使用权的业务活动，无形资产包括技术、商标、著作权、自然资源使用权和其他权益性无形资产。销售不动产是指转让不动产所有权的业务活动，不动产包括建筑物、构筑物等。

3. 征收范围的特殊规定

（1）视同销售货物。单位或个体经营者的下列行为，视同销售货物：

①将货物交付其他单位或者个人代销。

②销售代销货物。

③设有两个以上机构并实行统一核算的纳税人，将货物从一个机构移送其他机构用于销售，但相关机构设在同一县（市）的除外。

④将自产、委托加工的货物用于集体福利或个人消费。

⑤将自产、委托加工或购进的货物作为投资，提供给其他单位或个体工商户。

⑥将自产、委托加工或购进的货物分配给股东或投资者。

⑦将自产、委托加工或购进的货物无偿赠送其他单位或个人。

（2）视同销售服务、无形资产或者不动产。下列情形视同销售服务、无形资产或者不动产：

①单位或者个体工商户向其他单位或者个人无偿提供服务，但用于公益事业或者以社会公众为对象的除外。

②单位或者个人向其他单位或者个人无偿转让无形资产或者不动产，但用于公益

事业或者以社会公众为对象的除外。

③财政部和国家税务总局规定的其他情形。

（3）混合销售。一项销售行为如果既涉及货物又涉及服务，为混合销售。从事货物的生产、批发或者零售的单位和个体工商户的混合销售行为，按照销售货物缴纳增值税；其他单位和个体工商户的混合销售行为，按照销售服务缴纳增值税。

上述从事货物的生产、批发或者零售的单位和个体工商户，包括以从事货物的生产、批发或者零售为主，并兼营销售服务的单位和个体工商户。

（4）兼营。兼营是指纳税人的经营范围既包括销售货物和劳务，又包括销售服务、无形资产或者不动产。与混合销售不同的是，兼营是指销售货物、劳务、服务、无形资产或者不动产不同时发生在同一购买者身上，也不发生在同一销售行为中。

纳税人销售货物、劳务以及销售服务、无形资产或者不动产适用不同税率或者征收率的，应当分别核算适用不同税率或者征收率的销售额，未分别核算销售额的，按照以下方法确定适用税率或者征收率：

①兼有不同税率的销售货物、劳务、服务、无形资产或者不动产，从高适用税率。

②兼有不同征收率的销售货物、劳务、服务、无形资产或者不动产，从高适用征收率。

③兼有不同税率和征收率的销售货物、劳务、服务、无形资产或者不动产，从高适用税率。

三、增值税纳税人

在我国境内销售货物或者劳务，销售服务、无形资产、不动产以及进口货物的单位和个人，为增值税纳税人。按照经营规模的大小和会计核算健全与否等标准，增值税纳税人可分为一般纳税人和小规模纳税人。

表 4－1 列出了小规模纳税人与一般纳税人的不同之处。

表 4－1　小规模纳税人与一般纳税人的界定

项目	小规模纳税人	一般纳税人
标准	所有行业：≤500 万元	超过小规模纳税人认定标准
特殊	1. 除个体户之外的个人（小） 2. 非企业性单位（选择） 3. 不经常发生应税行为的企业（选择）	小规模纳税人会计核算健全，可以申请认定为一般纳税人；除国家税务总局另有规定外，一经认定为一般纳税人，不得转为小规模纳税人
计算方法	简易办法	扣税法（税款抵扣制）

四、增值税的扣缴义务人

我国境外（以下简称境外）的单位或者个人在境内提供应税服务，在境内未设有经营机构的，以其代理人为增值税扣缴义务人；在境内没有代理人的，以接受方为增值税扣缴义务人。

境外单位或者个人在境内提供应税服务，在境内未设有经营机构的，扣缴义务人按照下列公式计算应扣缴税额：

应扣缴税额＝接受方支付的价款÷(1＋税率)×税率

五、增值税的税目与税率

增值税的税目与税率见表 4－2。

表 4－2　增值税的税目与税率

<table>
<tr><th colspan="2">增值税征税范围</th><th colspan="2">具体应税项目</th><th>税率</th></tr>
<tr><td colspan="2" rowspan="2">销售货物</td><td colspan="2">有偿转让货物</td><td>13%</td></tr>
<tr><td colspan="2">农产品、生活必需品（植物油、自来水、暖气等）、图书报纸杂志、化肥、农药、农机、农膜、饲料等</td><td>9%</td></tr>
<tr><td colspan="2">提供应税劳务</td><td colspan="2">有偿提供加工、修理修配劳务</td><td>13%</td></tr>
<tr><td colspan="2">进口货物</td><td colspan="2"></td><td>13%</td></tr>
<tr><td rowspan="10">销售服务</td><td>交通运输服务</td><td colspan="2">陆路、水陆、航空和管道运输服务</td><td>9%</td></tr>
<tr><td>邮政服务</td><td colspan="2">邮政普遍服务、邮政特殊服务以及其他邮政服务</td><td>9%</td></tr>
<tr><td rowspan="2">电信服务</td><td colspan="2">基础电信服务</td><td>10%</td></tr>
<tr><td colspan="2">增值电信服务</td><td>6%</td></tr>
<tr><td>建筑服务</td><td colspan="2">工程服务、安装服务、修缮服务、装饰服务以及其他建筑服务</td><td>9%</td></tr>
<tr><td>金融服务</td><td colspan="2">贷款服务、直接收费金融服务、保险服务、金融商品转让</td><td>6%</td></tr>
<tr><td rowspan="3">现代服务</td><td colspan="2">研发和技术服务、信息技术服务、文化创意服务、物流辅助服务、租赁服务、鉴证咨询服务、广播影视服务及其他现代服务</td><td>6%</td></tr>
<tr><td rowspan="2">其中</td><td>有形动产租赁服务</td><td>13%</td></tr>
<tr><td>不动产租赁服务</td><td>9%</td></tr>
<tr><td>生活服务</td><td colspan="2">文化体育服务、教育医疗服务、旅游娱乐服务、餐饮住宿服务、居民日常服务及其他生活服务</td><td>6%</td></tr>
<tr><td colspan="2" rowspan="2">销售无形资产</td><td colspan="2">包括技术、商标、著作权、商誉、自然资源使用权和其他权益性无形资产</td><td>6%</td></tr>
<tr><td>其中</td><td>转让土地使用权</td><td>9%</td></tr>
<tr><td colspan="2">销售不动产</td><td colspan="2"></td><td>9%</td></tr>
</table>

纳税人提供适用不同税率或者征收率的应税服务，应当分别核算适用不同税率或者征收率的销售额；未分别核算的，从高适用税率。

六、增值税专用发票的基本内容

1. 增值税专用发票的基本联次

增值税专用发票由基本联次或者基本联次附加其他联次构成，基本联次为三联：发票联、抵扣联和记账联。

(1) 发票联，作为购买方核算采购成本和增值税进项税额的记账凭证。

（2）抵扣联，作为购买方报送主管税务机关认证和留存备查的凭证。

（3）记账联，作为销售方核算销售收入和增值税销项税额的记账凭证。

其他联次用途，由一般纳税人自行确定。

提示

一般纳税人凭发票领购簿、IC 卡和经办人身份证明领购专用发票。

2. 增值税专用发票的开具范围

一般纳税人销售货物或者提供应税劳务，应给购买方开具专用发票。

（1）商业企业一般纳税人零售的烟、酒、食品、服装、鞋帽（不包括劳保专用部分）、化妆品等消费品不得开具专用发票。

（2）月销售额未超过 10 万元（含本数，以 1 个季度为 1 个纳税期的，季度销售额未超过 30 万元）的试点行业小规模纳税人，发生增值税应税行为，需要开具增值税专用发票的，可以选择使用增值税发票管理系统自行开具。

①所有小规模纳税人（其他个人除外）均可以选择使用增值税发票管理系统自行开具增值税专用发票。

②自愿选择自行开具增值税专用发票的小规模纳税人，税务机关不再为其代开。货物运输业小规模纳税人可以根据自愿原则选择自行开具增值税专用发票；未选择自行开具增值税专用发票的纳税人，可以向税务机关申请代开。

③自愿选择自行开具增值税专用发票的小规模纳税人销售其取得的不动产，需要开具增值税专用发票的，税务机关不再为其代开。

（3）销售免税货物不得开具专用发票，法律、法规及国家税务总局另有规定的除外。

3. 增值税专用发票的开具时限

按照增值税纳税义务的发生时间开具。先开具发票的，增值税纳税义务的发生时间为开具发票的当天。

4. 增值税专用发票的盖章要求

发票联和抵扣联一般情况下要求加盖财务专用章或发票专用章。但是新版公路、内河货物运输业统一发票抵扣联一律不加盖印章。

提示

增值税专用发票不是唯一的抵扣税款凭证，抵扣税款的凭证不仅包括增值税专用发票，而且包括其他凭证，如从海关取得的完税凭证、税务机关认定的专用收购凭证。

七、增值税应纳税额的计算

（一）一般纳税人应纳税额的计算

我国增值税实行扣税法。一般纳税人凭增值税专用发票及其他合法扣税凭证注明税款进行抵扣，即纳税人根据货物或应税劳务销售额，按照规定的税率计算出一个税额，然后从中扣除上一道环节已纳增值税额，其余额即为纳税人的增值税应纳税额。当期销项税额小于当期进项税额不足抵扣时，其不足部分可以结转下期继续抵扣。

应纳增值税的计算公式为：

$$\begin{aligned}\text{应纳税额}&=\text{当期销项税额}-\text{当期进项税额}\\&=\text{当期销售额}\times\text{适用税率}-\text{当期进项税额}\end{aligned}$$

1. 销项税额

销项税额是指纳税人销售货物或者提供应税劳务，按照销售额和规定的税率计算并向购买方收取的增值税税额。计算公式为：

$$\text{销项税额}=\text{销售额}\times\text{适用税率}$$

增值税的销售额是指纳税人销售货物或者提供应税劳务，从购买方或接受应税劳务方收取的全部价款和一切价外费用。因向购买方收取的销项税额属于价外税，所以增值税销售额中不包括向购买方收取的销项税额。如果销售的货物是消费税应税产品或进口产品，则全部价款中包括消费税或关税。

纳税人销售货物或者提供应税劳务，采用销售额和销项税额合并定价方法，即销售的货物或者提供的应税劳务的价格中含有销项税额，如一般纳税人销售商品时开具的普通发票上所列的商品价格，需要将含税价换算为不含税价，其换算公式为：

$$\text{销售额}=\frac{\text{含税销售额}}{1+\text{税率或征收率}}$$

【例题10·计算】乙公司为增值税一般纳税人，某年12月销售一批产品，开出的增值税专用发票中注明销售额为10万元，增值税税额为1.3万元。另开出一张普通发票，销售额6 000元。计算该公司12月应纳增值税销售额。

【解析】

$$\text{应纳增值税销售额}=100\,000+\frac{6\,000}{1+13\%}=105\,309.73(\text{元})$$

增值税专用发票上注明的销售额是不含税的，普通发票上的销售额是含税的。如果纳税人销售货物或者提供应税劳务的价格明显偏低且无正当理由，或者为视同销售行为而无销售额的，由主管税务机关核定其销售额。

2. 进项税额

纳税人购进货物或者接受应税劳务支付或者负担的增值税额，为进项税额。销售方收取的销项税额，也就是购买方支付的进项税额。

准予从销项税额中抵扣的进项税额项目，限于下列增值税扣税凭证上注明的增值税税额和按规定的扣除率计算的进项税额：

（1）一般纳税人购进货物或者接受应税劳务的进项税额，为从销售方取得的货物或者应税劳务增值税专用发票（含税控机动车销售统一发票）上注明的增值税税额。

（2）一般纳税人进口货物的进项税额，为从海关取得的海关进口增值税专用缴款书（简称完税凭证）上注明的增值税税额。

（3）一般纳税人向农业生产者购买的免税农产品，或者向小规模纳税人购买的农产品，除取得增值税专用发票或者海关进口增值税专用缴款书外，按照农产品收购发票或者销售发票上注明的农产品买价和 9%的扣除率计算的进项税额。

$$进项税额=买价\times扣除率 9\%$$

（4）从境外单位或者个人购进服务、无形资产或者不动产，自税务机关或者扣缴义务人取得的解缴税款的完税凭证上注明的增值税额。

（5）不得抵扣的进项税额。

①用于简易计税方法计税项目、免征增值税项目、集体福利或者个人消费的购进货物、加工修理修配劳务、服务、无形资产和不动产。

②非正常损失的购进货物，以及相关的加工修理修配劳务和交通运输服务。

③非正常损失的在产品、产成品所耗用的购进货物（不包括固定资产）、加工修理修配劳务和交通运输服务。

④非正常损失的不动产，以及该不动产所耗用的购进货物、设计服务和建筑服务。

⑤非正常损失的不动产在建工程所耗用的购进货物、设计服务和建筑服务。纳税人新建、改建、扩建、修缮、装饰不动产，均属于不动产在建工程。

⑥购进的旅客运输服务、贷款服务、餐饮服务、居民日常服务和娱乐服务。

⑦财政部和国家税务总局规定的其他情形。

3. 进口的应纳税额

进口的应纳税额是按照组成计税价格和规定的增值税税率计算的应该缴纳给我国海关的增值税，该增值税成为在国内销售时可以抵扣的进项税额，计算公式为：

$$应纳进口增值税=组成计税价格\times税率$$

$$组成计税价格=关税完税价格+关税$$

或

$$=关税完税价格+关税+消费税$$

其中，

$$消费税=\frac{关税完税价格+关税}{1-消费税税率}\times消费税税率$$

$$关税=关税完税价格\times关税税率$$

（二）小规模纳税人应纳税额的计算

小规模纳税人销售货物或提供应税劳务，按不含税销售额和规定的征收率计算应纳税额，不得抵扣进项税额。其计算公式为：

$$应纳税额=不含税销售额\times征收率$$

该计算公式中的销售额也不包含增值税税额。当小规模纳税人采取价税合一方式销售货物或提供应税劳务时，应将含税销售额换算为不含税销售额。其换算公式为：

$$不含税销售额=\frac{含税销售额}{1+税率}$$

提示

因为增值税税率和征收率是按价外税设计的，所以计算增值税应纳税额时，计税依据是不含增值税额的价格。一般纳税人销售货物或者提供应税劳务取得的销售额中不包括从购买方收取的销项税额，价款和税款在增值税专用发票上分别注明。但是，根据税法的规定，一些一般纳税人，如商业零售企业或其他企业将货物或应税劳务销售给消费者、小规模纳税人，一般开具普通发票，小规模纳税人销售货物一般开具普通发票，而普通发票上价款和税款并不分别注明，这样一部分纳税人在销售货物或提供应税劳务时，就会发生价税合并的情况，而增值税的计税依据是不含税销售额，因此涉及含税销售额的换算问题。

八、增值税的征收管理

1. 纳税义务发生时间

（1）采用直接收款方式销售货物的，不论货物是否发出，均为收到销售款项或者取得索取销售款项凭据的当天；先开具发票的，为开具发票的当天。纳税人提供应税服务的，为收讫销售款项或者取得索取销售款项凭据的当天；先开具发票的，为开具发票的当天。

收讫销售款项是指纳税人提供应税服务过程中或者完成后收到款项。

取得索取销售款项凭据的当天，是指书面合同确定的付款日期；未签订书面合同或者书面合同未确定付款日期的，为应税服务完成的当天。

（2）采取托收承付和委托银行收款方式销售货物的，为发出货物并办妥托收手续的当天。

（3）采取赊销和分期收款方式销售货物的，为书面合同约定的收款当天，无书面合同或者书面合同没有约定收款日期的，为货物发出的当天。

（4）采取预收货款方式销售货物的，为货物发出的当天；但生产销售生产工期超过12个月的大型机械设备、船舶、飞机等货物，为收到预收款或者书面合同约定的收款日期的当天。

纳税人提供有形动产租赁服务采取预收款方式的，其纳税义务发生时间为收到预收款的当天。

（5）委托其他纳税人代销货物的，为收到代销单位的代销清单或者收到全部或者部分货款的当天。未收到代销清单及货款的，为发出代销货物满180天的当天。

（6）销售应税劳务的，为提供劳务同时收讫销售款项或者取得索取销售款项凭据的当天。

（7）纳税人从事金融商品转让的，为金融商品所有权转移的当天。

（8）纳税人发生视同销售货物行为的，为货物移送的当天。纳税人发生视同提供应税服务行为的，为应税服务完成的当天。

(9) 纳税人进口货物的，为报关进口的当天。

(10) 增值税扣缴义务发生时间为纳税人增值税纳税义务发生的当天。

2. 纳税期限

增值税的纳税期限分别为 1 日、3 日、5 日、10 日、15 日、1 个月或者 1 个季度。纳税人的具体纳税期限，由主管税务机关根据纳税人应纳税额的大小分别核定；以 1 个季度为纳税期限的规定适用于小规模纳税人、银行、财务公司、信托投资公司、信用社，以及财政部和国家税务总局规定的其他纳税人。不能按照固定期限纳税的，可以按次纳税。

纳税人以 1 个月或者 1 个季度为一个纳税期的，自期满之日起 15 日内申报纳税；以 1 日、3 日、5 日、10 日或者 15 日为一个纳税期的，自期满之日起 5 日内预缴税款，于次月 1 日起 15 日内申报纳税并结清上月应纳税款。

纳税人进口货物，应当自海关填发税款缴纳书之日起 15 日内缴纳税款。

3. 纳税地点

固定业户应当向其机构所在地的主管税务机构申报纳税。固定业户到外县（市）销售货物或者提供应税劳务，应当向其机构所在地主管税务机关申请开具《外出经营活动税收管理证明》，并向其机构所在地主管税务机关申报纳税。未开具该证明的，应当向销售地或者劳务发生地的主管税务机关申报纳税。

非固定业户销售货物或者提供应税劳务，应当向销售地或者劳务发生地的主管税务机关申报纳税。进口货物向报关地海关申报纳税。

扣缴义务人应当向其机构所在地或者居住地主管税务机关申报缴纳其扣缴的税款。

【例题 11 · 单选】下列关于增值税纳税人的说法中，正确的是（ ）。

A. 增值税纳税人按其经营规模大小，分为一般纳税人和特殊纳税人

B. 划分增值税一般纳税人和小规模纳税人的主要标准是会计核算水平

C. 增值税小规模纳税人会计核算健全，能够提供准确税务资料的，可以向主管税务机关申请一般纳税人资格认定

D. 个体经营者不得认定为一般纳税人

【答案】C

【例题 12 · 单选】采用预收货款结算方式的，增值税专用发票的开具时间为（ ）。

A. 货物发出的当天　　B. 合同约定的收款日期的当天

C. 预收账款的当天　　D. 合同签订的当天

【答案】A

【例题 13 · 多选】不得开具增值税专用发票的情形有（ ）。

A. 向消费者销售应税项目　　B. 将货物用于集体福利或个人消费

C. 销售免税项目　　D. 向一般纳税人销售应税项目

【答案】ABC

【例题 14 · 多选】按照有关增值税的规定，不得从销项税额中抵扣的进项税额有（ ）。

A. 用于非应税项目的购进货物或者应税劳务的进项税额

B. 虚开代开的专用发票的进项税额

C. 用于免税项目的购进货物或者应税劳务的进项税额

D. 用于集体福利或个人消费的购进货物或者应税劳务的进项税额

【答案】 ABCD

【例题15·多选】 除小规模纳税人不得领购使用增值税专用发票外，一般纳税人也不得领购使用专用发票的情形有（　　）。

A. 会计核算不健全，即不能按会计制度和税务机关的要求准确核算增值税的销项税额、进项税额和应纳税额者

B. 不能向税务机关准确提供增值税销项税额、进项税额和应纳税额数据及其他有关增值税税务资料者

C. 未按规定要求开具专用发票，经税务机关责令限期改正而未改正者

D. 销售的货物全部属于免税项目者

【答案】 ABCD

【例题16·判断】 具有为他人虚开、为自己虚开、让他人为自己虚开、介绍他人虚开增值税专用发票行为之一的，一律按票面所列货物的适用税率全额征补税款，并按有关法律给予处罚。（　　）

【答案】 √

□ 第2节习题

一、单项选择题

1. 增值税专用发票的印刷权属于（　　）。

A. 国务院财政部门

B. 国务院税务主管部门

C. 省级税务机关

D. 国务院工商部门

2. 销售货物后发生退货或销售折让的，销售方应依法开具红字专用发票，红字专用发票的存根联、记账联作为（　　）。

A. 销售方扣减当期销项税额的凭证

B. 销售方扣减当期进项税额的凭证

C. 购买方扣减当期销项税额的凭证

D. 购买方扣减当期进项税额的凭证

3. 增值税是以中国境内销售货物或者劳务，销售服务、无形资产、不动产以及进口货物的（　　）为征税对象征收的一种税。

A. 营业额　　B. 增值额

C. 销售额　　D. 增值率

4. 增值税一般纳税人的基本税率为（　　）。

A. 13%　　B. 10%

C. 16%　　D. 17%

5. 某厂为增值税一般纳税人，2019年4月采取还本销售方式销售一批货物，开具普通发票20张，共收取货款40万元，扣除预计还本支出后按35万元作销售处理，则增值税计税销售额为（　　）万元。

A. 40　　B. 34.48

C. 35.40　　D. 29.91

6. 某酒业公司（增值税一般纳税人）向某农场购买酿酒用小麦2 000千克，支付价款5 000元。根据规定，该酒业公司准予抵扣的进项税额为（　　）元。

A. 260　　B. 550

C. 650　　D. 850

7. 根据《增值税暂行条例》的规定，增值税纳税期限分别为（ ）。

A. 5 日、1 个月或者 1 个季度

B. 5 日、10 日、15 日、1 个月或者 1 个季度

C. 1 日、3 日、5 日、10 日或者 1 个月

D. 1 日、3 日、5 日、10 日、15 日、1 个月或者 1 个季度

8. 总机构和分支机构不在同一县（市）的增值税纳税人，经（ ）批准，分支机构应纳税款可以由总机构汇总向总机构所在地主管税务机关申报纳税。

A. 分支机构所在地的税务机关

B. 省级以上的税务机关或其授权的税务机关

C. 总机构所在地的税务机关

D. 国家税务总局或其授权的税务机关

9. 下列各项中，属于消费型增值税特征的是（ ）。

A. 允许一次性全部扣除外购固定资产所含的增值税

B. 允许扣除外购固定资产计入产品价值的折旧部分所含的增值税

C. 不允许扣除任何外购固定资产的价款

D. 上述说法都不正确

10. 按照现行规定，下列纳税人符合一般纳税人年应征增值税销售额认定标准的是（ ）。

A. 年应征增值税销售额 520 万元的从事货物生产的纳税人

B. 年应征增值税销售额 400 万元的从事交通运输业的纳税人

C. 年应征增值税销售额 80 万元的从事货物零售的纳税人

D. 年应征增值税销售额 120 万元的从事货物生产的纳税人

11. A 公司为增值税一般纳税人，销售了一批钢材，含增值税的价格为 22 600 元，适用的增值税税率为 13%，则其增值税销项税额为（ ）元。

A. 2 600　　B. 3 400

C. 3 042　　D. 3 200

12. 某从事商品零售的小规模纳税人 2019 年 4 月份销售商品取得含税收入 10 300 元，当月该企业应纳的增值税是（ ）元。

A. 300　　B. 396.2

C. 0　　D. 309

13. 纳税人进口货物，应当自海关填发海关进口增值税专用缴款书之日起（ ）内缴纳。

A. 3 日　　B. 7 日

C. 10 日　　D. 15 日

14. 某增值税一般纳税人 2019 年 6 月份销售货物取得价款 100 万元（不含税），另外收取各种价外费用 5.65 万元。该纳税人销售货物适用 13% 的增值税税率，则该纳税人的销项税额为（ ）万元。

A. 0.8　　B. 16.8

C. 13.65　　D. 5.65

15. 纳税人兼营不同税率的货物或者应税劳务，应当分别核算不同税率货物或者应税劳务的销售额；未分别核算销售额的，（ ）。

A. 从高适用税率

B. 从低适用税率

C. 按平均税率计算

D. 由税务机关核定税率

16. 增值税的纳税期限不包括（ ）。

A. 1 日　　B. 7 日

C. 1 个月　　D. 1 个季度

二、多项选择题

1. 单位或个体经营者将自产或委托加工的货物（ ）视同销售货物，应征收增值税。

A. 分配给股东

B. 用于集体福利

C. 无偿赠送他人

D. 用于个人消费

2. 下列关于增值税纳税义务发生时间的说法中，正确的是（ ）。

A. 采用托收承付和委托银行收款方式销售货物，为办妥托收手续的当天

B. 采用赊销和分期收款方式销售货物，为合同约定的收款日期的当天

C. 采用预收货款方式销售货物，为货物发出的当天

D. 委托其他纳税人代销货物，为收到代销清单或收到全部或部分货款的当天

3. 下列各项中，属于增值税小规模纳税人的有（　　）。

A. 从事货物生产或提供应税劳务的纳税人，年应税销售额在 500 万元以上的

B. 从事货物生产或提供应税劳务的纳税人，年应税销售额在 500 万元以下的

C. 从事货物生产或提供应税劳务以外的纳税人，年应税销售额在 500 万元以下的

D. 从事货物生产或提供应税劳务以外的纳税人，年应税销售额在 500 万元以上的

4. 下列各项说法中，正确的是（　　）。

A. 交通运输业适用 9%的增值税税率

B. 自来水公司可以使用简易计税方法来计算增值税

C. 转登记日前连续 12 个月（按月申报纳税人）或连续 4 个季度（按季申报纳税人）累计应税销售额超过 500 万元的一般纳税人不得转为小规模纳税人

D. 不动产租赁适用 16%的增值税税率

5. 下列各项中可按 9%的低税率计征增值税的有（　　）。

A. 自来水　　B. 图书

C. 煤气　　D. 饲料

6. 下列各项中，不得从销项税额中抵扣的有（　　）。

A. 用于集体福利或者个人消费的购进货物或者应税劳务

B. 非正常损失的购进货物及相关的应税劳务

C. 国务院财政、税务主管部门规定的纳税人自用消费品

D. 从海关取得的海关进口增值税专用缴款书上注明的增值税税额

7. 增值税一般纳税人采用（　　）方式销售货物，若书面合同没有约定收款日期，其纳税义务的发生时间为货物发出的当天。

A. 赊销

B. 预收货款

C. 分期收款

D. 委托银行收款

8. 下列各项中，不得从销项税额中抵扣的有（　　）。

A. 用于非增值税应税项目、免征增值税项目、集体福利或个人消费的购进货物

B. 非正常损失的购进货物

C. 非正常损失的在产品、产成品所耗用的购进货物

D. 接受的旅客运输服务

9. 下列关于小规模纳税人的说法正确的有（　　）。

A. 年应征增值税销售额超过 500 万元且不经常发生销售货物、提供加工修理修配劳务和销售服务、无形资产、不动产的单位和个体工商户，可选择按照小规模纳税人纳税

B. 年应征税增值税销售额超过 500 万元的其他个人

C. 转登记日前连续 12 个月（按月申报纳税人）或连续 4 个季度（按季申报纳税人）累计应税销售额超过 500 万元的一般纳税人不能转回小规模纳税人

D. 自 2018 年 5 月 1 日起，各行各业纳税人小规模纳税人的认定标准将统一为：年应征增值税销售额 500 万元及以下

10. 根据《增值税暂行条例》的规定，下列各项中视同销售计算增值税的有（　　）。

A. 某企业将外购的一批原材料用于基建工程

B. 某企业将外购的商品用于职工福利

C. 某商场为服装厂代销儿童服装

D. 某企业将外购的商品无偿赠予他人

11. 以下关于增值税改革的说法正确的是（　　）。

A. 1984 年的第一次改革，属于增值税的过渡阶段

B. 1993 年的第二次改革，属于增值税的规范阶段

C. 2009 年的第三次改革，实现了生产型向消费型转型

D. 2013 年的第四次改革，属于增值税“营改增”阶段

12. 下列关于增值税纳税义务发生时间的表述中，正确的有（　　）。

A. 采取赊销方式销售货物，为发出货物的

当天

B. 采取预收货款方式销售货物，为发出货物的当天

C. 委托其他纳税人代销货物，为收到代销单位销售的代销清单的当天；在收到代销清单前已收到全部或部分货款的，其纳税义务发生时间为收到全部或部分货款的当天

D. 销售应税劳务，为提供劳务同时收讫销售额或取得索取销售额的凭据的当天

13. 根据扣除项目中对外购固定资产进项税的不同处理方式，增值税分为（　　）。

A. 生产型增值税　　B. 消费型增值税

C. 利润型增值税　　D. 收入型增值税

14. 根据《增值税暂行条例》的规定，下列关于增值税的说法正确的是（　　）。

A. 除国务院另有规定外，纳税人出口货物税率为零

B. 纳税人提供加工、修理修配劳务，税率为 13%

C. 农业生产者销售自产农作物，适用 9%的增值税税率

D. 有形动产租赁业务适用 13%的增值税税率

15. 下列关于增值税的概念与分类的说法错误的是（　　）。

A. 增值税是对在我国境内生产、委托加工和进口货物的企业和个人，就其增值额征收的一种流转税

B. 电力、热力和气体不属于有形动产，因此销售此类产品不征收增值税

C. 自 2009 年 1 月 1 日起，我国增值税实行生产型增值税

D. 生产型增值税允许纳税人在计算增值税时，将外购固定资产的价值一次性全部扣除

16. 下列关于增值税纳税地点的表述中，错误的有（　　）。

A. 固定业户总分机构不在同一县（市）的，应当汇总后向总机构所在地的主管税务机关申报纳税

B. 固定业户临时到外县（市）销售应税货物未持有外出经营活动税收管理证明，也未向销售地主管税务机关申报纳税的，由销售地主管税务机关补征税款

C. 非固定业户应当向销售地或劳务发生地的主管税务机关申报纳税

D. 进口货物的纳税人应当向进口地海关申报纳税

三、判断题

1. 甲企业将货物交付乙企业代销，视同销售货物行为，征收增值税。（　　）

2. 某公司将购买的货物用于集体福利，视同销售货物，征收增值税。（　　）

3. 增值税纳税人销售应税劳务适用 13%的税率。（　　）

4. 甲企业属于从事货物生产的增值税纳税人，年应征增值税销售额在 500 万元以上，该企业不应认定为一般纳税人。（　　）

5. 非企业性单位可选择按小规模纳税人纳税。（　　）

6. 增值税纳税人销售化肥适用 9%的税率。（　　）

7. 自 2019 年 4 月 1 日起，不动产租赁适用 9%的税率。（　　）

8. 纳税人为销售货物而出租、出借包装物收取的押金，单独记账核算的，不并入销售额。（　　）

9. 增值税一般纳税人按照购入扣税法计算增值税，准予抵扣进项税额；小规模纳税人按征收率计算增值税，不得抵扣进项税额。（　　）

10. 纳税人采取以旧换新方式销售货物的，应按新货物的同期销售价格确定销售额，不得扣减收购旧货物的价格。（　　）

11. 以物易物双方只作销售处理，以各自发出的货物核算销售额并计算销项税额。（　　）

12. 增值税的核心就是用收取的销项税额抵扣支付的进项税额，其余额为纳税人实际缴纳的增值税。（　　）

13. 一般纳税人销售货物或者提供应税劳务取得的销售额包括从购买方收取的销项税额。（　　）

14. 增值税一般纳税人购进免税农产品，除

取得增值税专用发票或者海关进口增值税专用缴款书外，按照农产品收购发票或者销售发票上注明的农产品买价乘 13%的扣税率计算进项税额。（　　）

15. 增值税专用发票应按照增值税纳税义务的发生时间开具。先开具发票的，增值税纳税义务的发生时间为货物发出的当天。（　　）

16. 增值税小规模纳税人销售货物或者提供应税劳务，不得抵扣进项税额。（　　）

17. 当期销项税额小于进项税额时，其不足抵扣的部分不得结转下期抵扣。（　　）

18. 增值税的纳税期限分别为 1 日、3 日、5 日、10 日、20 日、1 个月或者 1 个季度。（　　）

19. 农业生产者销售自产农产品按 9%的税率征收增值税。（　　）

20. 一般纳税人会计核算不健全，或者不能提供准确税务资料的，应按销售额依照增值税税率计算应纳税额，不得抵扣进项税额。（　　）

21. 在购销商品、提供劳务等经营活动中，开具的增值税专用发票是确定经济收支行为发生的法定凭证，是会计核算的原始依据，而普通发票不能作为会计核算的原始凭证。（　　）

22. 在开具增值税专用发票的情况下，销售方收取的销项税额就是购买方支付的进项税额。（　　）

23. 我国现行的增值税属于消费型增值税。（　　）

24. 除国家税务总局另有规定外，纳税人一经认定为一般纳税人，不得转为小规模纳税人。（　　）

25. 增值税一般纳税人从事增值税应税行为，一律适用 13%的基本税率。（　　）

四、不定项选择题

（一）A 企业 2019 年 7 月销售冰箱 100 台，每台不含税售价 4 000 元，采用以旧换新方式销售冰箱 50 台，每台实收 3 500 元，企业将 575 000 元计入该月销售额。B 超市是一般纳税人，2019 年 7 月，开具增值税专用发票销售商品取得不含税销售额 200 000 元，开具增值税普通发票销售商品取得含税销售额 1 130 000 元。小规模纳税人 C 于 2019 年 7 月填开普通发票销售货物，销售收入为 51 500 元。

根据资料，回答下列问题：

1. A 企业该月增值税的销售额为（　　）元。

A. 175 000　　B. 500 000
C. 575 000　　D. 600 000

2. 下列关于销售额的确定，说法正确的是（　　）。

A. 销货方给予购货方相应的价格优惠或补偿等折扣，销货方可按有关规定开具红字增值税专用发票
B. 以旧换新销售的货物，按照以新货物的同期销售价格确定的销售额扣减旧货物的收购价格
C. 采用还本销售方式的，应该从销售额中减除还本支出
D. 采用以物易物方式的，双方都应作购销处理

3. 本题中，一般纳税人的基本税率为（　　），小规模纳税人的增值税征收率为（　　）。

A. 13%；3%　　B. 16%；5%
C. 13%；5%　　D. 16%；3%

4. B 超市该月增值税的销售额为（　　）元。

A. 1 000 000　　B. 1 200 000
C. 1 100 000　　D. 2 000 000

5. 小规模纳税人 C 该月增值税的销售额为（　　）元。

A. 50 000　　B. 34 333
C. 49 047　　D. 60 000

（二）某进出口公司（增值税一般纳税人）2019 年 5 月报送进口笔记本电脑 50 000 台，每台关税完税价格为 7 000 元，进口关税税率为 60%，已交进口关税和海关代征的增值税，并取得增值税完税凭证。当月以不含税售价每台 9 500 元全部售出。

根据资料，回答下列问题：

1. 该公司进口环节增值税的应纳税额为（　　）元。

A. 89 600 000　　B. 72 800 000
C. 35 000 000　　D. 73 900 000

2. 该公司销售环节应纳增值税销项税额为（　　）元。

A. 47 500 000　　B. 61 750 000

C. 76 000 000　　D. 15 000 000

3. 下列关于增值税的征收方法，说法正确的是（　　）。

A. 增值税由税务机关征收

B. 进口货物的增值说，在报关进口时，不得由海关代征

C. 增值税的征收具体办法由中国人民银行制定

D. 个人携带或者邮寄进境自用物品的增值税，连同关税一并计征

4. 下列准许从销项税额中抵扣的进项税额有（　　）。

A. 从销售方取得的增值税专用发票上注明的增值税税额

B. 从海关取得的海关进口增值税专用缴款书上注明的增值税税额

C. 购进免税农业产品的进项税额

D. 购进或者销售货物以及在生产经营过程中支付运输费用的进项税额

5. 下列关于增值税的说法，正确的是（　　）。

A. 纳税期限为 1 个季度的，仅适用于小规模纳税人

B. 未按规定的期限办理纳税申报的纳税人，可处以 2 000 元以下的罚款

C. 以月或季度为纳税期限的纳税人，应在每月 10 日前办理上月的增值税纳税申报

D. 纳税人进口货物，应当自海关填发进口增值税专用缴款书之日起 10 日内缴纳税款

第 3 节　消费税

一、消费税的概念

消费税是对在我国境内从事生产、委托加工和进口应税消费品的单位和个人征收的一种流转税，是对特定的消费品和消费行为在特定的环节征收的一种流转税。

二、消费税的征税范围

1. 生产应税消费品

生产应税消费品在生产销售环节征税。纳税人将生产的应税消费品换取生产资料、消费资料、投资入股、偿还债务，以及用于继续生产应税消费品以外的其他方面的，都应缴纳消费税。

2. 委托加工应税消费品

委托加工应税消费品是指委托方提供原料和主要材料，受托方只收取加工费和代垫部分辅助材料加工的应税消费品。由受托方提供原材料或其他情形一律不能视同委托加工应税消费品。

委托加工的应税消费品，除受托方为个人外，由受托方向委托方交货时代收代缴税款；委托个人加工的应税消费品，由委托方收回后缴纳消费税。

委托加工的应税消费品，委托方用于连续生产应税消费品的，所纳税款准予按规定抵扣；直接出售的，不再缴纳消费税。委托方将收回的应税消费品，以不高于受托方的计税价格出售的，为直接出售，不再缴纳消费税；以高于受托方的计税价格出售的，不属于直接出售，需按照规定申报缴纳消费税，在计税时准予扣除受托方已代收代缴的消费税。

3. 进口应税消费品

单位和个人进口应税消费品，于报关进口时由海关代征消费税。

4. 零售应税消费品

经国务院批准，自1995年1月1日起，金银首饰消费税由生产销售环节征收改为零售环节征收。改在零售环节征收消费税的金银首饰仅限于金基、银基合金首饰以及金、银和金基、银基合金的镶嵌首饰。自2002年1月1日起，钻石及钻石饰品消费税改为零售环节征收。自2003年5月1日起，铂金首饰消费税改为零售环节征收，适用税率为5%。计税依据是不含增值税的销售额。

对既销售金银首饰，又销售非金银首饰的生产、经营单位，应将两类商品划分清楚，分别核算销售额。凡划分不清楚或不能分别核算的，在生产环节销售的，一律从高适用税率征收消费税；在零售环节销售的，一律按金银首饰征收消费税。金银首饰与其他产品组成成套消费品销售的，应按销售额全额征收消费税。

金银首饰连同包装物一起销售的，无论包装物是否单独计价，也无论会计上如何核算，均应并入金银首饰的销售额，计征消费税。

带料加工的金银首饰，应按受托方销售的同类金银首饰的销售价格确定计税依据征收消费税。没有同类金银首饰销售价格的，按照组成计税价格计算纳税。

纳税人采用以旧换新（含翻新改制）方式销售的金银首饰，应按实际收取的不含增值税的全部价款确定计税依据征收消费税。

5. 批发应税消费品

卷烟消费税在生产和批发两个环节征收。

三、消费税纳税人

消费税纳税人是指在中国境内（起运地或者所在地在境内）生产、委托加工和进口《消费税暂行条例》规定的消费品的单位和个人，以及国务院确定的销售《消费税暂行条例》规定的消费品的其他单位和个人。

四、消费税的税目与税率

我国消费税的税目共有15个，分别是：（1）烟；（2）酒；（3）高档化妆品；（4）贵重首饰及珠宝玉石；（5）鞭炮、焰火；（6）成品油；（7）摩托车；（8）小汽车；（9）高尔夫球及球具；（10）高档手表；（11）游艇；（12）木制一次性筷子；（13）实木地板；（14）电池；（15）涂料。其中，有些税目还包括若干子目。

消费税的税率包括比例税率和定额税率两类。不同的税目或子目的应税消费品的税率不同。对不同的应税消费品分别实行从价定率、从量定额或从量定额与从价定率相结合的计税方法。比例税率适用于多数税目。定额税率适用于成品油税目和甲类、乙类啤酒、黄酒等子目。复合税率（同时适用比例税率和定额税率）适用于卷烟、白酒。

五、增值税与消费税的区别

1. 征收范围不同

增值税对所有的货物生产企业和销售企业普遍征收，同时对加工、修理修配劳务（部分劳务）征收。消费税只对 15 种列举货物的生产企业征收。增值税的征收范围远大于消费税。

2. 与价格的关系不同

增值税是价外税，消费税是价内税。同一货物计征增值税和消费税的价格一般是相同的，包含消费税但不包含增值税。

3. 纳税环节不同

消费税在出厂、委托加工和进口环节缴纳（金银首饰和批发卷烟除外），而且只交一次（卷烟除外），属于单环节征收；增值税则每经过一个流转环节缴纳一次，是多环节征收。

现将消费税与增值税的纳税环节对比如下（见表 4－3）：

表 4－3　消费税与增值税的纳税环节的比较

征税环节	增值税	消费税
进口应税消费品	缴纳	缴纳（金、银、钻除外）
生产应税消费品出厂销售	缴纳	缴纳（金、银、钻除外）
将自产应税消费品连续生产应税消费品	无	无
将自产应税消费品连续生产非应税货物	无	缴纳
将自产应税消费品用于投资、分红、赠送、职工福利、个人消费、基建工程	缴纳	缴纳
批发应税消费品	缴纳	缴纳（2009 年 5 月起限于卷烟）

4. 纳税人的划分不同

增值税纳税人区分为一般纳税人和小规模纳税人，分别采取不同的征收方式，前者准予抵扣进项税额，而后者不能抵扣进项税额；消费税则无此划分，不管一般纳税人还是小规模纳税人在计算消费税时是一致的。

六、消费税应纳税额的计算

1. 从价定率征收

从价定率征收是指根据不同的应税消费品确定不同的比例税率。

应纳税额＝应税消费品销售额×比例税率

由于一般纳税人或者小规模纳税人销售应税消费品时既要缴纳增值税，又要缴纳消费税，因此，应税消费品的销售额中未扣除增值税，或者不得开具增值税专用发票而发生价款和增值税合并收取的，在计算消费税时，应当换算为不含增值税的销售额。其换算公式是：

$$\text{应税消费品销售额}=\frac{\text{含增值税销售额}}{1+\text{增值税税率或征收率}}$$

【例题 17 · 计算】A 化妆品公司为增值税一般纳税人。某年 9 月 16 日，向当地一家大型商场销售一批高档化妆品，开出增值税专用发票一张，取得不含增值税销售收入 40 万元，增值税税额 6.8 万元。计算 A 公司上述业务应缴纳的消费税。

【解析】

高档化妆品适用消费税税率为 15%，高档化妆品的应税销售额为 40 万元，则

应纳消费税＝40×15%＝6(万元)

2. 从量定额征收

从量定额征收是指根据不同的应税消费品确定不同的单位税额。

应纳消费税＝应税消费品的销售数量×单位税额

【例题 18 · 计算】A 啤酒厂将 20 吨甲类啤酒销售给副食品公司，将 10 吨乙类啤酒销售给宾馆。计算 A 啤酒厂应缴纳的消费税。

【解析】

销售甲类啤酒适用定额税率 250 元/吨，销售乙类啤酒适用定额税率 220 元/吨。

应纳消费税＝20×250＋10×220＝7 200(元)

3. 从价定率和从量定额复合征收

从价定率和从量定额复合征收是指以两种方法计算的应纳税额之和为该应税消费品的应纳税额。我国目前只对卷烟和白酒采用复合征收方法。

应纳消费税＝应税消费品销售额×比例税率＋应税消费品销售数量×单位税额

4. 应税消费品已纳税款的扣除

应税消费品若是用外购已缴纳消费税的应税消费品连续生产出来的，在对这些连续生产出来的应税消费品征税时，按当期生产领用数量计算准予扣除的外购应税消费品已缴纳的消费税税款。

5. 自产自用应税消费品的应纳税额计算

纳税人将自产或委托加工的货物用于非增值税应税项目、集体福利或个人消费、对外投资、分配给投资者、无偿赠送的，按照下列顺序计算：

（1）按照纳税人生产的同类消费品的销售价格计算纳税；

（2）没有同类消费品销售价格的，按照组成计税价格计算纳税。

①实行从价定率办法计算纳税的组成计税价格的计算公式为：

$$组成计税价格=\frac{成本+利润}{1-消费税税率}$$

②实行复合计税办法计算纳税的组成计税价格的计算公式为：

$$组成计税价格=\frac{成本+利润+自产自用数量\times定额税率}{1-消费税税率}$$

由于消费税是价内税，因此计税依据中含消费税税额，如果计税依据中不含消费税，需要换算为含消费税的销售额。而增值税是价外税，因此计税依据中不含增值税税额，如果计税依据中包含增值税，需要换算为不含增值税的销售额。

【例题19·计算】某烟厂销售雪茄烟300箱，获得不含税销售收入600万元；以雪茄烟40箱换回小轿车2辆、大货车1辆，雪茄烟消费税税率为36%。计算该烟厂上述业务应缴纳的消费税及增值税。

【解析】

$$应纳消费税=600\times36\%+\frac{600}{300}\times40\times36\%=244.8(万元)$$

$$应纳增值税=600\times13\%+\frac{600}{300}\times40\times13\%=88.4(万元)$$

6. 委托加工应税消费品的应纳税额计算

委托加工的应税消费品，是指由委托方提供原料和主要材料，受托方只收取加工费和代垫部分辅助材料加工的应税消费品。对于由受托方提供原材料生产的应税消费品，或者受托方先将原材料卖给委托方，然后接受加工的应税消费品，以及由受托方以委托方名义购进原材料生产的应税消费品，不论在财务上是否做销售处理，都不得作为委托加工应税消费品，而应当按照销售自制应税消费品缴纳消费税。

具体规定为：（1）委托加工的应税消费品直接出售的，不再缴纳消费税。（2）委托个人加工的应税消费品，由委托方收回后缴纳消费税。

委托加工的应税消费品，按照受托方的同类消费品的销售价格计算纳税；没有同类消费品销售价格的，按照组成计税价格计算纳税。

受托方加工完毕向委托方交货时，由受托方代收代缴消费税。如果受托方是个体经营者，委托方须在收回加工应税消费品后向所在地主管税务机关缴纳消费税。

实行从价定率办法计算纳税的组成计税价格的计算公式为：

$$组成计税价格=\frac{材料成本+加工费}{1-消费税税率}$$

实行复合计税办法计算纳税的组成计税价格的计算公式为：

$$组成计税价格=\frac{材料成本+加工费+委托加工数量\times定额税率}{1-消费税税率}$$

七、消费税的征收管理

1. 纳税义务发生时间（货款结算方式或行为发生时间）

（1）纳税人销售应税消费品的，按不同的销售结算方式分为：①采取赊销和分期收款结算方式的，为书面合同约定的收款日期的当天，书面合同没有约定收款日期或者无书面合同的，为发出应税消费品的当天；②采取预收货款结算方式的，为发出应税消费品的当天；③采取托收承付和委托银行收款方式的，为发出应税消费品并办妥托收手续的当天；④采取其他结算方式的，为收讫销售款项或者取得索取销售款项凭据的当天。

（2）纳税人自产自用应税消费品的，为移送使用的当天。

（3）纳税人委托加工应税消费品的，为纳税人提货的当天。

（4）纳税人进口应税消费品的，为报关进口的当天。

2. 纳税期限

消费税纳税期限分别为1日、3日、5日、10日、15日、1个月或者1个季度。纳税人的具体纳税期限，由主管税务机关根据纳税人应纳税额的大小分别核定，不能按照固定期限纳税的，可以按次纳税。

纳税人以1个月或者1个季度为一个纳税期的，自期满之日起15日内申报纳税；纳税人以1日、3日、5日、10日、15日为一个纳税期的，自期满之日起5日内预缴税款，于次月1日起15日内申报纳税并结清上月应纳税款。

进口货物自海关填发税收专用缴款书之日起15日内缴纳。

3. 纳税地点

（1）纳税人销售的应税消费品以及自产自用的应税消费品，除国务院财政、税务主管部门另有规定外，应当向纳税人机构所在地或者居住地的主管税务机关申报纳税。

（2）委托加工的应税消费品，除受托方为个人外，由受托方向机构所在地或居住地主管税务机关解缴消费税税款；委托个人加工的应税消费品，由委托方向其机构所在地或者居住地主管税务机关申报纳税。

（3）进口的应税消费品，由进口人或者其代理人向报关地海关申报纳税。

（4）纳税人到外县（市）销售或者委托外县（市）代销自产应税消费品的，于应税消费品销售后，向机构所在地或居住地主管税务机关申报纳税。

（5）纳税销售的应税消费品，如因质量等原因被购买者退回时，经由所在地主管税务机关审核批准后，可退还已征收的消费税税款，但不能自行直接抵减应纳税税款。

【例题20·单选】下列各项中，不属于消费税纳税人的是（　　）。

A. 生产应税消费品的单位和个人

B. 进口应税消费品的单位和个人

C. 委托加工应税消费品的单位和个人

D. 加工应税消费品的单位和个人

【答案】D

【例题21·单选】下列各项中，按从价定率和从量定额复合计税方法计征消费税的是（ ）。

A. 汽车轮胎　　B. 化妆品

C. 白酒　　D. 珠宝玉石

【答案】 C

【例题 22 · 多选】 甲委托乙加工化妆品，则下列说法中正确的有（ ）。

A. 甲是增值税的纳税义务人

B. 甲是消费税的纳税义务人

C. 乙是增值税的纳税义务人

D. 乙是消费税的纳税义务人

【答案】 BC

【例题 23 · 判断】 对从事生产、委托加工、进口和出口应税消费品的单位和个人，都应当征收消费税。（ ）

【答案】 ×

第 3 节习题

一、单项选择题

1. 实行从价定率计税的应税消费品，其计税基数是（ ）的销售额。

A. 含消费税而不含增值税

B. 含增值税而不含消费税

C. 含消费税和增值税

D. 不含消费税和增值税

2. 某酒厂为增值税一般纳税人，某年 4 月销售粮食白酒 2 000 千克，取得销售收入 13 560 元（含增值税）。已知粮食白酒消费税定额税率为 0.5 元/500 克，比例税率为 20%，该酒厂 4 月应缴纳的消费税税额为（ ）元。

A. 6 229.52　　B. 5 510

C. 4 400　　D. 4 000

3. 2008 年 11 月 10 日（ ）公布了修订的《消费税暂行条例》。

A. 国务院

B. 国务院常务委员会

C. 人民代表大会

D. 财政部

4. 根据《消费税暂行条例》的规定，下列消费品中属于消费税征税范围的是（ ）。

A. 高尔夫球　　B. 竹制筷子

C. 日常护发用品　　D. 电动汽车

5. 下列商品的消费税在零售环节征收的是（ ）。

A. 化妆品　　B. 金银首饰

C. 小汽车　　D. 成品油

6. 下列各项中不应缴纳消费税的是（ ）。

A. 小汽车　　B. 烟

C. 服装　　D. 轮船

7. 下列关于消费税纳税地点的表述中，不正确的是（ ）。

A. 委托个人加工的应税消费品，由委托方向其机构所在地或居住地主管税务机关申报纳税

B. 纳税人销售的应税消费品，在纳税人核算地主管税务机关申报纳税

C. 进口的应税消费品，由进口人向报关地海关申报纳税

D. 委托个人加工的应税消费品，由受托方向其机构所在地或居住地主管税务机关申报纳税

8. 消费税的纳税期限分别为（ ）。

A. 1日、3日、5日、10日、15日、1个月或者1个季度

B. 5日、10日、15日或者1个月

C. 5日、10日、15日、1个月或者1个季度

D. 15日、1个月或者1个季度

9. 根据《消费税暂行条例》的规定，下列各项中，属于消费税征收范围的是（　　）。

A. 卷烟

B. 价值10 000元以上的电脑

C. 火车

D. 等离子电视

10. 下列关于消费税纳税人的说法正确的是（　　）。

A. 甲公司是生产料酒的企业，则甲公司是消费税的纳税人

B. 乙公司是一家经销国产品牌汽车的4S店，则乙公司是消费税的纳税人

C. 丙公司是一家专门承接烟丝委托加工业务的企业，则丙公司是消费税的纳税人

D. 丁公司是一家从事外国高档化妆品进口和零售的企业，则丁公司是消费税的纳税人

11. 甲企业委托乙企业加工化妆品，则消费税纳税人是（　　）。

A. 甲企业　　B. 乙企业

C. 甲企业和乙企业　　D. 甲企业或乙企业

12. 某金银首饰零售店2019年5月零售金银首饰，不含增值税销售额为1 500万元，零售珠宝玉石首饰，不含增值税销售额为500万元，则5月其应当缴纳的消费税是（　　）万元。

A. 75　　B. 200

C. 125　　D. 100

13. 某金银首饰零售店2019年7月采用以旧换新方式销售金项链100条，项链的零售价为每条3 000元，同时收到旧首饰折价15万元，实际收到销售款15万元，则8月其应当缴纳的消费税是（　　）万元。

A. 0.66　　B. 0.65

C. 0.64　　D. 0.68

14. 根据消费税法律制度的规定，纳税人委托加工应税消费品，其纳税义务发生时间为（　　）。

A. 委托行为发生的当天

B. 向加工企业支付加工费的当天

C. 向加工企业发出主要原料的当天

D. 纳税人提货的当天

15. 根据《消费税暂行条例》的规定，下列各项中，应当征收消费税的有（　　）。

A. 酒精　　B. 汽车轮胎

C. 合成地板　　D. 涂料

16. 根据消费税相关法律的规定，纳税人以1个月或者1个季度为一个纳税期的，自期满之日起（　　）内申报纳税。

A. 7日　　B. 10日

C. 15日　　D. 30日

17. 纳税人外购应税消费品连续生产应税消费品，在计算纳税时，其外购应税消费品已纳消费税税款的处理办法是（　　）。

A. 该已纳税款不得扣除

B. 该已纳税款当期可全部扣除

C. 该已纳税款当期可扣除50%

D. 可对外购的应税消费品当期生产领用部分的已纳税款予以扣除

18. 根据《消费税暂行条例》的规定，纳税人将应税消费品与非应税消费品以及适用税率不同的应税消费品组成成套消费品销售的，应按（　　）。

A. 应税消费品的最高税率计征

B. 应税消费品的最低税率计征

C. 应税消费品的不同税率分别计征

D. 应税消费品的平均税率计征

二、多项选择题

1. 根据《消费税暂行条例》的规定，下列消费品中采用从量定额计税方法征收消费税的有（　　）。

A. 白酒　　B. 黄酒

C. 啤酒　　D. 汽油

2. 下列关于纳税人生产销售应税消费品的纳税义务发生时间的表述中，符合税法规定的有（　　）。

A. 采取分期收款结算方式的，为销售合同规定的收款日期的当天

B. 采取预收货款结算方式的，为发出应税消费品的当天

C. 采取赊销结算方式的，为发出应税消费品的当天

D. 采取委托银行收款方式的，为收到款项的当天

3. 下列各项中，符合应税消费品销售数额规定的有（　　）。

A. 生产销售应税消费品的，为应税消费品的销售数量

B. 自产自用应税消费品的，为应税消费品的生产数量

C. 委托加工应税消费品的，为纳税人收回的应税消费品数量

D. 进口应税消费品的，为海关核定的应税消费品进口征税数量

4. 根据《消费税暂行条例》的规定，下列应税消费品中实行从价定率与从量定额相结合的复合计税的有（　　）。

A. 粮食白酒　　B. 卷烟

C. 烟丝　　D. 薯类白酒

5. 根据《消费税暂行条例》的规定，下列各项中，应当征收消费税的有（　　）。

A. 用于本企业连续生产应税消费品的应税消费品

B. 用于奖励代理商销售业绩的应税消费品

C. 用于本企业生产性基建工程的应税消费品

D. 用于捐助国家指定的慈善机构的应税消费品

6. 下列关于委托加工商品缴纳消费税的说法中，错误的有（　　）。

A. 纳税人委托某金银首饰加工企业加工一批金银首饰用于销售，应由受托加工企业代收代缴消费税

B. 纳税人委托个体经营者加工消费品，由个体经营者代收代缴消费税

C. 纳税人用委托加工收回的应税消费品连续生产应税消费品的，其委托加工环节已经缴纳的消费税准予在当期一次性全额扣除

D. 纳税人委托加工消费品，一律由受托人代收代缴消费税

7. 纳税人销售应税消费品，应当向（　　）主管税务机关申报纳税。

A. 机构所在地　　B. 纳税人核算地

C. 居住地　　D. 消费品生产地

8. 下列各项中，属于消费税税目的有（　　）。

A. 贵重首饰及珠宝玉石

B. 鞭炮、焰火

C. 木制一次性筷子

D. 实木地板

9. 下列说法正确的有（　　）。

A. 既销售金银首饰又销售非金银首饰的生产、经营单位，应将两类商品划分清楚，分别核算销售额

B. 金银首饰连同包装物一起销售的，无论包装物是否单独计价，也无论会计上如何核算，均应并入金银首饰的销售额，计征消费税

C. 带料加工的金银首饰，应按受托方销售的同类金银首饰的销售价格确定计税依据征收消费税；没有同类金银首饰销售价格的，按照组成计税价格征收消费税

D. 纳税人采用以旧换新（含翻新改制）方式销售的金银首饰，应按实际收取的不含增值税的全部价款确定计税依据征收消费税

10. 对既销售金银首饰又销售非金银首饰的生产、经营单位，征收消费税的下列说法中正确的有（　　）。

A. 应将两类商品划分清楚，分别核算销售额

B. 凡划分不清楚或不能分别核算、在生产环节销售的，一律从高适用税率征收消费税

C. 凡划分不清楚或不能分别核算、在零售环节销售的，一律不征收消费税

D. 金银首饰与其他产品组成成套消费品销售的，应按销售额全额征收消费税

11. 根据《消费税暂行条例》的规定，下列表述正确的是（　　）。

A. 纳税人生产的应税消费品，于生产时纳税

B. 纳税人自产的应税消费品，用于连续生产应税消费品的，不纳税

C. 纳税人自产自用的应税消费品，用于连续生产应税消费品外其他方面的，于移送使用时纳税

D. 进口的应税消费品，于报关进口时纳税

12. 根据消费税法律制度的规定，下列业务中应征收消费税的有（　　）。

A. 甲卷烟厂将自产卷烟用于馈赠

B. 乙日化厂将委托加工收回的化妆品直接出售

C. 丙汽车厂进口了一批高档轿车

D. 丁首饰加工厂生产了一批金银首饰并销售给金店

13. 消费税的征税范围包括（　　）。

A. 生产应税消费品

B. 委托加工应税消费品

C. 进口应税消费品

D. 批发、零售应税消费品

14. 消费税的计税方法包括（　　）。

A. 从价定率

B. 从量定额

C. 从价定率和从量定额相结合

D. 比例税率

15. 下列关于消费税的说法中，正确的是（　　）。

A. 增值税的征收范围大于消费税

B. 消费税的税率包括比例税率和定额税率

C. 纳税人采用以旧换新（含翻新改制）方式销售的金银首饰，应按实际收取的不含增值税的全部价款确定计税依据征收消费税

D. 金银首饰的消费税税率为5%，计税依据为包含增值税的销售额

16. 下列关于消费税纳税地点的说法中，正确的是（　　）。

A. 销售及自产自用应税消费品，纳税地点是机构所在地

B. 到外县（市）销售应税消费品，纳税地点是机构所在地

C. 委托外县（市）代销应税消费品，纳税地点是代销单位所在地

D. 总机构与分支机构不在同一县（市）的分别申报，但是经批准由总机构汇总的在总机构所在地申报

三、判断题

1.《消费税暂行条例》规定，纳税人进口实行从量定额征税的应税消费品的计税依据，为纳税人申报进口的应税消费品的数量。（　　）

2. 委托加工的应税消费品，受托方为个人的，由受托方向机构所在地或者居住地的主管税务机关申报纳税。（　　）

3. 消费税的纳税期限分别为1日、3日、5日、10日、15日、1个月或者1个季度。（　　）

4. 纳税人销售的应税消费品，以及自产自用的应税消费品，应当向纳税人机构所在地的主管税务机关申报纳税。（　　）

5. 实行从量定额征税的应税消费品，其计税依据是应税消费品的实际销售数量。（　　）

6. 纳税人销售的应税消费品，如因质量等原因被购买者退回，经所在地主管税务机关审核批准后，可以自行直接抵减应纳税款。（　　）

7. 销售额是纳税人销售应税消费品向购买方收取的全部价款和价外费用。（　　）

8. 实行从价定率征税的应税消费品，其计税依据是含增值税而不含消费税的销售额。（　　）

9. 在应税消费品中，高档化妆品的消费税税率为20%。（　　）

10. 纳税人以1个月或者1个季度为一个纳税期的，自期满之日起10日内申报纳税。（　　）

11. A市甲企业委托B市乙企业加工一批应税消费品，该批消费品应缴纳的消费税税款应由乙企业向B市税务机关解缴。（　　）

12. 消费税采用比例税率、定额税率和累进税率三种形式。（　　）

13. 消费税是指对特定的消费品和消费行为在特定的环节征收的一种流转税。（　　）

14. 在从量定额征收情况下，消费税应纳税额以应税消费品的销售额乘以比例税率计算得出。（　　）

15. 委托加工应税消费品是指受托方提供原料和主要材料，并收取加工费和代垫部分辅助材

料加工的应税消费品。（　　）

16. 纳税人在外县（市）销售自产应税消费品的，于应税消费品销售后，向机构所在地或者居住地主管税务机关申报纳税。（　　）

17. 纳税人委托加工应税消费品的，纳税义务发生的时间为纳税人提货的当天。（　　）

18. 用外购或委托加工收回的已税消费品连续生产应税消费品，在计税时不可按当期生产领用数量来计算扣除外购或委托加工收回的消费品已纳的消费税税款。（　　）

19. 卷烟、白酒采用从量定额与从价定率相结合的复合计税方式。（　　）

20. 纳税人采用以旧换新（含翻新改制）方式销售的金银首饰，应按实际收取的不含增值税的全部价款确定计税依据征收消费税。（　　）

第 4 节　企业所得税

一、企业所得税的概念

企业所得税是对我国企业和其他组织的生产经营所得和其他所得征收的一种税。

《企业所得税法》于 2007 年 3 月 16 日由中华人民共和国第十届全国人民代表大会第五次会议通过，自 2008 年 1 月 1 日起施行，于 2018 年 12 月 29 日修订。《中华人民共和国企业所得税法实施条例》于 2007 年 12 月 6 日由国务院颁布，自 2008 年 1 月 1 日起施行，2019 年 4 月 23 日国务院对部分条款予以修改。

二、企业所得税的纳税人和征税对象

1. 纳税人

企业所得税的纳税人，是在中国境内的企业（个人独资企业、合伙企业除外）和其他取得收入的组织（以下统称企业），分为居民企业和非居民企业。

居民企业，是指依法在中国境内成立，或者依照外国（地区）法律成立但实际管理机构在中国境内的企业。依法在中国境内成立的企业，包括依照中国法律、行政法规在中国境内成立的企业（国有企业、集体企业、私营企业、联营企业、股份制企业、外商投资企业等）、事业单位、社会团体以及其他取得收入的组织。居民企业承担无限纳税义务。

非居民企业，是指依照外国（地区）法律成立且实际管理机构不在中国境内，但在中国境内设有机构、场所的，或者在中国境内未设立机构、场所，但有来源于中国境内所得的企业。非居民企业承担有限纳税义务。其中，机构、场所是指在中国境内从事生产经营活动的机构、场所。

个人独资企业和合伙企业不是企业所得税的纳税人，应当缴纳个人所得税。

2. 征税对象

居民企业应将来源于中国境内、境外的所得作为征税对象。中国境内、境外的应税所得，包括销售货物所得、提供劳务所得、转让财产所得、股息红利等权益性投资所得、利息所得、租金所得、特许权使用费所得、接受捐赠所得和其他所得。

非居民企业在中国境内设立机构、场所的，应当就其所设机构、场所取得的来源于中国境内的所得，以及发生在中国境外但与其所设机构、场所有实际联系的所得，缴纳企业所得税。非居民企业在中国境内未设立机构、场所的，或者虽设立机构、场所但取得的所得与其所设机构、场所没有实际联系的，应当就其来源于中国境内的所得缴纳企业所得税。

三、企业所得税的税率

1. 基本税率

基本税率为 25%，适用于居民企业和在中国境内设有机构、场所且所得与机构、场所有实际联系的非居民企业。

2. 优惠税率

2021 年 1 月 1 日至 2022 年 12 月 31 日，对小型微利企业年应纳税所得额不超过 100 万元的部分，减按 25%计入应纳税所得额，按 20%的税率缴纳企业所得税；对年应纳税所得额超过 100 万元但不超过 300 万元的部分，减按 50%计入应纳税所得额，按 20%的税率缴纳企业所得税；对国家需要重点扶持的高新技术企业，减按 15%税率征收企业所得税；自 2021 年 1 月 1 日至 2030 年 12 月 31 日，对设在西部地区的鼓励类产业企业减按 15%的税率征收企业所得税。

具体税率见表 4 - 4。

表 4 - 4　企业所得税的税率

种类	税率	适用范围
基本税率	25%	居民企业；在中国境内设立机构、场所且所得与机构、场所有实际联系的非居民企业
优惠税率	20%	符合条件的小型微利企业
	15%	国家需要重点扶持的高新技术企业、设在西部地区的鼓励类产业企业

四、企业所得税应纳税所得额的计算

企业所得税应纳税所得额是企业所得税的计税依据：

应纳所得税税额＝应纳税所得额×适用税率－减免和抵免税额

应纳税所得额有两种计算方法。

直接计算法下的计算公式为：

$$\text{应纳税所得额}=\text{收入总额}-\text{不征税收入}-\text{免税收入}-\text{各项扣除项目}-\text{允许弥补的以前年度亏损}$$

间接计算法下的计算公式为：

应纳税所得额 = 利润总额±纳税调整项目金额

1. 收入总额

企业以货币形式和非货币形式从各种来源取得的收入，为收入总额，包括销售货物收入，提供劳务收入，转让财产收入，股息、红利等权益性投资收益，利息收入，租金收入，特许权使用费收入，接受捐赠收入，其他收入。

2. 不征税收入

不征税收入是指从性质和根源上不属于企业营利性活动带来的经济利益、不负有纳税义务且不作为应纳税所得额组成部分的收入，如财政拨款、依法收取并纳入财政管理的行政事业性收费、政府性基金以及国务院规定的其他不征税收入。

3. 免税收入

免税收入是指属于企业的应税所得，但按照税法规定免予征收企业所得税的收入。免税收入包括国债利息收入，符合条件的居民企业之间的股息、红利收入，在中国境内设立机构、场所的非居民企业从居民企业取得的与该机构、场所有实际联系的股息、红利收入，符合条件的非营利组织的收入等。

4. 准予扣除项目

企业实际发生的与取得收入有关的、合理的支出，包括成本、费用、税金、损失和其他支出等，准予在计算应纳税所得额时扣除。

成本，是指企业在生产经营活动中发生的销售成本、销货成本、业务支出以及其他耗费，即企业销售商品、提供劳务、转让固定资产和无形资产的成本。

费用，是指企业每一纳税年度为生产、经营商品和提供劳务发生的销售（经营）费用、管理费用和财务费用。

税金，是指企业发生的除企业所得税和允许抵扣的增值税以外的企业缴纳的各项在会计核算时计入税金及附加的流转税，如消费税、城市维护建设税、教育费附加等。

损失，是指企业在生产经营活动中发生的固定资产和存货的盘亏、毁损、报废损失，转让财产损失，呆账损失，坏账损失，自然灾害等不可抗力因素造成的计入营业外支出的损失。

5. 不得扣除项目

主要包括：

（1）向投资者支付的股息、红利等权益性投资收益款项。

（2）企业所得税税款。

（3）税收滞纳金。

（4）罚金、罚款和被没收财物的损失。

（5）企业发生的公益性捐赠支出以外的捐赠支出。企业发生的公益性捐赠支出，在年度利润总额 12%内的部分，准予在计算应纳税所得额时扣除。

（6）赞助支出，是指企业发生的与生产经营活动无关的各种非广告性支出。

（7）企业之间支付的管理费、企业内营业机构之间支付的租金和特许权使用费，以及非银行企业内营业机构之间支付的利息。

（8）与取得收入无关的其他支出。

6. 职工福利费、工会经费和职工教育经费支出的税前扣除

（1）企业发生的职工福利费支出，不超过工资薪金总额14%的部分，准予扣除。

（2）企业拨缴的工会经费，不超过工资薪金总额2%的部分，准予扣除。

（3）除国务院财政、税务主管部门另有规定外，企业发生的职工教育经费支出，不超过工资薪金总额2.5%的部分，准予扣除；超过部分，准予在以后纳税年度结转扣除。自2018年1月1日起，将一般企业的职工教育经费税前扣除限额与高新技术企业的限额统一，从2.5%提高到8%。

7. 业务招待费、广告费和业务宣传费的税前扣除

（1）企业发生的与生产经营活动有关的业务招待费支出，按照发生额的60%扣除，但最高不得超过当年销售（营业）收入的5‰。

（2）企业发生的符合条件的广告费和业务宣传费支出，除国务院财政、税务主管部门另有规定外，不超过当年销售（营业）收入的15%的部分，准予扣除；超过部分，准予在以后纳税年度结转扣除。

业务招待费、广告费、业务宣传费与公益性捐赠的扣除标准如表4-5所示。

表4-5 业务招待费、广告费、业务宣传费与公益性捐赠的扣除标准

扣除项目	扣除标准	超过规定比例的处理
业务招待费	按发生额的60%扣除，但最高不得超过当年销售（营业）收入的5‰ 【提示】销售（营业）收入包括主营业务收入、其他业务收入及视同销售收入	不得扣除
广告费、业务宣传费	≤销售（营业）收入的15%	结转以后年度扣除
公益性捐赠	≤年度利润总额的12% 【提示】非公益性捐赠不得扣除	准予结转以后三年内计算应纳税所得额时扣除

【例题24·单选】某企业年度销售收入为272 000元，发生业务招待费5 000元，根据《企业所得税法》的规定，该企业当年可以在税前扣除的业务招待费最高为（　　）元。

A. 1 360　　B. 3 000　　C. 3 808　　D. 5 000

【答案】A

【例题25·多选】在计算企业所得税应纳税所得额时，下列税金中允许扣除的有（　　）。

A. 土地增值税　　B. 企业所得税　　C. 增值税　　D. 消费税

【答案】AD

8. 亏损弥补

纳税人发生年度亏损的，可以用下一纳税年度的所得弥补；下一纳税年度的所得

不足弥补的，可以逐年延续弥补，但是延续弥补期最长不得超过 5 年。

五、企业所得税的征收管理

1. 纳税地点

居民企业一般以企业登记注册地为纳税地点，但登记注册地在境外的，以企业实际管理机构所在地为纳税地点。居民企业在中国境内设立的不具有法人资格的分支或营业机构，由该居民企业汇总计算并缴纳企业所得税。

非居民企业在中国境内设立机构、场所的，应当就其所设机构、场所取得的来源于中国境内的所得，以及发生在中国境外但与其所设机构、场所有实际联系的所得，以机构、场所所在地为纳税地点。非居民企业在中国境内未设立机构、场所，或者虽设立机构、场所，但取得的所得与其所设机构、场所没有实际联系的，以扣缴义务人所在地为纳税地点。

2. 纳税期限

企业所得税实行按年（自公历 1 月 1 日起到 12 月 31 日止）计算，分月或分季预缴，年终汇算清缴（年终后 5 个月内进行）、多退少补的征纳方法。

纳税人在一个年度中间开业，或者由于合并、关闭等原因，使该纳税年度的实际经营期不足 12 个月的，应当以其实际经营期为一个纳税年度。

3. 纳税申报

按月或按季预缴的，应当自月份或季度终了之日起 15 日内，向税务机关报送预缴企业所得税纳税申报表，预缴税款。年度终了，企业应当自年度终了之日起 5 个月内，向税务机关报送年度企业所得税纳税申报表，并汇算清缴，结清应缴应退税款。依法缴纳的企业所得税以人民币计算。所得以人民币以外的货币计算的，应当折算成人民币计算并缴纳税款。

企业在纳税年度内无论盈利或者亏损，都应当依照企业所得税法规定的期限，向税务机关报送预缴企业所得税纳税申报表、年度企业所得税纳税申报表、财务会计报告和税务机关规定应当报送的其他有关资料。

【例题 26 · 单选】下列各项中，适用我国企业所得税法律制度的是（　　）。

A. 有限责任公司　　B. 合伙企业

C. 个人独资企业　　D. 个体工商户

【答案】A

【例题 27 · 单选】某企业自行申报的年度收入总额为 180 万元，应扣除的成本费用合计数为 200 万元，全年亏损 20 万元。经税务机关核查，假定对该企业采用成本费用和应税所得率核定应纳税所得额，应税所得率为 20%，所得税税率为 25%，则该企业年度应缴纳的企业所得税为（　　）万元。

A. 4.5　　B. 12.5　　C. 13.5　　D. 15

【答案】B

【例题 28 · 多选】下列各项中，属于现行企业所得税税率的有（　　）。

A. 15% B. 20% C. 25% D. 33%

【答案】ABC

第4节习题

一、单项选择题

1. 根据《企业所得税法》的规定，下列各项中，不属于企业所得税纳税人的是（ ）。

A. 国有企业 B. 外商独资企业

C. 合伙企业 D. 集体企业

2. 纳税人按规定缴纳的下列各项税收中，在计算应纳税所得额时，不准扣除的是（ ）。

A. 消费税 B. 增值税

C. 土地增值税 D. 城市维护建设税

3. 在计算应纳税所得额时，企业下列收入为不征税收入，不计入应纳税所得额的是（ ）。

A. 居民企业之间的股息收益

B. 财政拨款收入

C. 居民企业之间的红利收益

D. 国债利息收入

4. 企业纳税年度发生的亏损，准予向以后年度结转，用以后年度的所得弥补，但结转年限最长不得超过（ ）年。

A. 3 B. 5

C. 8 D. 10

5. 下列各项中，在计算应纳税所得额时，不得从收入总额中扣除的是（ ）。

A. 与生产经营有关的业务招待费

B. 转让固定资产发生的费用

C. 在生产经营期间发生的汇兑损失

D. 向投资者支付的股息、红利等权益性投资收益

6. 下列各项中，不属于企业所得税征税收入的是（ ）。

A. 转让财产收入

B. 股息、红利等权益性投资收益

C. 租金收入

D. 依法收取并纳入财政管理的行政事业性收费

7. 我国企业所得税适用的税率属于（ ）。

A. 超额累进税率 B. 超率累进税率

C. 定额税率 D. 比例税率

8. 对于符合条件的小型微利企业，按（ ）的税率征收企业所得税。

A. 20% B. 10%

C. 15% D. 25%

9. 某外商投资企业2015年取得利润总额5 000万元，其中营业外收支和投资收益项目已列收支为：通过民政部门向灾区进行公益性捐款100万元，国债利息收入20万元。假设无其他调整事项。根据企业所得税法律制度的规定，该外商投资企业2015年应纳税所得额为（ ）万元。

A. 4 980 B. 5 040

C. 5 124 D. 5 080

10. 甲公司2015年实现利润总额320万元，无其他纳税调整事项。甲公司2014年会计利润亏损额为280万，经税务机关核实的亏损额为300万元。该公司2015年应缴纳的企业所得税为（ ）万元。

A. 80 B. 5

C. 10 D. 15

11. 根据《企业所得税法》的规定，下列关于企业所得税税率的说法中，不正确的有（ ）。

A. 居民企业适用税率25%

B. 非居民企业取得来源于中国境内的所得适用税率均为10%

C. 符合条件的小型微利企业适用税率20%

D. 未在中国境内设立机构、场所的非居民企业，取得来源于中国境内的所得适用税率20%

12. 根据《企业所得税法》的规定，企业所得税的征收办法是（ ）。

A. 按月征收

B. 按季计征，分月预缴

C. 按季征收

D. 按年计征，分月或分季预缴

13. 非居民企业在中国境内未设立机构、场所的，以（　　）为企业所得税纳税地点。

A. 收入发生地

B. 业务发生地

C. 扣缴义务人所在地

D. 机构、场所所在地

14. 下列各项中，在计算企业所得税应纳税所得额时不得扣除的项目是（　　）。

A. 销售费用

B. 企业所得税

C. 消费税

D. 已发生的经营亏损

15. 根据《企业所得税法》的规定，计算企业所得税应纳税所得额时，下列各项支出中允许扣除的有（　　）。

A. 税收滞纳金

B. 被没收财物的损失

C. 法定比例范围内的公益性捐赠支出

D. 向投资者支付的股息

二、多项选择题

1. 根据《企业所得税法》的规定，下列各项中，属于居民企业的有（　　）。

A. 依法在中国境内成立的企业

B. 依照外国（地区）法律成立且实际管理机构不在中国境内，但在中国境内设立机构、场所的企业

C. 依照外国（地区）法律成立但实际管理机构在中国境内的企业

D. 依照外国（地区）法律成立且实际管理机构不在中国境内，在中国境内未设立机构、场所，但有来源于中国境内所得的企业

2. 根据《企业所得税法》的规定，下列属于小型微利企业认定标准的是（　　）。

A. 企业应纳税所得额在 300 万元以上 500 万元以下

B. 企业应纳税所得额在 300 万元以下

C. 企业的从业人数在 300 人以上，并且资产总额在 5 000 万元以上 8 000 万元以下

D. 企业的从业人数在 300 人以下，并且资产总额在 5 000 万元以下

3. 根据《企业所得税法》的规定，下列各项中，属于收入总额中不征税收入的有（　　）。

A. 财政拨款

B. 接受捐赠收入

C. 依法收取的政府性基金

D. 依法收取并纳入财政管理的行政事业性收费

4. 根据《企业所得税法》的规定，在计算应纳税所得额时，企业在生产经营活动中发生的下列利息支出准予扣除的有（　　）。

A. 企业经批准发行债券的利息支出

B. 非金融企业向金融企业借款的利息支出

C. 非金融企业向非金融企业借款的利息支出

D. 金融企业的各项存款利息支出和同业拆借利息支出

5. 企业发生的符合条件的（　　）支出，除国务院财政、税务主管部门另有规定外，不超过当年销售（营业）收入 15%的部分，准予扣除。

A. 广告费　　　B. 业务招待费

C. 业务宣传费　　　D. 公益性捐赠

6. 根据《企业所得税法》的规定，在计算应纳税所得额时，下列支出中不得扣除的有（　　）。

A. 公益性捐赠支出

B. 向投资者支付的股息、红利等权益性投资收益

C. 赞助支出

D. 税收滞纳金

7. 下列关于企业所得税纳税申报的说法中，正确的有（　　）。

A. 企业所得税按纳税年度计算，分月或者分季预缴

B. 企业应当自月份或者季度终了之日起 10 日内，向税务机关报送预缴企业所得税纳税申报表，预缴税款

C. 企业应当自年度终了之日起 4 个月内，向税务机关报送年度企业所得税纳税申报表，并汇算清缴

D. 企业应当自年度终了之日起 5 个月内，向

税务机关报送年度企业所得税纳税申报表，并汇算清缴，结清应缴应退税款

8. 在计算企业所得税时，下列关于工资薪金支出和三项经费扣除的说法中，正确的是（　　）。

A. 企业发生的工资薪金可以据实扣除

B. 企业发生的职工福利费，在不超过工资薪金总额14%的范围内，准予扣除

C. 企业发生的工会经费，在不超过工资薪金总额2%的范围内，准予扣除

D. 企业发生的职工教育经费，在不超过工资薪金总额8%的范围内，准予扣除；超出部分，准予在以后纳税年度结转扣除

9. 下列各项中，不属于企业所得税免税收入的是（　　）。

A. 银行存款利息收入

B. 财政拨款收入

C. 境内企业内部处置资产收入

D. 符合条件的居民企业之间的股息收入

10. 根据《企业所得税法》的规定，下列支出项目中，在计算企业所得税应纳税所得额时不得扣除的有（　　）。

A. 税收滞纳金

B. 银行按规定加收的罚息

C. 被没收财物的损失

D. 未经核定的准备金支出

11. 根据《企业所得税法》的规定，下列关于企业所得税纳税地点的说法中，正确的有（　　）。

A. 除另有规定外，居民企业以企业登记注册地为纳税地点

B. 非居民企业在中国境内设立机构、场所的，以机构、场所所在地为纳税地点

C. 居民企业登记注册地在境外的，以实际管理机构所在地为纳税地点

D. 非居民企业在中国境内设立两个或者两个以上机构、场所的，经税务机关审核批准，可以选择由其主要机构、场所汇总缴纳企业所得税

12. 下列各项中，属于企业所得税免税收入的有（　　）。

A. 财政拨款

B. 符合规定条件的居民企业之间的股息、红利等权益性投资收益

C. 依法收取并纳入财政管理的行政事业性收费

D. 在中国境内设立机构、场所的非居民企业从居民企业取得的与该机构、场所有实际联系的股息、红利等权益性投资收益

13. 企业所得税的征税对象是指企业的（　　）。

A. 生产经营所得

B. 其他所得

C. 清算所得

D. 国债利息收入所得

14. 根据企业所得税法律制度的规定，企业当年发生的某些费用，超过税法规定的扣除标准，允许结转以后纳税年度扣除，下列各项中属于此类费用的有（　　）。

A. 广告费　　B. 业务宣传费

C. 工会经费　　D. 职工教育经费

15. 下列关于企业所得税的说法中，错误的有（　　）。

A. 国有企业、集体企业、合伙企业均是企业所得税的纳税人

B. 依照外国法律成立，未在中国境内设立机构、场所的公司不是我国的企业所得税纳税人

C. 居民企业应就其来源于中国境内和境外的全部所得缴纳企业所得税

D. 非居民企业仅就其来源于中国境内的所得缴纳企业所得税

16. 下列关于企业所得税税率的表述中，正确的有（　　）。

A. 企业所得税实行比例税率

B. 企业所得税的基本税率为25%

C. 在中国境内未设立机构、场所的非居民企业适用低税率20%

D. 在中国境内虽设立机构、场所，但取得的所得与其所设机构、场所没有实际联系的非居民企业，适用的企业所得税税率

为 20%

17. 根据企业所得税法律制度的规定，下列说法中正确的有（　　）。

A. 企业发生的与经营活动有关的业务招待费支出，按照发生额的 60%扣除，且不能超过当年销售（营业）收入的 5‰

B. 企业发生的符合条件的广告费和业务宣传费支出，不超过当年销售（营业）收入 15%的部分准予扣除

C. 企业发生的捐赠支出，不超过年度利润总额 12%的部分，准予在计算应纳税所得额时扣除

D. 纳税人逾期归还银行贷款，银行按规定加收的罚息，允许在税前扣除

三、判断题

1. 纳税人将承揽的运输业务分给其他单位或者个人的，以其取得的全部价款和价外费用扣除其支付给其他单位或者个人的运输费用后的余额为营业额。（　　）

2. 外汇、有价证券、期货等金融商品买卖业务，以卖出价为营业额。（　　）

3. 纳税人转让无形资产，应当向无形资产所在地的主管税务机关申报纳税。（　　）

4. 企业所得税的纳税年度自公历 1 月 1 日起至 12 月 31 日止。（　　）

5. 企业所得税的纳税人包括个人独资企业。（　　）

6.《企业所得税法》中所称居民企业，是指依法在中国境内成立，或者依照外国（地区）法律成立但实际管理机构在中国境内的企业。（　　）

7. 居民企业应当就其来源于中国境内、境外的所得缴纳企业所得税；非居民企业应当就其取得的来源于中国境内的所得缴纳企业所得税。（　　）

8. 企业取得的由国务院财政、税务主管部门规定专项用途并经国务院批准的财政性资金为免税收入。（　　）

9. 企业发生的公益性捐赠支出，在应纳税所得额 12%以内的部分，准予在计算应纳税所得额时扣除。（　　）

10. 根据《企业所得税法》的规定，在计算应纳税所得额时，企业向投资者支付的股息、红利等权益性投资收益不得扣除。（　　）

11. 企业所得税实行按年计征、分季预缴、年终汇算清缴、多退少补的办法。（　　）

12. 个人独资企业和合伙企业均适用我国企业所得税法律制度。（　　）

13.《企业所得税法》规定，企业应当自年度终了之日起 4 个月内，向税务机关报送年度企业所得税申报表，并汇算清缴税款。（　　）

14. 企业发生的与生产经营活动有关的业务招待费支出，按照发生额的 50%扣除，但最高不得超过当年销售（营业）收入的 5%。（　　）

15. 财政拨款属于《企业所得税法》规定的不征税收入。（　　）

16. 企业应纳税所得额的计算，应当以收付实现制为原则。（　　）

17. 企业纳税年度发生的亏损，可以用下一纳税年度的所得弥补；下一纳税年度的所得不足弥补的，可以逐年延续弥补，但是延续弥补期最长不得超过 5 年。（　　）

18. 纳税人逾期归还银行贷款，银行按规定加收的罚息属于行政性罚款，不允许在税前扣除。（　　）

19. 纳税年度的实际经营期不足 12 个月的，应当以实际经营期为一个纳税年度。（　　）

第 5 节　个人所得税

2018 年 8 月 31 日第十三届全国人民代表大会常务委员会第五次会议对《中华人民共和国个人所得税法》进行了第七次修正，从 2019 年 1 月 1 日起执行。

一、个人所得税的纳税人和征税范围

（一）纳税人分类及其纳税义务

1. 居民纳税人

在中国境内有住所，或者无住所而一个纳税年度内在中国境内居住累计满183天的个人，为居民个人。居民个人取得综合所得，按年计算个人所得税；有扣缴义务人的，由扣缴义务人按月或者按次预扣预缴税款；需要办理汇算清缴的，应当在取得所得的次年3月1日至6月30日内办理汇算清缴。

提示

居民个人从中国境内和境外取得的所得，缴纳个人所得税。纳税人有中国公民身份号码的，以中国公民身份号码为纳税人识别号；纳税人没有中国公民身份号码的，由税务机关赋予其纳税人识别号。扣缴义务人扣缴税款时，纳税人应当向扣缴义务人提供纳税人识别号。

2. 非居民纳税人

在中国境内无住所又不居住，或者无住所而一个纳税年度内在中国境内居住累计不满183天的个人，为非居民个人。非居民个人取得工资、薪金所得，劳务报酬所得，稿酬所得和特许权使用费所得，有扣缴义务人的，由扣缴义务人按月或者按次代扣代缴税款，不办理汇算清缴。

个人所得税的两类纳税人及其纳税义务如表4-6所示。

表4-6 个人所得税纳税人分类及纳税义务

纳税人	判定标准	纳税义务
居民纳税人	（1）在中国境内有住所 （2）在中国境内无住所而一个纳税年度内在中国境内居住累计满183天的个人	就从中国境内和境外取得的所得缴纳个人所得税
非居民纳税人	（1）在中国境内无住所又不居住 （2）在中国境内无住所而一个纳税年度内在中国境内居住累计不满183天的个人	就从中国境内取得的所得缴纳个人所得税

（二）征税范围

下列各项个人所得应当缴纳个人所得税：

（1）综合所得。包括工资、薪金所得、劳务报酬所得、稿酬所得、特许权使用费所得。

（2）经营所得。

（3）利息、股息、红利所得。

（4）财产租赁所得。

（5）财产转让所得。

（6）偶然所得。

二、个人所得税的税率

（一）综合所得的个人所得税税率

综合所得个人所得税适用 3%～45%的超额累进税率，如表 4-7 所示。

表 4-7　综合所得个人所得税税率表

级数	全年应纳税所得额（按年汇算清缴使用）	全月应纳税所得额（按月预扣预缴使用）	税率（%）	速算扣除数
1	不超过 36 000 元的	不超过 3 000 元的	3	0
2	超过 36 000 元至 144 000 元的部分	超过 3 000 元至 12 000 元的部分	10	2 520
3	超过 144 000 元至 300 000 元的部分	超过 12 000 元至 25 000 元的部分	20	16 920
4	超过 300 000 元至 420 000 元的部分	超过 25 000 元至 35 000 元的部分	25	31 920
5	超过 420 000 元至 660 000 元的部分	超过 35 000 元至 55 000 元的部分	30	52 920
6	超过 660 000 元至 960 000 元的部分	超过 55 000 元至 80 000 元的部分	35	85 920
7	超过 960 000 元的部分	超过 80 000 元的部分	45	181 920

提示

非居民个人取得工资、薪金所得，劳务报酬所得，稿酬所得和特许权使用费所得，依照按月换算后的应纳税所得额计算应纳税额。

（二）经营所得的个人所得税税率

经营所得的个人所得税适用 5%～35%的超额累进税率，如表 4-8 所示。

表 4-8　经营所得个人所得税税率表

级数	全年应纳税所得额	税率（%）	速算扣除数
1	不超过 30 000 元的部分	5	0
2	超过 30 000 元至 90 000 元的部分	10	1 500
3	超过 90 000 元至 300 000 元的部分	20	10 500
4	超过 300 000 元至 500 000 元的部分	30	40 500
5	超过 500 000 元的部分	35	65 500

（三）其他所得的个人所得税税率

利息、股息、红利所得，财产租赁所得，财产转让所得和偶然所得适用比例税率，税率为 20%。

三、个人所得税的优惠范围

（一）免征个人所得税范围

下列各项个人所得，免征个人所得税：

（1）省级人民政府、国务院部委和中国人民解放军军以上单位，以及外国组织、国际组织颁发的科学、教育、技术、文化、卫生、体育、环境保护等方面的奖金；

（2）国债和国家发行的金融债券利息；

（3）按照国家统一规定发给的补贴、津贴；

（4）福利费、抚恤金、救济金；

（5）保险赔款；

（6）军人的转业费、复员费、退役金；

（7）按照国家统一规定发给干部、职工的安家费、退职费、基本养老金或者退休费、离休费、离休生活补助费；

（8）依照有关法律规定应予免税的各国驻华使馆、领事馆的外交代表、领事官员和其他人员的所得；

（9）中国政府参加的国际公约、签订的协议中规定免税的所得；

（10）国务院规定的其他免税所得。

（二）减征个人所得税范围

有下列情形之一的，可以减征个人所得税，具体幅度和期限由省、自治区、直辖市人民政府规定，并报同级人民代表大会常务委员会备案：

（1）残疾、孤老人员和烈属的所得；

（2）因自然灾害遭受重大损失的。

国务院可以规定其他减税情形，报全国人民代表大会常务委员会备案。

（三）个人捐赠的优惠范围

个人将其所得对教育、扶贫、济困等公益慈善事业进行捐赠，捐赠额未超过纳税人申报的应纳税所得额 30%的部分，可以从其应纳税所得额中扣除；国务院规定对公益慈善事业捐赠实行全额税前扣除的，从其规定。

四、个人所得税的纳税申报时间

（一）纳税人的纳税申报时间

（1）纳税人取得经营所得，按年计算个人所得税，由纳税人在月度或者季度终了后 15 日内向税务机关报送纳税申报表，并预缴税款；在取得所得的次年 3 月 31 日前办理汇算清缴。

（2）纳税人取得利息、股息、红利所得，财产租赁所得，财产转让所得和偶然所得，按月或者按次计算个人所得税，有扣缴义务人的，由扣缴义务人按月或者按次代扣代缴税款。

（3）纳税人取得应税所得没有扣缴义务人的，应当在取得所得的次月 15 日内向税务机关报送纳税申报表，并缴纳税款。

（4）纳税人取得应税所得，扣缴义务人未扣缴税款的，纳税人应当在取得所得的次年 6 月 30 日前缴纳税款；税务机关通知限期缴纳的，纳税人应当按照期限缴纳税款。

（5）居民个人从中国境外取得所得的，应当在取得所得的次年 3 月 1 日至 6 月 30 日内申报纳税。非居民个人在中国境内从两处以上取得工资、薪金所得的，应当在取得所得的次月 15 日内申报纳税。

（6）纳税人因移居境外注销中国户籍的，应当在注销中国户籍前办理税款清算。

（二）扣缴义务人的纳税申报时间

扣缴义务人每月或者每次预扣、代扣的税款，应当在次月 15 日内缴入国库，并向税务机关报送扣缴个人所得税申报表。税务机关对扣缴义务人按照所扣缴的税款，付给 2%的手续费。

纳税人办理汇算清缴退税或者扣缴义务人为纳税人办理汇算清缴退税的，税务机关审核后，按照国库管理的有关规定办理退税。

五、有关个人所得税的特殊规定

（一）个人需要依法办理纳税申报的情形

有下列情形之一的，纳税人应当依法办理纳税申报：

（1）取得综合所得需要办理汇算清缴；

（2）取得应税所得没有扣缴义务人；

（3）取得应税所得，扣缴义务人未扣缴税款；

（4）取得境外所得；

（5）因移居境外注销中国户籍；

（6）非居民个人在中国境内从两处以上取得工资、薪金所得；

（7）国务院规定的其他情形。

（二）扣缴义务人的提示事项

（1）扣缴义务人应当按照国家规定办理全员全额扣缴申报，并向纳税人提供其个人所得和已扣缴税款等信息。

（2）居民个人向扣缴义务人提供专项附加扣除信息的，扣缴义务人按月预扣预缴税款时应当按照规定予以扣除，不得拒绝。

（3）非居民个人取得工资、薪金所得，劳务报酬所得，稿酬所得和特许权使用费所得，有扣缴义务人的，由扣缴义务人按月或者按次代扣代缴税款，不办理汇算清缴。

（4）居民个人从中国境外取得的所得，可以从其应纳税额中抵免已在境外缴纳的个人所得税税额，但抵免额不得超过该纳税人境外所得依照本法规定计算的应纳税额。

（三）税务机关的纳税调整规定

有下列情形之一的，税务机关有权按照合理方法进行纳税调整：

（1）个人与其关联方之间的业务往来不符合独立交易原则而减少本人或者其关联方应纳税额，且无正当理由。

（2）居民个人控制的，或者居民个人和居民企业共同控制的设立在实际税负明显偏低的国家（地区）的企业，无合理经营需要，对应当归属于居民个人的利润不做分配或者减少分配。

（3）个人实施其他不具有合理商业目的的安排而获取不当税收利益。税务机关依照规定做出纳税调整，需要补征税款的，应当补征税款，并依法加收利息。

六、个人所得税应纳税额的计算

（一）居民和非居民的个人所得税计算

自2021年1月1日起，在纳税人累计收入不超过6万元的月份，暂不预扣预缴个人所得税；在其累计收入超过6万元的当月及年内后续月份，再预扣预缴个人所得税。

1. 居民个人工资、薪金所得的平时预扣预缴

对上一完整纳税年度内每月均在同一单位预扣预缴工资、薪金所得个人所得税且全年工资、薪金收入不超过6万元的居民个人，扣缴义务人在预扣预缴本年度工资、薪金所得个人所得税时，累计减除费用自2021年1月起，直接按照全年6万元计算扣除。即在纳税人累计收入不超过6万元的月份，暂不预扣预缴个人所得税；在其累计收入超过6万元的当月及年内后续月份，再预扣预缴个人所得税。

本期应预扣预缴税额＝(累计预扣预缴应纳税所得额×预扣率－速算扣除数)－累计减免税额－累计已预扣预缴税额

累计预扣预缴应纳税所得额＝累计收入－累计免税收入－6万－累计专项扣除－累计专项附加扣除－累计依法确定的其他扣除

扣缴义务人应当按规定办理全员全额扣缴申报，并在《个人所得税扣缴申报表》相应纳税人的备注栏注明“上年各月均有申报且全年收入不超过6万元”字样。对按照累计预扣法预扣预缴劳务报酬所得个人所得税的居民个人，扣缴义务人比照执行。

如扣缴义务人预计本年度发放给其的收入将超过6万元，纳税人需要纳税记录或者本人有多处所得合并后全年收入预计超过6万元等原因，扣缴义务人与纳税人可在当年1月份税款扣缴申报前经双方确认后，按照原预扣预缴方法计算并预缴个人所得税。

【例题29·计算】张某为A单位员工，2020年1—12月在A单位取得工资薪金50 000元，单位为其办理了2020年1—12月的工资薪金所得个人所得税全员全额明

细申报。2021 年，A 单位每月给其发放工资 8 000 元，个人按国家标准缴付“三险一金”2 000 元。

【解析】

按 2021 年执行的预扣预缴方法，张某 2021 年的个人所得税预扣预缴为：

1—7 月，张某因其累计收入（8 000×7＝56 000 元）不足 6 万元而无须缴税。即

1 月预扣预缴税款＝8 000－60 000＜0，不预扣税

2 月预扣预缴税款＝8 000×2－60 000＜0，不预扣税

3 月预扣预缴税款＝8 000×3－60 000＜0，不预扣税

4 月预扣预缴税款＝8 000×4－60 000＜0，不预扣税

5 月预扣预缴税款＝8 000×5－60 000＜0，不预扣税

6 月预扣预缴税款＝8 000×6－60 000＜0，不预扣税

7 月预扣预缴税款＝8 000×7－60 000＜0，不预扣税

从 8 月起，张某累计收入超过 6 万元，每月需要预扣预缴的税款为：

8 月预扣预缴税款＝(8 000×8－2 000×8－60 000)×3%－0＜0，不预扣税

9 月预扣预缴税款＝(8 000×9－2 000×9－60 000)×3%－0＜0，不预扣税

10 月预扣预缴税款＝(8 000×10－2 000×10－60 000)×3%－0＝0(元)

11 月预扣预缴税款＝(8 000×11－2 000×11－60 000)×3%－0＝180(元)

12 月预扣预缴税款＝(8 000×12－2 000×12－60 000)×3%－180＝180(元)

说明：假设 A 单位预计 2021 年为张某全年发放工资 96 000 元，也可在 2021 年 1 月工资发放前和张某确认后，按照原预扣预缴方法每月扣缴申报 30 元税款。

【例题 30 · 计算】假如张某取得一次性劳务报酬 20 000 元，在学术期刊发表一篇论文，取得稿酬所得 50 000 元，这两笔所得的预扣预缴个人所得税额计算过程为：

应纳税所得额＝20 000×(1－20%)＋50 000×(1－20%)×70%＝44 000(元)

应预扣预缴个人所得税＝44 000×20%＝8 800(元)

2. 居民个人年综合所得的个人所得税计算

居民个人综合所得的个人所得税按照全年应纳税所得额进行计算，居民个人综合所得，以每一纳税年度收入额减除费用六万元以及专项扣除、专项附加扣除和依法确定的其他扣除后的余额为应纳税所得额。其计算公式为：

年应纳税额＝应纳税所得额×适用税率－速算扣除数
　　　　　＝(每一纳税年度的综合所得收入额－费用 60 000 元－专项扣除－专项附加扣除－依法确定的其他扣除)×适用税率－速算扣除数

专项扣除额＝基本养老保险＋基本医疗保险＋失业保险＋住房公积金
　　　　　＝三险一金

专项附加扣除＝子女教育支出＋继续教育支出＋大病医疗支出＋住房贷款利息(或住房租金)支出＋赡养老人支出

提示

年综合所得收入额＝年工资薪金所得＋年劳务报酬所得＋年稿酬所得＋年特许权使用费所得

①年工资薪金所得＝年工资薪金税前收入

②年劳务报酬所得＝（年劳务报酬税前收入－800）或年劳务报酬税前收入×（1－20％）

③年稿酬所得＝年稿酬税前收入×（1－20％）×70％

④年特许权使用费所得＝年特许权使用费税前收入×（1－20％）

【例题31·计算】张某2019年取得工资、薪金10 000元/月，取得劳务报酬20 000元，在学术期刊上发表一篇论文，取得稿酬50 000元，本年符合条件的专项扣除和专项附加扣除共计42 000元，计算2019年张某综合所得应纳所得税额。

【解析】

（1）年综合所得总额＝工资、薪金收入额＋劳务报酬收入额＋稿酬收入额
＝10 000×12＋20 000×（1－20％）＋50 000×（1－20％）×70％
＝120 000＋16 000＋28 000
＝164 000（元）

综合所得应纳税所得额＝164 000－60 000－42 000＝62 000（元）

全年应纳个人所得税额＝62 000×10％－2 520＝3 680（元）

（2）已预扣预缴所得税额＝45×12＋8 800＝9 340（元）

（3）汇算清缴应纳税额＝全年应纳所得税额－累计预扣预缴所得税额
＝3 680－9 340＝－5 660（元）

次年3—6月，张某汇算清缴可获得退还个人所得税5 660元。

3. 非居民个人工资、薪金所得的个人所得税计算

非居民个人取得工资、薪金所得，劳务报酬所得，稿酬所得和特许权使用费所得，依照按月换算后的应纳税所得额计算应纳税额。其计算公式为：

月应纳税额＝（每月收入额－费用5 000元）×税率－速算扣除额

其中，非居民个人的劳务报酬所得、稿酬所得、特许权使用费所得，以每次收入额为应纳税所得额。

（二）经营所得的个人所得税计算

年应纳税额＝（每一纳税年度的收入总额－成本－费用－损失）×税率－速算扣除额

（三）财产租赁所得的个人所得税计算

（1）每次收入不超过4 000元的，其计算公式为：

每次应纳税额=(每次收入−费用 800 元)×20%

(2) 每次收入在 4 000 元以上的，其计算公式为：

每次应纳税额=每次收入×(1−20%)×20%

(四) 财产转让所得的个人所得税计算

每次应纳税额=(收入总额−财产原值−合理税费)×20%

其中，个人转让不动产的，税务机关应当根据不动产登记等相关信息核验应缴的个人所得税，登记机构办理转移登记时，应当查验与该不动产转让相关的个人所得税的完税凭证。个人转让股权办理变更登记的，市场主体登记机关应当查验与该股权交易相关的个人所得税的完税凭证。

(五) 利息、股息、红利所得的个人所得税计算

应纳税额=每次收入额×20%

七、个人所得税的专项附加扣除

为了让纳税人办税零往返，除了传统的税务局大厅实体办税，国家税务总局建立了扣缴客户端、网页 Web 端、手机 APP 端三个远程办税端口，扣缴客户端主要面向代扣代缴的企事业行政单位，网页 Web 端和手机 APP 端主要面向自然人个人，三个端口从 2019 年 1 月 1 日正式开放。

提示

纳税人享受六项专项附加扣除，无论是选择在扣缴单位发工资时享受扣除，还是选择次年自行向税务机关办理汇算清缴申报时扣除，仅需填写并报送专项附加扣除相关信息即可。

1. 专项附加扣除政策

六项专项附加扣除的归纳见表 4-9。

表 4-9　六项专项附加扣除表

项目	标准
1. 子女教育	纳税人的子女接受学前教育和学历教育的相关支出，按照每个子女每年 12 000 元（每月 1 000 元）的标准定额扣除
2. 继续教育	纳税人接受学历继续教育的支出，在学历教育期间按照每年 4 800 元（每月 400 元）定额扣除

续表

<table>
<tr><th colspan="2">项目</th><th>标准</th></tr>
<tr><td colspan="2">3. 大病医疗</td><td>一个纳税年度内，在社会医疗保险管理信息系统记录的（包括医保目录范围内的自付部分和医保目录范围外的自费部分）由个人负担超过 15 000 元的医药费用支出部分，为大病医疗支出，可以按照每年 60 000 元的标准限额据实扣除</td></tr>
<tr><td colspan="2">4. 住房贷款利息</td><td>纳税人本人或配偶使用商业银行或住房公积金个人住房贷款为本人或其配偶购买住房，发生的首套住房贷款利息支出，在偿还贷款期间，可以按照每年 12 000 元（每月 1 000 元）的标准定额扣除。非首套住房贷款利息支出，纳税人不得扣除</td></tr>
<tr><td rowspan="3">5. 住房租金</td><td>承租的住房位于直辖市、省会城市、计划单列市以及国务院确定的其他城市</td><td>扣除标准为每年 14 400 元（每月 1 200 元）</td></tr>
<tr><td>承租的住房位于其他城市的，市辖区户籍人口超过 100 万的</td><td>扣除标准为每年 12 000 元（每月 1 000 元）</td></tr>
<tr><td>承租的住房位于其他城市的，市辖区户籍人口不超过 100 万（含）的</td><td>扣除标准为每年 9 600 元（每月 800 元）</td></tr>
<tr><td rowspan="2">6. 赡养老人</td><td>独生子女</td><td>按照每年 24 000 元（每月 2 000 元）的标准定额扣除</td></tr>
<tr><td>非独生子女</td><td>应当与其兄弟姐妹分摊每年 24 000 元（每月 2 000 元）的扣除额度，分摊方式包括平均分摊、被赡养人指定分摊或者赡养人约定分摊，具体分摊方式在一个纳税年度内不得变更。采取指定分摊或约定分摊方式的，每一纳税人分摊的扣除额最高不得超过每年 12 000 元（每月 1 000 元），并签订书面分摊协议</td></tr>
</table>

2. 专项附加扣除政策的两种主要办理途径

（1）由单位按月发工资预扣税款时办理。除大病医疗以外，对其他五项扣除，纳税人可以选择在单位发放工资薪金时，按月享受专项附加扣除政策。首次享受时，需要填写《个人所得税专项附加扣除信息表》并报送给任职受雇单位，单位在每个月发放工资时，与“三险一金”的代扣一样，为纳税人办理专项附加扣除。

（2）自行在年度综合所得汇算清缴申报时办理。一般来讲，有以下情形之一的，纳税人可以选择在次年 3 月 1 日至 6 月 30 日内，自行向汇缴地主管税务机关办理汇算清缴申报时进行专项附加扣除，税款多退少补；个人所得税专项附加扣除信息随纳税申报表一并报送：①不愿意通过单位办理扣除，未将相关专项附加扣除信息报送给任职受雇单位的；②没有工资、薪金所得，但有劳务报酬所得、稿酬所得、特许权使用费所得的；③有大病医疗支出项目的；④纳税年度内未享受或未足额享受专项附加扣除等情形。

提示

如果同时有两个以上发工资的单位，那么对同一个专项附加扣除项目，在一个纳税年度内，纳税人只能选择在其中一个单位办理扣除。

第 5 节习题

一、单项选择题

1. 个人所得税的纳税人办理税务登记的办法由（　　）另行规定。

A. 国家税务总局　　B. 国务院

C. 税务机关　　D. 财政部门

2. 根据税法的规定，个人所得税的纳税义务人不包括（　　）。

A. 个体工商户

B. 个人独资企业投资者

C. 有限责任公司

D. 在中国境内有所得的外籍个人

3. 以下所得中，应按综合所得缴纳个人所得税的是（　　）。

A. 个人提供担保取得的收入

B. 个人取得的储蓄存款利息收入

C. 个人对其任职公司投资取得的股息

D. 个人在高校讲学取得的收入

4. 某摄影师 2019 年将其精选的摄影作品交由某杂志社出版，该杂志社付给其报酬 8 万元。该报酬在缴纳个人所得税时应计入（　　）。

A. 劳务报酬所得

B. 综合所得

C. 财产转让所得

D. 特许权使用费所得

5. 根据《个人所得税法》的规定，纳税人在自行申报纳税时从两处或两处以上取得应纳税所得的，其纳税地点的选择是（　　）。

A. 收入来源地

B. 税务局指定地点

C. 纳税人户籍所在地

D. 纳税人选择固定一地申报纳税

6. 根据《个人所得税法》的规定，下列利息收入中应缴纳个人所得税的是（　　）。

A. 国家发行的金融债券利息

B. 国债利息

C. 储蓄存款利息

D. 参加企业集资取得的利息

7. 下列个人所得中，适用比例税率的是（　　）。

A. 工资、薪金所得

B. 个体工商户的生产、经营所得

C. 对企事业单位的承包承租经营所得

D. 劳务报酬所得

8. 某作家的一部书稿 2019 年在某出版社出版，第一个月获得稿酬 3 000 元，第二个月再版时获得稿酬 5 000 元，每月在出版社取得工资收入 6 000 元，全年共计 72 000 元。假设该编辑当年无其他收入，该编辑 2019 年应缴纳个人所得税（　　）元。

A. 494.4　　B. 840.3

C. 580.6　　D. 440.2

9. 根据《个人所得税法》的规定，纳税人应依法办理纳税申报的情形是（　　）。

A. 取得综合所得不需要办理汇算清缴的

B. 取得应税所得有扣缴义务人的

C. 取得境内所得的

D. 非居民个人在中国境内从两处以上取得工资薪金的

10. 2019 年 1 月，作为航空公司金卡会员的贾某被邀请参加抽奖活动，获得奖金 25 000 元，贾某对获得的奖金所得应缴纳个人所得税（　　）元。

A. 1 500　　B. 3 200

C. 4 500　　D. 5 000

11. 根据《个人所得税法》的规定，工资薪金所得适用（　　）的超额累进税率。

A. 3%～35%　　B. 3%～40%

C. 3%～45%　　D. 3%～50%

12. 下列关于个人所得税中“次”的表述，正确的是（　　）。

A. 劳务报酬所得属于同一事项连续取得收入的，以一年内取得的收入为一次

B. 同一作品再版取得所得与以前出版发表时取得的稿酬合并计算为一次

C. 同一作品先连载后出版的，或者先出版后连载的，视为两次

D. 同一作品在出版和发表时分次支付稿酬的，应分次计算

13. 劳务报酬所得以收入减除（　　）的费用后的余额为收入额。

A. 10%　　B. 40%

C. 30%　　D. 20%

14. 王某于2019年6月5日购入某上市公司股票，2019年6月28日转让该股票并从该上市公司分得红利1 000元，则王某分得红利应纳个人所得税（　　）元。

A. 320　　B. 600

C. 200　　D. 640

15. 某自然人2019年2月将自有的一套房屋出售，取得房屋转让所得45万元，该房屋原值为33万元，发生相关转让费用2万元，其应就房屋转让缴纳个人所得税（　　）万元。

A. 1.6　　B. 1.8

C. 2　　D. 3.2

16. 稿酬所得的收入额为实际取得稿酬收入的（　　）。

A. 20%　　B. 56%

C. 80%　　D. 76%

17.《个人所得税法》规定，月综合所得除专项扣除和专项附加扣除外，还应扣除（　　）元，其余额为应纳税所得额。

A. 3 500　　B. 4 300

C. 5 500　　D. 5 000

18. 下列关于个人所得税的表述中，不正确的是（　　）。

A. 同一作品再版所得，应视作另一次稿酬所得计征个人所得税

B. 同一作品在报刊上连载取得的收入，以每次连载的收入为一次，计征个人所得税

C. 财产租赁所得，以一个月内取得的收入为一次，计征个人所得税

D. 偶然所得，以每次收入为一次，计征个人所得税

19. 李某买彩票取得一次性收入90 000元，当即从中拿出20 000元通过国家机关捐赠给受灾地区。李某就彩票取得的一次性收入应缴纳的个人所得税为（　　）元。

A. 18 000　　B. 14 000

C. 12 600　　D. 15 000

20. 下列各项所得中，应按次计算缴纳个人所得税的是（　　）。

A. 稿酬所得

B. 财产租赁所得

C. 特许权使用费所得

D. 劳务报酬所得

二、多项选择题

1. 个人所得税的税率形式有（　　）。

A. 定额税率　　B. 比例税率

C. 超额累进税率　　D. 超率累进税率

2. 下列项目中属于专项附加扣除的是（　　）。

A. 子女教育

B. 养老保险

C. 职业年金

D. 大病医疗

3. 根据《个人所得税法》的规定，下列各项中，属于个人所得税应税项目的有（　　）。

A. 劳动报酬所得　　B. 稿酬所得

C. 保险赔款所得　　D. 彩票中奖所得

4. 下列各项中，适用超额累进税率计征个人所得税的有（　　）。

A. 个体工商户的生产经营所得

B. 工资、薪金所得

C. 企事业单位的承包经营所得

D. 财产转让所得

5. 下列个人所得中，以每次收入额为应纳税

所得额的项目是（ ）。

A. 工资、薪金所得

B. 利息、股息、红利所得

C. 特许权使用费所得

D. 偶然所得

6. 下列应税项目中，按年计算征收个人所得税的有（ ）。

A. 综合所得

B. 稿酬所得

C. 偶然所得

D. 劳务报酬所得

7. 下列各项中，符合《个人所得税法》规定的有（ ）。

A. 利息、股息、红利所得按 30%税率一次性征收个人所得税

B. 军人的转业费、复员费、退役金免征个人所得税

C. 残疾、孤老人员和烈属的所得可以减征个人所得税

D. 财产租赁所得，每次收入不超过 4 000 元的，减除费用 800 元后征收个人所得税

8. 根据《个人所得税法》的规定，区分居民纳税人和非居民纳税人的依据有（ ）。

A. 住所　　B. 国籍

C. 收入地　　D. 居住时间

9. 下列各项中，应按“个体工商户生产、经营所得”项目征税的有（ ）。

A. 个人因从事彩票代销业务而取得的所得

B. 个人担任董事职务取得的董事费收入

C. 有限责任公司的个人投资者以企业资金为本人购买的汽车

D. 个人独资企业支付给投资者的工资、薪金

10. 下列各项中，免征或暂免征收个人所得税的有（ ）。

A. 离退休人员按规定领取的离退休工资

B. 国家民政部门支付给个人的生活困难补助费

C. 单位为个人缴付的住房公积金

D. 外籍个人以现金形式取得的住房补贴和伙食补贴

11. 下列所得可以免征个人所得税的是（ ）。

A. 省级人民政府颁发的环境保护奖

B. 存款利息

C. 保险赔款

D. 军人的转业、复原费

12. 下列有关个人所得税申报规则的叙述中，正确的是（ ）。

A. 居民个人取得综合所得，按月计算个人所得税

B. 纳税人取得应税所得没有扣缴义务人的，应当在取得所得的次月 15 日内向税务机关报送纳税申报表，并缴纳税款

C. 非居民个人取得工资、薪金所得，劳务报酬所得，稿酬所得和特许权使用费所得，有扣缴义务人的，由扣缴义务人按月或者按次代扣代缴税款，并办理汇算清缴

D. 需要办理汇算清缴的，应当在取得所得的次年 3 月 1 日至 6 月 30 日内办理汇算清缴

13. 下列关于个人所得税申报期限的说法，正确的是（ ）。

A. 取得综合所得需办理汇算清缴的，在取得所得的次年 3 月 1 日至 6 月 30 日办理纳税申报

B. 经营所得在月度或季度终了后 15 日内办理预缴纳税申报

C. 纳税人取得应税所得，没有扣缴义务人的，应当在取得所得的次月 15 日内申报纳税

D. 纳税人取得应税所得，但扣缴义务人未扣缴税款的，应在取得所得的次年 3 月 1 日前缴纳税款

14. 下列所得中，应当作为综合所得缴纳个人所得税的有（ ）。

A. 小钱购买福利彩票中奖 3 万元

B. 小李在国企任职的工资所得 6 万元

C. 小赵转让股票获得 2 万元

D. 小王出租商铺的租金所得 3 万元

15. 下列各项所得中，应计入劳务报酬项目的是（ ）。

A. 某大学教授从甲企业取得的咨询费

B. 某公司高管从乙大学取得的讲课费

C. 某设计院设计师从丙家装公司取得的设计费

D. 某教授从丁公司取得的董事费

16. 以下各项中，应按照财产转让所得项目征收个人所得税的有（　　）。

A. 个人转让债券取得的所得

B. 个人转让住房取得的所得

C. 转让著作权使用权

D. 转让注册商标使用权

17. 2019年12月，王老师出版一本书，获得稿酬收入35 000元，该年度工资收入为72 000元，无其他收入。关于王老师收入的说法正确的有（　　）。

A. 稿酬收入应单独计算个人所得税

B. 王老师2019年度个人所得税的应纳税所得额为31 600元

C. 王老师2019年度应缴纳个人所得税948元

D. 王老师在计算应缴纳的个人所得税时应扣除60 000元的费用

18. 根据《个人所得税法》的规定，下列情况中纳税人应当按照规定自行到主管税务机关办理纳税申报的有（　　）。

A. 赵某2019年取得综合所得6万元、出租房屋所得9万元

B. 周某作为集团总公司的外派主管人员，每月除在集团公司总部取得20 000万元工资外，还在外派的子公司取得6 000元工资

C. 吴某所在公司于2016年在美国上市，给予其1万股股票期权，2019年吴某行权，将其所持有的公司股票在美国纽约证券交易所出售

D. 石某自主创业，在某超市承租柜台，注册了个体工商户营业执照销售儿童服装

19. 下列各项中，说法正确的有（　　）。

A. 居民个人取得的工资、薪金所得，劳务报酬所得，稿酬所得和特许权使用费所得为综合所得，按纳税年度合并计算个人所得税

B. 综合所得，适用3%～45%的超额累进税率

C. 经营所得，适用5%～35%的超额累进税率

D. 居民个人综合所得，以每一纳税年度收入额减除费用六万元以及专项扣除、专项附加扣除和依法确定的其他扣除后的余额为应纳税所得额

20. 下列关于个人所得税的说法中，正确的是（　　）。

A. 生产经营所得，自2019年开始适用3%～45%的超额累进税率

B. 个体工商户、个人独资企业和合伙企业的生产经营所得，适用5%～35%的超额累进税率

C. 偶然所得适用比例税率，税率为20%

D. 利息、股息、红利所得，以每次收入额为应纳税所得额

21. 下列各项中，不属于综合所得的是（　　）。

A. 李某购买彩票的中奖收入

B. 张某转让股票与证券的收入

C. 甲个人独资企业的经营所得

D. 王某获得的股息、红利收入

22. 下列各项中，属于免征个人所得税的项目是（　　）。

A. 残疾、孤老人员和烈属的所得

B. 福利费、抚恤金、救济金

C. 按照国家统一规定发给干部、职工的安家费、退职费、基本养老金或者退休费、离休费、离休生活补助费

D. 依照有关法律规定应予免税的各国驻华使馆、领事馆的外交代表、领事官员和其他人员的所得

23. 个人所得税的纳税义务人包括（　　）。

A. 中国公民

B. 个体工商户

C. 外籍个人

D. 个人独资企业和合伙企业投资者

三、判断题

1. 个人取得彩票中奖一次性收入在2万元以

下的，暂免征收个人所得税。( )

2. 劳务报酬所得属于同一事项连续取得收入的，以一个月内取得的收入为一次。( )

3. 劳务报酬所得、稿酬所得、特许权使用费所得以收入减除 25%的费用后的余额为收入额。( )

4. 省级人民政府、国务院部委和中国人民解放军军以上单位，以及外国组织、国际组织颁发的科学、教育、技术、文化、卫生、体育、环境保护等方面的奖金，可以减征个人所得税。( )

5. 个人所得税的纳税人依据国籍标准，分为居民纳税人和非居民纳税人。( )

6. 根据《个人所得税法》的规定，残疾、孤老人员和烈属的所得，免征个人所得税。( )

7. 居民个人取得综合所得以每一纳税年度收入额减除费用 6 万元以及专项扣除、专项附加扣除和依法确定的其他扣除后的余额为年应纳税所得额，此处的 6 万元就是综合所得的起征点。( )

8. 个人偶然所得以每次收入额为应纳税所得额。( )

9. 个人所得税的扣缴义务人应扣未扣税款，税务机关可责令其缴纳税款，并处以应扣未扣税款 50%以上 3 倍以下罚款。( )

10. 利息、股息、红利所得应纳税额的计算公式为：应纳税额＝应纳税所得额×适用税率＝每次收入额×20%。( )

11. 财产转让所得适用的所得税税率是 25%。( )

12. 个体工商户生产经营所得与企事业单位的承包经营所得按年征收个人所得税。( )

13. 个体工商户生产经营所得与企事业单位的承包经营所得按年征收个人所得税。( )

14. 按我国的《个人所得税法》的规定，个体工商户属于个人所得税的纳税人。( )

15. 在中国境内有住所，或者无住所而一个纳税年度内在中国境内居住累计满 365 天的个人，为居民个人。( )

16. 代扣代缴中，扣缴义务人应扣未扣的税款，其应纳税款仍然由纳税人缴纳，扣缴义务人应承担应扣未扣税款 50%以上至 3 倍的罚款。( )

17. 个人取得的综合所得按月征收个人所得税。( )

18. 个人将其所得通过中国境内非营利的社会团体、国家机关向教育、公益事业和遭受严重自然灾害地区、贫困地区进行捐赠，捐赠额不超过应纳税所得额 20%的部分，可以从其应纳税所得额中扣除。( )

19. 居民个人的综合所得包括工资、薪金所得、劳务报酬所得、稿酬所得和特许权使用费所得。( )

20. 个人所得税的征税对象不仅包括个人，还包括具有自然人性质的特殊主体（个人独资企业、合伙企业）。( )

四、不定项选择题

中国居民王某是一家上市公司的员工，其 2019 年的收入情况如下：

(1) 为其他单位提供技术咨询，取得一次性个人劳务报酬 3 000 元。

(2) 工作之余发表文章，一次性取得稿酬收入 5 000 元。

(3) 在任职公司每月工资 6 500 元，全年共取得工资收入 78 000 元。

(4) 取得公司支付的不竞争款项 38 000 元。

(5) 取得公司分配的股息、红利所得 4 000 元。

根据资料，回答下列问题：

1. 下列关于王某取得劳务报酬收入的说法中，正确的有（ ）元。

A. 劳务报酬计入综合所得

B. 劳务报酬不计入综合所得

C. 劳务报酬所得以收入减除 30%的费用后的余额为收入额

D. 劳务报酬所得以收入减除 20%的费用后的余额为收入额

2. 下列关于王某取得各项所得的说法中，正确的有（ ）。

A. 稿酬所得适用 20%的比例税率

B. 王某取得的工资、薪金所得，劳务报酬所得，稿酬所得计入综合所得，按纳税年度合并计算个人所得税

C. 综合所得以每一纳税年度收入额减除费

用6万元以及专项扣除、专项附加扣除和依法确定的其他扣除后的余额为年应纳税所得额

D. 综合所得适用3%～45%的超额累进税率

3. 王某取得公司支付的不竞争款项，应缴纳个人所得税（　　）元。

A. 5 600　　B. 5 800

C. 7 600　　D. 7 800

4. 王某取得公司分配的股息、红利所得，应缴纳个人所得税（　　）元。

A. 400　　B. 800

C. 1 100　　D. 1 050

5. 下列关于王某个人所得税的说法中，正确的有（　　）元。

A. 王某取得的公司支付的不竞争款项按照偶然所得征收个人所得税

B. 王某取得的公司分配的股息、红利所得，税率为20%

C. 综合所得的应纳税所得额为23 200元

D. 综合所得的应纳税所得额为24 400元

第6节　税收征管

为了加强税收征收管理，规范税收征收和缴纳行为，保障国家税收收入，保护纳税人的合法权益，促进经济和社会发展，国家制定了《税收征收管理法》以规范税收征收管理的模式、方法和程序。根据《税收征收管理法》的规定，税收征管包括税务登记、发票管理、纳税申报、税款征收、税务检查等环节。

一、税务登记

税务登记是税务机关依据税法规定，对纳税人的生产、经营活动进行登记管理的一项法定制度，也是纳税人依法履行纳税义务的法定手续。税务登记是整个税收征收管理的起点。

根据税收法律、行政法规的规定，具有法律、法规规定的应税收入、应税财产或应税行为的各类纳税人，均应当依照有关规定办理税务登记；扣缴义务人应当在发生扣缴义务时，到税务机关申报登记，领取扣缴税款凭证。税务登记的种类包括：开业登记，变更登记，停业、复业登记，注销登记，跨区域涉税事项报验管理，纳税人税种登记，扣缴义务人扣缴税款登记。

（一）开业登记

开业登记又称设立税务登记，是指纳税人依法成立并经工商行政管理机关登记后，为确认其纳税人的身份，纳入国家税务管理体系而到税务机关进行的登记。

根据国家“一照一码”登记制度改革的规定，企业领取由市场监督管理部门核发加载法人和其他组织统一社会信用代码的“一照一码”营业执照后，不再领取税务登记证。企业在领取营业执照的同时，相关信息已通过市场监督管理部门共享到税务部门。但纳税人应在领取营业执照后15日内，去税务部门完成信息确认。在税务部门完成信息确认后，加载统一社会信用代码的营业执照即可代替税务登记证使用。

（1）纳税人去税务部门完成信息确认时，应提供“一照一码”营业执照原件和公

章。其他需要提供的有关证件、资料，由省、自治区直辖市税务机关确定。

（2）纳税人需领取并填报税务登记表。

（二）变更登记

变更登记，是指纳税人办理设立税务登记后，因登记内容发生变化，需要对原有登记内容进行更改，而向主管税务机关申请办理的税务登记。变更税务登记的主要目的在于及时掌握纳税人的生产经营情况，减少税款的流失。

1. 变更登记的范围

纳税人办理税务登记后，发生下列情形之一，应当办理变更税务登记：改变名称；改变法人代表；改变经济性质；增设或撤销分支机构；改变住所或经营地点（涉及主管税务机关变动的办理注销登记）；改变生产、经营范围或经营方式；增减注册资本；改变隶属关系；改变生产经营期限；改变开户银行和账号；改变生产经营权属以及改变其他税务登记的内容。

2. 变更登记的时限要求

纳税人税务登记内容发生变化的，应当自工商行政管理机关或者其他机关办理变更登记之日起 30 日内，持有关证件、资料向原税务机关申报办理变更税务登记。

（三）停业、复业登记

实行定期定额征收方式的纳税人，在其营业执照核准的经营期限内需要停业的，应当向税务机关提出停业登记申请，说明停业的理由、时间、停业前的纳税情况和发票的领、用、存情况，并如实填写申请停业登记表。

纳税人应当于恢复生产、经营之前，向税务机关提出复业登记申请，经确认后，办理复业登记，领回或启用发票领购簿及其领购的发票，纳入正常管理。纳税人停业期满不能及时恢复生产、经营的，应当在停业期满前向税务机关提出延长停业登记。纳税人停业期满未按期复业，又不申请延长停业的，税务机关应当视为恢复营业，实施正常的税收征收管理。纳税人停业期间发生纳税义务，应当及时向主管税务机关申报，依法补缴应纳税款。

（四）注销登记

注销登记是指纳税人在发生解散、破产、撤销以及其他情形终止纳税义务时，向原税务机关申请办理的登记。

纳税人需要申请办理注销税务登记的情形主要有：

（1）纳税人因发生解散、破产、撤销以及其他情形，依法终止纳税义务；

（2）纳税人因住所、经营地点变动而涉及改变税务登记机关；

（3）纳税人被工商行政管理机关吊销营业执照；

（4）境外企业在中国境内承包建筑、安装、装配、勘探工程和提供劳务的项目完工。

纳税人发生解散、破产、撤销以及其他情形，依法终止纳税义务的，应当在向工商行政管理机关或者其他机关办理注销登记前，持有关证件和资料向原税务登记机关申请办理注销税务登记；按照规定不需要在工商行政管理机关或者其他机关办理注销登记的，应当自有关机关批准或者宣告终止之日起 15 日内，持有关证件和资料向原税务登记机关申报办理注销税务登记。

纳税人被工商行政管理机关吊销营业执照或被其他机关予以撤销登记的，应当自营业执照被吊销或者被撤销登记之日起 15 日内，向原税务登记机关申报办理注销税务登记。

纳税人在办理注销税务登记前，应当向税务机关结清应纳税款、滞纳金和罚款，缴销发票和其他税务证件。

（五）跨区域涉税事项报验管理

纳税人跨省（自治区、直辖市和计划单列市）临时从事生产经营活动的，向机构所在地的税务机关填报《跨区域涉税事项报告表》。纳税人跨区域经营合同延期的，可以向经营地或机构所在地的税务机关办理报验管理有效期限延期手续。跨区域报验管理事项的报告、报验、延期、反馈等信息，通过信息系统在机构所在地和经营地的税务机关之间传递，实时共享。

注意

纳税人首次在经营地办理涉税事宜时，向经营地的税务机关报验跨区域涉税事项。

（六）纳税人税种登记

纳税人在办理开业或者变更税务登记的同时，应当申请填报《纳税人税种登记表》，由税务机关根据其生产、经营范围及拥有的财产等情况，认定录入纳税人所适用的税种、税目、税率、报缴税款期限、征收方式和缴库方式等。

税务机关依据《纳税人税种登记表》所填写的项目，自受理之日起 3 日内进行税种登记。

（七）扣缴义务人扣缴税款登记

扣缴义务人应当自扣缴义务发生之日起 30 日内，向所在地的主管税务机关申报办理扣缴税款登记，领取扣缴税款登记证件。

扣缴义务人包括代扣代缴义务人和代收代缴义务人。

二、发票开具与管理

（一）发票的种类

发票是指单位和个人在购销商品、提供或接受劳务或服务以及从事其他经营活动过程中，所开具和收取的凭证。发票作为经济交往中的商事凭证，是财务会计核算的原始凭证，也是税务稽查的重要依据。发票是证明销售货物或提供劳务或进出口业务的重要凭证，只要发生以上业务，销售方或提供劳务方都应开具发票。发票不但是收支款项的凭证，而且凭发票所收支的款项可以作为成本、费用或收入，也就是说，发票是发生的成本、费用或收入的原始凭证。

较为常见的发票有增值税专用发票和增值税普通发票。

1. 增值税专用发票

增值税专用发票（见图 4－1）是指专门用于结算销售货物和提供加工、修理修配劳务使用的一种发票。自 2020 年 2 月 1 日起，增值税小规模纳税人（其他个人除外）发生增值税应税行为，需要开具增值税专用发票的，可以自愿使用增值税发票管理系统自行开具。选择自行开具增值税专用发票的小规模纳税人，税务机关不再为其代开增值税专用发票。

提示

小规模纳税人无论月销售额是否达到 10 万元或季度销售额是否达到 30 万元的标准，均可以使用增值税发票管理系统自行开具增值税专用发票。

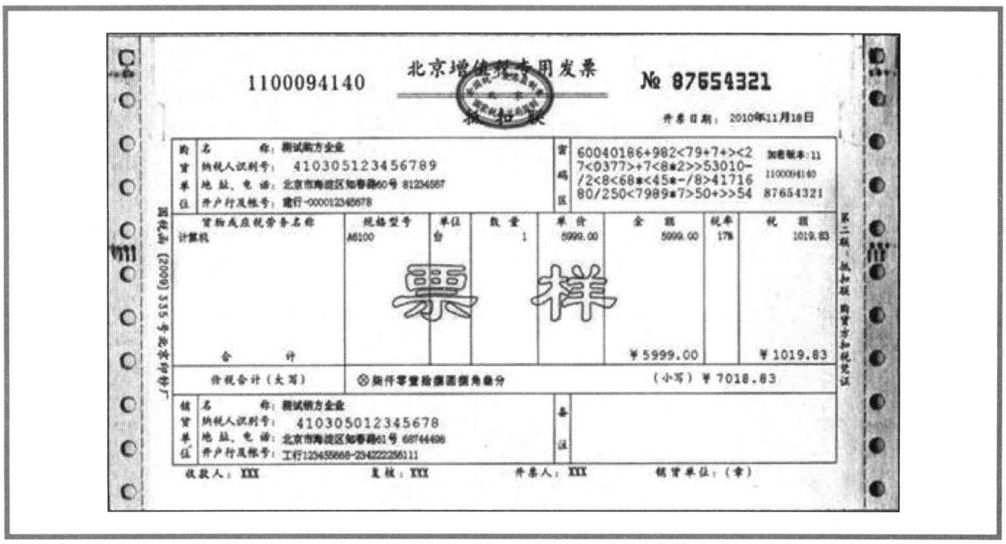

图 4－1　增值税专用发票票样

增值税专用发票的内容主要包括：购销双方纳税人名称，购销双方纳税人地址、电话，购销双方纳税人登记号、开户银行及账户，销售货物或劳务的名称、计量单位和销售数量，不包括增值税在内的单位售价及货款总金额，增值税税率、税额，发票填开日期、字号等。

2. 增值税普通发票

（1）增值税普通发票（折叠票）。由基本联次或者基本联次附加其他联次构成，分为两联版和五联版两种。增值税普通发票（折叠票）基本联次为两联：第一联为记账联（蓝色），是销售方记账凭证；第二联为发票联（棕色），是购买方记账凭证。

（2）增值税普通发票（卷票）。自 2017 年 7 月 1 日起，纳税人可书面向国税机关要求使用印有本单位名称的增值税普通发票（卷票），国税机关按规定确认印有该单位名称发票的种类和数量。纳税人则可以通过新系统开具印有本单位名称的增值税普通发票（卷票）。

提示

增值税普通发票（卷票）同样需要加盖企业发票专用章。

（3）增值税电子普通发票。开票方和受票方需要纸质发票的，可以自行打印增值税电子普通发票的版式文件，其法律效力、基本用途、基本使用规定等与税务机关监制的增值税普通发票相同。

电子发票服务平台以纳税人自建为主，也可由第三方建设提供服务平台。电子发票服务平台应免费提供电子发票版式文件的生成、打印、查询和交付等基础服务。

提示

（1）运输业小规模纳税人可以由互联网物流平台企业为其代开增值税专用发票，只是应符合以下条件：提供公路货物运输服务的（以 4.5 吨及以下普通货运车辆从事普通道路货物运输经营的除外），取得《中华人民共和国道路运输经营许可证》和《中华人民共和国道路运输证》；提供内河货物运输服务的，取得《国内水路运输经营许可证》和《船舶营业运输证》。

（2）销售方开具增值税发票时，发票内容应按照实际销售情况如实开具，不得根据购买方要求填开与实际交易不符的内容。销售方开具发票时，通过销售平台系统与增值税发票税控系统后台对接，导入相关信息开票的，系统导入的开票数据内容应与实际交易相符，如不相符，应及时修改完善销售平台系统。

（二）发票的开具要求

（1）单位和个人在发生经营业务、确认营业收入时，才能开具发票。

（2）单位和个人开具发票时应按号码顺序填开，填写项目齐全、内容真实、字迹清楚，全部联次一次性复写或打印，内容完全一致，并在发票联和抵扣联加盖单位财务印章或者发票专用章。

（3）填写发票应当使用中文。民族自治地区可以同时使用当地通用的一种民族文字；外商投资企业和外资企业可以同时使用一种外国文字。

（4）使用电子计算机开具发票必须报主管税务机关批准，并使用税务机关统一监制的机打发票。

（5）开具发票的时限、地点应符合规定。

（6）任何单位和个人不得转借、转让、代开发票；未经税务机关批准，不得拆本使用发票；不得自行扩大专业发票使用范围。

（三）发票的领购

依法办理了税务登记的单位和个人，应当向主管税务机关申请领购发票。申请时应当提供以下证件、资料：（1）经办人身份证明；（2）其他有关证明；（3）财务印章或发票专用章的印模。经主管税务机关审核后，发给发票领购簿。申请人凭发票领购簿核准的种类、数量以及购票方式领购发票。

依法不需要办理税务登记，但需要使用发票的单位和个人，可以按规定向主管税务机关申请领购发票。

临时到本省、自治区、直辖市行政区域以外从事经营活动的单位或者个人，应当凭所在地税务机关的证明，向经营地税务机关申请领购经营地的发票。税务机关对外省、自治区、直辖市来本辖区从事临时经营活动的单位和个人申请领购发票，可以要求其提供保证人或者根据所领购发票的票面限额及数量交纳不超过 1 万元的保证金，并限期缴销发票。按期缴销发票的，解除担保人的担保义务或者退还保证金；未按期缴销发票的，由保证人或者以保证金承担法律责任。

（四）发票的保管

开具发票的单位和个人应当建立发票使用登记制度，设置发票登记簿，并定期向主管税务机关报告发票使用情况；在办理变更或者注销税务登记时，开具发票的单位和个人应当同时办理发票和发票领购簿的变更、缴销手续。

开具发票的单位和个人应当按照税务机关的规定存放和妥善保管发票，不得丢失和擅自损毁。发票丢失的，应于当日书面报告主管税务机关，并登报声明作废。已开具的发票存根联和发票登记簿，应当保存 5 年。保存期满，报经税务机关查验后销毁。

发票的开具与管理内容总结如表 4－10 所示。

表 4－10　发票的开具与管理

<table>
<tr><td rowspan="4">种类</td><td>增值税专用发票</td><td>增值税专用发票、税控机动车销售统一发票</td></tr>
<tr><td>增值税普通发票</td><td>增值税普通（电子）发票（卷票）</td></tr>
<tr><td>其他发票</td><td>除上述发票以外的其他发票</td></tr>
<tr><td colspan="2">增值税普通发票（卷票）由纳税人自愿选择使用，重点在生活性服务业纳税人中推广</td></tr>
<tr><td rowspan="4">开具</td><td colspan="2">一般由收款方向付款方开具，特殊情况可由付款方向收款方开具</td></tr>
<tr><td colspan="2">应当按照规定的时限、顺序、栏目，全部联次一次性如实开具，并加盖发票专用章</td></tr>
<tr><td colspan="2">购买方为企业的，索取增值税普通发票时，应向销售方提供纳税人识别号或统一社会信用代码</td></tr>
<tr><td colspan="2">不得虚开发票（与实际经营业务情况不符即为虚开）</td></tr>
<tr><td>保管</td><td colspan="2">已开具的发票存根联和发票登记簿应当保存 5 年</td></tr>
</table>

三、纳税申报

（一）纳税申报的概念

纳税申报是指纳税人、扣缴义务人按照税法规定的期限和内容向税务机关提交有关纳税事项书面报告的法律行为，是纳税人履行纳税义务、承担法律责任的主要依据，是税务机关税收管理信息的主要来源和税务管理的一项重要制度。

（二）纳税申报的对象及其期限要求

按照《税收征收管理法》的规定，办理纳税申报的对象和期限要求分为以下四种情况：

（1）负有纳税义务的单位和个人必须在法律、行政法规规定或税务机关依照法律、行政法规的规定确定的申报期限内办理纳税申报。

（2）临时取得应税收入或发生应税行为的纳税人，在发生纳税义务后，应当立即办理纳税申报。

（3）扣缴义务人必须在法律、行政法规规定或税务机关依照法律、行政法规的规定确定的申报期内报送代扣代缴、代收代缴报告表。

（4）享有减税、免税待遇的纳税人，在减税、免税期间应当按照规定办理纳税申报。

提示

纳税申报应注意的问题：（1）纳税人在纳税期内没有应纳税款的，也应当按照规定办理纳税申报；（2）纳税人享受减税、免税待遇的，在减税、免税期间应当按照规定办理纳税申报。

（三）纳税申报的内容

纳税申报的内容反映在各种税种的纳税申报表和代扣代缴、代收代缴税款报告表内，主要包括：税种、税目，应纳税项目或者应代扣代缴、代收代缴项目，适用税率或者单位税额，计税依据，扣除项目及标准，应纳税额或者应代扣代缴、代收代缴税额，税款所属期限等。

纳税人办理纳税申报时，应当如实填写纳税申报表，并根据不同情况相应报送下列有关证件、资料：（1）财务会计报表及其说明材料；（2）与纳税有关的合同、协议书；（3）外出经营活动税收管理证明；（4）境内或者境外公证机构出具的有关证明文件；（5）税务机关规定应当报送的其他有关证件、资料。

纳税人在纳税申报期内无论是否有收入，都必须在规定的期限内如实填报纳税申报表（作零申报），并报送有关资料。

（四）纳税申报的方式

纳税人办理纳税申报采取的方式主要有：直接申报、邮寄申报、数据电文申报、简易申报等。

1. 直接申报

直接申报即上门申报，指纳税人直接到税务机关办理纳税申报。

主要申报方法是：

（1）在法定的纳税申报期内，由纳税人自行计算、自行填开缴款书并向银行缴纳税款，然后持纳税申报表、缴款书报查联和有关资料，向税务机关办理申报。

（2）纳税人在银行开设税款预储账户，按期提前存入当期应纳税款，并在法定的纳税申报期内向税务机关报送纳税申报表和有关资料，由税务机关通知银行划款入库。

（3）在法定的纳税申报期内，纳税人持纳税申报表和有关资料以及应付税款等额支票，报送税务机关，税务机关集中报缴数字清单、支票，统一交由国库办理清算。

2. 邮寄申报

邮寄申报是指经税务机关批准的纳税人使用统一规定的纳税申报特快专递专用信封，通过邮政部门办理交寄手续，并向邮政部门索取收据作为申报凭据的申报方式。如果纳税人到税务机关办理申报有困难，经税务机关批准，可以邮寄申报。邮寄申报以寄出地的邮戳日期为实际申报日期。凡实行查账征收方式的纳税人，经主管税务机关批准，可以采取邮寄申报的办法。邮寄申报的内容包括纳税申报表、财务会计报表以及税务机关要求纳税人报送的其他纳税资料。

3. 数据电文申报

数据电文申报是指经税务机关批准的纳税人经由电子手段、光学手段或类似手段生成、存储和传递信息，这些手段包括电子数据交换、电子邮件、电报、电传或传真等。如目前纳税人的网上申报就是数据电文申报的一种形式。采用数据电文形式进行纳税申报的，以纳税人将申报数据发送到税务机关特定系统，该数据电文进入特定系统的时间为申报时间。采用数据电文方式进行纳税申报或者报送代扣代缴、代收代缴报告表的，还应在申报结束后，在规定时间内将电子数据的材料书面报送（邮寄）税务机关；或者按税务机关的要求保存，必要时按税务机关的要求出具。税务机关收到的纳税人数据电文与报送的书面材料不一致时，应以书面数据为准。

4. 简易申报

简易申报是指实行定期定额征收的纳税人，经税务机关批准，通过缴纳税款凭证代替申报或简并征期的一种申报方式。这是根据纳税人便利纳税的原则设置的。目前，我国税务系统实行的是以纳税申报为基础，以计算机网络为依托，集中征收、重点稽查的新型税收征管模式，表现为双向的税务管理形式。采取简易方式进行纳税申报不仅方便纳税人，符合我国当前实际，而且能够节省很多人力、物力、财力，减少税收成本。

5. 其他申报方式

其他申报方式是指纳税人、扣缴义务人采用直接办理、邮寄办理、数据电文办理以外的方法向税务机关办理纳税申报或者报送代扣代缴、代收代缴报告表，如委托他人代理申报等。

四、税款征收

税款征收是税务机关依照税收法律、法规的规定，将纳税人应当缴纳的税款组织入库的一系列活动的总称。税务机关依照法律、法规的规定征收税款，不得违反规定开征、停征、多征、少征、提前征收、延缓征收或者摊派税款。除税务机关、税务人员以及税务机关依照法律、法规委托的单位和人员外，任何单位和个人不得进行税款征收活动。

目前我国税款征收的方式主要有九种：（1）查账征收；（2）查定征收；（3）查验征收；（4）定期定额征收；（5）核定征收；（6）代扣代缴；（7）代收代缴；（8）委托代征；（9）其他方式。具体介绍如下。

（一）查账征收

查账征收是指由纳税人依据账簿记载，先自行计算缴纳，事后经税务机关查账核实，如有不符合税法规定的，则多退少补。这种征收方式适用于财务会计制度健全、能够如实核算和提供生产经营情况、正确计算应纳税款的纳税人。

（二）查定征收

查定征收是指由税务机关根据纳税人的生产设备等情况，以及在正常情况下的生产、销售情况，对其生产的应税产品查定产量和销售额，然后依照税法规定的税率征收税款。这种征收方式适用于产品零星分散、税源分散、会计账册不健全，但是能够控制原材料或进销货的纳税人。

（三）查验征收

查验征收是指税务机关对纳税申报人的应税产品进行查验后，贴上完税证、查验证或盖查验戳，并据以征税。这种征收方式适用于纳税人财务制度不健全、生产经营不固定、零星分散、流动性大的纳税人。

（四）定期定额征收

定期定额征收是指税务机关依照有关法律、法规的规定，按照一定的程序，核定纳税人在一定经营时期内的应纳税经营额及收益额，并以此为计税依据，确定其应纳税额。这种征收方式适用于经主管税务机关认定和县以上税务机关批准的生产经营规模小、达不到有关设置账簿标准、难以查账征收、不能准确计算计税依据的个体工商户。

（五）核定征收

核定征收是指在纳税人的会计账簿不健全、资料残缺难以查账或者其他原因难以准确确定纳税人应纳税额时，由税务机关采用合理的方法依法核定纳税人应纳税款。

1. 税务机关有权核定应纳税额的情况

（1）纳税人有下列情形之一的，税务机关有权核定应纳税额：①依照法律、行政法规的规定可以不设置账簿的；②依照法律、行政法规的规定应当设置但未设置账簿的；③擅自销毁账簿或者拒不提供纳税资料的；④虽设置账簿，但账目混乱或者成本资料、收入凭证、费用凭证残缺不全，难以查账的；⑤发生纳税义务，未按照规定的期限办理纳税申报，经税务机关责令限期申报，逾期仍不申报的；⑥纳税人申报的计税依据明显偏低，又无正当理由的。

（2）对未按照规定办理税务登记的从事生产、经营的纳税人以及临时从事经营的纳税人，由税务机关核定其应纳税额，责令缴纳。

2. 税务机关核定应纳税额的方法

纳税人有上述情形之一的，税务机关有权采用下列一种或者几种方法核定应纳税额：

（1）参照当地同类行业或者类似行业中经营规模和收入水平相近的纳税人的税负水平核定；

（2）按照营业收入或者成本加合理的费用和利润的方法核定；

（3）按照耗用的原材料、燃料、动力等推算或者测算核定；

（4）按照其他合理方法核定。

税务机关核定征收税款要遵循法定的权限和程序，保护纳税人合法权益。例如对个体工商户核定征收税款，必须遵循法定的程序，即业户自报、典型调查、定额核定、下达定额。

3. 核定征收的方式

核定征收的方式有定额征收和核定应税所得率征收两种。

（1）定额征收：直接核定所得税额。

（2）核定应税所得率征收：按照收入总额或成本费用等项目的实际发生额，按预先核定的应税所得率计算所得税。

（六）代扣代缴

代扣代缴是指按照税法的规定，负有扣缴税款义务的法定义务人，在向纳税人支付款项时，从所支付的款项中直接扣收税款。这种征收方式有利于加强税源控制，减少税款流失，降低税收成本，手续也比较简单。目前我国的个人所得税规定了代扣代缴方式。

（七）代收代缴

代收代缴是指负有收缴税款义务的法定义务人，对纳税人应纳的税款进行代收和代缴。即与纳税人有经济业务往来的单位和个人依照税收的规定向纳税人收取税款。这种征收方式一般适用于税收网络覆盖不到或很难控制的领域，如受托加工应缴消费税的消费品，由受托方代收代缴消费税。目前我国的消费税规定了代收代缴方式。

（八）委托代征

委托代征是指受托单位按照税务机关核发的代征证书的要求，以税务机关的名义向纳税人征收一些零散的税款。这种征收方式的适当使用有利于控制税源，方便征纳双方，降低征收成本。

（九）其他方式

其他方式包括利用网络申报、网络账户转账纳税的方式，用 IC 卡纳税的方式，利用税控系统进行纳税的方式等。还有税务部门在纳税人未设置会计账簿、擅自销毁账簿、拒不提供纳税资料等情况下采取的核定税额方法。

五、税务代理

税务代理指代理人接受纳税主体的委托，在法定的代理范围内依法代其办理相关税务事宜的行为。税务代理人在其权限内，以纳税人（含扣缴义务人）的名义代为办理纳税申报，申请减免税，设置保管账簿凭证，进行税务行政复议和诉讼等纳税事项的服务活动。

（一）税务代理的特征

税务代理具有公正性、自愿性、有偿性、独立性和确定性等特征。

1. 公正性

税务代理公司不是税务行政机关，而是征纳双方的中介机构，因而必须站在公正的立场上，客观地评价代理人的经济行为；同时，税务代理公司必须在法律允许的范围内为被代理人办理税收事宜，独立、公正地执行业务。

2. 自愿性

税务代理的选择建立在双方自愿的基础上。也就是说，税务代理公司实施税务代理行为，应当以纳税人、扣缴义务人自愿委托和自愿选择为前提。

3. 有偿性

税务代理公司是社会中介机构，不是国家行政机关的附属机构，因此，同其他企事业单位一样要自负盈亏，有偿服务，通过代理取得收入并抵补费用，获得利润。

4. 独立性

税务代理公司与国家行政机关、纳税人或扣缴义务人等没有行政隶属关系，既不受税务行政部门的干预，又不受纳税人、扣缴义务人所左右，独立代办税务相关事宜。

5. 确定性

税务代理公司的税务代理范围是以法律、行政法规和行政规章的形式确定的，因此，税务代理公司不会超越规定的内容从事税务代理活动。

（二）税务代理的法定业务范围

税务代理人可以接受纳税人、扣缴义务人的委托从事下列范围内的业务代理：

（1）办理税务登记、变更税务登记和注销税务登记手续；

（2）办理除增值税专用发票外的发票领购手续；

（3）办理纳税申报或扣缴税款报告；

（4）办理缴纳税款和申请退税手续；

（5）制作涉税文书；

（6）审查纳税情况；

（7）建账建制，办理账务；

（8）开展税务咨询，受聘税务顾问；

（9）申请税务行政复议或税务行政诉讼；

（10）办理增值税一般纳税人资格认定申请；

（11）利用主机共享服务系统为增值税一般纳税人代开增值税专用发票；

（12）国家税务总局规定的其他业务。

纳税人、扣缴义务人可根据需要委托税务代理人进行全面代理、单项代理或临时代理、常年代理。税务代理人不能代理应由税务机关行使的行政职权，税务机关按照法律、行政法规的规定委托其代理的除外。

涉税专业服务情况归纳如表 4－11 所示。

表 4－11 涉税专业服务归纳表

<table>
<tr><td rowspan="3">服务机构</td><td>类型</td><td colspan="2">税务师事务所、会计师事务所、律师事务所、代理记账机构、税务代理公司、财税类咨询公司</td></tr>
<tr><td>合伙人</td><td colspan="2">由税务师、注册会计师、律师担任，税务师占比应高于 50%</td></tr>
<tr><td>审批</td><td colspan="2">向省税务机关办理，未经行政登记不得使用“税务师事务所”名称</td></tr>
<tr><td rowspan="7">业务范围</td><td>纳税申报代理</td><td colspan="2"></td></tr>
<tr><td>一般税务咨询</td><td colspan="2">日常办税事项咨询</td></tr>
<tr><td>专业税务顾问</td><td>对涉税事项提供长期服务</td><td rowspan="4">由税务师事务所、会计师事务所、律师事务所从事</td></tr>
<tr><td>税收策划</td><td></td></tr>
<tr><td>涉税鉴证</td><td></td></tr>
<tr><td>纳税情况审查</td><td>委托方为行政、司法机关，应通过政府采购方式购买</td></tr>
<tr><td>其他</td><td colspan="2">代理建账记账、发票领用、减免退税申请</td></tr>
<tr><td rowspan="2">委托协议</td><td>接受委托</td><td colspan="2">必须是涉税专业服务机构，不得以个人名义直接接受委托</td></tr>
<tr><td>双方责任</td><td colspan="2">委托方未及时提供真实资料造成代理工作失误的，由委托方负责；执业人员违法、违约，给委托人造成损失的，由涉税专业服务机构和执业人员个人承担赔偿责任</td></tr>
<tr><td>保存</td><td colspan="3">税务代理业务档案保存应不少于 5 年</td></tr>
<tr><td rowspan="2">违法处罚</td><td>主管税务机关负责</td><td colspan="2"></td></tr>
<tr><td>省税务机关负责</td><td colspan="2">提请工商部门吊销营业执照；提请全国税务师行业协会取消税务师职业资格证书登记、收回其职业资格证书并向社会公告</td></tr>
</table>

六、税务检查

（一）税务检查概述

税务检查是税务机关根据税收法律、行政法规的规定，对纳税人、扣缴义务人履行纳税义务、扣缴义务及其他有关业务事项进行审查、核实、监督活动的总称。

税务检查的形式包括重点检查、分类计划检查、集中性检查、临时性检查、专项检查。税务机关有权进行下列税务检查：

（1）检查纳税人的账簿、记账凭证、报表和有关资料，检查扣缴义务人代扣代缴、代收代缴税款账簿、记账凭证和有关资料。

（2）到纳税人的生产、经营场所和货物存放地检查纳税人应纳税的商品、货物或者其他财产，检查扣缴义务人与代扣代缴、代收代缴税款有关的经营情况；纳税人、扣缴义务人在其生活场所从事生产、经营活动的，经县以上税务局（分局）局长批准，可以检查其生活场所。

（3）责成纳税人、扣缴义务人提供与纳税或者代扣代缴、代收代缴税款有关的文件、证明材料和有关资料。

（4）询问纳税人、扣缴义务人与纳税或者代扣代缴、代收代缴税款有关的问题和情况。

（5）到车站、码头、机场、邮政企业及其分支机构检查纳税人托运、邮寄应纳税商品、货物或者其他财产。

（6）经县以上税务局（分局）局长批准，凭全国统一格式的检查存款账户许可证明，查询纳税人、扣缴义务人在银行或者其他金融机构的存款账户。经设区的市、自治州以上税务局（分局）局长批准，可以查询纳税人的储蓄存款。

（7）税务机关对金融机构进行检查时，有权查询金融机构储户的资金往来情况。

（8）实行会计电算化的纳税人，税务机关有权要求财务核算软件提供商协助，以检查纳税人的财务核算软件中所有涉税资料。

（9）对实行会计电算化的纳税人，税务机关有权调取电子数据。

（10）对互联网域名注册机构，税务机关有权取得电子商务交易双方的网址、机构地址和居住地址等资料对电子商务和网络支付相关数据进行检查；对电子认证服务提供者，税务机关有权取得交易者在互联网上的真实身份、密匙和数字签名等信息。

税务机关对从事生产、经营的纳税人依法进行税务检查时，发现纳税人有逃避纳税义务行为，并有明显的转移、隐匿其应纳税的商品、货物以及其他财产或者应纳税收入等迹象的，可以按照税法规定的批准权限采取税收保全措施或者强制执行措施。

（二）税收保全措施

税收保全措施是指税务机关对可能由于纳税人的行为或者某种客观原因，致使以后税款的征收不能保证或难以保证的案件，采取限制纳税人处理或转移商品、货物或其他财产的措施。

1. 税收保全的具体措施

税务机关有根据认为从事生产、经营的纳税人有逃避纳税义务行为的，可以在规定的纳税期限之前责令其限期缴纳税款；税务机关在限期内发现纳税人有明显的转移、隐匿其应纳税的商品或财产迹象的，可责令其提供纳税担保。如果纳税人不能提供纳税担保，经县以上税务局（分局）局长批准，税务机关可以采取税收保全措施，主要包括：（1）书面通知纳税人开户银行或者其他金融机构冻结纳税人的金额相当于应纳税款的存款；（2）扣押、查封纳税人的价值相当于应纳税款的商品、货物或者其他财产。

2. 采取税收保全措施的限制性规定

（1）个人及其所扶养家属维持生活必需的住房和用品，不在税收保全措施的范围之内。生活必需的住房和用品不包括机动车辆、金银饰品、古玩字画、豪华住宅或一处以外的住房。税务机关对单价5 000元以下的其他生活用品，不采取税收保全措施。

（2）税务机关采取税收保全措施时，应经县以上税务局（分局）局长批准，冻结的存款数额要以相当于纳税人应纳税款的数额为限，而不是全部存款。

（3）纳税人在税务局机关采取税收保全措施后按照税务机关规定的期限缴纳了税款，税务机关应按规定在收到税款或银行转回的税票后24小时内解除税收保全。

（三）税收强制执行措施

税收强制执行措施是指当事人不履行法律、行政法规规定的义务，有关国家机关在告诫和限期缴纳无效的情况下，采取法定的强制手段，强迫当事人履行义务的行为。税收强制执行是行政强制执行的一种。

1. 税收强制执行的具体措施

从事生产、经营的纳税人、扣缴义务人未按照规定的期限缴纳或者解缴税款，纳税担保人未按照规定的期限缴纳所担保的税款，税务机关责令限期缴纳，逾期仍未缴纳的，经县以上税务局（分局）局长批准，税务机关可以采取强制执行措施，主要包括：（1）书面通知其开户银行或者其他金融机构从其存款中扣缴税款；（2）扣押、查封、依法拍卖或者变卖其价值相当于应纳税款的商品、货物或者其他财产，以拍卖或者变卖所得抵缴税款。

税务机关采取强制执行措施时，对上述纳税人、扣缴义务人、纳税担保人未缴纳的滞纳金同时强制执行。

2. 税收强制执行措施的限制性规定

（1）个人及其所扶养家属维持生活必需的住房和用品，不在强制执行措施的范围之内。

（2）税务机关对单价 5 000 元以下的其他生活用品，不采取税收强制执行措施。

七、税收法律责任

（一）税收违法的行政处罚

现行税收违法的行政处罚形式主要有罚款、没收财物违法所得和停止出口退税权等。

1. 罚款

罚款是对违反税收法律、法规，不履行法定义务的当事人的一种经济上的处罚。由于罚款既不影响被处罚人的人身自由及其合法活动，又能起到对违法行为的惩戒作用，因而是税务行政处罚中应用最广泛的一种。运用这一处罚形式必须严格遵循法律、法规规定的数额、限度、权限、程序等。

2. 没收财物违法所得

没收财物违法所得是对行政管理相对一方当事人的财产权予以剥夺的处罚。有两种情况：一是对相对人非法所得的财物予以没收；二是财物虽系相对人所有，但是用于非法活动。

3. 停止出口退税权

对骗取国家出口退税款的，税务机关可以在规定期间内停止为其办理出口退税。

【例题 32 · 多选】下列关于税收违法行为行政处罚的说法中，不正确的有（　　）。

A. 罚金是税收违法行政处罚的一种手段

B. 税收违法行政处罚是指税务机关依法对公民、法人或其他经济组织违反税收法律、法规或规章，并已构成犯罪的行为给予的制裁

C. 罚款是税收违法行政处罚手段中的一种

D. 税收违法行政处罚是指税务机关依法对公民、法人或其他经济组织违反税收法律、法规或规章，尚未构成犯罪的行为给予的制裁

【答案】AB

（二）税收违法的刑事处罚

税收违法的刑事处罚形式主要有拘役、判处徒刑、罚金和没收财产等。

1. 拘役

拘役是剥夺犯罪分子的短期自由，就近实行改造的刑罚，适用于罪行较轻而又需要关押的犯罪分子。执行期间，犯罪分子每月可以回家1～2天；参加劳动的，可以酌量发给报酬。拘役的期限为15天以上6个月以下。

2. 判处徒刑

徒刑分为有期徒刑和无期徒刑。

（1）有期徒刑是剥夺犯罪分子一定期限的人身自由，强制劳动改造的刑罚。有期徒刑的期限为6个月以上15年以下。由于刑期幅度大，因此它既可以适用于较轻的犯罪，也可以适用于较重的犯罪。被判处有期徒刑的犯罪分子，有的在监狱执行，有的在其他劳动改造场所执行。

（2）无期徒刑是剥夺犯罪分子终身自由，强制劳动改造的刑罚。对于不必判死刑，但判有期徒刑又嫌轻的罪犯，宜判无期徒刑。执行场所主要是监狱。

3. 罚金

罚金是判处犯罪分子向国家缴纳一定数额金钱的刑罚。这是一种轻刑，单处罚金一般只适用于轻微犯罪；在主刑后附加并处罚金适用于较重的犯罪。罚金数额应当根据犯罪的具体情节和犯罪分子本人实际经济负担能力决定。罚金执行有四种情况：限期一次缴纳；分期缴纳；强制缴纳；减少或者免除缴纳。

4. 没收财产

没收财产是将犯罪分子个人所有财产的一部分或全部强制无偿地收归国家所有的刑罚。这是重于罚金的财产刑，主要适用于严重经济犯罪。财产没收一部分还是全部，要根据犯罪性质、犯罪情节的严重程度和案件的具体情况确定。

【例题33·判断】非法印制发票，根据《税收征收管理法》的规定，情节严重的，应当追究刑事责任。（ ）

【答案】√

【例题34·多选】下列属于税收违法刑事处罚方式的有（ ）。

A. 拘役　　B. 判处徒刑　　C. 罚金　　D. 罚款

【答案】ABC

（三）纳税人、扣缴义务人承担法律责任的具体规定

1. 违反税务管理行为的法律责任

纳税人有下列行为之一的，由税务机关责令限期改正，可以处2 000元以下的罚

款；情节严重的，处 2 000 元以上 1 万元以下的罚款：未按照规定的期限申报办理税务登记、变更或者注销登记的；未按照规定设置、保管账簿或者保管记账凭证和有关资料的；未按照规定将财务、会计制度或者财务、会计处理办法和会计核算软件报送税务机关备查的；未按照规定将其全部银行账号向税务机关报告的；未按照规定安装、使用税控装置，或者损毁或擅自改动税控装置的。

纳税人未按照规定的期限办理纳税申报的，或者扣缴义务人未按照规定的期限向税务机关报送代扣代缴、代收代缴税款报告表的，由税务机关责令限期改正，可以处 2 000 元以下的罚款；逾期不改正的，可以处 2 000 元以上 1 万元以下的罚款。

2. 逃避缴纳税款行为的法律责任

根据《税收征收管理法》的规定，纳税人伪造、变造、隐匿、擅自销毁账簿、记账凭证，或者在账簿上多列支出或者不列、少列收入，或者经税务机关通知申报而拒不申报或者进行虚假的纳税申报，不缴或者少缴应纳税款的，属于逃避缴纳税款（以前称为偷税）。对纳税人逃避缴纳税款的，由税务机关追缴其不缴或者少缴的税款、滞纳金，并处不缴或者少缴的税款 50%以上 5 倍以下的罚款；构成犯罪的，依法追究刑事责任。

根据《刑法》的规定，逃避缴纳税款数额在 1 万元以上不满 10 万元且逃避缴纳税款数额占应纳税额 10%以上不满 30%的，或者因逃避缴纳税款被税务机关给予两次行政处罚又逃避缴纳税款的，处 3 年以下有期徒刑或者拘役，并处逃避缴纳税款数额 1 倍以上 5 倍以下罚金；逃避缴纳税款数额在 10 万元以上且逃避缴纳税款数额占应纳税额 30%以上的，处 3 年以上 7 年以下有期徒刑，并处逃避缴纳税款数额 1 倍以上 5 倍以下罚金。扣缴义务人采取前款所列手段，不缴或者少缴已扣、已收税款，数额占应纳税额 10%以上且数额在 1 万元以上的，依照逃避缴纳税款罪处罚。

3. 拖欠税款行为的法律责任

从事生产、经营的纳税人、扣缴义务人在规定期限内不缴或者少缴应纳或者应解缴的税款，经税务机关责令限期缴纳，逾期仍未缴纳的，税务机关除依照《税收征收管理法》第四十条的规定采取强制执行措施追缴其不缴或者少缴的税款外，处欠缴税款 50%以上 5 倍以下的罚款；构成犯罪的，依法追究刑事责任。

4. 骗取出口退税行为的法律责任

根据《税收征收管理法》的规定，以假报出口或者其他欺骗手段，骗取国家出口退税款，由税务机关追缴其骗取的退税款，并处骗取税款 1 倍以上 5 倍以下的罚款；构成犯罪的，依法追究刑事责任。对骗取国家出口退税款的，税务机关可以在规定期间内停止为其办理出口退税。

5. 抗税行为的法律责任

以暴力、威胁方法拒不缴纳税款的，是抗税，除由税务机关追缴其拒缴的税款、滞纳金外，依法追究刑事责任。情节轻微，未构成犯罪的，由税务机关追缴其拒缴的税款、滞纳金，并处拒缴税款 1 倍以上 5 倍以下的罚款。

根据《刑法》的规定，抗税罪处 3 年以下有期徒刑或者拘役，并处拒缴税款 1 倍以上 5 倍以下罚金；情节严重的，处 3 年以上 7 年以下有期徒刑，并处拒缴税款 1 倍以上5倍以下罚金。以暴力方法抗税，致人重伤或者死亡的，构成伤害罪或杀人罪，依法律规定，应择一重罪处罚。

6. 虚开增值税专用发票或用于骗取出口退税、抵扣税款发票行为的法律责任

虚开增值税专用发票或用于骗取出口退税、抵扣税款发票是指违反税收法规，虚开增值税专用发票或者用于骗取出口退税、抵扣税款的其他专用发票的行为。这里所称的虚开，既包括在没有任何商品交易的情况下凭空填写，也包括在有一定商品交易的情况下填写不实。

虚开增值税专用发票或用于骗取出口退税、抵扣税款发票的，处3年以下有期徒刑或者拘役，并处2万元以上20万元以下罚金；虚开的税款数额较大或者有其他严重情节的，处3年以上10年以下有期徒刑，并处5万元以上50万元以下罚金；虚开的税款数额巨大或者有其他特别严重情节的，处10年以上有期徒刑或者无期徒刑，并处5万元以上50万元以下罚金或者没收财产；虚开增值税专用发票或用于骗取出口退税、抵扣税款发票骗取国家税款数额特别巨大、情节特别严重，给国家利益造成特别重大损失的，处无期徒刑或者死刑，并处没收财产。

单位虚开增值税专用发票或用于骗取出口退税、抵扣税款发票的，对单位判处罚金，并对直接负责的主管人员和其他直接责任人员，处3年以下有期徒刑或者拘役；虚开的税款数额较大或者有其他严重情节的，处3年以上10年以下有期徒刑；虚开的税款数额巨大或者有其他特别严重情节的，处10年以上有期徒刑或者无期徒刑。

7. 其他违法行为的法律责任

（1）纳税人、扣缴义务人逃避、拒绝或者以其他方式阻挠税务机关检查的，由税务机关责令改正，可以处1万元以下的罚款；情节严重的，处1万元以上5万元以下的罚款。

（2）以暴力、威胁方式阻碍税务人员依法执行职务的，依照《刑法》的规定追究刑事责任。拒绝、阻碍税务人员依法执行职务未使用暴力的，由公安机关依照治安管理处罚条例的规定处罚。

（3）纳税人向税务人员行贿，不缴或者少缴应纳税款的，按照行贿罪追究刑事责任，并处不缴或少缴的税款5倍以下的罚金。

（4）非法印制发票的，由税务机关销毁非法印制的发票，没收违法所得，并处罚款。

税收违法行为的主要法律责任如表4-12所示。

表4-12 税收违法行为的主要法律责任

行为	行为特征	法律责任
逃税	纳税人采取转移或隐匿财产的手段，妨碍税务机关追缴欠税	由税务机关追缴欠缴的税款、滞纳金，并处罚款；构成犯罪的，依法追究刑事责任
逃避缴纳税款	以造假或不申报等手段，不缴或少缴税款	纳税人逃避缴纳税款的，由税务机关追缴其不缴或者少缴的税款、滞纳金，并处罚款；构成犯罪的，依法追究刑事责任

续表

行为	行为特征	法律责任
抗税	暴力、威胁	除由税务机关追缴其拒缴的税款、滞纳金外，依法追究刑事责任；情节轻微，未构成犯罪的，由税务机关追缴其拒缴的税款、滞纳金，并处罚款
骗税	以假报出口等手段骗取出口退税款	由税务机关追缴其骗取的退税款，并处骗取税款 1 倍以上 5 倍以下的罚款；构成犯罪的，依法追究刑事责任
扣缴义务人应扣未扣、应收未收税款		向纳税人追缴税款；对扣缴义务人处以罚款

八、税务行政复议

（一）复议范围

（1）征税行为。

（2）行政许可、行政审批行为。

（3）发票管理行为，包括发售、收缴、代开发票等。

（4）税收保全措施、强制执行措施。

（5）行政处罚行为：罚款；没收财物违法所得；停止出口退税权。

（6）不依法履行下列职责的行为：颁发税务登记；开具、出具完税凭证、外出经营活动税收管理证明；行政赔偿；行政奖励；其他不依法履行职责的行为。

（7）资格认定行为。

（8）不依法确认纳税担保行为。

（9）政府信息公开工作中的具体行政行为。

（10）纳税信用等级评定行为。

（11）通知出入境管理机关阻止出境行为。

（12）其他具体行政行为。

申请人对上述第（1）项规定的行为不服的，应当先向复议机关申请行政复议，对复议决定不服的，可以再向人民法院提起行政诉讼。

申请人对上述第（1）项规定以外的其他具体行政行为不服的，可以申请行政复议，也可以直接向人民法院提起行政诉讼。

（二）复议管辖

对各级税务机关的具体行政行为不服的，向其上一级税务机关申请行政复议。对国家税务总局的具体行政行为不服的，向国家税务总局申请行政复议。对行政复议决定不服的，申请人可以向人民法院提起行政诉讼，也可以向国务院申请裁决。国务院的裁决为最终裁决。

对各级税务机关的具体行政行为不服的，可以选择向上一级税务机关或该税务机关的本级人民政府申请行政复议。

（三）行政复议决定

1. 行政复议决定的做出

行政复议机关应当自受理申请之日起 60 日内做出行政复议决定。

2. 行政复议决定的种类

（1）具体行政行为认定事实清楚，证据确凿，适用依据正确，程序合法，内容适当的，决定维持。

（2）被申请人不履行法定职责的，决定其在一定期限内履行。

（3）具体行政行为有下列情形之一的，复议机关应决定撤销、变更或者确认该具体行政行为违法：主要事实不清、证据不足的；适用依据错误的；违反法定程序的；超越职权或者滥用职权的；具体行政行为明显不当的。

（4）被申请人不按规定提出书面答复，提交当初做出具体行政行为的证据、依据和其他有关材料的，视为该具体行政行为没有证据、依据，决定撤销该具体行政行为。

3. 行政复议决定的效力

行政复议决定书一经送达，即发生法律效力。

【例题 35 · 多选】在我国，税款的缴纳方式主要有（　　）。

A. 查账征收　　B. 税收保全　　C. 代收代缴　　D. 委托代征

【解析】CD

【例题 36 · 单选】税务机关对纳税申报人的应税产品进行查验，贴上完税证，并据以征税的征税方式称为（　　）。

A. 查询征收　　B. 查定征收　　C. 查验征收　　D. 委托收款

【答案】C

【例题 37 · 单选】一般情况下，上市公司适用的税款征收方式是（　　）。

A. 查账征收　　B. 查验征收　　C. 查定征收　　D. 定期定额征收

【答案】A

【例题 38 · 判断】查验征收是指由纳税人依据账簿记载，先自行计算缴纳，事后经税务机关查账核实，如有不符合税法规定的，则多退少补的征收方式。（　　）

【答案】×

【例题 39 · 单选】负有收缴税款义务的法定义务人，负责对纳税人应纳的税款进行收取的方式是（　　）。

A. 代扣代缴　　B. 代收代缴　　C. 委托代征　　D. 定期定额征收

【答案】B

【例题 40 · 判断】税务机关可以书面通知纳税人开户银行或其他金融机构冻结纳税人的金额略高于应纳税款的存款作为税收保全措施。（　　）

【答案】×

【例题 41 · 单选】对未按规定办理税务登记的临时从事经营的纳税人，由税务机关核定其应纳税额，责令缴纳；不缴纳的，税务机关可以扣押其价值相当于应纳税款的商品、货物。当事人应当自扣押之日起（　　）日内缴纳税款。

A. 5　　B. 10　　C. 15　　D. 30

【答案】C

第6节习题

一、单项选择题

1. 从事生产、经营的纳税人，税务登记的内容发生变化的，应当自办理工商变更登记之日起（　　）日内，向原登记的税务机关申请办理变更税务登记。

A. 10　　B. 15

C. 30　　D. 60

2. 纳税人被工商行政管理机关吊销营业执照的，应当自营业执照被吊销之日起（　　）日内，向税务机关办理注销登记手续。

A. 10　　B. 15

C. 30　　D. 45

3. 从事生产、经营的纳税人应当自领取营业执照之日起（　　）日内，向生产、经营地或者纳税义务发生地的主管税务机关申报办理税务登记，如实填写税务登记表，并按照税务机关的要求提供有关证件、资料。

A. 30　　B. 15

C. 10　　D. 60

4. 发票的管理机关是（　　）。

A. 财政机关　　B. 税务机关

C. 审计机关　　D. 金融机关

5. 对生产不固定、账册不健全的纳税人所采用的税款征收方式是（　　）。

A. 查账征收　　B. 查定征收

C. 查验征收　　D. 定期定额征收

6. 纳税人因有特殊困难，不能按期缴纳税款的，经省级税务机关批准，可以延期缴纳税款，但最长不得超过（　　）个月。

A. 1　　B. 2

C. 3　　D. 6

7. 税务机关调查税收违法案件时，查询案件涉嫌人员储蓄存款的，应经（　　）。

A. 税务所所长批准

B. 稽查局（分局）局长批准

C. 县以上税务局（分局）局长批准

D. 设区的市、自治州以上税务局（分局）局长批准

8. 纳税人采取在账簿上多列支出或者不列、少列收入的手段，不缴或少缴应纳税款的行为是（　　）。

A. 逃避缴纳税款　　B. 欠税

C. 骗税　　D. 抗税

9. 因纳税人、扣缴义务人计算错误等失误，未缴或者少缴税款的，税务机关在（　　）年内可以追征税款、滞纳金。

A. 2　　B. 3

C. 5　　D. 10

10. 税务机关在规定的纳税期之前，对有逃避纳税义务行为的纳税人所采取的税款征收措施是（　　）。

A. 税收强制执行措施

B. 税收优先权措施

C. 税收保全措施

D. 阻止出境措施

11. 扣缴义务人应扣未扣、应收而不收税款的，由税务机关向纳税人追缴税款，对扣缴义务人处应扣未扣、应收未收税款（　　）。

A. 1倍以上3倍以下的罚款

B. 50%以上3倍以下的罚款

C. 1倍以上5倍以下的罚款

D. 50%以上5倍以下的罚款

12. 某外贸公司采取隐匿财产的手段，使税务机关无法追缴该公司所欠缴的税款20万元。根

据《刑法》的规定，该公司构成（　　）。

A. 逃避缴纳税款罪　　B. 骗取出口退税罪

C. 抗税罪　　D. 逃避追缴欠税罪

13. 下列行为中，构成逃避缴纳税款罪的是（　　）。

A. 逃避缴纳税款数额占应纳税额10%以上的

B. 逃避缴纳税款数额在1万元以上的

C. 逃避缴纳税款数额占应纳税额10%以上并且逃避缴纳税款数额在1万元以上的

D. 逃避缴纳税款数额占应纳税额20%以上的

14. 纳税人逃避追缴欠税，使税务机关无法追缴欠税的税款数额在10万元以上的，处主刑为（　　）。

A. 3年以下有期徒刑或者拘役

B. 5年以下有期徒刑或者拘役

C. 3年以上7年以下有期徒刑

D. 5年以上10年以下有期徒刑

15. 纳税人、扣缴义务人编造虚假计税依据的，由税务机关责令限期改正，并处（　　）万元罚款。

A. 1　　B. 2

C. 3　　D. 5

16. 虚开增值税专用发票骗取出口退税，数额特别巨大，情节特别严重，给国家利益造成特别重大损失的，依照《刑法》的规定应（　　）。

A. 处3年以下有期徒刑或者拘役，并处2万元以上20万元以下罚金

B. 处3年以上10年以下有期徒刑，并处5万元以上50万元以下罚金

C. 处10年以上有期徒刑或无期徒刑，并处5万元以上50万元以下罚金或者没收财产

D. 处无期徒刑或者死刑，并处没收财产

17. 下列各项中，不属于税收征收管理活动的是（　　）。

A. 税务检查　　B. 税务管理

C. 税款征收　　D. 工商登记

18. 甲企业2018年10月5日向乙企业购买原材料，尚欠货款40万元；2015年1月，将一幢办公楼作为抵押向银行贷款50万元，到期未归还；2019年7—12月又欠缴税款30万元。如果2020年1月，该企业仅有的这幢办公楼被变卖得款100万元，按税款优先原则，应（　　）。

A. 先支付税款30万元，再归还乙企业货款40万元，剩余30万元归还银行贷款

B. 先支付乙企业40万元，再归还银行贷款40万元，剩余20万元支付欠缴税款

C. 先支付税款30万元，再归还银行贷款50万元，剩余20万元归还乙企业货款

D. 先归还银行贷款50万元，再归还乙企业货款40万元，剩余10万元支付税款

19. 邮寄申报以（　　）为实际申报日期。

A. 寄出的邮戳日期

B. 到达的邮戳日期

C. 税务机关实际收到的日期

D. 填制纳税申报表的日期

20. 发包人或出租人，应当自（　　）起30日内将承包人或承租人的有关情况向主管税务机关报告。

A. 纳税业务发生之日

B. 有关部门批准之日

C. 发包或者出租之日

D. 生产经营业务合同签订日

21. 纳税人未按照规定期限缴纳税款的，税务机关除责令限期缴纳税款外，从滞纳税款之日起，按日加收滞纳税款（　　）的滞纳金。

A. 千分之五　　B. 千分之十

C. 万分之五　　D. 万分之十

22. 纳税人不能按期办理纳税申报的，经税务机关核准（　　）。

A. 可以不再申报　　B. 仍应申报

C. 可以延期申报　　D. 可以分期申报

23. 个人所得税的纳税人办理税务登记的办法由（　　）另行规定。

A. 国家税务总局　　B. 国务院

C. 财政部　　D. 省级人民政府

二、多项选择题

1. 我国的税收征收管理机关包括（　　）。

A. 财政机关　　B. 税务机关

C. 海关　　D. 人民政府

2. 税款征收措施包括（　　）。

A. 税收保全　　B. 强制执行

C. 加收滞纳金　　D. 吊销营业执照

3. 税务机关有权核定纳税人应纳税额的情况包括（　　）。

A. 依法可以不设置账簿的

B. 依法应设置但未设置账簿的

C. 账目混乱，难以查账的

D. 成本资料、收入凭证、费用凭证残缺不全，难以查账的

4. 根据《税收征收管理法》及其实施细则的规定，税款征收的方式包括（　　）。

A. 代扣代缴　　B. 查验征收

C. 邮寄申报纳税　　D. 纳税申报

5. 税务登记的种类包括（　　）。

A. 设立登记

B. 停业登记

C. 变更登记

D. 复业登记

6. 下列各项中，属于虚开增值税专用发票行为的有（　　）。

A. 为他人虚开增值税专用发票

B. 为自己虚开增值税专用发票

C. 让他人为自己虚开增值税专用发票

D. 介绍他人虚开增值税专用发票

7. 下列各项中，属于税收保全措施的是（　　）。

A. 书面通知纳税人开户银行冻结纳税人的金额相当于应纳税款的存款

B. 书面通知纳税人开户银行从其存款中扣除税款

C. 扣押、查封纳税人价值相当于应纳税款的商品、货物或其他财产

D. 依法拍卖、变卖纳税人的价值相当于应纳税款的商品、货物或其他财产

8. 根据《税收征收管理法》的规定，纳税人在办理注销登记前，应当向税务机关（　　）。

A. 结清应纳税款、滞纳金、罚款

B. 提供清缴欠税的纳税担保

C. 缴纳不超过 10 000 元的保证金

D. 提供相关证明文件和资料

9. 税务登记证件的使用要求包括（　　）。

A. 只限本人使用

B. 可以转借他人

C. 不得损毁、涂改

D. 不得伪造或者买卖

10. 非法印制、转借、倒卖、变造或者伪造完税凭证的，由税务机关责令改正，（　　）；构成犯罪的，依法追究刑事责任。

A. 情节一般的，处 5 000 元以上 1 万元以下的罚款

B. 情节一般的，处 2 000 元以上 1 万元以下的罚款

C. 情节严重的，处 3 万元以上 5 万元以下的罚款

D. 情节严重的，处 1 万元以上 5 万元以下的罚款

11. 发票管理的内容包括发票的（　　）。

A. 印刷和开具　　B. 领购和保管

C. 取得和缴销　　D. 处理和销毁

12. 发票的使用要求包括（　　）。

A. 不得转借、转让、代开发票

B. 未经批准，不得拆本使用发票

C. 不得扩大专业发票的使用范围

D. 禁止倒买、倒卖发票

13. 纳税人进行纳税申报的方式有（　　）。

A. 直接申报　　B. 邮寄申报

C. 电子数据交换　　D. 电报、电传方式

14. 根据《税收征收管理法》的规定，税务机关有权核定纳税人应纳税额的情形包括（　　）。

A. 依照法律、行政法规的规定可以不设置账簿的

B. 虽设置账簿，但账目混乱或者成本资料、收入凭证、费用凭证残缺不全，难以查账的

C. 发生纳税义务，未按照规定的期限办理纳税申报，经税务机关责令限期申报，逾期仍未申报的

D. 纳税人申报的计税依据明显偏低，又无正当理由的

15. 注销税务登记的适用范围包括（　　）。

A. 纳税人发生解散、破产、撤销的

B. 纳税人被工商行政管理机关吊销营业执照的

C. 纳税人因住所、经营地点变更涉及改变主管税务机关的

D. 纳税人发生其他应办理注销税务登记情况的

16. 下列各项中，属于税务机关可以行使的税务检查职权的有（　　）。

A. 向扣缴义务人询问与代扣代缴有关的问题

B. 邮局检查扣缴义务人邮寄物品的单据和往来函电

C. 依法履行法定程序后，可以核查从事生产、经营的纳税人的银行存款账户

D. 检查纳税人的账簿、记账凭证、会计报表

17. 定期定额征收方式下，税务机关核定税额的程序包括（　　）。

A. 纳税人自报　　B. 典型调查

C. 定额核定　　D. 下达定额

18. 根据《税收征收管理法》的规定，由税务机关处以不缴或少缴税款50%以上5倍以下罚款的税务违法行为包括（　　）。

A. 逃避缴纳税款　　B. 不进行纳税申报

C. 逃税　　D. 欠税

19. 税务机关有权核定纳税人应纳税额的情形有（　　）。

A. 依法可以不设置会计账簿的

B. 有逃避缴纳税款、骗税前科的

C. 纳税人申报的计税依据明显偏低，又无正当理由的

D. 未按规定办理税务登记的

20. 下列各项中，应当办理税务登记的是（　　）。

A. 国家机关

B. 个体工商户

C. 企业在外地设立的分支机构

D. 税法规定应纳税但暂时享受免税待遇的单位和个人

21. 下列各项中，属于税款征收应遵守的原则有（　　）。

A. 征收唯一主体

B. 依法征税

C. 按法定权限和程序执法

D. 按规定入库

22. 下列有关税务登记证件使用的表述中，正确的有（　　）。

A. 纳税人开立银行账户时，必须提供税务登记证件

B. 纳税人领购发票时，可以提供税务登记证件

C. 税务登记证件不得损毁

D. 税务登记证件可以转借给他人

23. 纳税人采取邮寄方式申报纳税的，应当（　　）。

A. 使用统一的纳税申报专用信封

B. 以邮政部门收据作为申报凭据

C. 以寄出的邮戳日期为实际申报日期

D. 使用特快专递邮寄

24. 除按照规定不需要发给税务登记证件的外，纳税人必须持税务登记证件办理的事项有（　　）。

A. 开立银行账户

B. 申请减税、免税、退税

C. 法人营业执照年检

D. 申请开具外出经营活动税收管理证明

25. 下列关于税款优先原则的表述中正确的是（　　）。

A. 税收优先于无担保债权

B. 纳税人发生欠税在前的，税收优先于抵押权、质权和留置权

C. 税收优先于罚款、没收非法所得

D. 留置权发生在欠税之前的、税收优先于留置权

26. 下列有关税务登记的表述中，正确的有（　　）。

A. 县级以上的税务局（分局）是税务登记的主管机关

B. 凡有法律、法规规定的应税收入、应纳财产或者应税行为的各类单位和个人，均应办理税务登记

C. 对纳税人填报的税务登记表、提供的证件

和材料，税务机关应当自收到之日起 30 日内审核

D. 税务机关对税务登记证件实行定期验证和换证制度

三、判断题

1. 从事生产、经营的纳税人宣告破产，按照规定应办理工商注销登记的，应当首先向工商行政管理机关办理注销登记，然后向原税务登记机关办理税务注销登记。(　　)

2. 查验征收方式主要适用于生产不固定、账册不健全的单位。(　　)

3. 纳税人因有特殊困难，不能按期缴纳税款的，经县级以上相关税务机关批准，可以延期缴纳税款，但是最长不得超过 3 个月。(　　)

4. 纳税人对税务机关的处罚决定、强制执行措施或者税收保全措施不服的，可以依法申请行政复议，也可以依法向人民法院起诉。(　　)

5. 纳税人、扣缴义务人、纳税担保人与税务机关在纳税上发生争议时，可以暂缓缴纳税款，然后依法申请行政复议。(　　)

6. 因纳税人计算错误，未缴或者少缴税款的，税务机关在 3 年内可以追征税款，但不得加收滞纳金。(　　)

7. 只有从事生产、经营的纳税人才需要办理税务登记或注销税务登记。(　　)

8. 纳税人因有特殊困难，不能按期缴纳税款的，经相关税务机关批准加收 1% 的利息。(　　)

9. 当事人对税务机关的处罚决定逾期不申请复议也不向人民法院起诉，又不履行的，做出处罚决定的税务机关可以会同工商行政管理部门强制执行。(　　)

10. 开具发票应按照规定的时限、顺序，逐栏、全部联次一次性如实开具，并加盖单位财务印章或发票专用章，特殊情况下也可以分联次分别开具。(　　)

11. 税务机关采取税收保全措施不当，致使纳税人的合法权益遭受损失的，税务机关应当承担赔偿责任。(　　)

12. 欠缴税款的纳税人如要出境，应当在出境前向税务机关结清应纳税款或者提供担保，未结清税款又不提供担保的，税务机关可以通知出境管理机关阻止其出境。(　　)

13. 从事生产、经营的纳税人不得转借、转让发票，但根据需要可以代开发票。(　　)

14. 税务机关在进行发票检查时，需要将已开具的发票调出检查的，应当向被检查单位和个人开付收据。(　　)

15. 税务机关扣押商品、货物或者其他财产，应开付清单；查封商品、货物或者其他财产，应开付收据。(　　)

16. 数据电文方式，是指税务机关确定的电话语音、电子数据交换和网络传输等电子方式。(　　)

17. 税务机关有权到纳税人的生产、经营场所和货物存放地检查纳税人应纳税的商品、货物或者其他财产。(　　)

18. 因逃避缴纳税款未缴、少缴的税款或骗取的出口退税款，税务机关有无限期追征权。(　　)

19. 纳税人被工商行政管理机关吊销营业执照或者被其他机关予以撤销登记的，应当自营业执照被吊销或者被撤销登记之日起 15 日内，向原税务登记机关申报办理注销税务登记。(　　)

20. 凡向税务机关申报缴纳税款的单位和个人为纳税人。(　　)

21. 对违反发票管理规定的单位和个人，经县级以上税务机关批准，可以在 6 个月内暂停向其出售发票。(　　)

22. 需临时使用发票的单位和个人，可依法向主管税务机关申请开具发票。对税法规定应当缴纳税款的，税务机关应当在开具发票的同时征收。(　　)

23. 纳税人因发生解散依法终止纳税义务的，应在向工商行政管理机关或其他机关办理注销登记后，持有关证件和材料向原税务登记机关申报办理注销税务登记。(　　)

24. 按照规定不需要在工商行政管理机关办理注销登记的纳税人，应当自有关机关批准或者宣告终止之日起 30 日内，向原税务登记机关申报办理注销税务登记。(　　)

25. 扣缴义务人应当自扣缴义务发生之日起 30 日内，向所在地的主管税务机关申报办理扣缴

税款登记，领取扣缴税款登记证件；税务机关对已办理税务登记的扣缴义务人，可以只在其税务登记证件上登记扣缴税款事项，不再发给扣缴税款登记证件。（　　）

26. 纳税人采取邮寄方式办理纳税申报的，应当使用统一的纳税申报专用信封，并以邮政部门收据作为申报凭证。（　　）

27. 因纳税人、扣缴义务人计算错误等失误，未缴或少缴税款的，税务机关在5年内可以追征税款，但不加收滞纳金。（　　）

28. 各级税务机关应将纳税人的欠税情况，在办税场所或者广播、电视、报纸、期刊、网络等新闻媒体上定期公告。（　　）

四、不定项选择题

某县税务局在2015年6月进行税务检查：

(1) 6月1日实施检查，发现某商店（系个体）在2015年5月20日领取营业执照后，未申请办理税务登记。据此，该税务局于2015年6月3日做出责令该商店必须在2015年6月20日前办理税务登记，逾期不办理的，将按《税收征收管理法》有关规定处以罚款的决定。

(2) 6月12日接到群众举报，辖区内为民服装厂（系个体）开业近两个月尚未办理税务登记。经查，该服装厂2015年4月24日办理工商营业执照，4月26日正式投产，没有办理税务登记。根据检查情况，税务局于6月16日做出责令为民服装厂于6月23日前办理税务登记并处以500元罚款的决定。

(3) 某企业财务人员2011年7月采取虚假的纳税申报手段少缴营业税5万元。2015年6月税务人员在检查中发现了这一问题，要求追征这笔税款。该企业财务人员认为时间已过3年，超过了税务机关的追征期，不应再缴纳这笔税款。

(4) 某服装厂逾期未缴纳税款，该税务局征管科送达了《催缴税款通知书》进行催缴，服装厂依然未按期缴纳税款，经征管科科长批准，扣押了服装厂价值相当于应纳税款的服装。

根据资料，回答下列问题：

1. 根据事项(1)，从事生产、经营的纳税人，应当自领取营业执照之日起（　　）日内，向生产、经营地或者纳税义务发生地的主管税务机关申报办理税务登记。

A. 15　　B. 30

C. 60　　D. 90

2. 根据事项(2)，针对税务局的处理决定，下列表述中正确的有（　　）。

A. 处理决定有效

B. 处理决定无效

C. 未按照规定期限申报办理税务登记，由税务机关责令限期改正，可以处2 000元以下的罚款

D. 未按照规定期限申报办理税务登记，由税务机关责令限期改正，可以处1 000元以下的罚款

3. 根据事项(3)，下列表述中正确的有（　　）。

A. 税务机关可以追征这笔税款

B. 税务机关不可以追征这笔税款

C. 对逃避缴纳税款、抗税、骗税的，税务机关可以无限期追征其未缴或者少缴的税款、滞纳金或者所骗取的税款

D. 对逃避缴纳税款、抗税、骗税的，税务机关应在3年内追征其未缴或者少缴的税款、滞纳金或者所骗取的税款

4. 如果是因税务机关的责任，致使纳税人、扣缴义务人未缴或者少缴税款的，税务机关在（　　）年内可以要求纳税人、扣缴义务人补缴税款，但是不得加收滞纳金。

A. 1　　B. 3

C. 5　　D. 无限期

5. 根据事项(4)，税务机关采取强制执行措施时必须经（　　）批准。

A. 县以上税务局（分局）局长

B. 市以上税务局局长

C. 省级税务局局长

D. 国家税务总局

第5章 会计职业道德

Chapter 5

基本要求

1. 了解会计职业道德的功能
2. 熟悉会计职业道德的含义
3. 熟悉加强会计职业道德教育的途径
4. 掌握会计职业道德规范的主要内容

市场经济是法制经济，更是信用经济，而诚信是其灵魂。会计是企业信用乃至社会信用的重要链条。随着经济的不断发展，社会的不断进步，会计作为市场经济活动的重要组成部分，一直是备受业界和社会公众关注的焦点之一。国内外近年来出现的会计诚信危机，强烈地呼唤会计职业道德。

第1节 会计职业道德概述

一、职业道德概述

（一）职业道德的概念

职业道德的概念有广义和狭义之分。广义的职业道德是指从业人员在职业活动中应该遵循的行为准则，涵盖从业人员与服务对象、职业与职工、职业与职业之间的关系。狭义的职业道德是指在一定职业活动中应遵循的、体现一定职业特征的、调整一定职业关系的职业行为准则和规范。不同职业的人员在特定的职业活动中形成了特殊的职业关系，包括职业主体与职业服务对象之间的关系、职业团体之间的关系、同一职业团体内部人与人之间的关系，以及职业劳动者、职业团体与国家之间的关系等。为了协调这些复杂的、特殊的社会关系，除了需要政治的、行政的、法律的、经济的规范和手段之外，还需要一种适应职业生活特点的调节职业社会关系的规范和手段，由此形成了不同职业人员的道德规范，即职业道德。如医生的职业道德是救死扶伤、治病救人、实行人道主义；法官的职业道德是清正廉明、刚直不阿；商人的职业道德是买卖公平、童叟无欺；注册会计师的职业道德是独立、客观、公正；军人的职业道德是服从命令、不怕牺牲。这些职业道德规范用来指导和约束职业行为，以保证职业活动的正常进行。

（二）职业道德的特征

职业道德是道德在职业实践活动中的具体体现，除了具有道德的一般特征之外，还具有以下特征：

1. 职业性（行业性）

职业道德的内容与职业实践活动紧密相连，反映特定职业活动对从业人员行为的道德要求。所以，职业道德的行业性很强，不具有全社会普遍的适用性。一定的职业道德规范只适用于一定的职业活动领域；有些具体的行业道德规范只适用于本行业，在其他行业不完全适用或完全不适用。

2. 实践性

职业行为过程就是职业实践过程，只有在实践过程中才能体现出职业道德的水准。职业道德的作用是调整职业关系，对从业人员职业活动的具体行为进行规范，解决现实生活中的具体道德冲突。

由于职业活动都是具体的实践活动，因此根据职业实践经验概括出来的职业道德规范具有较强的针对性、实践性。它形成条文，一般采用行业公约、工作守则、行为须知、操作规程等具体的规章制度形式，来教育、约束本行业的从业人员，并且公之于众，让行业内外人员（包括服务对象）检查、监督。

3. 继承性

职业道德作为社会意识形态的一种特殊形式，是由社会经济关系决定的，随着社会经济关系的变化而改变。但是，由于职业首先是与职业活动紧密结合的，因此即使在不同的社会经济发展阶段，同一种职业因服务对象、服务手段、职业利益、职业责任和义务相对稳定，其职业行为的道德要求的核心内容也会得到继承和发扬。因此，职业道德具有较强的相对稳定性和历史继承性的特点。例如，教师“诲人不倦”、医生“救死扶伤”、商人“买卖公平”等道德要求在这些行业中世代相传，并且不断丰富和发展。

4. 多样性

既然职业道德与具体的职业相联系，而社会上的职业是复杂多样的，那么有多少种职业就有多少种职业道德。例如，经商有“商德”，行医有“医德”，执教有“师德”，从艺有“艺德”。在同一行业中又有不同的岗位，这些不同的岗位也有更加具体的职业道德要求。而且随着生产力和社会的发展，新兴行业不断产生，于是，与之相适应的职业道德层出不穷，内容越来越丰富。

（三）职业道德的作用

1. 促进职业活动健康进行

职业道德最主要的作用就是通过调节职业关系，维护正常的职业活动秩序。各种职业活动中所涉及的各方都会存在责、权、利的矛盾和差异，职业道德作为职业行为的规范，用来协调职业关系中的各种矛盾和差异，确保职业活动正常进行，同时促进职业健康发展。

2. 对社会道德风尚产生积极的影响

职业道德是社会道德的一个重要组成部分。职业道德状况对社会道德风尚会产生极大的影响。在现实生活中，人们把商业、交通、医疗、供电、供热等对社会生活影响较大的一些行业和部门形象地比喻为“窗口”行业，这些行业和部门的职业道德水准直接体现社会道德风尚的面貌。如果人们都能自觉地遵守各自的职业道德规范，必将形成良好的社会道德风尚。

（四）职业道德的主要内容

职业道德是道德在职业活动中的具体体现。由于各行各业的职业活动内容和职业特征不同，因此不同职业的职业道德内容不尽相同，但是不同职业的职业道德有共同的基本内容。

我国《公民道德建设实施纲要》提出了职业道德的基本内容，即“爱岗敬业、诚实守信、办事公道、服务群众、奉献社会”。

1. 爱岗敬业

爱岗就是热爱自己的工作岗位，热爱本职工作。爱岗是对人们工作态度的一种普遍要求。热爱本职工作，就是职业工作者以正确的态度对待各种职业劳动，努力培养热爱自己所从事的工作的幸福感、荣誉感。敬业就是用一种严肃的态度对待自己的工作，勤勤恳恳，兢兢业业，忠于职守，尽职尽责。

爱岗与敬业精神是相通的，是相互联系的。爱岗是敬业的基础，敬业是爱岗的具体表现，不爱岗就很难做到敬业，不敬业也很难说是真正的爱岗。爱岗敬业是为人民服务和集体主义精神的具体体现，是社会主义职业道德一切基本规范的基础。

2. 诚实守信

诚实就是忠诚老实，不讲假话。诚实的人能忠实于事物的本来面目，不歪曲、不篡改事实，同时也不隐瞒自己的真实思想，光明磊落，言语真切，处事实在。诚实的人反对投机取巧、趋炎附势、吹拍奉迎、见风使舵、争功诿过、弄虚作假、口是心非。守信就是信守诺言，说话算数，讲信誉，重信用，履行自己应承担的义务。

诚实和守信是相通的，是相互联系的。诚实是守信的基础，守信是诚实的具体表现，不诚实就很难做到守信，不守信也很难说是真正的诚实。诚实是真实不欺，守信也是真实不欺。诚实侧重于对客观事实的反映是真实的，对自己内心的思想、情感的表达是真实的。守信侧重于对自己应承担、履行的责任和义务的忠实，毫无保留地实践自己的诺言。诚实守信指忠诚老实，信守诺言，是为人处世的一种美德。

3. 办事公道

办事公道是指从业人员在办理业务、处理问题时，要站在公正的立场上，按照同一标准和同一原则办事的职业道德规范。

人们生活在世界上，就要与人打交道，就要处理各种关系，这就存在办事是否公道的问题，每个从业人员都会面对这类问题。比如，一个服务员接待顾客不以貌取人，对不同国籍、不同肤色、不同民族的宾客能一视同仁，同样热情服务，这就是办事公道。一个售货员对于消费者，无论其购买商品的贵贱，同样周到接待，这就是办事公道。

4. 服务群众

服务群众就是为人民群众服务。时时刻刻为群众着想，急群众之所急，忧群众之所忧，乐群众之所乐。

（1）服务群众是对各级领导及各级领导机关各级公务员的一种要求。领导干部和公务员一定要真心诚意服务于群众，绝不能践踏人民的利益，不能利用人民赋予的权力随心所欲、谋取私利。服务群众是党的群众路线在社会主义职业道德上的具体表现，也是社会主义职业道德与以往私有制社会职业道德的根本分水岭。

（2）服务群众是对所有从业人员的要求。每个从业人员都是群众中的一员，既是为别人服务的主体，又是别人服务的对象。每个人都有权享受他人提供的职业服务，同时又承担着为他人提供职业服务的义务。因此，服务群众不仅是对领导及公务员的要求，而且是对所有从业者的要求。

5. 奉献社会

奉献社会，就是全心全意为社会做出贡献。这就要求不计较个人得失，兢兢业业，任劳任怨。一个人不论从事什么行业的工作，不论在什么岗位，都可以做到奉献社会。奉献社会是一种人生境界，是一种融入一生事业中的高尚人格。

与爱岗敬业、诚实守信、办事公道、服务群众这四项规范相比较，奉献社会是职业道德中的最高境界，同时也是做人的最高境界。爱岗敬业、诚实守信是对从业人员的职业行为的基本要求，是首先应当做到的。达不到这两项要求，就很难做好工作。办事公道、服务群众比前两项要求高，需要有一定的道德修养做基础。奉献社会则是这五项中要求最高的。一个人只要达到一心为社会做奉献的境界，他的工作就必然能做得很好，这就是全心全意为人民服务了。

二、会计职业道德概述

（一）会计职业道德的概念

会计职业道德是指在会计职业活动中应当遵循的，体现会计职业特征、调整会计职业关系的职业行为准则和规范。

会计职业道德是调整会计职业活动中各种利益关系的手段，具有相对的稳定性和广泛的社会性。会计职业道德规范的对象，既有会计人员，也有注册会计师，两者都是以会计信息为载体从事工作，从广义上说都是会计人员的一部分。会计职业道德的具体含义主要有三个方面。

1. 会计职业道德是调整会计职业活动利益关系的手段

会计职业道德可以配合国家法律制度，调整会计职业关系中的各种经济利益关系，维护正常的经济秩序。会计职业道德允许个人和各经济主体获取合法的自身利益，反对通过损害国家和社会公众利益来获取违法利益。

2. 会计职业道德具有相对的稳定性

会计标准的设计、会计政策的制定、会计方法的选择，都必须遵循其内在的客观经济规律和要求，并保持相对的稳定性。与之相应的会计职业道德，在市场经济活动中同样具有相对的稳定性。

3. 会计职业道德具有广泛的社会性

会计目标决定了会计所承担的社会责任，会计不仅要为政府机构、企业管理层等提供符合质量要求的会计信息，而且要为投资者、债权人及社会公众服务。由于会计服务的对象涉及社会的方方面面，因此会计职业道德的优劣将直接或间接地影响国家和社会公众利益。

（二）会计职业道德的特征

会计作为社会经济活动中的一种特殊职业，除了具有职业道德的一般特征外，与其他职业道德相比还具有如下特征。

1. 具有一定的强制性

法律具有强制性，它要求人们"必须这样或那样做"；而道德一般不具有强制性，它要求人们"应该这样或那样做"。但在我国，会计职业道德和其他道德不一样，许多内容都直接纳入会计法律制度，如《会计法》《会计基础工作规范》等都规定了会计职业道德的内容和要求。因此，会计职业道德是一种"思想立法"，它已经超出"应该怎样做"的界限，属于"必须这样做"的范畴。如果不按照"守则""准则""条例"去做，有的虽谈不上犯罪，但也是违反职业纪律的，更是职业道德所不允许的。会计职业道德的这种独特的强制性，是由会计工作在市场经济活动中的特殊地位决定的。当然，会计职业道德的许多非强制性内容仍然存在，而且也在发挥作用。例如，会计职业道德中的提高技能、强化服务、参与管理、奉献社会等内容虽然是非强制性要求，但直接影响到专业胜任能力、会计信息质量和会计职业的声誉，也要求会计人员遵守。

2. 较多地关注公众利益

会计职业的一个显著特征是会计职业活动与社会公众利益密切联系。在会计工作中，会计确认、计量、记录和报告的程序、标准和方法，在选择和运用上发生任何变化，都会使与经济主体有关的各方的经济利益受到直接的影响。由于会计人员自身的经济利益往往与其所处的经济主体的利益相一致，当经济主体利益与国家利益和社会公众利益出现矛盾时，如果会计人员的利益指向偏向经济主体，那么国家和社会公众的利益就会受损，导致产生会计职业道德危机。因此，会计职业的特殊性对会计职业道德提出了更高的要求，要求会计人员客观公正，当会计职业活动中发生道德冲突时要坚持准则，把社会公众利益放在第一位。

（三）会计职业道德的功能与作用

1. 会计职业道德的基本功能

（1）指导功能。会计职业道德通过对会计的行为动机提出相应的要求，引导、规劝、约束会计人员树立正确的职业观念，遵循职业道德要求，从而达到规范会计行为的目的。

会计职业道德作为一种指引或劝诫，表达了社会对会计人员行为的期望和要求，如诚实守信、坚持准则、廉洁自律等。这种期望和要求如果被会计人员认同，就会转变为会计人员自觉的行为。即使不被会计人员认同，由于道德舆论的强大压力，也会被会计人员接受和遵循。

（2）评价功能。评价功能，即对会计人员的行为，根据一定的道德标准进行评价。这一功能又可分解为褒扬的功能和谴责的功能。前者通过引起主体的自豪感和光荣感，对主体的动机和行为起鼓舞、激励的作用；后者通过引起主体的羞愧、内疚等情感，对主体的动机和行为起抑制和纠错的作用。

通过开展会计职业道德的评价、检查与奖惩，倡导、赞扬、鼓励自觉遵守会计职业道德规范的行为，贬抑、鞭挞、谴责、查处会计造假的不良行为，对会计人员起到警醒作用，有助于督促会计人员遵守职业道德规范，形成良好的道德情感，也有利于形成抑恶扬善的社会环境。

（3）教化功能。会计职业道德对于会计人员的思想、感情和行为有着潜移默化的塑造作用，不但能够影响会计人员处事时的动机和行为，而且能够改造会计人员的道德品质，提高会计人员的道德境界。

2. 会计职业道德的作用

会计职业道德的作用主要体现在以下几个方面。

（1）会计职业道德是规范会计行为的基础。动机是行为的先导，有什么样的动机就有什么样的行为。会计职业道德对会计的行为动机提出了相应的要求，如诚实守信、客观公正等，引导、规劝、约束会计人员树立正确的职业观念，建立良好的职业品行，从而达到规范会计行为的目的。

（2）会计职业道德是实现会计目标的重要保证。从会计职业关系的角度看，会计目标就是为会计职业关系中的各个服务对象提供真实、可靠的会计信息。由于会计职业活动既是技术性的处理过程，同时又涉及对多种经济利益关系的调整，会计目标能否顺利实现，既取决于会计从业者的专业技能水平，也取决于会计从业者能否严格履行职业行为准则。如果会计从业者故意或非故意地提供了不真实、不可靠的会计信息，就会导致服务对象的决策失误，甚至导致社会经济秩序混乱。因此，依靠会计职业道德规范约束会计从业者的职业行为，是实现会计目标的重要保证。

（3）会计职业道德是对会计法律制度的重要补充。在现实生活中，人们的很多行为很难由法律做出规定。例如，会计法律只能对会计人员不得违法的行为做出规定，不宜对他们如何爱岗敬业、诚实守信、提高技能等提出具体要求。但是，如果会计人员缺乏爱岗敬业的热情和态度，缺乏诚实守信的做人准则，没有必要的职业技能，则很难保证会计信息达到真实、完整的法定要求。很显然，会计职业道德是其他会计法律制度所不能替代的。会计职业道德是对会计法律规范的重要补充。

（4）会计职业道德是会计人员提高素质的内在要求。随着社会的进步和发展，对会计从业者的素质的要求越来越高。会计职业道德是会计从业者素质的重要体现。一个高素质的会计从业者应当做到爱岗敬业、提高专业胜任能力，这不仅是会计职业道德的主要内容，而且是会计从业者遵循会计职业道德的可靠保证。倡导会计职业道德，加强会计从业道德教育，并结合会计职业活动引导会计从业者进一步加强自我修养，提高专业胜任能力，有利于促进会计从业者整体素质的不断提高。

三、会计职业道德与会计法律制度的关系

会计职业道德与会计法律制度都属于会计人员行为规范，两者既有联系，也有区别。

（一）会计职业道德与会计法律制度的联系

会计职业道德与会计法律制度的联系主要有：

1. 两者在作用上相互补充、相互协调

会计行为不可能都由会计法律制度进行规范，不需要或不宜由会计法律制度进行规范的行为，可通过会计职业道德来规范；同时，那些基本的会计行为必须运用会计法律制度来强制规范。

2. 两者在内容上相互借鉴、相互渗透

会计法律制度中含有会计职业道德的内容，会计职业道德中也包含会计法律制度的某些条款。

3. 两者在地位上相互转化、相互吸收

最初的会计职业道德就是对会计职业行为约定俗成的基本要求，后来制定的会计法律制度吸收了这些基本要求，可以说，会计法律制度是会计职业道德的最低要求。

4. 两者在实施过程中相互作用、相互促进

会计职业道德是会计法律制度正常运行的社会和思想基础，会计法律制度是促进会计职业道德形成和遵守的重要保障。

（二）会计职业道德与会计法律制度的区别

会计职业道德与会计法律制度的区别如表 5－1 所示。

表5-1 会计职业道德与会计法律制度的区别

区别	会计法律制度	会计职业道德
性质不同	通过国家机器强制执行，具有很强的他律性	主要依靠会计人员的自觉性，具有很强的自律性
作用范围不同	侧重于调整会计人员的外在行为和结果的合法化，具有较强的客观性	不仅要调整会计人员的外在行为，还要调整会计人员内在的精神世界，具有较强的主观性
表现形式不同	通过一定的程序由国家立法机关或行政管理部门制定、颁布和修改，其表现形式是具体的、明确的、成文的法律文件	源于会计人员的职业生活和职业实践，日积月累，约定俗成；其表现形式既有明确的成文规定，也有不成文的规范，存在于人们的意识和信念之中
保障机制不同	由国家强制力保障实施	既有国家法律的要求，又需要会计人员自觉遵守
评价标准不同	以会计人员享有的权利和义务为标准来判定其行为是否违法	以善恶为标准来判定会计人员的行为是否违背道德规范

（三）会计行为的法治与德治

会计行为的法治与德治虽然具有一致性，但它们是两种不同的治理方式，二者不能混淆。从会计工作来看，法治侧重于规范会计行为，由国家强制力保证实施，执行的标准就是会计法律法规，规范明确，便于操作；而德治侧重于规范会计人员的内心世界，以达到对行为的规范，一般体现为社会舆论的谴责，执行的标准比较空泛，不便于操作。市场经济是法治经济。会计法律法规对会计工作有效开展起着引导、促进、保障和制约作用，有利于调整会计工作中的各种关系，解决会计工作中的各种问题，维护正常的工作秩序。然而，法律的实施是个机械的过程，再好的法律，也需要合适的人去正确地执行和使用，需要绝大多数社会成员的支持。如果一个会计工作者不具备相应的专业知识和职业道德水平，很难想象会计法律法规会得到有效实施。为此，在规范会计行为、维护社会主义市场经济秩序的过程中，既要坚持不懈地加强会计法制建设，依法规范会计行为，同时也要坚持不懈地加强会计职业道德建设，以德治理会计行为。

【例题1·单选】在一定职业活动中应遵循的，体现一定职业特征、调整一定职业关系的职业行为准则和规范是（　　）。

A. 狭义的职业道德　　B. 广义的职业道德

C. 一定职业道德　　D. 会计职业道德

【答案】A

【例题2·单选】职业道德是同人们的（　　）紧密相连的，具有自身职业特征的道德准则、职业行为规范的总和。

A. 道德活动　　B. 职业活动

C. 经济活动　　D. 政治活动

【答案】B

【例题3·单选】（ ）是职业道德的出发点和归宿。

A. 爱岗敬业 B. 诚实守信

C. 办事公道 D. 奉献社会

【答案】D

【例题4·判断】会计职业道德是调整会计职业活动利益关系的手段，不具有广泛的社会性。（ ）

【答案】×

【例题5·多选】下列关于会计职业道德的说法中，不正确的有（ ）。

A. 会计职业道德涵盖了人与人、人与社会、人与自然之间的关系

B. 会计职业道德与会计法律制度在性质上一样

C. 会计职业道德规范的全部内容归纳起来就是廉洁自律与强化服务

D. 会计职业道德不调整会计人员的外在行为

【答案】ABCD

【例题6·多选】下列关于会计职业道德和会计法律制度二者关系的说法中，正确的有（ ）。

A. 两者在实施过程中相互作用、相互补充

B. 会计法律制度是会计职业道德的最低要求

C. 违反会计法律制度一定违反会计职业道德

D. 违反会计职业道德一定违反会计法律制度

【答案】ABC

□ 第1节习题

一、单项选择题

1. 广义的职业道德是指从业人员在职业活动中应遵守的（ ）。

A. 基本规章 B. 工作纪律

C. 行为准则 D. 行为方式

2. 狭义的职业道德是指在一定职业活动中应遵循的，体现一定职业特征、调整一定职业关系的职业行为（ ）。

A. 规章和要求 B. 准则和规范

C. 规则和纪律 D. 纪律和规范

3. 职业道德的本质是由（ ）决定的。

A. 社会实践 B. 经济基础

C. 社会经济关系 D. 上层建筑

4. 职业道德具有职业性、继承性和（ ）等特征。

A. 强制性 B. 实践性

C. 统一性 D. 不变性

5. 会计职业道德指在会计职业活动中应当遵循的，体现（ ）特征、调整会计职业关系的职业行为准则和规范。

A. 会计工作 B. 会计职业

C. 会计活动 D. 会计人员

6. 下列关于会计职业道德与会计法律制度主要区别的说法中，正确的是（ ）。

A. 目标不同 B. 调整对象不同

C. 作用范围不同 D. 职责不同

7. 下列关于会计职业道德与会计法律制度联系的说法中，不正确的是（ ）。

A. 两者有共同的目标、相同的调整对象，承担着同样的职责

B. 两者在内容上相互渗透、相互重叠

C. 两者在地位上相互转化、相互吸收

D. 两者在实现形式上都是具体的、明确的和成文的

8. 下列关于会计职业道德的表述中，正确的是（　　）。

A. 相对于会计法律制度而言，会计职业道德是对会计人员行为最低限度的要求

B. 会计职业道德对会计人员而言是非强制性的，具有很强的自律性

C. 会计职业道德具有强制性

D. 会计职业道德在时间和空间上对会计人员的影响没有会计法律制度广泛、持久

9. 下列各项中，属于《公民道德建设实施纲要》中提出的职业道德主要内容的是（　　）。

A. 诚信为本、依法治国、民主理财、科学决策、奉献社会

B. 爱岗敬业、诚实守信、办事公道、服务群众、奉献社会

C. 文明礼貌、助人为乐、爱护公物、保护环境、遵纪守法

D. 爱岗敬业、诚实守信、廉洁自律、客观公正、坚持准则、提高技能、参与管理、强化服务

10. 下列有关道德惩罚与法律惩罚关系的表述中，正确的是（　　）。

A. 道德惩罚可以替代法律惩罚

B. 法律惩罚可以替代道德惩罚

C. 法律惩罚和道德惩罚并行不悖

D. 法律惩罚和道德惩罚相互排斥

11. 下列关于会计职业道德与会计法律制度的关系的表述中，错误的是（　　）。

A. 两者在实施过程中相互作用、相互补充

B. 违反会计法律制度，一定违反会计职业道德

C. 会计法律制度是会计职业道德的最低要求

D. 违反会计职业道德，一定违反会计法律制度

12. 会计职业道德和会计法律制度两者的区别主要有（　　）。

A. 会计法律制度具有很强的他律性，会计职业道德具有很强的自律性

B. 会计法律制度调整会计人员的外在行为，会计职业道德只调整会计人员内在的精神世界

C. 会计法律制度有成文规定，会计职业道德无具体的表现形式

D. 违反会计法律制度可能受到法律制裁，违反会计职业道德只会受到道德谴责

13. 现实社会中，道德准则和法律准则是（　　）的。

A. 相互联系　　B. 相互排斥

C. 相互制约　　D. 完全等同

14. 会计法律制度由（　　）来保障实施。

A. 财政部门　　B. 会计职业组织

C. 国家　　D. 金融机构

15. 我国有关法律规定：会计人员应当遵守职业道德，提高业务素质。该法律为（　　）。

A.《审计法》　　B.《统计法》

C.《会计法》　　D.《注册会计师法》

16. 会计职业道德除具有职业道德的一般特征外，还具有一定的强制性和（　　）的特征。

A. 复杂性

B. 较多关注公众利益

C. 教育性

D. 独立性

17. 会计职业道德的实施需要构建（　　）推动、社会各界配合、齐抓共管的监督机制。

A. 财政部门　　B. 主管部门

C. 审计部门　　D. 新闻舆论

18. 会计人员整天与钱财物资打交道，心中稍有杂念，就会陷入金钱的泥沼，走上歪路，这就要求职业道德具有（　　）功能，对会计人员行为提出相应要求，引导、规劝、约束会计人员树立正确的职业观念，遵循职业道德要求，达到规范其会计行为的目的。

A. 教化　　B. 指导

C. 评价　　D. 规范

19. 企业不仅要提供符合质量要求的会计信息，而且要为投资者、债权人及社会公众服务，这就要求会计职业道德具有（　　）。

A. 社会性　　B. 广泛性

C. 稳定性　　D. 实践性

20. 在人类的社会实践中，（　　）是评价善与恶、美与丑、正与邪、是与非、诚实与虚伪的标准。

A. 道德　　B. 传统习惯

C. 法律法规　　D. 社会舆论

二、多项选择题

1. 会计职业道德与会计法律制度的联系主要体现在（　　）。

A. 作用上相互补充、相互协调

B. 内容上相互借鉴、相互渗透

C. 地位上相互转化、相互吸收

D. 实施上相互作用、相互促进

2. 广义的职业道德涵盖了（　　）之间的关系。

A. 从业人员与服务对象

B. 职业与职工

C. 职业与职业

D. 职业与行业

3. 狭义的职业道德是指（　　）的职业行为准则和规范。

A. 在一定职业活动中应遵循

B. 体现一定职业特征

C. 符合一定职业要求

D. 调整一定职业关系

4. 会计职业道德与会计法律制度有（　　）。

A. 共同的目标　　B. 相同的调整对象

C. 同样的职责　　D. 相同的实现形式

5. 会计职业道德与会计法律制度的区别反映在（　　）。

A. 性质不同　　B. 作用范围不同

C. 表现形式不同　　D. 保障机制不同

6. 某企业会计人员在讨论会计职业道德和会计法律制度两者关系时提出下列观点，其中正确的有（　　）。

A. 两者在实施的过程中相互作用、相互独立

B. 会计法律制度是会计职业道德的最低要求

C. 违反会计法律制度一定违反会计职业道德

D. 违反会计职业道德一定违反会计法律制度

7. 会计职业道德的基本原则有（　　）。

A. 为民理财原则　　B. 忠实于会计职业

C. 集体主义原则　　D. 合法利益原则

8. 下列属于职业道德特点的有（　　）。

A. 职业性　　B. 实践性

C. 继承性　　D. 合法性

9. 下列关于会计职业道德与会计法律制度关系的表述中，正确的有（　　）。

A. 两者在实施过程中相互作用、相互补充

B. 前者具有自律性，后者具有他律性

C. 两者在内容上相互借鉴、相互渗透

D. 前者具有他律性，后者具有自律性

10. 会计职业道德的基本功能包括（　　）。

A. 指导功能　　B. 评价功能

C. 监督功能　　D. 教化功能

11. 会计法律制度中含有会计职业道德的内容，同时，会计职业道德中也包含会计法律制度的某些条款。这一点体现出会计职业道德与会计法律制度（　　）。

A. 在作用上相互补充

B. 在内容上相互渗透

C. 在内容上相互借鉴

D. 在地位上相互转化

12. 从会计职业道德和会计法律制度的关系看，违反会计职业道德的行为（　　）。

A. 一定也是违反会计法律制度的行为

B. 可能也是违反会计法律制度的行为

C. 可能不是违反会计法律制度的行为

D. 一定不是违反会计法律制度的行为

13. 会计职业道德的含义体现为（　　）。

A. 会计职业道德是调整会计职业活动利益关系的手段

B. 会计职业道德具有绝对的排他性

C. 会计职业道德具有相对的稳定性

D. 会计职业道德具有广泛的社会性

14. 会计职业道德教育是会计职业道德活动的一项重要内容，（　　）等都有教导和督促会计人员加强会计职业道德规范学习的责任。

A. 高校

B. 会计工作管理部门

C. 会计职业自律组织

D. 单位负责人

15. 下列关于会计职业道德的表述中，正确的有（　　）。

A. 会计职业道德是指在会计职业活动中应当遵循的体现会计职业特征、调整会计职业关系的职业行为准则和规范

B. 会计职业道德不允许通过损害国家和社会公众利益而获取违法利益，但允许个人和各经济主体获取合法的自身利益

C. 在会计职业活动中，发生道德冲突时要坚持准则，把社会公众利益放在第一位

D. 会计职业道德不具有强制性

16. 下列情形中，既违反会计法律制度，又违背会计职业道德规范的有（　　）。

A. 会计机构负责人按照单位领导人授意，销毁在有效期内的会计档案

B. 出纳员利用职务便利，用公款炒股

C. 会计人员小李平时喜欢吃喝应酬，不用心钻研会计业务

D. 会计人员小王工作拖沓敷衍

17. 会计职业道德与会计法律制度既有区别又有联系，下列关于二者关系的表述中错误的有（　　）。

A. 会计法律制度中包含会计职业道德的内容，同时，会计职业道德中也包含会计法律制度的某些条款

B. 会计职业道德是会计法律制度的最低要求

C. 会计职业道德不要求调整会计人员的外在行为，而侧重于调整会计人员内在的精神世界

D. 会计法律制度既有成文的规定，也有不成文的规范

18. 开展会计职业道德检查与奖惩有着很重要的现实意义，包括（　　）。

A. 能促使会计人员遵守职业道德规范

B. 对会计人员具有深刻的教育意义

C. 有利于形成抑恶扬善的社会环境

D. 有利于提高企业经济效益

19. 以下关于会计职业道德的描述中，不正确的有（　　）。

A. 会计职业道德涵盖了人与人、人与社会、人与自然之间的关系

B. 会计职业道德与会计法律制度在性质上一样

C. 会计职业道德规范的全部内容归纳起来就是廉洁自律与强化服务

D. 会计职业道德不调整会计人员的外在行为

20. 下列各项中，不属于会计职业道德特征的有（　　）。

A. 一定的强制性

B. 发展的局限性

C. 特有的固定性

D. 较多关注公众利益

三、判断题

1. 会计职业道德与会计法律制度有着共同的目标、相同的调整对象，承担着同样的责任。（　　）

2. 狭义的职业道德是指在一定职业活动中应遵循的，体现一定职业特征、调整一定职业关系的行为准则和规范。（　　）

3. 会计职业道德是会计法律制度正常运行的社会和思想基础。（　　）

4. 会计法律制度是促进会计职业道德形成和遵守的制度保障。（　　）

5. 会计职业道德与会计法律制度具有相同的调整对象，但是承担着不同的职责。（　　）

6. 会计职业道德主要依靠会计从业人员的自觉性，具有很强的自律性。（　　）

7. 会计职业道德与会计法律制度的作用范围不同，侧重于调整会计人员内在的精神世界。（　　）

8. 会计职业道德的表现形式既有明确的成文规定，也有不成文的规范，存在于人们的意识和信念之中。（　　）

9. 会计职业道德既有国家法律的相应要求，也需要会计人员自觉遵守。（　　）

10. 会计法律制度是会计职业道德的最低要求。（　　）

11. 会计职业道德以会计人员享有的权利和

义务为标准来判定其行为是否违背职业道德。( )

12. 会计职业道德是对会计法律制度的重要补充。( )

13. 会计职业道德与会计法律制度有共同的目标和调整对象。( )

14. 会计职业道德具有一定的强制性。( )

15. 会计职业道德具有职业性、实践性和继承性等特征。( )

16. 会计职业道德与会计法律制度一样，都有具体的表现形式。( )

17. 会计职业道德具有广泛的社会性。( )

18. 违反会计职业道德的行为，一定违反了会计法律制度。( )

19. 会计职业道德与会计法律制度一样，都是以国家的强制力来保障实施的。( )

20. 当单位利益与社会公众利益发生冲突时，会计人员应该首先维护社会公众利益。( )

第2节 会计职业道德规范的主要内容

会计职业道德规范，是会计人员道德行为和道德关系普遍规律的反映，是社会道德体系的一个重要组成部分。

根据我国会计工作、会计人员的实际情况，结合《公民道德建设实施纲要》和国际上会计职业道德的一般要求，我国会计职业道德规范主要包括爱岗敬业、诚实守信、廉洁自律、客观公正、坚持准则、提高技能、参与管理、强化服务等八项内容。

一、爱岗敬业

(一) 爱岗敬业的含义

爱岗敬业是指忠于职守的事业精神，这是会计职业道德的基础。这里所说的“岗”，是指会计工作岗位。会计工作可划分为若干具体的岗位，如总会计师、会计主管、出纳、财产物资核算、成本费用核算、财务报告编制、稽核、档案管理。俗话说“三百六十行，行行出状元”，只要用恭敬严肃的态度认真对待自己的职业，将身心与职业工作融为一体，干一行爱一行，干好一行，就是爱岗敬业。

爱岗和敬业互为前提，相互支持，相辅相成。爱岗是敬业的基石，敬业是爱岗的升华。爱岗是指会计人员热爱自己的本职工作，安心于本职岗位，稳定、持久地在会计天地中耕耘，恪尽职守地做好本职工作。敬业是指会计人员充分认识本职工作在社会经济活动中的地位和作用，认识本职工作的社会意义和道德价值，具有会计职业的荣誉感和自豪感，在职业活动中具有高度的劳动热情和创造性，以强烈的事业心、责任感从事会计工作。

如果会计人员对所从事的会计工作不热爱，工作中就难以做到兢兢业业，就不会主动地刻苦钻研业务，更新专业知识，提高业务技能；就不会珍惜会计这份工作，努力维护会计职业的声誉和形象；就无法具备与其职务相适应的业务素质和能力，更谈不上坚持准则、客观公正、文明服务，维护国家和集体的利益，承担责任。反之，会计人员虽有热爱会计职业的一腔热情，但如果没有勤奋踏实的工作作风和忠于职守的实际行动，敬业也就成为一句空话。

（二）爱岗敬业的地位

爱岗敬业是会计从业人员做好本职工作的基础和条件，是最基本的道德素质，是所有职业道德规范的共同要求。

（三）爱岗敬业的基本要求

爱岗敬业的基本要求有：

1. 正确认识会计职业，树立职业荣誉感

如果会计人员对所从事的会计职业缺乏正确的认识，认为会计不过是简单的“写写算算”“收收支支”的琐碎工作，或者有“会计难当，职权难用，成绩难见，违纪难免”的想法，就必然会不自觉地把这些意识反映到其工作行动之中，表现出“懒”“惰”“拖”等不良行为，给会计职业及其声誉造成不良影响。

会计人员只有正确地认识会计本质，明确会计在经济管理工作中的地位和重要性，树立职业荣誉感，才有可能爱岗敬业。这是做到爱岗敬业的前提，也是首要要求。

2. 热爱会计工作，敬重会计职业

热爱一项工作，首先就意味着对这项工作有一种职业的荣誉感，有自信心和自尊心；其次是对这项工作抱有浓厚的兴趣，把职业生活看成是一种乐趣。这样，平凡甚至琐碎的日常工作，就会成为人们生活中不可缺少的内容，并且能在工作中时时感受到乐趣。只要人们根据自己的爱好、兴趣和特长来选择职业，通常都会对所选职业充满情感，喜爱这一职业。但是，任何社会、任何时候都难以绝对保证人们所选择的职业是自己满意的。因而，在所从事的职业与自己的兴趣、爱好不一致时，要求人们对所从事的职业有正确的态度。如果做了会计，就应该热爱会计工作，敬重会计职业，即使对会计职业并不感兴趣。

各行各业无数职业道德标兵的先进事迹告诉我们，热爱自己的工作，敬重自己的岗位，是做好本职工作的前提。会计人员只要树立了干一行爱一行的思想，就会发现会计职业中的乐趣；只有树立干一行爱一行的思想，才会刻苦钻研会计业务技能，才会努力学习会计业务知识，才会发现在会计核算、企业理财领域有许多值得人们去研究探索的东西。有了对本职工作的热爱，就会激发出一种敬业精神，自觉自愿地执行职业道德的各种规范，不断改进自己的工作，在平凡的岗位上做出不平凡的业绩。

3. 安心工作，任劳任怨

安心本职工作，就会以从事会计工作为“乐”，而不是“这山望着那山高”。只有安心本职工作，才能潜下心来勤学多思，勤问多练，才会探索和研究会计工作中不断出现的新问题，也才能真正做到敬业。任劳任怨，要求会计人员具有不怕吃苦的精神和不计较个人得失的思想境界。会计人员在处理会计事项的过程中，有时会遇到两难的情况，当集体利益与职工个人利益或国家利益与单位利益发生冲突时，会计人员如果维护了国家利益或集体利益，就可能不被人们理解；反之，则会出现道德危机。会计职业道德要求会计人员既任劳也任怨。

4. 严肃认真，一丝不苟

从业者对自己本职工作的热爱，必定会体现在对工作所需职业技能的态度上，体现在对自己工作成果的追求上，即对工作严肃认真、一丝不苟，对技术精益求精。会计是一项严肃细致的工作，没有严谨认真的工作态度和一丝不苟的工作作风，就容易出现偏差。对一些损失浪费、违法乱纪的行为和一切不合法、不合理的业务开支，要严肃认真地对待，把好费用支出关。要将严肃认真、一丝不苟的职业作风贯穿会计工作的始终，不仅要数字计算准确，手续清楚完备，而且绝不能有“都是熟人不会错”的麻痹思想和马马虎虎的工作作风。

5. 忠于职守，尽职尽责

忠于职守，不仅要求会计人员认真地执行岗位规范，而且要求会计人员在各种复杂的情况下，能够抵制各种诱惑，忠实地履行岗位职责。尽职尽责具体表现为会计人员对自己应承担的责任和义务表现出的一种责任感和义务感，这种责任感和义务感包含两方面的内容：一是社会或他人对会计人员规定的责任；二是会计人员对社会或他人所负的道义责任。

在现代经济生活中，由于会计职业所处的环境具有特殊性，不同的岗位要求承担的责任和义务不尽相同。注册会计师接受单位委托对委托者进行审计、鉴证或咨询，要维护委托人的权益，保守商业秘密，依法出具审计报告。单位内部会计人员不仅要尽职尽责地履行会计职能，客观真实地记录反映服务主体的经济活动状况，负责其资金的有效运作，积极参与经营和决策，而且应抵制不当的开支，防止有人侵占单位资产，保护财产安全完整。在对单位（或雇主）的忠诚与国家及社会公众利益发生冲突时，会计人员应该忠实于国家、忠实于社会公众，承担起维护国家和社会公众利益的责任。单位会计人员应向有关服务主体提供真实可靠的会计信息；注册会计师不仅要对委托人负责，更应对广大的信息使用者负责，对被审计单位的财务状况和经营成果出具客观、公允的审计报告。

二、诚实守信

（一）诚实守信的含义

诚实是指言行思想一致，不弄虚作假，不欺上瞒下，做老实人，说老实话，办老实事。守信是指遵守自己所做出的承诺，讲信用，重信用，信守诺言，保守秘密。诚实守信是做人的基本准则，也是会计职业道德的精髓。

诚实与守信具有内在的因果联系，一般来说，诚实即为守信，守信就是诚实。有诚无信，道德品质得不到推广和延伸；有信无诚，信就失去了根基，德就失去了依托。诚实必须守信。

中国现代会计之父潘序伦先生认为，诚信是会计职业道德的重要内容。他终身倡导“信以立志，信以守身，信以处事，信以待人，毋忘‘立信’，当必有成”，并将其作为立信会计学校的校训。为凸显并倡导会计职业的诚信，潘序伦先生一生的实业皆冠之以“立信”，如立信会计事务所、上海立信会计金融学院、立信会计出版社等。

人无信不立，国无信不强。在现代市场经济社会，诚信尤为重要。市场经济是信用经济、契约经济，注重的就是诚实守信。可以说，信用是市场经济步入良性发展轨道的前提和基础，是市场经济社会赖以生存的基石。

（二）诚实守信的地位

诚实守信是会计职业道德的基本工作准则。

（三）诚实守信的基本要求

诚实守信的基本要求有：

1. 做老实人，说老实话，办老实事，不搞虚假

做老实人，要求会计人员言行一致，表里如一，光明正大。说老实话，要求会计人员说话诚实：是一说一，是二说二，不夸大，不缩小，不隐瞒，如实反映和披露单位经济业务事项。办老实事，要求会计人员工作踏踏实实，不弄虚作假，不欺上瞒下。总之，会计人员应言行一致，实事求是，如实反映单位经济业务活动情况，不为个人和小集团利益伪造账目、弄虚作假，损害国家和社会公众利益。

近年来，在财政部进行的会计信息质量抽查中，假凭证、假账簿、假报表比较普遍。而虚假信息均出自单位管理层和会计人员之手，一些注册会计师也扮演了不光彩的角色，严重影响了会计职业的社会信誉。会计人员要树立良好的职业形象，就必须恪守诚实守信的基本道德准则。

2. 保守秘密，不为利益所诱惑

保守秘密是指会计人员在履行自己的职责时，应树立保密观念，做到保守商业秘密，对机密资料不外传、不外泄，守口如瓶。在市场经济中，严守单位的商业秘密极其重要，因为商业秘密往往关系到单位的生死存亡。会计人员因职业特点经常接触单位和客户的一些秘密，如单位的财务状况、经营情况、成本资料及重要单据、经济合同等。因而，依法保守单位秘密是会计人员应尽的义务，也是诚实守信的具体体现。

泄密不仅是一种不道德的行为，而且是违法行为，是会计职业的大忌。没有得到法律允许或未经单位规定的程序批准，会计人员不能以任何借口或方式泄露单位的商业秘密。我国有关法律制度对会计人员保守秘密做了相关的规定。如《注册会计师法》第十九条规定：“注册会计师对执行业务中知悉的商业秘密，负有保密义务”；《会计基础工作规范》第二十三条规定：“会计人员应当保守本单位的商业秘密。除法律规定和单位领导人同意外，不能私自向外界提供或者泄露单位的会计信息。”

会计人员如果泄露本单位的商业秘密，不仅会对单位的利益产生威胁，而且会损害会计人员自身的形象和利益。一是会计人员是单位的一分子，泄露单位的商业秘密

后会使单位利益受损，单位的损失最终将不同程度地反映到每位员工身上，会计人员也会因此受到影响。二是泄露商业秘密属于违法行为，一旦查出，泄露秘密的会计人员将承担法律责任。三是会计人员泄露商业秘密将对整个会计职业的社会声誉产生负面影响，使会计职业的信誉受到怀疑，整个行业的利益蒙受损失。在这一点上，对注册会计师的影响尤为显著。

会计人员要做到保守秘密，就要注意不在工作岗位以外的场所谈论、评价企业的经营状况和财务数据，此外，在日常生活中会计人员也应保持必要的警惕，防止无意泄密。俗话说，说者无意，听者有心。人们在日常交流中经常会对熟知的事情脱口而出，而没有想到后果。为了防止这种情况的发生，会计人员要了解自己所知的信息中，哪些是商业秘密，哪些是无关紧要的事项，而且要抵制住各种各样的利益诱惑，绝对不能以商业秘密作为谋利的手段。

三、廉洁自律

（一）廉洁自律的含义

廉洁是指不贪污钱财，不收受贿赂，保持清白。自律是指自律主体按照一定的标准，约束自己、控制自己的言行和思想的过程。廉洁自律是会计职业道德的前提，也是会计职业道德的内在要求。

作为整天与钱财打交道的会计人员，必须两袖清风，不取不义之财，做到面对金钱不眼红。会计人员只有首先做到自身廉洁，严格约束自己，才能要求别人廉洁，才能理直气壮地阻止或防止别人侵害集体利益，正确行使会计职责，保证各项经济活动正常进行。

自律的核心就是用道德观念自觉地抵制自己的不良欲望。一个自律的人能保持清醒的头脑，把持住自我不迷失方向；不能自律的人则会头脑昏昏，丧失警惕，终将成为权、钱的奴隶。

会计人员的廉洁是会计职业道德自律的基础，而自律是廉洁的保证。自律性不强就很难做到廉洁，不廉洁就谈不上自律。

“吃了人家的嘴软，拿了人家的手短。”会计人员必须既廉洁又自律，二者不可偏废。

（二）廉洁自律的地位

廉法自律是会计职业道德的内在要求和行为准则。

（三）廉洁自律的基本要求

廉洁自律的基本要求有：

1. 树立正确的人生观和价值观

廉洁自律，首先要求会计人员必须加强世界观的改造，树立正确的人生观和价值观。人生观是指人们对人生的目的和意义总的观点和看法。价值观是指人们对价值的根本观点和看法，它是世界观的重要组成部分，包括对价值的本质、功能、创造、认识、实现等有关价值的一系列问题的基本观点和看法。会计人员应树立科学的人生观和价值观，自觉抵制享乐主义、个人主义、拜金主义等错误的思想，这是在会计工作中做到廉洁自律的思想基础。

2. 公私分明，不贪不占

公私分明是指严格划分公与私的界线，做到公是公，私是私。如果公私分明，就能够廉洁奉公，一尘不染，做到“常在河边走，就是不湿鞋”。如果公私不分，就会出现以权谋私的现象，甚至出现违法违纪行为。

廉洁自律的天敌就是“贪”“欲”。在会计工作中，大量的钱财要经过会计人员之手，很容易诱发会计人员的“贪”“欲”。一些会计人员贪图金钱和物质上的享受，利用职务之便不自觉地行“贪”。有的被动受贿，有的主动索贿，有的贪污、挪用公款，有的监守自盗，有的集体贪污。究其原因，是这些会计人员忽视了世界观的自我改造，放松了道德的自我修养，弱化了职业道德的自律。

3. 遵纪守法，尽职尽责

遵纪守法，正确处理会计职业权利与职业义务的关系，增强抵制行业不正之风的能力，是会计人员廉洁自律的又一个基本要求。《会计法》对会计人员的权利和义务做出了明确规定。会计人员不仅要遵纪守法，不违法乱纪、以权谋私，做到廉洁自律，而且要敢于、善于运用法律所赋予的权利，尽职尽责，勇于承担职业责任，履行职业义务，保证廉洁自律。

四、客观公正

（一）客观公正的含义

客观是指按事物的本来面目去反映，不掺杂个人的主观意愿，也不为他人意见所左右。公正就是平等、公平、正直，没有偏失。客观公正是在会计职业道德方面所追求的理想目标。

对于会计职业活动而言，客观主要包括两层含义：一是真实性，即以实际发生的经济活动为依据，对会计事项进行确认、计量、记录和报告；二是可靠性，即会计核算要准确，记录要可靠，凭证要合法。

在会计职业活动中，由于涉及对多方利益的协调处理，因此，公正就是要求各企事业单位管理层和会计人员不仅应当具备诚实的品质，而且应公正地开展会计核算和会计监督工作，即在履行会计职能时，摒弃单位、个人私利，公平公正，不偏不倚地对待各利益相关方。注册会计师在进行审计鉴证时，应以超然独立的姿态，进行公平公正的判断和评价，出具客观、适当的审计意见。

客观是公正的基础，公正是客观的反映。要达到公正，仅仅做到客观是不够的。公正不仅仅指诚实、真实、可靠，还包括在此基础上做出公正选择。这种选择尽管建立在客观的基础之上，但需要在主观上做出公平合理的判断。是否公平、合理，既取决于客观的选择标准，也取决于选择者的道德品质和职业态度。

（二）客观公正的基本要求

客观公正的基本要求有：

1. 依法办事

依法办事，认真遵守法律法规，是保证会计工作客观公正的前提。会计人员有了端正的态度和专业知识技能之后，必须依据《会计法》《企业会计准则》等法律、法规和制度的规定处理会计业务，并对复杂疑难的经济业务做出客观的会计职业判断。总之，只有熟练掌握并严格遵守会计法律法规，才能客观公正地处理会计业务。

2. 实事求是

社会经济是复杂多变的，会计法律制度不可能对所有的经济事项做出规定，那么会计人员对经济事项的职业判断就可能会出现偏差。因此，客观公正是会计工作和会计人员追求的目标，通过不断提高专业技能，正确理解、把握并严格执行会计准则、制度，不断消除非客观、非公正因素的影响，最大限度地做到客观公正。

在实际生活中，要做到客观公正，最根本的是要有实事求是的科学态度。没有实事求是的严谨态度，主观、片面、表面地看问题，就无法了解真实情况，也就无法根据客观情况来公正地处理问题。即使主观上想客观公正，客观上也无从实现。

客观公正应贯穿会计活动的整个过程：一是指在处理会计业务的过程中或进行职业判断时，保持客观公正的态度，实事求是、不偏不倚。二是指会计人员对经济业务的处理结果是公正的。例如，某人因公出差丢失了报销用的车票，在进行账务处理时，既不能因为无报销凭证就不报销，也不能随意报销，而应要求出差人员在办理各种合法合理的证明手续后再报销，即客观公正地进行会计处理。不报销或随意报销都是不客观公正的。总之，会计核算过程的客观公正和最终结果的客观公正都是十分重要的，没有客观公正的会计核算过程，结果的客观公正就难以保证；没有客观公正的结果，业务操作过程的客观公正就没有意义。

注册会计师的职业特征是维护国家和社会公众利益。注册会计师在进行职业判断时会涉及多方的利益，在处理这些复杂的利益关系时，绝不能采取折中的态度和方法。注册会计师应始终站在第三者的独立立场上，不偏不倚地对待各利益相关者，不以牺牲一方利益为条件而使另一方受益，超然独立地对企业遵守会计准则、制度的具体情况进行客观公正的评价并发表恰当的审计意见。只有这样，财务报告的使用者才能确定企业财务报告的可信度，并做出适当的投资决策或信贷决策。

客观公正是会计从业者的一种工作态度。它要求会计人员对会计业务的处理，对会计政策和会计方法的选择，以及对财务会计报告的编制、披露和评价，做到客观、公平、理智、诚实。

保持独立性对于注册会计师行业尤为重要。由于工作特点和经济利益等方面决定了单位会计人员在形式上或实质上都难以保证绝对的独立性，因此这里所说的独立性主要是指注册会计师在执行审计业务的过程中，与利益相关者应保持独立。独立是客观、公正的基础，也是注册会计师行业存在的基础。

根据《中国注册会计师职业道德规范指导意见》，注册会计师应当做到以下两点以保持其独立性：

（1）注册会计师应当回避可能影响独立性的审计事项，实现形式上的独立。注册会计师在履行其职责时保持独立性固然十分重要，但财务报表的使用者对这种独立性的信任也很重要。如果审计人员在执业过程中实质上是独立的，但报表的使用者认为他们是客户的辩护人，则审计职业的大部分价值将随之丧失。

（2）注册会计师应当恪守职业道德，保持实质上的独立。形式上独立是实质上独立的必要条件，形式上不独立，就不能保证实质上独立，但形式上独立并不一定能够保持实质上独立。注册会计师更重要的是保持实质上的独立。

五、坚持准则

（一）坚持准则的含义

坚持准则是指会计人员在处理业务过程中，要严格按照会计法律制度办事，不为主观或他人意志左右。这里所说的准则不仅指会计准则，而且包括会计法律、法规、国家统一的会计制度以及与会计工作相关的法律制度。坚持准则是会计职业道德的核心。

会计人员在进行核算和监督的过程中，只有坚持准则，才能以准则作为自己的行动指南，在发生道德冲突时维护国家利益、社会公众利益和正常的经济秩序。注册会计师在开展审计业务时，应严格按照独立审计准则的有关要求和国家统一会计制度的规定，出具客观公正的审计报告。

现实生活中经常会出现单位、社会公众和国家利益发生冲突的情况。面对不同的情况会计人员应如何处理，国际会计师联合会发布的《职业会计师道德守则》提出了如下建议：

（1）如遇到严重的职业道德问题，职业会计师首先应遵循所在组织的已有政策加以解决；如果这些政策不能解决道德冲突，则可私下向独立的咨询师或会计职业团体寻求建议，以便采取可能的行动步骤。

（2）若自己无法独立解决，可与最直接的上级一起研究解决这种冲突的办法。

（3）若仍无法解决，在通知直接上级的情况下，可请教更高一级的管理层。若有迹象表明上级已卷入这种冲突，职业会计师必须和更高一级的管理层商讨该问题。

（4）如果在经过内部所有层级审议之后道德冲突仍然存在，那么对于一些重大问题（如舞弊），职业会计师可能没有其他选择。作为最后手段，他只能诉诸辞职，并向该组织的适当代表提交一份信息备忘录。

国际会计师联合会发布的《职业会计师道德守则》中提出的解决道德冲突的途径值得借鉴。我国会计人员如果遇到道德冲突，首先要对发生的事件做出是非判断，在涉及严重的道德冲突时，应维护国家和社会公众利益。

（二）坚持准则的地位

坚持准则是会计人员履行会计职责的标准和依据。

（三）坚持准则的基本要求

坚持准则的基本要求有：

1. 熟悉准则

熟悉准则是指会计人员应了解和掌握《会计法》和国家统一的会计制度及与会计相关的法律制度，这是遵循准则、坚持准则的前提。只有熟悉准则，才能按准则办事，遵纪守法，保证会计信息的真实性、完整性。

2. 遵循准则

遵循准则即执行准则。准则是会计人员开展会计工作的外在标准和参照物。会计人员在进行会计核算和监督时要自觉地严格遵守各项准则，将单位具体的经济业务事项与准则相对照，先做出是否合法合规的判断，对不合法的经济业务不予受理。在实际工作中，由于经济的发展和社会环境的变化，会计业务日趋复杂，因而准则规范的内容也会不断变化和完善。这就要求会计人员不仅要经常学习、掌握准则的最新变化，了解本部门、本单位的实际情况，准确地理解和执行准则，还要在面对经济活动中出现的新情况、新问题以及准则未涉及的经济业务或事项时，通过运用所掌握的会计专业理论和技能，做出客观的职业判断，予以妥善处理。

3. 坚守准则

市场经济是利益经济。在会计工作中，各种利益的交织往往引起会计人员道德上的冲突。如果会计人员为了个人利益不受影响，放弃原则，做老好人，就会使会计工作严重偏离准则，会计信息的真实性、完整性将无法保证，会计人员应当承担相应责任。如果会计人员坚守准则，往往会受到单位负责人和其他方面的阻挠、刁难甚至打击报复。

为了切实维护会计人员的合法权益，《会计法》强化了单位负责人对单位会计工作的法律责任，赋予会计人员相应的权利，营造了会计人员的执法环境。会计人员应认真执行国家统一的会计制度，依法履行会计监督职责，发生冲突时应坚持准则，对法律负责，对国家和社会公众负责，敢于同违反会计法律法规和财务制度的现象做斗争，确保会计信息的真实性和完整性。

六、提高技能

（一）提高技能的含义

提高技能是指会计人员通过学习、培训和实践等途径，持续提高会计职业技能，以达到和维持足够的专业胜任能力的活动。会计工作的专业性和技术性很强，从业人员只有具备一定的会计专业知识和技能才能胜任。作为一名会计工作者，必须不断地提高职业技能，这既是会计人员的义务，也是在职业活动中做到客观公正、坚持准则的基础，是参与管理的前提。

职业技能，也称职业能力，是人们进行职业活动、承担职业责任的能力和手段。就会计职业而言，职业技能包括会计理论水平、会计实务操作能力、职业判断能力、自动更新知识的能力、提供会计信息的能力、沟通交流能力以及职业经验等。遵守会计职业道德客观上需要不断提高会计职业技能。

会计人员在对会计事项进行确认、计量、记录和报告以及对单位内部会计控制制度进行设计时，需要有扎实的理论功底和丰富的实践经验；在进行具体业务处理时，会计处理方法的选择、会计估计的变更、会计信息电算化的处理、网络化传输等都是技术性很强的工作。没有娴熟的专业技能，将无法开展会计工作、履行会计职责。特别是当前，中国经济逐渐融入全球经济体系，要求会计准则、会计制度与国际会计惯例充分协调，需要会计人员不断学习新的会计理论和新的准则制度，熟悉和掌握新的法律法规。会计人员只有不断地学习，才能保持持续的专业胜任能力、职业判断能力和交流沟通能力，不断地提高会计专业技能，以适应我国深化会计改革和会计国际化的要求。

（二）提高技能的基本要求

提高技能的基本要求有：

1. 具有不断提高会计专业技能的意识和愿望

随着市场经济的发展、全球经济一体化以及科学技术日新月异，会计在经济发展中的作用越来越明显，对会计的要求也越来越高，会计人才的竞争也越来越激烈。会计人员要想生存和发展，就必须具有不断提高会计专业技能的意识和愿望，只有这样，才能主动地求知、求学，刻苦钻研，使自身的专业技能不断提高，使自己的知识不断更新，从而掌握过硬的本领，在会计人才的竞争中立于不败之地。

2. 具有勤学苦练的精神，掌握科学的学习方法

专业技能的学习和提高不可能是一劳永逸之事，必须持之以恒。只有锲而不舍地勤学，同时掌握科学的学习方法，在学中思，在思中学，在实践中锤炼，才能不断地提高自己的业务水平，才能推动会计工作和会计职业的发展，以适应不断变化的新形势和新情况的需要。

谦虚好学、刻苦钻研、锲而不舍，是练就高超的专业技术和过硬本领的唯一途径，也是衡量会计人员职业道德水准高低的重要标志之一。

七、参与管理

（一）参与管理的含义

参与管理简单地讲就是参加管理活动，为管理者当参谋，为管理活动服务。会计管理是企业管理的重要组成部分，在企业管理中具有十分重要的作用。但会计工作的性质决定了会计人员在企业管理活动中更多地从事间接管理活动。参与管理要求会计人员积极主动地向单位领导反映本单位的财务、经营状况及存在的问题，主动提出合理化建议，积极地参与市场调研和预测，参与决策方案的制定和选择，参与决策的执行、检查和监督，为领导的经营管理和决策活动当好助手和参谋。如果没有会计人员的积极参与，企业的经营管理就会出现问题，决策就可能出现失误。会计人员特别是会计部门的负责人，必须强化自己参与管理、当好参谋的角色意识和责任意识。

（二）参与管理的地位

会计人员在管理活动中扮演着重要的参谋角色，承担着参与管理的职责和义务。

（三）参与管理的基本要求

参与管理的基本要求有：

1. 努力钻研业务，熟悉财经法规和相关制度，提高业务技能，为参与管理打下坚实的基础

业务娴熟、技能精湛是会计人员参与管理的前提。会计人员只有努力钻研业务，不断提高业务技能，深刻领会财经法规和相关制度，才能有效地参与管理，为改善经营管理、提高经济效益服务。为此要求会计人员做到：首先，要有扎实的基本功，掌握会计的基本理论、基本方法和基本技能，做好会计核算的各项基础性工作，确保会计信息真实、完整。其次，要充分利用掌握的大量会计信息，运用各种管理分析方法，对单位的经营管理活动进行分析、预测，找出经营管理中的问题和薄弱环节，提出改进意见和措施，把管理融入日常工作，使会计的事后反映变为事前的预测和事中的控制，真正起到当家理财的作用，成为决策层的参谋助手。

2. 熟悉服务对象的经营活动和业务流程，使管理活动更具针对性和有效性

会计人员应当了解本单位的整体情况，特别是要熟悉本单位的生产经营、业务流程和管理情况，掌握单位的生产经营能力、技术设备条件、产品市场及资源状况等情况。只有这样，才能充分利用会计工作的优势，更好地满足经营管理的需要，才能在参与管理的活动中有针对性地拟定可行性方案，提高经营决策的合理性和科学性，更有效地服务于单位的总体发展目标。

八、强化服务

（一）强化服务的含义

强化服务要求会计人员有文明的服务态度、强烈的服务意识和优良的服务质量。服务态度是服务者的行为表现，“文明服务，以礼待人”，不仅是对服务行业提出的道德要求，而且是对所有职业活动提出的道德要求。在我们的社会生活中，各岗位的就业者都处于服务他人和接受他人服务的地位。在服务他人的过程中，人们承担对他人的责任和义务，也接受他人的服务。

会计工作虽不能说属于“窗口”行业，但涉及面广，往往需要服务对象和其他部门的协作及配合。会计工作的政策性很强，导致业务处理过程中容易同其他部门及服务对象产生利益冲突或意见分歧，因此，会计人员待人处世的态度直接关系到工作能否顺利开展和工作的成效。这就要求会计人员不仅要热情、耐心、诚恳，礼貌待人，而且在遇到问题时以商量的口吻，充分尊重服务对象和其他部门的意见，做到大事讲原则，小事讲风格，沟通讲策略，用语讲准确，建议看场合。

强化服务的结果就是奉献社会。任何职业的利益、职业劳动者个人的利益都必须服从社会的利益、国家的利益。如果说爱岗敬业是职业道德的出发点，那么，强化服

务、奉献社会就是职业道德的归宿点。

（二）强化服务的基本要求

强化服务的基本要求有：

1. 强化服务意识

会计人员要树立强烈的服务意识，为管理者服务、为所有者服务、为社会公众服务、为人民服务。不论服务对象的地位高低，会计人员都要摆正自己的工作位置，以管钱管账为自己的工作职责，以参与管理为自己的义务。只有树立了强烈的服务意识，才能做好会计工作，履行会计职能，为单位和社会经济的发展做出应有的贡献。

(1)“谦”。会计人员应做到谦虚谨慎，时时将自己放在与普通群众平等的地位上，尊重每一位同志；遇到问题要以商量的口吻，耐心说服解释，充分尊重其他同志的意见；同时自觉把自己置于群众监督之下，虚心学习，接受监督。

(2)“温”。态度温和，语言文明。常言道：“良言一句三冬暖，恶语伤人六月寒。”会计工作需要与各方面的人打交道，会计人员的一言一行、一举一动表现出道德素养的高低，直接反映会计人员的社会形象。因此，文明用语、礼貌待人是会计人员道德规范的基本要求。

(3)“尊”。尊重同志、尊老爱幼、尊重事实是强化服务的又一表现。会计人员在处理各方面关系，解决各种矛盾和问题时，不能以权势欺压人，而是要尊重同志，尊重事实，心平气和地解释和沟通，做到说话和气，以诚待人，认真听取对方意见，以理服人。

(4)“和”。会计人员之间、会计人员与其他人员之间要团结协作，互相支持，以和为贵。因此，会计人员不仅要培养自己团结协作、互相支持的道德观念，并以此规范自己的言行，而且要严于律己，宽以待人，同时要正确处理各部门之间以及上下级之间的关系。

2. 提高服务质量

强化服务的关键是提高服务质量。单位会计人员的服务质量表现在：是否真实地记录单位的经济活动，向有关方面提供可靠的会计信息；是否积极主动地向单位领导反映经营活动情况和存在的问题，提出合理化建议，协助领导决策，参与经营管理活动。注册会计师的服务质量表现在：是否以客观公正的态度正确评价委托单位的财务状况、经营成果，出具恰当的审计报告，为社会公众及信息使用者提供服务。

会计职业道德规范的地位和基本要求见表5-2。

表5-2 会计职业道德规范的地位和基本要求

会计职业道德	地位	基本要求
爱岗敬业	爱岗敬业是会计从业人员做好本职工作的基础和条件，是最基本的道德素质，是所有职业道德规范的共同要求	(1) 正确认识会计职业，树立职业荣誉感 (2) 热爱会计工作，敬重会计职业 (3) 安心工作，任劳任怨 (4) 严肃认真，一丝不苟 (5) 忠于职守，尽职尽责

续表

会计职业道德	地位	基本要求
诚实守信	诚实守信是会计职业道德的基本工作准则	(1) 做老实人，说老实话，办老实事，不搞虚假 (2) 保守秘密，不为利益所诱惑
廉洁自律	廉洁自律是会计职业道德的内在要求和行为准则	(1) 树立正确的人生观和价值观 (2) 公私分明，不贪不占 (3) 遵纪守法，尽职尽责
客观公正	客观公正是会计从业者的一种工作态度	(1) 依法办事 (2) 实事求是
坚持准则	坚持准则是会计人员履行会计职责的标准和依据	(1) 熟悉准则 (2) 遵循准则 (3) 坚守准则
提高技能	作为一名会计工作者，必须不断地提高职业技能，这既是会计人员的义务，也是在职业活动中做到客观公正、坚持准则的基础，是参与管理的前提	(1) 具有不断提高专业技能的意识和愿望 (2) 具有勤学苦练的精神，掌握科学的学习方法
参与管理	会计人员在管理活动中扮演着重要的参谋角色，承担着参与管理的职责和义务	(1) 努力钻研业务，熟悉财经法规和相关制度，提高业务技能，为参与管理打下坚实的基础 (2) 熟悉服务对象的经营活动和业务流程，使管理活动更具针对性和有效性
强化服务	强化服务、奉献社会是职业道德的归宿点	(1) 强化服务意识 (2) 提高服务质量

【例题 7・多选】下列各项中，体现诚实守信这一会计职业道德要求的有（　）。

A. 忠于职守，尽职尽责　　B. 做老实人，说老实话，办老实事

C. 保守商业秘密，不为利益所诱惑　　D. 不弄虚作假，信誉至上

【答案】BCD

【例题 8・单选】中国现代会计之父潘序伦先生倡导“信以立志，信以守身，信以处事，信以待人，毋忘‘立信’，当必有成”，这句话体现的会计职业道德内容是（　）。

A. 坚持准则　　B. 客观公正　　C. 诚实守信　　D. 廉洁自律

【答案】C

【例题 9・单选】会计人员实事求是地反映企业的经济业务是（　）这一会计职业道德的要求。

A. 文明服务　　B. 客观公正　　C. 提高技能　　D. 廉洁自律

【答案】B

【例题 10・多选】客观公正的基本要求有（　）。

A. 端正态度　　B. 依法办事　　C. 不偏不倚　　D. 保持独立性

【答案】ABCD

【例题11·判断】会计人员陈某认为，会计工作只是记记账、算算账，与单位经营决策关系不大，没有必要要求会计人员参与管理。（　　）

【答案】×

【例题12·单选】下列各项中，属于会计人员职业道德规范内容的是（　　）。

A. 爱岗敬业　　B. 注重仪表　　C. 尊老爱幼　　D. 提高效益

【答案】A

【例题13·单选】“常在河边走，就是不湿鞋”，这句话体现的是（　　）这一会计职业道德。

A. 参与管理　　B. 注重仪表　　C. 廉洁自律　　D. 提高效益

【答案】C

□ 第2节习题

一、单项选择题

1. “坚持好制度胜于做好事，制度大于天，人情薄如烟”，这句话体现的会计职业道德要求是（　　）。

A. 参与管理　　B. 提高技能

C. 坚持准则　　D. 强化服务

2. 会计人员对于工作中知悉的商业秘密应依法保守，不得泄露，这是（　　）这一会计职业道德的具体体现。

A. 诚实守信　　B. 廉洁自律

C. 客观公正　　D. 坚持准则

3. 会计人员在工作中应主动就单位经营管理中存在的问题提出合理化建议，协助领导决策，这是（　　）这一会计职业道德所要求的。

A. 提高技能　　B. 参与管理

C. 坚持准则　　D. 爱岗敬业

4.（　　）这一会计职业道德要求会计人员在处理业务过程中，严格按照会计法律办事，不为主观或他人意志左右。

A. 诚实信用　　B. 坚持准则

C. 客观公正　　D. 廉洁自律

5. 如果会计人员在工作中表现出“懒”“惰”“拖”的不良习惯和作风，说明会计人员没有做到（　　）。

A. 爱岗敬业　　B. 诚实守信

C. 办事公道　　D. 客观公正

6. 职业道德的基础是（　　）。

A. 爱岗敬业　　B. 诚实守信

C. 办事公道　　D. 服务群众

7. 爱岗敬业这一会计职业道德中的“岗”是指（　　）。

A. 税务工作岗位　　B. 会计工作岗位

C. 审计工作岗位　　D. 管理工作岗位

8. 下列各项中，不属于会计职业道德范畴的是（　　）。

A. 会计职业道德义务

B. 会计职业道德良心

C. 会计职业道德荣誉

D. 会计职业道德保护

9. 下列观点中，符合会计职业道德要求的是（　　）。

A. 既然《会计法》已明确规定单位负责人应当保证财务会计报告真实、完整，会计人员就应该听领导的，在自己不贪不占的前提下，领导让干什么就干什么

B. 公司生产经营决策是领导的事，会计人员没有必要参与，也没有必要过问

C. 会计人员应保守公司的商业秘密，在任何情况下都不能向外界提供或者泄露单位的会计信息

D. 会计人员应该按照国家统一的会计制度记账、算账、报账，如实反映单位的经济业务活动情况

10. 勤学苦练、不断进取是会计人员遵守（　　）这一职业道德的基本要求。

A. 参与管理　　B. 提高技能
C. 廉洁自律　　D. 强化服务

11. 下列各项中，属于对注册会计师职业道德的特别规定的是（　　）。

A. 爱岗敬业　　B. 诚实守信
C. 独立　　D. 客观公正

12. 下列各项中，不属于会计职业道德主要作用的是（　　）。

A. 对会计法律制度的重要补充
B. 规范会计行为的基础，是实现会计目标的重要保证
C. 会计人员提高素质的内在要求
D. 有助于树立会计行业新风，维护会计职业威信

13. 下列各项中，不属于注册会计师和单位会计师共同遵循的职业道德的是（　　）。

A. 诚实守信　　B. 客观公正
C. 坚持准则　　D. 超然独立

14. 会计人员公私分明、不贪不占、遵纪守法、清正廉洁，并成为一种自觉的行为，这是（　　）这一会计职业道德的要求。

A. 诚实守信　　B. 客观公正
C. 坚持准则　　D. 廉洁自律

15. 要求会计人员熟悉国家法律、法规和国家统一的会计制度，始终按法律、法规和国家统一的会计制度的要求进行会计核算和会计监督，这是（　　）这一会计职业道德的具体体现。

A. 廉洁自律　　B. 坚持准则
C. 客观公正　　D. 提高技能

16. 要求会计人员树立服务意识，提高服务质量，努力维护和提升会计职业的良好社会形象，这是（　　）这一会计职业道德的具体体现。

A. 爱岗敬业　　B. 客观公正
C. 提高技能　　D. 强化服务

17. 某公司资金紧张，需向银行贷款 500 万元。公司经理请返聘的张会计对公司提供给银行的会计报表进行技术处理。张会计很清楚公司目前的财务状况和偿债能力，做这种技术处理是很危险的，但在经理的反复开导下，张会计感恩经理平时对自己的照顾，于是编制了一份经过技术处理的会计报表，使公司获得了银行的贷款。下列对张会计行为的认定中，正确的是（　　）。

A. 张会计违反了爱岗敬业、客观公正的会计职业道德要求
B. 张会计违反了参与管理、坚持准则的会计职业道德要求
C. 张会计违反了客观公正、坚持准则的会计职业道德要求
D. 张会计违反了强化服务、客观公正的会计职业道德要求

18. 某公司为获得一份工程合同，拟向工程发包方的有关人员支付好处费 8 万元，公司市场部持公司的批示到财务部领取该笔款项。财务部经理谢某认为该项支出不符合有关规定，但考虑到公司主要领导已做了批示，遂同意拨付款项。下列对谢某做法的认定中，正确的是（　　）。

A. 谢某违反了爱岗敬业的会计职业道德要求
B. 谢某违反了参与管理的会计职业道德要求
C. 谢某违反了客观公正的会计职业道德要求
D. 谢某违反了坚持准则的会计职业道德要求

19. 章雨大学毕业后从事会计工作，自认为在大学所学的知识足以应付本职工作，故平时疏于钻研业务，没有加强学习，工作中差错不断。章雨的做法不符合（　　）这一会计职业道德的要求。

A. 提高技能　　B. 客观公正
C. 坚持准则　　D. 强化服务

20. （　　）是会计人员必须具备的行为品德，是会计职业道德的灵魂。

A. 提高技能　　B. 坚持准则
C. 客观公正　　D. 廉洁自律

21. “对认真执行本法，忠于职守，坚持原则，做出显著成绩的会计人员，给予精神的或者物质的奖励”，最早做出这一规定的法律是（　　）。

A. 1985 年制定的《会计法》

B. 1993 年修正的《会计法》

C. 1993 年制定的《注册会计师法》

D. 1999 年修订的《会计法》

22. 客观公正的基本要求包括（　　）。

A. 端正态度，依法办事，实事求是，保持独立性

B. 端正态度，坚持准则，实事求是，保持独立性

C. 公私分明，依法办事，实事求是，保持独立性

D. 端正态度，忠于职守，实事求是，保持独立性

23. 要求会计人员树立正确的人生观和价值观，自觉抵制享乐主义、个人主义、拜金主义等错误思想，这是在会计工作中做到（　　）的思想基础。

A. 爱岗敬业　　B. 诚实守信

C. 廉洁自律　　D. 客观公正

24. 会计人员端正态度，依法办事，在处理涉及各方利益的会计事务时，不为他人左右，不因个人好恶而取舍，实事求是，不偏不倚，保持应有的独立性，这是（　　）这一会计职业道德的要求。

A. 诚实守信　　B. 客观公正

C. 提高技能　　D. 坚持准则

25.（　　）是把外在的职业道德的要求，逐步转变为会计人员内在的职业道德情感、职业道德意志和职业道德信念。

A. 外在教育

B. 学校会计学历教育

C. 自我修养

D. 会计继续教育

26. 某单位出纳员在报销差旅费时，对于同样是领导批准、主管会计审核无误的差旅费报销单，对和自己私人关系不错的人随来随报，但对和自己有矛盾、私人关系较为疏远的人以账面无款、库存无现金、整理账务等理由拖欠。这违反了（　　）的要求。

A. 诚实守信　　B. 提高技能

C. 参与管理　　D. 客观公正

27. 会计工作中绝不允许原始凭证不审核就做账，绝不允许填制凭证只有制单人而无复核人或制单人只签姓不签名，会计人员要严肃认真，一丝不苟。这体现了会计职业道德中（　　）的要求。

A. 爱岗敬业　　B. 诚实守信

C. 客观公正　　D. 强化服务

二、多项选择题

1. 会计职业道德的主要内容包括爱岗敬业、诚实守信、坚持准则、强化服务以及（　　）。

A. 廉洁自律　　B. 诚实守信

C. 提高技能　　D. 参与管理

2. 爱岗敬业这一会计职业道德的要求是会计人员热爱会计工作及（　　）。

A. 安心本职岗位　　B. 忠于职守

C. 尽心尽力　　D. 尽职尽责

3. 诚实守信这一会计职业道德的要求是会计人员做老实人、说老实话、办老实事、执业谨慎、信誉至上以及（　　）。

A. 不为利益所诱惑　　B. 不弄虚作假

C. 不贪不占　　D. 不泄露秘密

4. 廉洁自律这一会计职业道德的要求是会计人员清正廉洁、遵纪守法及（　　）。

A. 公私分明　　B. 不弄虚作假

C. 不贪不占　　D. 不为利益所诱惑

5. 客观公正这一会计职业道德的要求是会计人员端正态度、依法办事及（　　）。

A. 实事求是

B. 保持应有的独立性

C. 保持应有的谨慎性

D. 坚持准则

6. 强化服务这一会计职业道德的要求是会计人员（　　）。

A. 树立服务意识

B. 提高服务质量

C. 保持应有的谨慎性

D. 努力维护和提升会计职业的良好社会形象

7. 下列各项中，符合参与管理这一会计职业道德要求的行为有（　　）。

A. 对企业财务报告进行综合分析，并提交

风险预警报告

B. 参加公司重大投资项目的可行性研究分析

C. 分析坏账形成的原因，提出加强授信管理、加快货款回收的建议

D. 分析现金流量状况，查找存在的问题，提出改进措施

8. 会计人员如果泄露本单位的商业秘密，可能导致的后果有（　　）。

A. 会计人员的信誉将受到损害

B. 单位的经济利益将受到损失

C. 会计职业声誉将受到损害

D. 会计人员将承担法律责任

9. 小王是某代理记账公司提供专业服务的会计人员，其为客户提供的下列服务中，不符合会计职业道德要求的做法有（　　）。

A. 向委托单位提出改进内部控制的建议

B. 利用专业知识向委托单位提出逃税建议

C. 向委托单位提出合理降低成本的建议

D. 为帮助委托单位负责人完成年度业绩，提出将固定资产折旧和银行借款利息挂账处理的建议

10. 廉洁公正原则的含义包括（　　）。

A. 会计人员自身必须廉洁

B. 会计人员办事必须公正

C. 会计人员必须守法

D. 会计人员必须遵守职业道德

11. 爱岗敬业的基本要求包括（　　）。

A. 安心工作，任劳任怨

B. 严肃认真，一丝不苟

C. 保密守信，不弄虚作假

D. 忠于职守，尽心尽责

12. 下列各项中，体现提高技能这一会计职业道德要求的有（　　）。

A. 安心工作，任劳任怨

B. 勤学苦练，刻苦钻研

C. 不断进取，精益求精

D. 忠于职守，尽心尽责

13. 下列各项中，属于坚持准则这一会计职业道德要求的有（　　）。

A. 严格执行会计法律法规

B. 严格执行与会计相关的经济法律制度

C. 严格执行国家统一的会计制度

D. 严格执行单位内部会计控制制度

14. 下列有关廉洁自律这一会计职业道德的表述中，正确的有（　　）。

A. 自律的核心就是自觉地抵制自己的不良欲望

B. 廉洁自律是会计职业道德的内在要求

C. 只有自身廉洁自律，才能抵制他人的不法行为

D. 不能做到廉洁自律，也就很难做到客观公正和坚持准则

15. 下列有关客观公正这一会计职业道德的表述中，正确的有（　　）。

A. 依法办事是保证会计工作客观公正的前提

B. 扎实的理论功底和较高的专业技能是做到客观公正的重要条件

C. 在会计工作中客观是公正的基础，公正是客观的反映

D. 会计活动的整个过程都离不开客观公正

16. 提高技能既是会计职业道德的基本要求，也是会计人员胜任本职工作的重要条件。下列各项中，属于会计技能的内容有（　　）。

A. 会计理论水平　　B. 会计实务能力

C. 职业判断能力　　D. 沟通交流能力

17. 下列各项中，符合强化服务这一会计职业道德要求的有（　　）。

A. 出纳人员对前来报销差旅费的人员笑脸相迎，并耐心解释凭证粘贴要求

B. 会计人员向生产车间工人宣讲会计基础知识，推动了班组核算制度的顺利实施

C. 稽核人员认真检查凭证内容与格式，并就规范领导审批程序提出建议

D. 总会计师和会计机构负责人认真组织财务分析和财务控制，提出推行全面预算管理、促进增收节支、提高经济效益的建议

18. 下列关于参与管理与强化服务关系的表述中，正确的有（　　）。

A. 参与管理是强化服务的一种表现形式

B. 强化服务有利于参与管理

C. 不参与管理也可以提高服务水平和质量

D. 不强化服务就难以保持参与管理的热情和动力

19. ABC股份有限公司会计温玉不仅熟悉会计电算化业务，而且对利用现代信息技术手段加强经营管理颇有研究。温玉向公司总经理建议，利用网络进行业务洽谈，并实行优惠折扣政策。公司采纳了温玉的建议，当期销售额保持了快速增长。温玉的行为体现出的会计职业道德有（　　）。

A. 爱岗敬业　　B. 坚持准则

C. 参与管理　　D. 强化服务

20. 坚持准则要求会计人员做到（　　）。

A. 熟悉准则　　B. 遵循准则

C. 坚持准则　　D. 遵循领导授意

21. 会计职业道德教育的主要任务是帮助会计人员培养会计职业道德情感，树立会计职业道德信念，遵守会计职业道德规范，懂得（　　）。

A. 什么是对的，什么是错的

B. 什么是可以做的，什么是不可以做的

C. 什么是符合会计制度的会计科目，什么是不符合会计制度的会计科目

D. 什么是必须提倡的，什么是坚决反对的

22. 王会计感到会计工作太具体，没意思，故在工作上应付差事，从不参加继续教育，这不符合（　　）这一会计职业道德的要求。

A. 爱岗敬业　　B. 坚持准则

C. 客观公正　　D. 提高技能

23. 下列关于会计职业道德作用的表述中，正确的有（　　）。

A. 会计职业道德是规范会计行为的基础

B. 会计职业道德是实现会计目标的重要保证

C. 会计职业道德是对会计法律制度的重要补充

D. 会计职业道德是提高会计人员素质的重要措施

24. 某单位领导要求本单位出纳员林晓将收到的下脚料销售款10 000元另行存放不入账。林晓没有按照该领导的要求执行，而是按规定作为零星收入入账，该领导很不高兴。财务科长温玉知道后对林晓进行了批评，他提出作为会计人员应该服从领导安排，领导让干什么就干什么。财务科长温玉的做法不符合（　　）这一会计职业道德的要求。

A. 客观公正　　B. 坚持准则

C. 爱岗敬业　　D. 强化服务

25. 下列各项中，符合提高技能这一会计职业道德的行为有（　　）。

A. 会计人员积极参加会计职称培训

B. 出纳向银行有关人员请教如何识别假钞

C. 会计主管与单位其他会计人员交流隐瞒业务收入的做法

D. 总会计师通过参加每年的继续教育提高会计职业判断能力、精通经济政策

三、判断题

1. 坚持准则这一会计职业道德中的“准则”是指会计准则。（　　）

2. 坚持准则这一会计职业道德中的“准则”不仅指会计准则，而且包括会计法律、法规、国家统一的会计制度以及与会计工作相关的法律制度。（　　）

3. 诚实守信是做人的基本准则，也是职业道德的精髓。（　　）

4. 对会计人员奉献社会的要求是会计职业道德的出发点和归宿。（　　）

5. “常在河边走，就是不湿鞋”体现的会计职业道德是廉洁自律。（　　）

6. 爱岗敬业是社会主义职业道德倡导的首要规范。（　　）

7. 会计职业强化服务的结果就是奉献社会。（　　）

8. 会计职业道德的形成取决于会计职业的产生，是会计人员在长期的职业活动中逐步形成和总结出来的，能够调整会计人员与社会之间、会计人员个人之间、个人与集体之间的职业道德主观意识和客观行为。（　　）

9. 客观公正即要求会计人员端正态度、依法办事、实事求是、不偏不倚、保持应有的独立性。（　　）

10. 强化服务这一会计职业道德要求会计人员树立服务意识，提高服务质量，努力维护和提升会计职业的良好社会形象。（　　）

11. 实事求是、不偏不倚体现诚实守信这一会计职业道德的要求。(　　)

12. 会计人员遵循坚持准则的会计职业道德，就是只需要坚持和遵循会计核算的基本准则和具体准则，严格按这些准则办事。(　　)

13. 会计人员遵循参与管理的职业道德原则，就是要积极主动参与到企业管理工作中，对企业经营活动做出决策。(　　)

14. 会计职业道德规范的对象仅指单位会计人员，不包括注册会计师。(　　)

15. 小李是某公司的会计，对公司的个别职工经常用不合理的业务开支名义来报销一些费用的行为总是睁一只眼闭一只眼，心想反正都是公家的。小李的这种行为违背了会计职业道德的廉洁自律原则。(　　)

16. 保密守信、不为利益所诱惑，这是廉洁自律会计职业道德的基本要求之一。(　　)

17. 一般情况下，凡是会计法律制度不允许的行为都是会计职业道德要谴责的行为。(　　)

18. 会计人员应具有勤学苦练的精神和科学的学习方法，这属于会计职业道德中对提高技能的要求。(　　)

第 3 节 会计职业道德教育

一、会计职业道德教育的含义

会计职业道德教育是指根据会计工作的特点，有目的、有组织、有计划地对会计人员施加系统的会计职业道德影响，促使会计人员形成会计职业道德品质，履行会计职业道德义务的活动。

美国会计学会认为，会计教育不仅要传授必需的技巧和知识，而且要灌输道德标准和敬业精神。在我国，《会计法》规定，对会计人员的教育和培训工作应当加强。在目前我国会计人员职业道德水平不够高、专业胜任能力相对较低、法制观念不强的现状下，有必要推动和强化会计人员职业道德教育和专业培训，使会计人员不仅了解会计职业道德规范，而且逐步将会计职业道德规范转化为自身的思想观念，约束自身的行为，提高职业道德自律能力，形成良好、稳定的道德品质。

会计职业道德教育是提高会计职业道德水平的重要方式和手段，也是提高会计职业道德水平的重要途径。它是公民教育的一个重要组成部分，其意义表现在以下方面：

1. 有利于提高会计职业道德水平

会计职业道德的形成，教育是根本。只有加强会计职业道德教育，才能使会计人员树立诚信观念，对职业道德规范有正确的认识。只有从总体上提高会计职业道德水平，会计信息才有可能真实可靠。

2. 有利于培养会计人员的会计职业道德情感

会计职业道德教育是一种教育性道德影响活动，它通过一定的教育方式和方法，将会计职业道德观念灌输给会计人员，逐渐培养其职业道德情感。会计职业道德情感包括会计职业的荣誉感、责任感以及对服务对象的热情等。会计职业道德中的爱岗敬业是会计职业情感的核心内容。应通过教育手段，运用会计行业涌现出的先进模范人物的典型案例，晓之以理，动之以情，增强会计人员的荣誉感、责任感。

3. 有利于树立会计职业道德信念

我国社会主义市场经济的建立和发展需要公正公平的竞争原则，也需要人们发扬奉献社会、顾全大局、互相尊敬、诚实守信等精神，而良好的会计职业道德信念的形成离不开会计职业道德教育。加强会计职业道德教育，应引导会计人员加强自我修养，将法律的外在约束和道德的内在制约结合起来，形成良好的会计职业道德信念。

二、会计职业道德教育的形式

会计职业道德教育的形式有接受教育和自我修养两种。

1. 接受教育（外在教育）

接受教育是通过学校或培训单位对会计人员进行以职业责任、职业义务为核心内容的正面灌输，以规范其职业行为，维护国家和社会公众利益的教育。接受教育具有导向作用。

2. 自我教育（内在教育）

自我教育是通过自我学习提升自身道德修养的行为活动，是内在教育。把外在的会计职业道德的内容要求，逐步转变为会计人员内在的职业道德认知、会计职业道德情感、会计职业道德意志和会计职业道德信念，要通过内在的自我教育实现。

三、会计职业道德教育的内容

会计职业道德教育的内容主要包括：

1. 职业道德观念教育

普及会计职业道德基础知识，是会计职业道德教育的基础。通过学习会计职业道德知识，树立会计职业道德观念，了解会计职业道德对社会经济秩序、会计信息质量的影响，以及违背会计职业道德将受到的惩戒和处罚。

2. 职业道德规范教育

职业道德规范教育是指对会计人员开展以会计职业道德规范为内容的教育。会计职业道德的主要内容是爱岗敬业、诚实守信、廉洁自律、客观公正、坚持准则、提高技能、参与管理和强化服务等。这是会计职业道德教育的核心内容，应贯穿会计职业道德教育的始终。

3. 职业道德警示教育

职业道德警示教育是通过对违背会计职业道德和违法的会计行为典型案例的讨论和剖析，给会计人员以启发和警示。根据不同的教育对象，选择一些典型案例，开展广泛深入的讨论，可以提高会计人员的法制意识和会计职业道德观念，提高会计人员辨别是非的能力。

四、会计职业道德教育的途径

（一）接受教育的途径

会计人员接受教育的途径主要有岗前职业道德教育和岗位职业道德继续教育。

1. 岗前职业道德教育

岗前职业道德教育是指对将要从事会计职业的人员进行的道德教育，包括会计专业学历教育中的职业道德教育及获取会计职业资格涉及的职业道德教育。教育的侧重点应放在职业观念、职业情感及职业规范等方面。

（1）会计专业学历教育中的职业道德教育。在我国，高等院校是培养各类专门人才的基地，其会计类专业在校学生是会计队伍的预备人员，他们中的大部分人将进入会计队伍，从事会计工作。会计学历教育阶段是他们的会计职业情感、道德观念和是非善恶判断标准初步形成的时期，所以高等院校是会计职业道德教育的重要阵地，是会计人员岗前道德教育的主要场所，在会计职业道德教育中具有基础性地位。据统计，我国每年有 10 万左右的毕业生进入会计队伍。为保证进入会计队伍的新鲜血液具有良好的职业道德观念，会计职业道德教育必须从会计学历教育抓起。

要对会计专业的在校学生进行会计职业道德教育，高等院校应把教书与育人紧密结合起来，不仅传授会计专业知识和业务技能，而且将会计职业道德教育渗透到学校教育的各个环节之中，使学生在学校就开始学习和了解会计职业道德理论、规范，培养他们的会计情感和会计道德观念，增强其社会责任感。

（2）获取会计职业资格涉及的职业道德教育。这是对从事会计职业的人员在入职前进行的职业道德教育。根据现行会计人员管理制度的规定，会计职业道德教育是会计从业人员岗前教育的一项必学内容，使会计人员逐渐认知并熟悉会计职业道德规范，形成良好的道德品质，以指引和约束自身的行为。

2. 岗位职业道德继续教育

岗位职业道德继续教育是对会计从业人员进行的继续教育，即会计从业人员在完成某一阶段的工作和学习后，重新接受一定形式、有组织的知识更新的教育和培训活动。会计人员继续教育是强化会计职业道德教育的有效形式。

会计职业道德教育应贯穿会计人员继续教育的始终。继续教育中应体现出社会经济的发展变化对道德的要求，也就是说在不同的阶段，道德教育的侧重点应有所不同。就现阶段而言，会计人员继续教育中的会计职业道德教育目标是适应新的市场经济形势的发展变化，在不断更新、补充、拓展会计人员业务能力的同时，使其政治素质、职业道德水平不断提高，具体包括以下内容：

（1）形势教育。教育的重点是贯彻“以德治国”重要思想和“诚信为本，操守为重，坚持准则，不做假账”的指示精神，全面系统地加强会计职业道德培训，提高广大会计人员的政治水平和思想道德意识。

（2）品德教育。教育的重点是引导会计人员自觉地用会计职业道德规范指导和约束自身的行为，提高职业道德自律能力，最终形成良好、稳定的道德品行。

（3）法制教育。教育的重点是引导会计人员了解并熟悉不同历史时期的会计法律法规政策，学会运用法律的手段处理会计事务。

（二）自我教育的途径

会计人员自我教育的途径主要有慎独慎欲、慎省慎微、自警自励。

1. 慎独慎欲

慎独是指独处时要谨慎。慎欲是指注意节制自己的不良欲望。

会计职业道德修养的最高境界在于做到慎独。慎独要求每个会计人员严格要求自己，在履行职责时自律谨慎，不管财务制度本身是否有漏洞，也不管领导管理严不严，都应按照职业道德要求办事。在独立工作、无人监督的情况下，会计人员应坚持自觉地按照道德准则办事，不做任何对国家、对社会、对他人不道德的事情。

慎独的前提是有坚定的职业信念和职业良心，以高度自觉性为前提，通过自我约束、自我监督，更好地培养、锻炼坚强的职业道德信念和意志。

2. 慎省慎微

慎省是指时常提醒反省自己的得失。慎微是指小节处要谨慎。

3. 自警自励

自警就是要随时警醒自己，告诫自己，自觉抵制各种腐朽思想的侵蚀。自励就是要以崇高的会计职业道德理想、信念激励自己，忠实履行自己的神圣职责。

第 3 节习题

一、单项选择题

1. 会计人员在独立工作、无人监督时，仍能坚持自己的道德信念，依据一定的道德原则去行事，坚持准则，不做任何对国家、对社会、对他人不道德的事情。这种自我教育的方法属于（　　）。

A. 自我解剖法　　B. 自重自省法
C. 自律慎独法　　D. 自警自励法

2. 下列不属于会计职业道德自我教育内容的是（　　）。

A. 职业法制教育　　B. 职业义务教育
C. 职业荣誉教育　　D. 职业节操教育

3. 下列不属于会计职业道德教育途径的是（　　）。

A. 会计学历教育
B. 会计人员继续教育
C. 会计人员自我教育
D. 会计专业技术资格考试

4. 会计人员继续教育中会计职业道德的内容不包括（　　）。

A. 形势教育　　B. 专业理论教育
C. 品德教育　　D. 法制教育

5. 会计职业道德教育的各种途径中，具有基础性地位的是（　　）。

A. 会计继续教育
B. 会计学历教育
C. 会计自我教育
D. 会计职业荣誉教育

6. 下列各项中，属于会计职业道德教育的核心内容，并贯穿会计职业道德教育始终的是（　　）。

A. 会计职业道德观念教育
B. 会计职业道德规范教育
C. 会计职业道德警示教育
D. 其他相关教育

7. 下列关于会计职业道德教育形式的说法中，正确的是（　　）。

A. 接受教育和自我教育

B. 正规学历教育和单位培训

C. 岗位轮换和技能培训

D. 岗位轮换和自我学习

8. 会计职业道德警示教育的主要内容和形式是（　　）。

A. 理论教育和课堂讲授

B. 典型案例讨论和剖析

C. 理论教育和自我学习

D. 实际情况讨论和分析

9. 会计人员经常会对自己的工作进行评价，对工作中的不足进行评判、剖析，这种自我教育的方法属于（　　）。

A. 自重自身法　　B. 自警自励法

C. 自我剖析法　　D. 自律慎独法

10. 会计职业道德修养主要表现为个人的（　　）。

A. 改造活动　　B. 教育活动

C. 提高活动　　D. 思想意识活动

11. 会计职业道德修养的方法不包括（　　）。

A. 不断进行内省

B. 提倡慎独精神

C. 提倡发表个人意见

D. 虚心向先进人物学习

12. 会计职业道德修养的前提是（　　）。

A. 会计职业道德认知

B. 会计职业道德情感

C. 会计职业道德信念

D. 会计职业道德行为

13. “慎独”是会计职业道德修养中一种很高的境界，慎独的前提是（　　）。

A. 职业行为

B. 职业技能

C. 职业、实践

D. 职业信念和职业良心

14. 通过对违背会计职业道德和违反《会计法》的典型案例进行讨论和剖析，使会计人员从中得到警示，提高法律意识，增强会计职业道德观念和辨别是非的能力，这属于会计职业道德教育中的（　　）。

A. 会计职业道德观念教育

B. 会计职业道德规范教育

C. 会计职业道德警示教育

D. 会计职业道德自我教育

15. 为保证进入会计队伍的新鲜血液具有良好的职业道德观念，会计职业道德教育必须从（　　）抓起。

A. 会计岗位教育　　B. 会计学历教育

C. 会计专业教育　　D. 会计继续教育

16. 下列关于会计职业道德教育内容的说法中，正确的有（　　）。

A. 普及会计职业道德基础知识，是会计职业道德教育的核心

B. 会计职业道德规范教育是指对会计人员开展以会计法律制度、会计职业规范为主要内容的教育

C. 会计职业道德规范教育是会计职业道德教育的基础

D. 会计职业道德教育还包括形势教育、品德教育、法制教育

17. 通过学校或培训单位对会计人员进行以职业责任、职业义务为核心内容的正面教育，这属于（　　）。

A. 自我教育　　B. 接受教育

C. 继续教育　　D. 学历教育

18. 下列各项中，不属于会计职业道德教育途径的是（　　）。

A. 岗前职业道德教育

B. 参加职称考试的道德教育

C. 岗位职业道德继续教育

D. 会计人员继续教育

二、多项选择题

1. 会计职业道德教育的形式有（　　）。

A. 接受教育　　B. 岗位轮换

C. 自我教育　　D. 单位培训

2. 会计职业道德教育形式中的接受教育是对会计人员进行以（　　）为核心的正面教育。

A. 职业技能　　B. 职业权利

C. 职业责任　　D. 职业义务

3. 会计职业道德教育形式中的自我教育是会计人员（　　）的行为活动。

A. 自我学习　　B. 自身道德修养

C. 自身道德约束　　D. 自我认识

4. 开展会计职业道德观念教育的目的是让会计人员（　　）。

A. 树立会计职业道德观念

B. 了解会计职业道德对社会经济秩序的影响

C. 了解会计职业道德对会计信息质量的影响

D. 了解违背会计职业道德将受到的惩戒和处理

5. 会计职业道德教育的内容包括（　　）。

A. 会计职业道德观念教育

B. 会计职业道德规范教育

C. 会计职业道德警示教育

D. 其他相关教育

6. 会计职业道德教育的主要途径包括会计人员的（　　）。

A. 会计学历教育　　B. 会计继续教育

C. 自我教育　　D. 自我教育与修养

7. 会计人员自我教育与修养的内容包括（　　）。

A. 提高会计职业道德认识

B. 培养高尚的会计职业道德情操

C. 磨炼坚强的会计职业道德意志

D. 树立坚定的会计职业道德信念

8. 开展会计职业道德教育的意义在于（　　）。

A. 促使会计职业健康发展

B. 培养会计职业道德情感

C. 树立会计职业道德信念

D. 提高会计职业道德水平

9. 目前我国会计职业道德教育的途径主要包括（　　）。

A. 岗前职业道德教育

B. 行业职业道德教育

C. 自我教育

D. 岗位职业道德继续教育

10. 在岗位职业道德继续教育阶段，会计职业道德教育的目标是（　　）。

A. 增加和培养在校大学生的会计情感和会计道德观念

B. 将会计职业道德教育渗透到学校教育的各个环节之中

C. 适应新的市场经济形势变化，不断更新、补充、拓展会计人员业务能力

D. 提高会计人员政治素质和职业道德水平

11. 下列关于会计人员形成正确的会计职业道德认知方法的说法中，正确的有（　　）。

A. 学习有关的职业道德知识

B. 正确理解和掌握会计职业道德规范、道德理想和道德品质的基本内容

C. 提高自己判断和识别善恶的能力

D. 增强履行职责和道德义务的自觉性

12. 会计职业道德修养包括（　　）方面的修养。

A. 道德认知　　B. 道德情感

C. 道德信念　　D. 道德行为

13. 会计职业道德教育的途径包括（　　）。

A. 在学历教育中进行职业道德教育

B. 在会计继续教育中进行职业道德教育

C. 利用国家强力实施会计职业道德教育

D. 参加会计师职称考试

14. 自我修养是内在教育，是从业人员在道德品质方面进行（　　）的行为活动。

A. 自我学习　　B. 自我改造

C. 自身道德修养　　D. 他人改造

15. 下列各项中，属于会计职业道德继续教育主要形式的是（　　）。

A. 接受教育　　B. 法制教育

C. 品德教育　　D. 形势教育

16. 下列各项中，关于会计职业道德教育内容的说法中，错误的有（　　）。

A. 职业道德观念教育是会计职业道德教育的核心

B. 会计职业道德规范教育是指对会计人员开展以会计法律制度、会计职业规范为主要内容的教育

C. 会计职业道德规范教育应贯穿会计职业道德教育的始终

D. 会计职业道德警示教育是为了提高会计人员的法律意识和增强其会计职业道德观念

17. 下列关于会计职业道德教育的表述中，

不正确的有（　　）。

A. 会计职业道德教育应贯穿会计人员的继续教育

B. 自我修养是指会计人员参加学校或培训单位的学习教育

C. 岗前会计职业道德教育是对将要从事会计职业的人员进行的道德教育

D. 会计职业道德教育的内容不包括形势教育、品德教育和法制教育

18. 会计职业道德教育的意义表现为（　　）。

A. 会计职业道德教育有利于提高会计职业道德水平

B. 会计职业道德教育有利于培养会计职业道德情操

C. 会计职业道德教育有利于树立会计职业道德信念

D. 会计职业道德教育对会计职业道德建设毫无影响

19. 会计职业道德修养的途径包括（　　）。

A. 慎欲慎独

B. 慎省慎微

C. 自励自警

D. 在工作中接受职业道德继续教育

三、判断题

1. 会计人员继续教育是指会计人员在完成某一阶段专业学习后，重新接受一定形式、有组织的知识更新的教育和培训活动。（　　）

2. 会计人员的自我教育与修养是他们开展继续教育的一种重要形式。（　　）

3. 社会实践是提升会计从业人员自我教育与修养的根本途径。（　　）

4. 加强理论学习是提升会计职业道德修养的根本途径。（　　）

5. 加强理论学习是提升自我教育与修养的唯一途径。（　　）

6. 会计学历教育是提升会计职业道德修养的重要途径。（　　）

7. 会计职业教育的形式主要有接受教育和自我教育。（　　）

8. 增强会计职业道德情感、会计职业道德意志和会计职业道德信念，只有通过内在的自我教育才能实现。因此，有效开展会计职业道德教育的唯一途径就是依靠自我教育。（　　）

9. 财政部门是会计工作的主管部门，因此，会计人员职业道德教育主要由财政部门实施，其他部门配合。（　　）

10. 会计职业道德教育的主要形式是接受教育。（　　）

11. 会计职业道德警示教育就是要提高会计人员的法制意识和会计职业道德观念，提高会计人员辨别是非的能力。（　　）

12. 会计职业道德规范教育是指对会计人员开展以会计法律制度、会计职业规范为主要内容的教育。（　　）

13. 职业道德观念教育是会计职业道德教育的核心。（　　）

14. 职业道德规范教育是指对会计人员开展以会计职业道德规范为内容的教育，是会计职业道德教育的核心，应贯穿会计职业道德教育的始终。（　　）

15. 自我修养是指在社会实践中的自我锻炼、自我学习，不是通过培训等方式接受的教育。（　　）

16. 通过开展对违法会计行为典型案例的讨论，给会计人员以启发和警示，指的是会计职业道德规范教育。（　　）

17. 会计职业道德教育可以同社会教育、学校教育、家庭教育相结合，通过广播电视、报纸杂志等媒介普及会计职业道德知识，形成会计人员遵守职业道德光荣、不遵守职业道德可耻的社会氛围。（　　）

18. 自我修养即外在教育，是指通过学校或培训单位对会计从业人员进行以职业责任、职业义务为核心内容的正面灌输，以规范其职业行为，维护国家和社会公众利益的教育。（　　）

19. 会计职业道德教育是指为了促使会计人员正确履行会计职能而对其进行的有目的、有计划、有组织的道德教育。（　　）

20. 会计职业道德教育的各种途径中，具有基础性地位的是会计学历教育。（　　）

第4节 会计职业道德建设的组织与实施

为了充分发挥会计职业道德的作用，健全会计职业道德体系，应在建立会计职业道德规范和加强职业道德教育的基础上，强化对会计人员职业道德规范遵循情况的检查，并根据检查的结果进行相应的表彰和惩罚，建立会计职业道德的奖惩机制，这就需要政府部门、行业组织、有关单位积极参与，通过运用经济、法律、行政、自律等综合治理手段保证会计职业道德规范的有效实施。

一、财政部门的组织推动

各级财政部门应当负起组织和推动本地区会计职业道德建设的责任，把会计职业道德建设与会计法制建设紧密结合起来。

1. 采用多种形式开展会计职业道德宣传教育

会计职业道德建设是会计管理工作的重要组成部分，应当列入财政部门管理会计工作的重要议事日程。各级财政部门应充分认识到新形势下加强会计职业道德建设的艰巨性、长期性和紧迫性，把会计职业道德建设作为新时期会计管理工作的一项十分重要的内容，负起组织和推动本地区会计职业道德建设的责任，常抓不懈，做到有计划、有步骤、有目标地开展各阶段的工作。

2. 会计职业道德建设与从业资格管理相结合

《会计基础工作规范》规定，财政部门、业务主管部门和各单位应当定期检查会计人员遵守职业道德的情况，并将其作为会计人员晋升、晋级、聘任专业职务、表彰奖励的重要考核依据。会计人员违背职业道德的，由所在单位进行处罚；情节严重的，一定期限内不得从事会计工作。

将从业资格管理与会计职业道德检查结合起来，有利于强化对会计人员行为的约束，引导会计人员遵守会计职业道德。

3. 会计职业道德建设与会计专业技术资格考评、聘用相结合

根据财政部、人事部联合印发的《会计专业技术资格考试暂行规定》及其实施办法的规定，报考初级、中级资格的会计人员，应“坚持原则，具备良好的职业道德品质”等。会计专业技术资格考试管理机构在组织报名时，应对参加报名的会计人员的职业道德情况进行检查。对有不遵守会计职业道德记录的，应取消其报名资格。目前，高级会计师资格采取考试和评审相结合的方式，会计职业道德不仅是考试的重要内容，而且是评审标准的重要内容。各单位在聘用会计人员时，除考察其专业胜任能力外，更应将遵守职业道德情况作为一项重要的考核内容，将会计职业道德奖惩与会计专业技术资格的考、评、聘联系起来。

4. 会计职业道德建设与《会计法》执法检查相结合

财政部门作为《会计法》的执法主体，可以依法对各单位执行会计法律制度的情

况及会计信息质量进行检查。通过检查，一方面督促各单位严格执行会计法律法规，另一方面掌握各单位会计人员遵守会计职业道德的情况。对于检查中发现的违反《会计法》的行为，会计人员不仅要承担《会计法》规定的法律责任，受到行政处罚或刑事处罚，还必须接受相应的道德制裁。道德制裁可以是在会计行业范围内通报批评，指令其参加一定学时的继续教育课程，在行业内部的公开刊物上予以曝光。

5. 会计职业道德建设与会计人员表彰奖励制度相结合

《会计法》规定，对认真执行本法，忠于职守，坚持原则，做出显著成绩的会计人员，给予精神的或者物质的奖励。因此，对于那些自觉遵守会计职业道德规范的优秀会计人员，应当给予精神的或者物质的奖励。此外，《会计法》对忠于职守、坚持原则的会计人员，也给予保护。会计职业道德规范的贯彻与实施，既要对违背会计职业道德的行为进行惩戒，同时又要对自觉遵守会计职业道德规范的先进单位和先进个人进行表彰。

二、会计行业的自律

会计职业组织应该建立行业自律机制和会计职业道德惩戒制度。会计职业组织是会员与政府之间的桥梁，应充分发挥协会等会计职业组织的作用，改革和完善会计职业组织自律机制，有效发挥自律机制在会计职业道德建设中的促进作用。

近年来，我国通过会计行业自律组织强化自律管理和行业惩戒的工作取得了一定进展。中国注册会计师协会作为注册会计师行业自律组织，为提高我国注册会计师职业道德水平做出了积极努力，先后发布了《中国注册会计师职业道德基本准则》、《中国注册会计师职业道德规范指导意见》以及《注册会计师、注册资产评估师行业诚信建设实施纲要》等文件，目前正在研究建立、完善调查委员会、技术鉴定委员会、惩戒委员会等行业自律性决策组织。我国会计职业组织建立得比较晚，自律性监管还比较薄弱，在注册会计师职业道德规范的实施与惩戒过程中仍存在不少问题。注册会计师职业组织要从行业整体利益和社会责任出发，切实改进管理和服务，把行业建设好。

三、企事业单位的内部监督

要在企事业单位形成内部约束机制，防范舞弊和经营风险，支持并督促会计人员遵守会计职业道德，依法开展会计工作。

单位负责人要切实抓好会计职业道德建设。《会计法》规定，单位负责人对本单位的会计工作和会计资料的真实性、完整性负责。因此，单位负责人必须重视和加强本单位会计人员的职业道德建设，在任用会计人员时，应当审查其职业记录和诚信档案，选择业务素质高、职业道德好、无不良记录的会计人员从事会计工作；在日常工作中，应注意开展对会计人员的道德和纪律教育，并加强检查，督促会计人员诚实守信、坚持原则；在制度建设上，要重视内部控制制度建设，完善内部约束机制，有效防范舞弊和经营风险。同时，单位负责人要做遵纪守法的表率，支持会计人员依法开展工作。

各有关部门和机构要重视会计职业道德建设。要根据会计职业道德规范的要求，结合本系统、本行业（单位）特点，有针对性地制定具体的职业道德规范，开展多种形式的宣传教育，抓好督促落实。要使外在的会计职业道德要求转化为会计人员内在的职业道德品质，促使会计人员自觉履行应尽的职业义务，保证会计信息的真实性和完整性。

四、社会各界的监督与配合

加强会计职业道德建设，既是提高广大会计人员素质的一项基础性工作，又是一项复杂的社会系统工程；不仅是某一个单位、某一个部门的任务，而且是各地区、各部门、各单位的共同责任。

应广泛开展会计职业道德的宣传教育，加强舆论监督，在全社会会计人员中倡导诚信为荣、失信为耻的职业道德意识，引导会计人员加强职业修养。

各新闻媒体要加强社会舆论监督，形成良好的社会氛围。良好的会计职业道德风尚离不开社会舆论的支持和监督，强化舆论监督有利于在全社会形成守信的氛围。要以新闻媒体为阵地，广泛开展会计职业道德的宣传教育，使社会各界了解会计职业道德规范的内容，促进良好的会计职业道德风尚深入人心，形成良好的会计职业道德环境和氛围。

第5节　会计职业道德的检查与奖惩

一、会计职业道德检查与奖惩的意义

开展会计职业道德检查与奖惩工作是道德规范付诸实施的必要方式，也是促使道德力量发挥作用的必要手段。会计职业道德检查与奖惩的意义主要有：

1. 具有促使会计人员遵守职业道德规范的作用

奖惩机制利用人类趋利避害的特点，以利益的给予或剥夺为砝码，对会计人员起着引导或威慑的作用，使会计行为主体不论出于什么样的动机，都必须遵守会计职业道德规范，否则就会遭受利益上的损失。奖惩机制把会计职业道德要求与个人利益结合起来，体现了义利统一的原则。

2. 具有裁决与教育作用

奖惩机制可以对各种会计行为进行裁决，对会计人员具有深刻的教育作用。会计人员的哪些会计行为是对的，哪些会计行为是不对的，均可通过会计职业道德的检查与奖惩做出裁决。在这里，会计职业道德的检查与奖惩起着道德法庭的作用。它运用

各种会计法规、条例及道德要求等一系列标准，鞭笞违背道德的行为，同时褒奖那些符合职业道德要求的行为，并使其发扬光大。因此，会计职业道德的检查与奖惩能使广大会计人员生动而直接地感受到道德的价值分量，其教育作用是不可低估的。

3. 有利于形成抑恶扬善的社会环境

会计职业道德是整个社会道德的一个组成部分，因此，会计职业道德的好坏对社会道德环境的优劣会产生一定的影响；反之，社会道德环境的好坏也影响着会计行为。奖惩机制是抑恶扬善的杠杆。对会计行为而言，判断善恶的标准就是会计职业道德规范。那些遵守职业道德规范的行为，就可称为善行；反之，那些违背职业道德规范的行为，就可称为恶行。通过倡导、赞扬、鼓励自觉遵守会计职业道德规范的行为，贬抑、鞭挞、查处会计造假等不良行为，有助于人们分清是非，形成良好的社会风气，进一步促进会计职业道德的发展。

就道德规范自身特点而言，它主要是依靠传统习俗、社会舆论和内心信念来维系的。这种非刚性的特征也就决定了它的落实、实施必须借助政府部门的行政监管、职业团体自律性监管和企事业单位内部纪律等外在的硬性他律机制。只有这样，才能有效地发挥道德规范潜在的裁判和激励效力。

二、会计职业道德检查与奖惩机制

会计职业道德检查与奖惩机制包括以下方面。

（一）财政部门的监督检查

《会计法》规定，国务院财政部门主管全国的会计工作，县级以上财政部门管理本行政区域内的会计工作。《注册会计师法》规定，财政部对注册会计师、会计师事务所和注册会计师协会进行监督指导。会计职业道德建设是会计管理工作的重要组成部分，因此，各级财政部门应负起组织和推动本地区会计职业道德建设的责任。财政部门可以利用行政管理上的优势，对会计职业道德情况实施必要的行政监管。

1. 执法检查与会计职业道德检查相结合

财政部门作为《会计法》的执法主体，可以依法对各单位执行会计法律制度的情况及会计信息质量进行不同形式的检查或抽查。通过检查，一方面督促各单位严格执行会计法律法规，另一方面掌握各单位会计人员执行会计职业道德的情况。

改革开放以来，财政部经常开展全国性的财经大检查，2001 年 1 月，财政部在全国范围内组织开展了《会计法》执行情况的检查。违反《会计法》的行为同时也是不符合会计职业道德要求的行为。会计人员若存在这种行为，不仅要承担《会计法》规定的法律责任，受到行政处罚或刑事处罚，而且必须接受相应的道德制裁。法律惩罚和道德惩罚两者是并行不悖的，应同时并举。

2. 会计专业技术资格考评、聘用与会计职业道德检查相结合

目前，高级会计师资格实行评审方式，但有不少地方已开始试行高级会计师资格考试与评审相结合的方式，因此有必要在考试和评审两个方面对其会计职业道德进行

检查、考核。

(1) 考试方面，考虑到职业道德对高级会计师的重要性，有必要增设职业道德的内容，从理论上加深其对会计职业道德的理解和认识。

(2) 评审方面，要对申报人的会计职业道德情况严格审查。可以规定一些关于职业道德规范的否决条款。比如申报人曾因违法犯罪行为而受过刑事处罚，则不能参加高级会计师资格的评审。

将会计职业道德奖惩与会计专业技术资格的考、评、聘联系起来，必将使广大会计人员像重视自己的专业技术职称那样重视自己的职业道德形象，在日常的学习工作中不断提高职业道德修养。

(二) 会计职业组织的自律管理与约束

对会计职业道德情况的检查，除了依靠政府监管外，行业自律也是一种重要手段。会计行业自律是一个群体概念，是会计职业组织对整个会计职业的会计行为进行自我约束、自我控制的过程。在会计职业较发达的市场经济国家，会计职业道德准则一般是由会计职业组织制定、颁布与督导实施的，有些做法和经验值得我们借鉴。

在日常会计工作中，经常发生这样的情况：一些会计人员缺乏必要的专业胜任能力，业务素质低下，专业知识贫乏，对新颁布的会计准则、会计制度知之甚少，导致记账不符合规范，账簿混乱，账账、账表不符，报表挤数现象时有发生；还有一些会计人员按照领导的意志，放弃了客观性原则，钻准则、制度的空子，通过改变会计估计或会计方法，调节利润或亏损，达到隐瞒拖欠或逃避应交税利的目的。这些做法有的虽然没有触犯法律，但违背了会计职业道德。在会计行业自律组织比较健全的情况下，可以由职业团体通过自律性监管，对发现违背会计职业道德的行为进行相应的惩罚，根据情节轻重程度采取通报批评、罚款、支付费用、取消会员资格、警告、退回向客户收取的费用、参加后续教育等方式。目前，我国会计职业的行业自律机制尚不健全，对违背会计职业道德的会计人员和会计师事务所惩处力度不够。所以，必须建立健全会计职业团体自律性监管机制，确保会计职业的健康发展。

(三) 激励机制的建立

对会计人员遵守职业道德的情况进行考核和奖惩，对自觉遵守会计职业道德的优秀会计工作者进行表彰、宣传，可以使受表彰者感受到遵守道德规范的回报和社会肯定，强化其道德行为。同时，还可以树立本行业的楷模、榜样，使会计职业道德原则和规范具体化、人格化，使广大会计工作者从这些富于感染性、可行性的道德榜样身上获得启示和动力，在潜移默化中逐渐提高自身的职业道德素质。奖励是积极的，是对一个人的肯定。它利用人的上进心，调动人的荣誉感，使其遵纪守法、尽职尽责，并发挥内在的潜能。它带给人的是满足、自尊、自豪感。惩罚则是消极的，它利用人的恐惧心理，使人循规蹈矩。过分的惩罚会使人产生挫折感，损伤自尊心和自信心。

大量事实表明，奖励和惩罚相结合的方法优于只奖不罚或只罚不奖。赏罚结合可以带来双重的激励效果。因此，在对违背会计职业道德的行为进行惩戒的同时，还应对自觉遵守会计职业道德的先进人物进行表彰。

我国会计人员表彰早在 1963 年就已制度化。1963 年 1 月，《会计人员职权试行条例》开始实施，确立了会计人员奖惩制度，其中规定："凡是工作积极负责，奉公守法，厉行节约，保护国家财产，如实反映情况，完成任务有显著成绩的，给予表扬或奖励。"1985 年 1 月，新中国第一部《会计法》规定："对认真执行本法，忠于职守，坚持原则，做出显著成绩的会计人员，给予精神的或者物质的奖励。"此后，财政部多次组织全国先进财会工作集体和先进会计工作者评选表彰活动，充分调动了广大会计人员的积极性，树立了可信、可学的楷模，使广大会计人员学有榜样、赶有目标，形成了学、赶、帮、超的良好氛围，推动了会计人员职业道德建设活动。

会计职业道德激励机制与会计人员表彰制度相结合，可以起到弘扬正气、激励先进、鞭策后进的作用。我国会计人员队伍庞大，涌现出许多优秀的先进人物和感人事迹。在会计职业道德检查中，应善于发现典型、树立榜样，在表彰时注意将物质奖励和精神奖励相结合。通过对优秀会计工作者进行表彰、奖励，营造抑恶扬善的环境，在潜移默化中提高全体会计人员的职业道德素质。

【例题 14 · 单选】（　　）对会计职业道德进行自律管理与约束。

A. 财政部门　　B. 会计职业组织

C. 税务部门　　D. 工商部门

【答案】 B

【例题 15 · 单选】"对认真执行本法，忠于职守，坚持原则，做出显著成绩的会计人员，给予精神的或者物质的奖励"，最早做出这一规定的法律是（　　）。

A. 1985 年制定的《会计法》　　B. 1993 年修正的《会计法》

C. 1993 年制定的《注册会计师法》　　D. 1999 年修订的《会计法》

【答案】 A

【例题 16 · 单选】（　　）应组织和推动会计职业道德建设。

A. 财政部门　　B. 税务部门　　C. 单位负责人　　D. 会计机构负责人

【答案】 A

【例题 17 · 判断】会计职业组织起着联系会员与政府的桥梁作用，会计职业组织主要通过他律形式实现对会员的职业道德约束。（　　）

【答案】 ×

【例题 18 · 判断】对认真执行《会计法》、忠于职守、坚持原则、做出显著成绩的会计人员，应给予精神的或者物质的奖励。（　　）

【答案】 √

【例题 19 · 案例】某企业会计科科长老王年近花甲，勤勤恳恳从事会计工作已经 30 年。在科里开始实行会计电算化时，老王第一个报名学习电子计算机技术。当了科长后，他经常加班加点，以厂为家。他常讲："会计工作很重要，凡事应该以工作为重。"他一切按制度办事，对工作一丝不苟。一天晚上，为了给厂长提供有关资料，他与会计科的同事们一直忙到很晚。晚上 10 点左右，老王说："我有些发闷，给我倒杯水，我把药吃了。"当同事把杯子递过去时，发现老王的手抖个不停，脸色也变了，立即将他送进医院抢救。第三天，老王从医院打来电话说，他在医院完成了内部财务管理制度的起草工作，想将它送到科里。

要求：分析老王的上述行为主要体现了会计职业道德的哪些要求。

【解析】

老王的行为体现了爱岗敬业、提高技能、坚持准则的会计职业道德要求。

【例题 20 · 案例】 某公交公司因经营管理不善而长年亏损，新上任的财务部经理贾某经过深入调查，抓住公司经营管理中的薄弱环节，以强化成本核算和内部管理为突破口，将成本逐层分解至每一辆车及其司乘人员，并创建了成本监控中心，不仅使每日、每车的运营收支情况一目了然，而且便于及时发现异常成本变动的原因，采取应对措施。有效的成本管理为公司领导做出扩大购车规模、增加营运能力的决策提供了科学依据，使公司彻底扭转了亏损局面。

要求：分析贾某的上述行为主要体现了会计职业道德的哪些要求。

【解析】

贾某的行为体现了参与管理这一会计职业道德要求。

【例题 21 · 案例】 现象一：会计人员看人办事，"官大办得快，官小办得慢，无官拖着办"。

现象二：会计人员"站得住的顶不住，顶得住的站不住"，领导怎么说就怎么做，只要领导高兴，"原则"可以变成"圆则"。

现象三：会计人员整天与钱物打交道，"常在河边走，就是不湿鞋"，只要坚持"不犯罪"这条底线就行了。

要求：分析上述三种现象违背了会计职业道德的哪些要求。

【解析】

现象一：违背了强化服务这一会计职业道德要求。

现象二：违背了坚持准则这一会计职业道德要求。

现象三：违背了廉洁自律这一会计职业道德要求。

【例题 22 · 案例】 某公司财务部门年末时发现，该年度业务招待费超过规定的开支标准，于是，会计人员按照领导的意图，搞来一些假发票，准备将超支的业务招待费列入管理费用的其他项目。

要求：分析公司会计人员的上述行为违背了会计职业道德的哪些要求。

【解析】

这种做法违背了客观公正和坚持准则的会计职业道德要求。

【例题 23 · 案例】 小王是 A 公司的会计主管，平时工作十分努力，经常为 A 公司提出各种合理化建议。作为会计主管，小王参与了 A 公司所有重大项目和决策。一天，在 B 公司工作的同学小张来找小王。小张说，B 公司对自己很器重，已经提拔他为部门经理，目前负责 B 公司某项目的开发。但是，项目开发进展遇到不少困难，他正在为此事发愁，希望小王能将 A 公司的有关项目资料和财务数据复印给自己，帮助自己完成这个项目开发。同时，小张声称对此事一定保守秘密。小王尽管感到十分为难，但是考虑到友情，将 A 公司的有关资料和财务数据复印给了小张。借助这些资料，项目很快开发成功，但小王所在的公司却因此遭受了不小的损失。最终，A 公司经过调查发现了小王的行为，小王也因此受到了应有的处罚。

要求：分析小王的上述行为违背了会计职业道德的哪些要求。

【解析】

小王的行为违背了诚实守信这一会计职业道德要求。

第 4 节和第 5 节习题

一、单项选择题

1. 对会计职业道德进行监督检查的部门主要是（　　）。

A. 纪律检查和监察部门

B. 工商行政管理部门

C. 财政部门

D. 会计职业组织

2. 建立激励机制，对会计人员遵守职业道德的情况进行考核和奖惩的主要依据是（　　）。

A. 会计职业道德准则和规范

B.《会计法》等法律、法规

C. 单位内部工作纪律

D. 会计职业组织有关规定

3. 充分发挥会计职业道德的作用，健全会计职业道德体系的做法包括（　　）。

A. 建立会计职业道德规范和加强职业道德教育

B. 强化对会计人员职业道德规范遵循情况的检查

C. 建立会计职业道德的奖惩机制

D. 以上均是

4. 下列各项中，对会计职业行为进行自我约束和自我控制的部门主要是（　　）。

A. 纪律检查部门　　B. 审计部门

C. 财政部门　　D. 会计学会

5. 会计职业道德建设与会计专业技术资格应实行（　　）方式。

A. 考试　　B. 评审

C. 聘用　　D. 考评、聘用相结合

6. 搞好会计职业道德建设的关键在于（　　）。

A. 加强和改善会计职业道德建设的组织和领导

B. 制定完善的会计法律体系

C. 对违反会计职业道德的行为进行严厉制裁

D. 社会舆论监督，形成良好的社会氛围

7. 以下组织中，属于注册会计师行业自律组织的是（　　）。

A. 中国会计学会

B. 中国注册会计师协会

C. 财政部会计处

D. 审计部门

8. 在我国，除注册会计师协会外，还应在（　　）、总会计师协会等职业组织中设立职业道德委员会。

A. 审计协会

B. 会计学会

C. 财政部门

D. 税务师协会

9. 会计职业道德建设的组织与实施不应依靠（　　）。

A. 财政部门的组织与推动

B. 会计职业组织的行业自律

C. 社会舆论监督形成的良好社会氛围

D. 公安局的监督检查

10. 下列关于会计职业道德的说法中，正确的是（　　）。

A. 会计职业道德规范的对象为单位从事会计工作的人员

B. 会计职业道德的功能包括指导功能、规范功能和教化功能

C. 会计职业道德与会计法律制度的作用范

围不同

D. 会计职业道德要求会计人员在职业活动中发生道德冲突时把单位集体利益放在第一位

11. 会计人员的下列行为中，属于违反会计法律制度的有（　　）。

A. 会计人员小王上班经常迟到早退

B. 会计人员李某沉溺于赌博，不爱钻研业务

C. 会计人员张某挪用公款炒股

D. 会计机构负责人赵某满足于记账算账，不利用大量丰富的会计信息参与本单位经营管理

12. 下列观点中，符合会计职业道德要求的是（　　）。

A. 既然《会计法》已明确规定单位负责人应当保证财务会计报告真实、完整，那么会计人员就应该听领导的，在自己不贪不占的前提下，领导让干什么就干什么

B. 公司的生产经营决策是领导的事情，会计人员没有必要参与，也没有必要过问

C. 会计人员应保守单位的商业秘密，在任何情况下都不能向外界提供或者泄露单位的会计信息

D. 会计人员应该按照国家统一的会计制度的规定记账、算账、报账，如实反映单位的经济业务活动情况

13. 下列选项中，不属于职业道德建设特征的有（　　）。

A. 艰巨性　　B. 长期性

C. 紧迫性　　D. 社会性

14. 以下属于会计职业道德检查与奖惩机制的是（　　）。

A. 会计职业组织的自律管理与约束

B. 政府部门的监督检查

C. 社会各界的监督与检查

D. 企事业单位内部的管理与约束

二、多项选择题

1. 财政部门推动会计职业道德建设的主要内容有（　　）。

A. 将会计执法检查与会计职业道德检查相结合

B. 将会计人员表彰奖励制度与会计职业道德建设相结合

C. 采用单一形式开展会计职业道德宣传教育

D. 将会计专业资格考评、聘用与会计职业道德检查相结合

2. 财政部门在开展下列工作时，可将会计人员职业道德情况纳入检查与考核内容的有（　　）。

A. 高级会计师资格考试

B. 会计执法检查

C. 会计人员评优表彰

D. 初、中级会计师资格考试

3. 财政部门在会计职业道德检查中，对会计人员的考核方式有（　　）。

A. 自检　　B. 互检

C. 明检　　D. 暗检

4. 对会计职业道德进行检查的方式有（　　）。

A. 考核评价

B. 建立持证人员诚信档案

C. 建立激励机制

D. 建立自我约束机制

5. 对认真执行会计法、忠于职守、坚持原则、做出显著成绩的会计人员进行奖励的方式有（　　）。

A. 晋升工资　　B. 发放奖金

C. 授予荣誉称号　　D. 颁发荣誉证书

6. （　　）必须对会计职业道德建设的组织和实施健全制度和机制，齐抓共管，保证会计职业道德建设的各项任务和要求落到实处。

A. 各级财政部门　　B. 会计职业团体

C. 机关　　D. 企业事业单位

7. 下列单位或部门中，可以对违反职业道德的会计人员进行处罚的有（　　）。

A. 财政部门　　B. 业务主管部门

C. 行业自律组织　　D. 所在单位

8.《会计基础工作规范》规定：“（　　）应当定期检查会计人员遵守职业道德的情况，并作为会计人员晋升、晋级、聘任专业职务、表彰奖励的重要考核依据。”

A. 各单位　　B. 财政部门

C. 各级政府　　D. 业务主管部门

9. 在会计职业道德建设的组织和实施中，可以发挥作用的部门或单位有（　　）。

A. 总会计师协会　　B. 财政部门

C. 企事业单位　　D. 会计学会

10. 下列各项中，不属于保障会计法律制度实施的机构的是（　　）。

A. 财政部门　　B. 会计职业组织

C. 国家执法机关　　D. 金融机构

11. 下列各项中，不属于对会计职业行为进行自我约束和自我控制的部门的是（　　）。

A. 纪律检查部门　　B. 审计部门

C. 财政部门　　D. 会计学会

12. 某集团公司组织一次会计诚信建设座谈会，会计人员谈论了各自的观点，下列观点中，不符合会计职业道德要求的是（　　）。

A. 会计人员应按照国家统一的会计制度记账、算账、报账，如实反映单位经济业务活动情况

B. 既然公司领导对公司会计工作和会计信息质量负责，会计人员就应该听领导的，在自己不贪不占的前提下，领导让干什么就干什么

C. 会计工作无非是记记账，算算账，公司生产经营决策是领导的事，与会计人员无关，所以没有必要参与，也没有必要过问

D. 会计人员应保守公司的商业秘密，在任何情况下都不能向外界提供或者泄露单位的会计信息

13. 会计职业组织对发现违反会计职业道德规范的行为进行惩戒的方式包括（　　）。

A. 通报批评　　B. 参加继续教育

C. 取消会员资格　　D. 处以罚金

14. 职业道德的作用包括（　　）。

A. 促进职业活动有序进行

B. 杜绝违法行为的发生

C. 对社会道德风尚产生积极的影响

D. 促进行业的经济发展

15. 下列关于会计职业道德检查与奖惩的意义的表述中，正确的是（　　）。

A. 促使会计人员遵守职业道德规范

B. 有利于形成抑恶扬善的社会环境

C. 树立会计人员的职业荣誉感

D. 具有裁决与教育作用

16. 下列关于会计职业道德检查与奖惩的内容的表述中，错误的是（　　）。

A. 奖惩机制利用了人类趋利避害的特点

B. 奖惩机制是抑恶扬善的杠杆

C. 奖惩机制起着道德法庭的作用

D. 奖惩机制对会计人员不具有教育作用

17. 下列关于会计职业道德建设的组织与实施的表述中，正确的是（　　）。

A. 财政部门要营造会计职业道德建设的良好氛围

B. 会计职业组织要有效发挥自律机制在会计职业道德建设中的促进作用

C. 企事业单位要为会计人员遵守会计职业道德提供良好的内部执业环境

D. 会计职业道德建设与社会各界无关

18. 以下组织中，不属于注册会计师行业自律组织的是（　　）。

A. 中国会计学会

B. 中国注册会计师协会

C. 财政部会计处

D. 审计部门

三、判断题

1. 会计职业道德检查的目的是清除腐败。（　　）

2. 会计职业组织对会计职业道德进行自律和约束。（　　）

3. 将会计执法检查与会计职业道德检查相结合是财政部门对会计职业道德进行监督检查的途径之一。（　　）

4. 会计行业的自律机制和会计职业道德惩戒制度是由财政部门组织建立的。（　　）

5. 会计职业道德是一种职业规范，应由会计职业组织对不遵守会计职业道德的会计人员（会员）进行惩戒，其他部门和单位不宜处理。（　　）

6. 各级财政部门应当担负起组织和推动本地区会计职业道德建设的责任，把会计职业道德建设与会计法制建设紧密结合起来。（　　）

7. 对会计人员的表彰奖励应注意将物质奖励和精神奖励有机结合起来。（　　）

8. 违背会计职业道德必将受到法律惩戒。（ ）

9. 会计职业组织在会计职业道德建设中可以依法行政。（ ）

10. 会计职业道德决定了会计职能作用的发挥和会计工作质量，因此必须加强会计职业道德建设。（ ）

11. 财政部门只能通过将执法检查与会计职业道德检查相结合的途径来实现对会计职业道德的检查。（ ）

12. 会计职业组织起着联系会员与政府的桥梁作用，会计职业组织主要通过他律形式实现对会员的职业道德约束。（ ）

13. 会计职业道德检查与奖惩的意义体现在促使会计人员遵守职业道德规范。（ ）

14. 对会计职业道德检查中涌现出的先进人物事迹进行表彰奖励，应注意物质奖励。（ ）

15. 会计职业道德建设的组织与实施包括财政部门的组织推动、会计行业的自律、企事业单位的内部监督、社会各界的监督与配合。（ ）

16. 注册会计师协会属于会计职业组织，有责任建立行业自律机制和会计师职业道德惩戒制度。（ ）

第 6 章

Chapter 6 劳动合同与社会保险法律制度

基本要求

1. 掌握劳动合同的订立
2. 掌握劳动合同的解除和终止
3. 掌握基本养老保险、基本医疗保险
4. 熟悉劳动合同的主要内容
5. 熟悉劳动合同的履行和变更
6. 熟悉集体合同与劳务派遣
7. 熟悉劳动争议的解决
8. 熟悉工伤保险、失业保险
9. 了解劳动关系与劳动合同
10. 了解社会保险的概念、社会保险费征缴与管理
11. 了解违反社会保险法律制度的法律责任

第 1 节 劳动合同法律制度

一、劳动关系与劳动合同

（一）劳动关系与劳动合同的概念与特征

1. 劳动关系与劳动合同的概念

劳动关系是指劳动者与用人单位（包括企业、个体经济组织等）依法签订劳动合同而在劳动者与用人单位之间产生的法律关系。与一般民事关系不同，劳动关系有其独有的特征。

劳动合同是劳动者与用人单位之间依法确立劳动关系、明确双方权利义务的协议。

2. 劳动关系的特征

（1）劳动关系主体具有特定性。劳动关系的主体一方是劳动者，另一方是用人单位。

（2）劳动关系的内容具有较强的法定性。当事人双方签订劳动合同不得违反强制性规定，否则无效。

（3）劳动者在签订和履行劳动合同过程中的地位在发生变化。

（二）劳动合同法的适用范围

劳动合同法的适用范围主要包括：

（1）中华人民共和国境内的企业、个体经济组织、民办非企业单位、依法成立的会计师事务所、律师事务所等合伙组织和基金会等组织（以下称用人单位）与劳动者建立劳动关系，订立、履行、变更、解除或者终止劳动合同，适用劳动合同法。国办院校的教职工比照《公务员法》执行。

（2）国家机关、事业单位、社会团体和与其建立劳动关系的劳动者，订立、履行、变更、解除或者终止劳动合同，依照劳动合同法执行。后勤人员、机关车队、食堂、保洁等，都属于这一项。

（3）事业单位与实行聘用制的工作人员订立、履行、变更、解除或者终止劳动合同，法律、行政法规或者国务院另有规定的，依照其规定。未做规定的，依照劳动合同法有关规定执行。

二、劳动合同的订立

（一）劳动合同订立的概念和原则

1. 劳动合同订立的概念

劳动合同的订立是指劳动者与用人单位之间确立劳动关系，订立明确双方权利和义务的协议。

2. 劳动合同订立的原则

订立劳动合同，应当遵循合法、公平、平等自愿、协商一致、诚实信用的原则。

（二）劳动合同订立的主体

1. 劳动合同订立主体的资格要求

（1）劳动者需年满16周岁（只有文艺、体育、特种工艺单位录用人员可以例外），有劳动权利能力和行为能力。

（2）用人单位有用人权利能力和行为能力。用人单位设立的分支机构，依法取得营业执照或者登记证书的，可以作为用人单位与劳动者订立劳动合同；未依法取得营业执照或者登记证书的，受用人单位委托可以与劳动者订立劳动合同。

2. 劳动合同订立主体的义务

（1）用人单位的义务。

①用人单位招用劳动者时，应当如实告知劳动者工作内容、工作条件、工作地点、职业危害、安全生产状况、劳动报酬，以及劳动者要求了解的其他情况。

②用人单位招用劳动者，不得扣押劳动者的居民身份证和其他证件，不得要求劳动者提供担保或者以其他名义向劳动者收取财物。

③用人单位扣押劳动者居民身份证等证件的，由劳动行政部门责令限期退还劳动者本人，并依照有关法律规定给予处罚。

④用人单位以担保或者其他名义向劳动者收取财物的，由劳动行政部门责令限期退还劳动者本人，并以每人 500 元以上 2 000 元以下的标准对用人单位处以罚款。给劳动者造成损害的，应当承担赔偿责任。

（2）劳动者的义务。用人单位有权了解劳动者与劳动合同直接相关的基本情况，劳动者应当如实说明。

（三）劳动关系建立的时间

（1）用人单位自用工之日起即与劳动者建立劳动关系。

（2）用人单位与劳动者在用工前订立劳动合同的，劳动关系自用工之日起建立。

（四）劳动合同订立的形式

劳动合同订立的形式有两种：书面形式和口头形式。

1. 书面形式

（1）建立劳动关系应当订立书面劳动合同。已建立劳动关系，未同时订立书面劳动合同的，应当自用工之日起 1 个月内订立书面劳动合同。

（2）自用工之日起 1 个月内，经用人单位书面通知后，劳动者不与用人单位订立书面劳动合同的，用人单位应当书面通知劳动者终止劳动关系，无须向劳动者支付经济补偿，但是应当依法向劳动者支付其实际工作时间的劳动报酬。

2. 口头形式

非全日制用工双方当事人可以订立口头协议。

（1）非全日制用工，是指以小时计酬为主，劳动者在同一用人单位一般平均每日工作时间不超过 4 小时，每周工作时间累计不超过 24 小时的用工形式。非全日制用工双方当事人不得约定试用期。非全日制用工双方当事人任何一方都可以随时通知对方终止用工。终止用工后用人单位不向劳动者支付经济补偿。

（2）用人单位可以按小时、日或周为单位结算工资，但非全日制用工劳动报酬结算支付周期最长不得超过 15 日。

用人单位自用工之日起，满 1 年未与劳动者订立书面劳动合同的，应当：①立即与劳动者补签书面劳动合同。②向劳动者每月支付 2 倍的工资补偿（自用工之日起满 1 个月的次日至满 1 年的前 1 日）。③视为已与劳动者订立无固定期限劳动合同（自用工之日起满 1 年的当日）。

（五）劳动合同的效力

1. 劳动合同的生效

劳动合同由用人单位与劳动者协商一致，并经用人单位与劳动者在劳动合同文本上签字或者盖章生效，即订立即生效。

提示

对劳动合同的无效或者部分无效有争议的，由劳动争议仲裁机构或者人民法院确认。

2. 无效劳动合同

无效劳动合同主要指：

（1）以欺诈、胁迫的手段或者乘人之危，使对方在违背真实意思的情况下订立或者变更劳动合同的。

（2）用人单位免除自己的法定责任、排除劳动者权利的。

（3）违反法律、行政法规强制性规定的。

3. 无效劳动合同的法律后果

（1）无效劳动合同从订立时起就没有法律约束力。劳动合同部分无效，不影响其他部分效力的，其他部分仍然有效。

（2）劳动合同被确认无效，劳动者已付出劳动的，用人单位应当向劳动者支付劳动报酬。劳动报酬的数额，参照本单位相同或者相近岗位劳动者的劳动报酬确定。

三、劳动合同的主要内容

（一）劳动合同的必备条款和订立无固定期限劳动合同

1. 劳动合同的必备条款

（1）用人单位的名称、住所和法定代表人或者主要负责人。

（2）劳动者的姓名、住址和居民身份证或者其他有效身份证件号码。

（3）劳动合同期限。劳动合同分为固定期限劳动合同、无固定期限劳动合同和以完成一定工作任务为期限的劳动合同。

（4）工作内容和工作地点。

（5）工作时间和休息休假。目前我国实行的工时制度主要有标准工时制、不定时工作制和综合计算工时制三种类型。

（6）劳动报酬。国家实行最低工资保障制度。因劳动者本人原因给用人单位造成经济损失的，用人单位可按照劳动合同的约定要求其赔偿经济损失。

（7）五险一金。五险包括基本养老保险、基本医疗保险、失业保险、工伤保险、生育保险五项；一金是指住房公积金。

（8）劳动保护、劳动条件和职业危害防护。

（9）法律、法规规定应当纳入劳动合同的其他事项。

2. 应当订立无固定期限劳动合同的情形

有下列情形之一，劳动者提出或者同意续订、订立劳动合同的，除劳动者提出订立固定期限劳动合同外，应当订立无固定期限劳动合同：

（1）劳动者在该用人单位连续工作满 10 年的。

（2）用人单位初次实行劳动合同制度或者国有企业改制重新订立劳动合同时，劳动者在该用人单位连续工作满 10 年且距法定退休年龄不足 10 年的。

（3）连续订立 2 次固定期限劳动合同，且劳动者没有下述情形，续订劳动合同的：

①严重违反用人单位的规章制度的。

②严重失职，营私舞弊，给用人单位造成重大损害的。

③劳动者同时与其他用人单位建立劳动关系，对完成本单位的工作任务造成严重影响，或者经用人单位提出，拒不改正的。

④以欺诈、胁迫的手段或者乘人之危，使用人单位在违背真实意思的情况下订立或者变更劳动合同，致使劳动合同无效的。

⑤被依法追究刑事责任的。

⑥劳动者患病或者非因工负伤，在规定的医疗期满后不能从事原工作，也不能从事由用人单位另行安排的工作的。

⑦劳动者不能胜任工作，经过培训或者调整工作岗位，仍不能胜任工作的。

提示

用人单位自用工之日起满 1 年不与劳动者订立书面劳动合同的，视为用人单位自用工之日起满 1 年的当日已经与劳动者订立无固定期限劳动合同。

用人单位违反劳动合同法规定不与劳动者订立无固定期限劳动合同的，自应当订立无固定期限劳动合同之日起向劳动者每月支付 2 倍的工资。

（二）劳动合同的约定条款

1. 试用期

劳动合同期限 3 个月以上不满 1 年的，试用期不得超过 1 个月；劳动合同期限 1 年以上不满 3 年的，试用期不得超过 2 个月；3 年以上固定期限和无固定期限的劳动合同，试用期不得超过 6 个月。

同一用人单位与同一劳动者只能约定一次试用期。劳动者在试用期的工资不得低于本单位相同岗位最低档工资或者劳动合同约定工资的 80%，并不得低于用人单位所在地的最低工资标准。

2. 服务期

用人单位为劳动者提供专项培训费用，对其进行专业技术培训的，可以与该劳动者订立协议，约定服务期。劳动合同期满，但是用人单位与劳动者约定的服务期尚未到期的，劳动合同应当续延至服务期满。双方另有约定的，从其约定。劳动者违反服务期约定的，应当按照约定向用人单位支付违约金。违约金的数额不得超过用人单位提供的培训费用。用人单位要求劳动者支付的违约金不得超过服务期尚未履行部分所应分摊的培训费用。

3. 保守商业秘密和竞业限制

对负有保密义务的劳动者，用人单位可以在劳动合同或者保密协议中与劳动者约定竞业限制条款，并约定在解除或者终止劳动合同后，在竞业限制期限内按月给予劳动者经济补偿。劳动者违反竞业限制约定的，应当按照约定向用人单位支付违约金。在解除或者终止劳动合同后，竞业限制人员到与本单位生产或者经营同类产品、从事同类业务的有竞争关系的其他用人单位工作，或者自己开业生产或者经营同类产品、从事同类业务的竞业限制期限，不得超过 2 年。

四、劳动合同的履行和变更

（一）劳动合同的履行

劳动合同的履行，是指劳动合同生效后，双方当事人按照劳动合同的约定，完成各自承担的义务而实现各自享受的权利，使双方当事人订立合同的目的得以实现的法律行为。

提示

用人单位与劳动者应当按照劳动合同的约定，全面履行各自的义务。

1. 双方履行劳动合同的要求

（1）用人单位应向劳动者及时足额支付劳动报酬。用人单位拖欠或者未足额支付劳动报酬的，劳动者可以依法向当地人民法院申请支付令。

（2）用人单位不得强迫或者变相强迫劳动者加班。

（3）劳动者拒绝用人单位管理人员违章指挥、强令冒险作业的，不视为违反劳动合同。

（4）用人单位变更名称、法定代表人、主要负责人或者投资人等事项，不影响劳动合同的履行。

（5）用人单位发生合并或者分立等情况，原劳动合同继续有效，劳动合同由承继其权利和义务的用人单位继续履行。

【例题 1 · 多选】关于合同的履行与变更，下列各项中说法正确的有（　　）。

A. 劳动者拒绝用人单位管理人员违章指挥作业的，不视为违反劳动合同

B. 用人单位变更投资人不影响劳动合同的履行

C. 用人单位发生合并，原劳动合同继续有效

D. 用人单位的加班时间及加班费可以随意制定

【答案】ABC

2. 建立和完善劳动规章制度

（1）合法有效的劳动规章制度是劳动合同的组成部分，对用人单位和劳动者均具有法律约束力。

（2）建立劳动规章制度的程序。建立劳动规章制度的核心主要是民主协商和劳资共议。主要包括三个步骤：①经职代会或全体职工讨论，提出方案和意见。②与工会或职工代表平等协商确定。③用人单位应当将直接涉及劳动者切身利益的规章制度和重大事项决定在单位内公示，或者告知劳动者。

（3）劳动规章制度的监督和法律责任。如果规章制度损害劳动者权益的，劳动者可以据此解除劳动合同，用人单位应当向劳动者支付经济补偿。如果该规章制度的实施给劳动者造成了损害，用人单位应承担赔偿责任。

提示

如果用人单位的规章制度未经公示或者未告知劳动者，该规章制度对劳动者不生效。企业公示或告知劳动者规章制度可以采用张贴通告、员工手册送达、会议精神传达等方式。

（二）劳动合同的变更

1. 变更劳动合同的基本要求

变更劳动合同，应当采用书面形式。变更后的劳动合同文本由用人单位和劳动者各执一份。

2. 变更劳动合同的原则

变更劳动合同的原则主要是平等自愿、协商一致。劳动合同的变更不得违反法律、行政法规的规定。未对变更劳动合同达成一致意见的，任何一方都不得擅自变更劳动合同。

提示

自愿原则有绝对自愿一致和相对自愿一致之分。如企业实施股份制或股份合作之后用人单位发生了改变，或是发生了不可抗力，或者出现致使劳动合同全部或部分条款无法履行的其他情况，如企业迁移等，那么即使有一方拒绝变更劳动合同，也不能再履行原劳动合同，这就是相对自愿。

3. 变更劳动合同的情形

如果用人单位根据工作需要调整劳动者的工作岗位，可以与劳动者协商一致，变更劳动合同的相关内容。因劳动者不能胜任工作而变更、调整工作岗位，则属于用人单位的自主权，用人单位可以根据需要变更劳动合同。

五、劳动合同的解除和终止

（一）劳动合同的解除

劳动合同的解除是指在劳动合同订立后，劳动合同期限届满之前，因出现法定的情形，一方单方通知结束劳动关系或双方协商提前结束劳动关系的法律行为。劳动合同的解除方式主要有协商解除和法定解除。

1. 协商解除（意定解除）

协议解除不受合同终止条件的约束。情形包括：

（1）劳动者主动辞职：由劳动者主动辞职而与用人单位协商一致解除劳动合同的，用人单位无须向劳动者支付经济补偿。

（2）单位提出解除劳动合同：由用人单位提出解除劳动合同而与劳动者协商一致的，必须依法向劳动者支付经济补偿。

2. 法定解除

法定解除分为劳动者的单方面解除和用人单位的单方面解除。

（1）劳动者可单方面解除劳动合同的情形。劳动者可单方面解除劳动合同的情形分为提前通知、随时通知和不需事先告知三种。

①劳动者提前通知即可解除劳动合同的情形：a. 劳动者在试用期内提前3日通知用人单位，可以解除劳动合同；b. 劳动者提前30日以书面形式通知用人单位，可以解除劳动合同。

提示

试用期内解除劳动合同只需提前3天通知用人单位即可，不一定以书面形式通知。正式员工必须提前30天以书面形式通知用人单位。劳动者主动提出解除合同的无补偿，且程序必须合法（履行提前告知义务）。如果给用人单位造成损失，则要承担赔偿责任。

②劳动者随时通知即可解除劳动合同的情形：a. 用人单位未按照劳动合同约定提供劳动保护或者劳动条件的；b. 用人单位未及时足额支付劳动报酬的；c. 用人单位未依法为劳动者缴纳社会保险费的；d. 用人单位的规章制度违反法律、法规的规定，损害劳动者权益的；e. 用人单位以欺诈、胁迫的手段或者乘人之危，使劳动者在违背真实意思的情况下订立或者变更劳动合同的；f. 用人单位在劳动合同中免除自己的法定责任、排除劳动者权利的；g. 用人单位违反法律、行政法规强制性规定的。

③劳动者不需事先告知即可解除劳动合同的情形：a. 用人单位以暴力、威胁或者非法限制人身自由的手段强迫劳动者劳动的；b. 用人单位违章指挥、强令冒险作业危及劳动者人身安全的。

（2）用人单位可单方面解除劳动合同的情形。用人单位可单方面解除劳动合同的情形分为提前通知、随时通知和经济性裁员三种。

①用人单位可以提前通知劳动者解除劳动合同的情形（无过失性辞退）。有下列情形之一的，用人单位可以提前30日以书面形式通知劳动者本人或额外支付劳动者1个月工资后，解除劳动合同：a. 劳动者患病或者非因工负伤，在规定的医疗期满后不能从事原工作，也不能从事由用人单位另行安排的工作的；b. 劳动者不能胜任工

作，经过培训或者调整工作岗位，仍不能胜任工作的；c. 劳动合同订立时所依据的客观情况发生重大变化，致使劳动合同无法履行，经用人单位与劳动者协商，未能就变更劳动合同内容达成协议的。

②用人单位可以随时通知劳动者解除劳动合同的情形：a. 劳动者在试用期间内被证明不符合录用条件的；b. 劳动者严重违反用人单位的规章制度的；c. 劳动者严重失职，营私舞弊，给用人单位造成重大损害的；d. 劳动者同时与其他用人单位建立劳动关系，对完成本单位的工作任务造成严重影响，或者经用人单位提出，拒不改正的；e. 劳动者以欺诈、胁迫的手段或者乘人之危，使用人单位在违背真实意思的情况下，订立或者变更劳动合同的；f. 劳动者被依法追究刑事责任的。

提示

在试用期间劳动者不想继续工作，需提前 3 天通知用人单位；用人单位不想聘用劳动者，可随时通知劳动者解除劳动合同。除试用期外，用人单位可以随时通知劳动者解除劳动合同的前提是劳动者过错在先。上述情形无须支付补偿。

③经济性裁员。有下列情形之一，需要裁减人员 20 人以上或者裁减不足 20 人但占企业职工总数 10%以上的，用人单位提前 30 日向工会或者全体职工说明情况，听取工会或者职工的意见后，裁减人员方案经向劳动行政部门报告，可以裁减人员：a. 依照《企业破产法》规定进行重整的；b. 生产经营发生严重困难的；c. 企业转产、重大技术革新或者经营方式调整，经变更劳动合同后，仍需裁减人员的；d. 其他因劳动合同订立时所依据的客观经济情况发生重大变化，致使劳动合同无法履行的。

【例题 2·案例】李某是 A 企业的销售总监，其与单位签订的劳动合同约定实行不定时工作制。2008 年 5 月李某突然以企业未支付延时工作加班费为由单方面向公司提出解除劳动合同，并在未得到公司同意的情况下就离开了公司。因其突然辞职造成很多工作无法交接。请问李某的辞职行为是否合法？

【答案】李某的辞职行为属于违法解除劳动合同。由于李某与公司签订的是不定时工作制劳动合同，以延时工作要求公司支付加班工资的理由不能成立，李某据此单方面解除劳动合同的行为，不符合随时通知用人单位解除劳动合同的情形，也不属于提前 30 日通知用人单位辞职，或者是与用人单位协商一致解除合同规定的情形，属于违法解除劳动合同。

【例题 3·案例】李某 2017 年 1 月与单位签订了为期 5 年的劳动合同，试用期为 3 个月。2018 年 2 月 27 日，李某在查询社保缴费记录时，发现单位未缴纳试用期（2017 年 1—3 月）的社保费。根据合同的有关约定，2018 年 3 月 28 日，李某向单位提出补交社保费的要求，但遭到拒绝，于是李某向单位寄出解除劳动合同通知书，同时准备申请仲裁，要求单位支付经济补偿并补交社保费。请问李某的要求能否得到法律支持？

【答案】用人单位给劳动者缴纳社会保险是法定的义务。只要建立了劳动关系就应当依法缴纳社会保险费。试用期包括在劳动合同期限中，试用期同样属于劳动关系的存续期间，因此，用人单位应当为试用期内的员工缴纳社保费。该单位对李某补交社保费的要求予以拒绝，李某有权随时通知单位解除劳动合同，并且得到经济补偿和补交社保费的待遇。

（二）劳动合同的终止

劳动合同终止的情形主要有：

（1）劳动合同期满。

（2）劳动者开始依法享受基本养老保险待遇。

（3）劳动者达到法定退休年龄。

（4）劳动者死亡，或者被人民法院宣告死亡或者宣告失踪。

（5）用人单位被依法宣告破产。

（6）用人单位被吊销营业执照、责令关闭、撤销或者用人单位决定提前解散。

（7）法律、行政法规规定的其他情形。

（三）对劳动合同的解除和终止的限制性规定

劳动者有下列情形之一的，用人单位既不得解除劳动合同，也不得终止劳动合同，劳动合同应当续延至相应的情形消失时终止：

（1）从事接触职业病危害作业的劳动者未进行离岗前职业健康检查，或者疑似职业病病人在诊断或者医学观察期间的。

（2）在本单位患职业病或者因工负伤并被确认丧失或者部分丧失劳动能力的。

（3）患病或者非因工负伤，在规定的医疗期内的。

（4）女职工在孕期、产期、哺乳期的。

（5）在本单位连续工作满 15 年，且距法定退休年龄不足 5 年的。

（6）法律、行政法规规定的其他情形。

提示

用人单位违反规定解除劳动合同，劳动者要求继续履行劳动合同的，用人单位应当继续履行劳动合同。劳动者不要求继续履行劳动合同或者劳动合同已经不能继续履行的，用人单位应当依照劳动合同法规定的经济补偿标准的 2 倍向劳动者支付赔偿金。

【例题 4 · 多选】根据劳动合同法律制度的规定，下列各项中，可导致劳动合同终止的情形有（　　）。

A. 劳动合同期满

B. 用人单位决定提前解散

C. 用人单位被依法宣告破产

D. 劳动者达到法定退休年龄

【答案】ABCD

（四）劳动合同的解除和终止的经济补偿

1. 经济补偿的概念

劳动合同法律关系中的经济补偿，是指按照劳动合同法律制度的规定，在劳动者无过错的情况下，用人单位与劳动者解除或者终止劳动合同时应给予劳动者的经济上的补助，也称经济补偿金。经济补偿金与违约金、赔偿金不同。

2. 用人单位应当向劳动者支付经济补偿的情形

（1）劳动者符合随时通知解除和不需事先通知即可解除劳动合同规定情形而解除劳动合同的。

（2）由用人单位提出解除劳动合同并与劳动者协商一致而解除劳动合同的。

（3）用人单位符合提前 30 日以书面形式通知劳动者本人或者额外支付劳动者 1 个月工资后，可以解除劳动合同规定情形而解除劳动合同的。

（4）用人单位符合可裁减人员规定而解除劳动合同的。

（5）除用人单位维持或者提高劳动合同约定条件续订劳动合同，劳动者不同意续订的情形外，劳动合同期满终止固定期限劳动合同的。

（6）用人单位被依法宣告破产或者被吊销营业执照、责令关闭、撤销或者用人单位决定提前解散而终止劳动合同的。

（7）以完成一定工作任务为期限的劳动合同因任务完成而终止的。

（8）法律、行政法规规定的其他情形。

3. 经济补偿的支付

经济补偿具体金额一般根据劳动者在用人单位的工作年限和工资标准来计算，并以货币形式支付给劳动者。计算公式为：

$$经济补偿金=工作年限\times月工资$$

经济补偿按劳动者在本单位工作的年限，每满 1 年支付 1 个月工资的标准向劳动者支付。6 个月以上不满 1 年的，按 1 年计算；不满 6 个月的，向劳动者支付半个月工资标准的经济补偿。例如：在该单位工作 9 年 7 个月，则应支付 10 个月的经济补偿。此时计算公式细化为：

$$经济补偿金=\begin{matrix}劳动合同解除或终止前\\劳动者在本单位的工作年限\end{matrix}\times\begin{matrix}每工作一年应得的\\经济补偿\end{matrix}$$

劳动者在劳动合同解除或者终止前 12 个月的平均工资低于当地最低工资标准的，按照当地最低工资标准计算；月工资高于用人单位所在地区上年度职工月平均工资 3 倍的，向其支付经济补偿的标准按职工月平均工资 3 倍的数额支付，向其支付经济补偿的年限最高不超过 12 年。此时计算公式细化为：

$$经济补偿金=\begin{matrix}工作年限\\（最高不超过12年）\end{matrix}\times\begin{matrix}当地上年度职工\\月平均工资的3倍\end{matrix}$$

六、集体合同与劳务派遣

（一）集体合同

集体合同是工会代表企业职工一方与企业签订的以劳动报酬、工作时间、休息休假、劳动安全卫生、保险福利等为主要内容的书面协议。

尚未建立工会的用人单位，可以由上级工会指导劳动者推举的代表与用人单位订立集体合同。

集体合同草案应当提交职工代表大会或者全体职工讨论通过。集体合同订立后，应当报送劳动行政部门，劳动行政部门自收到集体合同文本之日起 15 日内未提出异议的，集体合同即行生效。

集体合同中劳动报酬和劳动条件等标准不得低于当地人民政府规定的最低标准，用人单位与劳动者订立的劳动合同中劳动报酬和劳动条件等标准不得低于集体合同规定的标准。

依法订立的集体合同对用人单位和劳动者具有约束力。行业性、区域性集体合同对当地本行业、本区域的用人单位和劳动者具有约束力。

（二）劳务派遣

劳务派遣是指由劳务派遣单位（劳务输出单位、用人单位）与劳动者订立劳动合同，与用工单位订立劳务派遣协议，将被派遣劳动者派往用工单位给付劳务。

劳务派遣用工只能在临时性、辅助性或者替代性的工作岗位上实施。被派遣劳动者享有与用工单位的劳动者同工同酬的权利。被派遣劳动者有权在劳务派遣单位或者用工单位依法参加或者组织工会，维护自身的合法权益。

提示

劳务派遣单位和用工单位均不得向被派遣劳动者收取费用。

七、劳动争议的解决

解决劳动争议，应当根据事实，遵循合法、公正、及时、着重调解的原则，依法保护当事人的合法权益。

劳动争议解决的方法有协商和解、调解、仲裁和诉讼。发生劳动争议时，当事人对自己提出的主张有责任提供证据。本书主要介绍劳动调解和劳动仲裁。

（一）劳动调解

1. 可受理劳动争议的调解组织

可受理劳动争议的调解组织有：

（1）企业劳动争议调解委员会（大型企业应尽量设立调解委员会）。

（2）依法设立的基层人民调解组织。

（3）在乡镇、街道设立的具有劳动争议调解职能的组织。

2. 劳动调解程序

（1）当事人申请劳动争议调解可以书面申请，也可以口头申请。

（2）调解劳动争议，应当充分听取双方当事人对事实和理由的陈述，耐心疏导，帮助其达成协议。

（3）经调解达成协议的，应当制作调解协议书。具体内容为：

①调解协议书由双方当事人签名或者盖章，经调解员签名并加盖调解组织印章后生效，对双方当事人具有约束力，当事人应当履行。

②达成调解协议后，一方当事人在协议约定期限内不履行调解协议的，另一方当事人可以依法申请仲裁。

③因支付拖欠劳动报酬、工伤医疗费、经济补偿或者赔偿金事项达成调解协议，用人单位在协议约定期限内不履行的，劳动者可以持调解协议书依法向人民法院申请支付令。人民法院应当依法发出支付令。

（4）自劳动争议调解组织收到调解申请之日起 15 日内未达成调解协议的，当事人可以依法申请仲裁。

【例题 5 · 多选】关于劳动调解，下列说法正确的有（　　）。

A. 对于设有劳动争议调解委员会的企业，其调解委员会负责人由工会主席担任

B. 当事人申请劳动争议调解可以书面申请，也可以口头申请

C. 调解协议书由双方当事人签名或者盖章，经调解员签名并加盖调解组织印章后生效

D. 自劳动争议调解组织收到调解申请之日起 15 日内未达成调解协议的，当事人可以依法申请仲裁

【答案】BCD

（二）劳动仲裁

劳动仲裁是指由劳动争议仲裁委员会对当事人申请仲裁的劳动争议居中公断与裁决。

1. 基本内容

（1）劳动仲裁是劳动争议当事人向人民法院提起诉讼的必经程序。

劳动仲裁与一般经济纠纷的仲裁不同。一般经济纠纷或裁或审，二者选一；而劳动争议的处理依据《劳动争议调解仲裁法》，先裁后审，即劳动仲裁是劳动诉讼的前置程序，不仲裁不能向法院提起诉讼。

（2）劳动争议仲裁不收费。劳动争议仲裁委员会的经费由财政予以保障。

（3）劳动仲裁参加人包括当事人、当事人代表、第三人、代理人。

（4）劳动仲裁机构是劳动争议仲裁委员会，不按行政区划层层设立，由劳动行政部门代表、工会代表和企业方面代表组成，组成人员应当是单数。

（5）劳动争议由劳动合同履行地或者用人单位所在地的劳动争议仲裁委员会管

辖。双方当事人分别向劳动合同履行地和用人单位所在地的劳动争议仲裁委员会申请仲裁的，由劳动合同履行地的劳动争议仲裁委员会管辖。

2. 申请和受理

（1）申请时效。①时效期间为1年。仲裁时效期间从当事人知道或者应当知道其权利被侵害之日起计算。②劳动关系存续期间因拖欠劳动报酬发生争议的，劳动者申请仲裁不受1年仲裁时效期间的限制；但是，劳动关系终止的，应当自劳动关系终止之日起1年内提出。③仲裁时效中断。仲裁时效中断有三种情形：a. 因当事人一方向对方当事人主张权利；b. 向有关部门请求权利救济；c. 对方当事人同意履行义务而中断。从中断时起，仲裁时效期间重新计算。④仲裁时效中止。因不可抗力或者有其他正当理由，当事人不能在仲裁时效期间申请仲裁的，仲裁时效中止。从中止时效的原因消除之日起，仲裁时效期间继续计算。

（2）仲裁申请。应当提交书面仲裁申请。书写仲裁申请确实有困难的，可以口头申请。

（3）仲裁受理。劳动争议仲裁委员会收到仲裁申请之日起5日内，决定是否受理；不予受理或者逾期未做出决定的，申请人可以就该劳动争议事项向人民法院提起诉讼。

3. 开庭和裁决

（1）基本制度。包括公开仲裁制、仲裁庭制、回避制。

（2）劳动争议仲裁公开进行，但当事人协议不公开进行或者涉及国家机密、商业秘密和个人隐私的除外。

（3）下列劳动争议，除法律另有规定的外，仲裁裁决为终局裁决，裁决书自做出之日起发生法律效力：①追索劳动报酬、工伤医疗费、经济补偿或者赔偿金，不超过当地月最低工资标准12个月金额的争议；②因执行国家的劳动标准在工作时间、休息休假、社会保险等方面发生的争议。

4. 执行

（1）仲裁庭对追索劳动报酬、工伤医疗费、经济补偿或者赔偿金的案件，根据当事人的申请，可以裁决先予执行，移送人民法院执行，劳动者申请先予执行的，可以不提供担保。

（2）当事人对发生法律效力的调解书、裁决书，应当依照规定的期限履行。一方当事人逾期不履行的，另一方当事人可以依照民事诉讼法的有关规定向人民法院申请执行。受理申请的人民法院应当依法执行。

劳动争议的解决方式及其具体内容总结如表6-1所示。

表6-1 劳动争议的解决方式

解决方式	具体内容
协商和解	劳动者可以与单位协商，也可以请工会或者第三方共同与单位协商，达成和解协议
调解	当事人不愿协商、协商不成或者达成和解协议后不履行的，可以向调解组织申请调解

续表

解决方式	具体内容
劳动仲裁	不愿调解、调解不成或者达成调解协议后不履行的，可以向劳动争议仲裁委员会申请仲裁 【提示】双方可不经和解、调解，直接提起劳动仲裁
劳动诉讼	对仲裁裁决不服的，除《劳动争议调解仲裁法》另有规定的以外，可以向人民法院提起诉讼

□ 第 1 节习题

一、单项选择题

1. 下列各项中，关于劳动合同订立说法错误的是（　　）。

A. 劳动关系是指劳动者与用人单位依法签订劳动合同而在劳动者与用人单位之间产生的法律关系

B. 劳动者有劳动权利能力和行为能力，禁止用人单位招用未满 16 周岁的未成年人

C. 用人单位有用人权利能力和行为能力

D. 特殊情况下，用人单位可以扣押劳动者居民身份证等证件

2. 对于已建立劳动关系，未同时订立书面劳动合同的，应当自用工之日起（　　）内订立书面劳动合同。

A. 1 个月　　B. 2 个月

C. 6 个月　　D. 1 年

3. 根据劳动合同法律制度的规定，下列属于劳动合同约定条款的是（　　）。

A. 劳动合同期限

B. 竞业限制

C. 工作时间和休息休假

D. 工作内容和工作地点

4. 根据劳动合同法律制度的规定，下列对无效劳动合同法律后果的表述中正确的是（　　）。

A. 无效劳动合同自被确认无效时起没有法律约束力

B. 劳动合同部分无效的，其他部分也没有效力

C. 劳动合同被确认无效的，即使劳动者付出了劳动，用人单位也无须向劳动者支付劳动报酬

D. 对劳动合同的无效或者部分无效有争议的，由劳动争议仲裁机构或者人民法院确认

5. 2018 年 3 月 1 日，甲公司与韩某签订劳动合同，约定合同期限 1 年，试用期 1 个月，每月 15 日发放工资。韩某 3 月 10 日上岗工作。甲公司与韩某建立劳动关系的起始时间为（　　）。

A. 2018 年 3 月 1 日

B. 2018 年 3 月 10 日

C. 2018 年 3 月 15 日

D. 2018 年 4 月 10 日

6. 根据劳动合同法律制度的规定，下列属于劳动合同必备条款的是（　　）。

A. 劳动报酬　　B. 服务期

C. 试用期　　D. 竞业限制

7. 根据劳动合同法律制度的规定，下列关于试用期的说法错误的是（　　）。

A. 劳动合同期限 3 个月以上不满 1 年的，试用期不得超过 1 个月

B. 劳动合同期限 1 年以上不满 3 年的，试用期不得超过 2 个月

C. 3 年以上固定期限和无固定期限的劳动合同，试用期不得超过 3 个月

D. 同一用人单位与同一劳动者只能约定一次试用期

8. 劳动者在试用期的工资不得低于本单位相同岗位最低档工资或者劳动合同约定工资的（　　）。

A. 50%　　B. 60%

C. 70%　　D. 80%

9. 根据《劳动合同法》的规定，竞业限制期限不得超过（　　）。

A. 6个月　　B. 1年

C. 2年　　D. 3年

10. 根据《劳动合同法》的规定，下列各项中，劳动者不需要事先告知即可解除劳动合同的是（　　）。

A. 用人单位未按照劳动合同的约定提供劳动保护或者劳动条件的

B. 用人单位违章指挥、强令冒险作业危及劳动者人身安全的

C. 用人单位未及时足额支付劳动报酬的

D. 用人单位未依法为劳动者缴纳社会保险费的

11. 根据《劳动合同法》的规定，下列各项中，不属于用人单位可单方面解除劳动合同的情形的是（　　）。

A. 劳动者严重失职，营私舞弊，给用人单位造成重大损害的

B. 劳动者严重违反用人单位的规章制度的

C. 劳动者在试用期间被证明不符合录用条件的

D. 劳动者因病休假的

12. 2018年6月7日，李某到某酒吧应聘，6月10日，在老板的胁迫下订立了劳动合同，减少了一些劳动者权利，7月10日，有关部门裁定李某与酒吧订立的劳动合同无效。该劳动合同没有法律约束力的时间为（　　）。

A. 2018年6月7日

B. 2018年6月8日

C. 2018年6月10日

D. 2018年7月10日

13. 下列各项中，不属于经济性裁员情形的是（　　）。

A. 依照企业破产法规定进行重整的

B. 生产经营发生严重困难的

C. 企业转产、重大技术革新或者经营方式调整，经变更劳动合同后，仍需裁减人员的

D. 劳动者不能胜任工作，经过培训或者调整工作岗位，仍不能胜任工作的

14. 下列各项中，不属于劳动合同终止情形的是（　　）。

A. 劳动者患病或者非因工负伤，在规定的医疗期满后不能从事原工作，也不能从事由用人单位另行安排的工作的

B. 用人单位被吊销营业执照、责令关闭、撤销或者用人单位决定提前解散的

C. 劳动者开始依法享受基本养老保险待遇的

D. 劳动者达到法定退休年龄的

15. 根据《劳动合同法》的规定，下列各项中，关于劳动合同的解除和终止说法错误的是（　　）。

A. 由用人单位提出解除劳动合同而与劳动者协商一致的，必须依法向劳动者支付经济补偿

B. 由劳动者主动辞职而与用人单位协商一致解除劳动合同的，用人单位无需向劳动者支付经济补偿

C. 劳动者单方面解除劳动合同时，劳动者应提前30日以书面形式通知用人单位解除劳动合同

D. 劳动者单方面解除劳动合同时，劳动者在试用期内不用提前通知用人单位解除劳动合同

16. 根据《劳动合同法》的规定，下列各项中，关于用人单位向劳动者支付经济补偿说法错误的是（　　）。

A. 劳动者符合随时通知解除和无需事先通知即可解除劳动合同规定情形而解除劳动合同的，用人单位应当向劳动者支付经济补偿

B. 由用人单位提出解除劳动合同并与劳动者协商一致而解除劳动合同的，用人单位应当向劳动者支付经济补偿

C. 用人单位符合提前30日以书面形式通知劳动者解除劳动合同的，用人单位应当向劳动者支付经济补偿

D. 用人单位符合可裁减人员规定而解除劳动合同的，用人单位不用向劳动者支付

经济补偿

17. 张某在某直辖市工作了 14 年，2018 年因公司申请重整而被解除劳动合同，当时月工资为 9 800 元。假设该直辖市人民政府公布的本地区 2017 年度职工月平均工资为 2 800 元，张某可以得到的经济补偿金为（　　）元。

A. 97 200　　B. 100 800

C. 117 600　　D. 80 500

18. 根据劳动合同法律制度的规定，下列表述中正确的是（　　）。

A. 经济补偿按劳动者在本单位工作的年限，每满 1 年支付 1 个月工资的标准向劳动者支付

B. 劳动者在本单位工作的年限不满 6 个月的，向劳动者支付 1 个月工资的经济补偿

C. 劳动者非因本人原因从原用人单位被安排到新用人单位工作的，劳动者在原用人单位的工作年限不计入新用人单位的工作年限

D. 原用人单位已经向劳动者支付经济补偿的，新用人单位在依法解除、终止劳动合同计算支付经济补偿的工作年限时，仍需计算劳动者在原用人单位的工作年限

19. 下列关于劳务派遣的说法中，不正确的是（　　）。

A. 劳动合同用工是我国企业的基本用工形式

B. 劳务派遣用工只能在临时性、辅助性或者替代性的工作岗位上实施

C. 劳务派遣单位应当与被派遣劳动者订立 3 年以上固定期限的劳动合同，按月支付劳动报酬

D. 被派遣劳动者享有与用工单位的劳动者同工同酬的权利

20. 如果劳动者对劳动争议的终局裁决不服，向人民法院提起诉讼的期限是（　　）。

A. 自收到仲裁裁决书之日起 5 日内

B. 自收到仲裁裁决书之日起 10 日内

C. 自收到仲裁裁决书之日起 15 日内

D. 自收到仲裁裁决书之日起 30 日内

二、多项选择题

1. 下列各项中，属于劳动合同订立原则的是（　　）。

A. 合法原则

B. 公平原则

C. 平等自愿原则

D. 协商一致原则

2. 关于劳动关系的特征，下列说法正确的有（　　）。

A. 劳动关系的主体一方是劳动者，另一方是用人单位

B. 劳动关系的内容具有较强的法定性

C. 订立劳动合同应当遵循合法、公平、平等自愿、协商一致、诚实信用的原则

D. 在履行劳动合同的过程中，双方的地位平等

3. 下列各项中，属于无效劳动合同的是（　　）。

A. 根据相关规定订立的劳动合同

B. 以欺诈、胁迫的手段或者乘人之危，使对方在违背真实意思的情况下订立或者变更劳动合同的

C. 用人单位免除自己的法定责任、排除劳动者权利的

D. 违反法律、行政法规强制性规定的

4. 根据劳动合同法律制度的规定，下列属于劳动合同必备条款的是（　　）。

A. 用人单位的名称、住所和法定代表人或者主要负责人

B. 劳动保护、劳动条件和职业危害防护

C. 保守商业秘密

D. 服务期

5. 下列选项中，属于劳动合同可以约定的条款有（　　）。

A. 福利待遇　　B. 劳动报酬

C. 社会保险　　D. 试用期

6. 下列各项中，关于服务期说法正确的是（　　）。

A. 用人单位为劳动者提供专项培训费用，对其进行专业技术培训的，可以与该劳动者订立协议，约定服务期

B. 劳动合同期满，但是用人单位与劳动者约定的服务期尚未到期的，劳动合同应当续延至服务期满；双方另有约定的，从其约定

C. 劳动者违反服务期约定的，应当按照约定向用人单位支付违约金，违约金的数额不得超过用人单位提供的培训费用

D. 用人单位要求劳动者支付的违约金不得超过服务期尚未履行部分所应分摊的培训费用

7. 张某2018年8月进入甲公司工作，公司按月支付工资，至年底公司尚未与张某签订劳动合同，关于公司与张某之间劳动关系的下列表述中，正确的有（　　）。

A. 公司与张某之间可视为不存在劳动关系

B. 公司与张某之间可视为已订立无固定期限劳动合同

C. 公司应与张某补订劳动合同，并支付工资补偿

D. 张某可与公司终止劳动关系，公司应支付经济补偿

8. 下列各项中，属于劳动合同终止情形的是（　　）。

A. 劳动合同期满的

B. 劳动者开始依法享受基本养老保险待遇的

C. 劳动者达到法定退休年龄的

D. 用人单位被依法宣告破产的

9. 根据《劳动合同法》的规定，在试用期内，下列各项中，用人单位可以解除劳动合同的有（　　）。

A. 劳动者被依法追究刑事责任的

B. 劳动者严重违反用人单位的规章制度的

C. 劳动者不能胜任工作的

D. 劳动者患病或者非因工负伤，在规定的医疗期满后不能从事原工作的

10. 劳动者提前通知后，即可单方面解除劳动合同的情形有（　　）。

A. 在试用期内提前3日通知用人单位

B. 在试用期内随时通知用人单位

C. 提前30日以书面形式通知用人单位

D. 提前30日以书面或口头形式通知用人单位

11. 根据《劳动合同法》的规定，下列各项中，属于用人单位既不得解除劳动合同，也不得终止劳动合同，劳动合同应当续延至相应的情形消失时终止的有（　　）。

A. 患病或者非因工负伤，在规定的医疗期内的

B. 在本单位患职业病或者因工负伤并被确认丧失或者部分丧失劳动能力的

C. 女职工在孕期、产期、哺乳期的

D. 在本单位连续工作满15年，且距法定退休年龄不足3年的

12. 关于合同的履行与变更，下列各项中说法正确的有（　　）。

A. 劳动者拒绝用人单位管理人员违章指挥作业的，不视为违反劳动合同

B. 用人单位变更投资人不影响劳动合同的履行

C. 用人单位发生合并，原劳动合同继续有效

D. 用人单位的加班时间及加班费可以随意制定

13. 下列有关经济补偿金与违约金的特点，表述正确的有（　　）。

A. 经济补偿金是法定的

B. 违约金是约定的

C. 经济补偿金的支付主体只能是用人单位

D. 违约金的支付者是双方主体

14. 根据《劳动合同法》的规定，下列各项中，关于经济补偿的说法正确的有（　　）。

A. 在劳动者无过错的情况下，用人单位与劳动者解除或者终止劳动合同时，应给予劳动者经济上的补助，也称经济补偿金

B. 由用人单位提出解除劳动合同并与劳动者协商一致而解除劳动合同的，用人单位应当向劳动者支付经济补偿

C. 用人单位符合可裁减人员规定而解除劳动合同的，应当向劳动者支付经济补偿

D. 经济补偿金与违约金、赔偿金是不同的

15. 下列各项中，关于集体合同说法正确的有（　　）。

A. 集体合同是工会代表企业职工一方与企业签订的以劳动报酬、工作时间、休息休假、劳动安全卫生、保险福利等为主要内容的书面协议

B. 尚未建立工会的用人单位，可以由上级工会指导劳动者推举的代表与用人单位订立集体合同

C. 依法订立的集体合同只对用人单位具有约束力

D. 用人单位与劳动者订立的劳动合同中劳动报酬和劳动条件等标准不得低于集体合同规定的标准

16. 根据《劳动合同法》的规定，劳动争议解决的方法有（　　）。

A. 协商　　B. 调解

C. 仲裁　　D. 诉讼

17. 根据《劳动合同法》的规定，下列各项中，关于劳动调解说法正确的有（　　）。

A. 只有企业劳动争议调解委员会可以受理调解劳动争议

B. 自劳动争议调解组织收到调解申请之日起 10 日内未达成调解协议的，当事人可以依法申请仲裁

C. 达成调解协议后，一方当事人在协议约定期限内不履行调解协议的，另一方当事人可以依法申请仲裁

D. 因支付拖欠劳动报酬达成调解协议，用人单位在协议约定期限内不履行的，劳动者可以持调解协议书依法向人民法院申请支付令

18. 根据有关法律法规，目前可受理劳动争议的调解组织有（　　）。

A. 企业劳动争议调解委员会

B. 基层人民调解组织

C. 街道设立的具有劳动争议调解职能的组织

D. 人民政府

19. 根据《劳动合同法》的规定，下列各项中，关于劳动仲裁说法正确的有（　　）。

A. 劳动争议仲裁不收费

B. 劳动争议由劳动合同履行地或者用人单位所在地的仲裁委员会管辖

C. 所有的劳动争议仲裁都公开进行审理

D. 劳动者对一裁终局的裁决不服的，可以自收到仲裁裁决书之日起 15 日内向人民法院提起诉讼

20. 下列各项中，关于用人单位违反《劳动合同法》的法律责任说法正确的有（　　）。

A. 用人单位违反《劳动合同法》有关建立职工名册规定的，由劳动行政部门责令限期改正；逾期不改正的，由劳动行政部门处 2 000 元以上 2 万元以下的罚款

B. 用人单位自用工之日起超过 1 个月不满 1 年未与劳动者订立书面劳动合同的，应当向劳动者每月支付 2 倍的工资

C. 用人单位违反《劳动合同法》的规定不与劳动者订立无固定期限劳动合同的，自应当订立无固定期限劳动合同之日起向劳动者每月支付 2 倍的工资

D. 劳动合同依照法律规定被确认无效，给劳动者造成损害的，用人单位应当承担赔偿责任

三、判断题

1. 订立劳动合同，应当遵循合法、公平、平等自愿、协商一致、诚实信用的原则。（　　）

2. 自用人单位与劳动者签订劳动合同之日起即与劳动者建立劳动关系。（　　）

3. 建立劳动关系，应当订立书面劳动合同。（　　）

4. 已建立劳动关系，未同时订立书面劳动合同的，应当自用工之日起 2 个月内订立书面劳动合同。（　　）

5. 非全日制用工双方当事人可以订立口头协议。（　　）

6. 以欺诈、胁迫的手段或者乘人之危，使对方在违背真实意思的情况下订立或者变更劳动合同的，劳动合同无效。（　　）

7. 无效劳动合同从用工之日起就没有法律约束力。（　　）

8. 劳动合同期限属于劳动合同的约定条款。（　　）

9. 劳动合同期限 3 个月以上不满 1 年的，试用期不得超过 1 个月。（　　）

10. 同一用人单位与同一劳动者只能约定一次试用期。（ ）

11. 在解除或者终止劳动合同后，竞业限制人员到与本单位生产或者经营同类产品、从事同类业务的有竞争关系的其他用人单位工作，或者自己开业生产或者经营同类产品、从事同类业务的竞业限制期限，不得超过3年。（ ）

12. 劳动者主动辞职而与用人单位协商一致解除劳动合同的，用人单位仍需向劳动者支付经济补偿。（ ）

13. 劳动者应提前30日以书面形式通知用人单位解除劳动合同。（ ）

14. 用人单位未按照劳动合同约定提供劳动保护或者劳动条件的，劳动者可随时通知解除劳动合同。（ ）

15. 劳动者患病或者非因工负伤，在规定医疗期内的，用人单位也可以解除劳动合同。（ ）

16. 在本单位连续工作满15年，且距法定退休年龄不足5年的，用人单位既不得解除劳动合同，也不得终止劳动合同，劳动合同应当续延至相应的情形消失时终止。（ ）

17. 经济补偿金与违约金、赔偿金是相同的。（ ）

18. 被派遣劳动者享有与用工单位的劳动者同工同酬的权利。（ ）

19. 自劳动争议调解组织收到调解申请之日起15日内未达成调解协议的，当事人可以依法申请仲裁。（ ）

20. 裁决应当按照多数仲裁员的意见做出，少数仲裁员的不同意见应当记入笔录。仲裁庭不能形成多数意见时，裁决应当按照首席仲裁员的意见做出。（ ）

四、不定项选择题

（1）2017年4月1日，张某应聘到甲公司工作，并签订了书面劳动合同。合同主要内容包括：工资每月3 000元；试用期1个月，试用期内工资为1 500元；张某于2017年4月5日上岗工作。

（2）合同签订后，甲公司又要求张某缴纳2 000元抵押金，理由是防止公司职工在合同期内随意跳槽。张某因一时找不到合适的工作，即缴纳了抵押金。

（3）2018年3月31日，张某的劳动合同到期，甲公司与张某续签了一份2年期的劳动合同，并退回了抵押金。由于甲公司经营有方，前景十分看好，2018年6月，张某要求与公司签订无固定期限劳动合同，没有得到公司的同意。张某随后提交了辞职报告，双方一致同意解除了劳动合同。张某要求甲公司支付劳动合同解除的经济补偿，但被拒绝。

要求：根据上述资料，回答下列问题。

1. 关于甲公司与张某签订劳动合同以及劳动关系建立的说法中，正确的有（ ）。

A. 约定为试用期1个月不合法

B. 约定试用期内工资为1 500元合法

C. 劳动关系的起始时间为2017年4月1日

D. 劳动关系的起始时间为2017年4月5日

2. 关于甲公同要求张某缴纳抵押金的情况，下列说法正确的是（ ）。

A. 甲公司要求张某缴纳抵押金不合法

B. 甲公司要求张某缴纳抵押金只要符合规定的程序就是合法的

C. 甲公司要求张某缴纳抵押金不合法，但可以扣押张某的居民身份证和其他证件

D. 应由劳动行政部门责令甲公司限期退还给张某，并以每人500元以上2 000元以下的标准对用人单位处以罚款；给张某造成损害的，应当承担赔偿责任

3. 关于张某与公司签订无固定期限劳动合同，下列说法正确的是（ ）。

A. 张某此时无权要求与公司签订无固定期限劳动合同

B. 张某此时有权要求与公司签订无固定期限劳动合同

C. 张某在第二次固定期限劳动合同到期后才可以要求与甲公司签订无固定期限劳动合同

D. 张某在第三次固定期限劳动合同到期后才可以要求与甲公司签订无固定期限劳动合同

4. 关于张某要求甲公司支付劳动合同解除的经济补偿，下列说法正确的是（ ）。

A. 张某主动辞职而与用人单位协商一致解除劳动合同的，用人单位无需向劳动者支付经济补偿

B. 张某要求甲公司支付解除劳动合同的经济补偿是合法的

C. 只有在甲公司提出高于原劳动合同待遇的条件但张某仍解除合同的情况下甲公司才免于支付经济补偿

D. 张某不可以主动提出辞职

第 2 节　社会保险法律制度

一、社会保险概述

社会保险，是指国家依法建立的，由国家、用人单位和个人共同筹集资金、建立基金，使个人在年老（退休）、患病、工伤（因工伤残或者患职业病）、失业、生育等情况下获得物质帮助和补偿的一种社会保障制度。

目前我国的社会保险项目主要有基本养老保险、基本医疗保险、工伤保险、失业保险和生育保险。2019 年 3 月 25 日，国务院办公厅印发了《国务院办公厅关于全面推进生育保险和职工基本医疗保险合并实施的意见》，在 2019 年底前实现生育保险和职工基本医疗保险合并实施。

二、基本养老保险

（一）基本养老保险的含义

基本养老保险，是指缴费达到法定期限并且个人达到法定退休年龄后，国家和社会提供物质帮助以保证因年老而退出劳动领域者稳定、可靠的生活来源的社会保险制度。

（二）基本养老保险的覆盖范围

城乡居民基本养老保险制度的参保范围为：年满 16 周岁（不含在校学生），非国家机关和事业单位工作人员及不属于职工基本养老保险制度覆盖范围的城乡居民。职工基本养老保险费的征缴范围为：国有企业、城镇集体企业、外商投资企业、城镇私营企业和其他城镇企业及其职工，实行企业化管理的事业单位及其职工。由用人单位和职工共同缴纳基本养老保险费。

无雇工的个体工商户、未在用人单位参加基本养老保险的非全日制从业人员以及其他灵活就业人员可以参加基本养老保险，由个人缴纳基本养老保险费。对于按照《公务员法》管理的单位、参照《公务员法》管理的机关（单位）、事业单位及其编制内的工作人员，实行社会统筹与个人账户相结合的基本养老保险制度。

（三）职工基本养老保险基金的组成和来源

基本养老保险基金由用人单位和个人缴费以及政府补贴等组成。基本养老金由统

筹养老金和个人账户养老金组成。

个人账户不得提前支取，记账利率不得低于银行定期存款利率，免征利息税。参加职工基本养老保险的个人死亡后，其个人账户中的余额可以全部依法继承。

（四）职工基本养老保险费的缴纳与计算

个人缴费不计征个人所得税，在计算个人所得税的应税收入时，应当扣除个人缴纳的养老保险费。

（五）职工基本养老保险的享受条件与待遇

对符合基本养老保险享受条件的人员，国家按月支付基本养老金。参加基本养老保险的个人，因病或者非因工死亡的，其遗属可以领取丧葬补助金和抚恤金，所需资金从基本养老保险基金中支付。参加基本养老保险的个人，在未达到法定退休年龄时因病或者非因工致残完全丧失劳动能力的，可以领取病残津贴，所需资金从基本养老保险基金中支付。

【例题6·分析】 甲公司所在地职工平均工资为2 400元。职工王某月工资为1 400元；职工李某月工资为8 500元。计算甲公司每月分别从王某、李某工资中代扣代缴的基本养老保险费。

从王某工资中代扣代缴的基本养老保险费＝2 400×60％×8％＝115.2(元)

从李某工资中代扣代缴的基本养老保险费＝2 400×3×8％＝576(元)

三、基本医疗保险

（一）基本医疗保险的含义

基本医疗保险，是指按照国家规定缴纳一定比例的医疗保险费，在参保人因患病和意外伤害而就医诊疗时，由医疗保险基金支付其一定医疗费用的社会保险制度。

（二）基本医疗保险的覆盖范围

职工应当参加职工基本医疗保险，由用人单位和职工按照国家规定共同缴纳基本医疗保险费。无雇工的个体工商户、未在用人单位参加基本医疗保险的非全日制从业人员以及其他灵活就业人员可以参加职工基本医疗保险，由个人按照国家规定缴纳基本医疗保险费。

城乡居民基本医疗保险覆盖除职工基本医疗保险应参保人员以外的其他所有城乡居民，统一保障待遇。

（三）职工基本医疗保险费的组成

用人单位缴纳的基本医疗保险费分为两部分：一部分用于建立统筹基金，另一部分划入个人账户。

（四）职工基本医疗费用的结算

参保人员符合基本医疗保险药品目录、诊疗项目、医疗服务设施标准以及急诊、抢救的医疗费用，按照国家规定从基本医疗保险基金中支付。

（五）基本医疗保险基金不支付的医疗费用

基本医疗保险基金不支付的医疗费用主要包括：应当从工伤保险基金中支付的医疗费用；应当由第三人负担的医疗费用；应当由公共卫生负担的医疗费用；在境外就医的医疗费用。

（六）医疗期

企业职工因患病或非因工负伤，需要停止工作进行医疗时，根据本人实际参加工作年限和在本单位工作年限，给予 3 个月到 24 个月的医疗期。

企业职工在医疗期内，其病假工资、疾病救济费和医疗待遇按照有关规定执行。

四、工伤保险

（一）工伤保险的含义

工伤保险，是指劳动者在职业工作中或规定的特殊情况下遭遇意外伤害或职业病，导致暂时或永久丧失劳动能力以及死亡时，劳动者或其遗属能够从国家和社会获得物质帮助的社会保险制度。

（二）工伤保险费的缴纳

职工应当参加工伤保险，由用人单位缴纳工伤保险费，职工不缴纳工伤保险费。

1. 工伤认定

（1）应当认定工伤的情形。职工有下列情形之一的，应当认定为工伤：①在工作时间和工作场所内，因工作原因受到事故伤害的；②工作时间前后在工作场所内，从事与工作有关的预备性或收尾性工作受到事故伤害的；③在工作时间和工作场所内，因履行工作职责受到暴力等意外伤害的；④患职业病的；⑤因工外出期间，由于工作原因受到伤害或者发生事故下落不明的；⑥在上下班途中，受到非本人主要责任的交通事故或者城市轨道交通、客运轮渡、火车事故伤害的；⑦法律、行政法规规定应当认定为工伤的其他情形。

（2）视同工伤的情形。职工有下列情形之一的，视同工伤：①在工作时间和工作岗位，突发疾病死亡或者在 48 小时内经抢救无效死亡的；②在抢险救灾等维护国家利益、公共利益活动中受到伤害的；③原在军队服役因战、因公负伤致残，已取得革命伤残军人证，到用人单位后旧伤复发的。

（3）不认定为工伤的情形。职工因下列情形之一导致本人在工作中伤亡的，不认定为工伤：①故意犯罪；②醉酒或者吸毒；③自残或者自杀；④法律、行政法规规定的其他情形。

2. 劳动能力鉴定

职工发生工伤，经治疗伤情相对稳定后存在残疾、影响劳动能力的，应当进行劳动能力鉴定。劳动能力鉴定是指劳动功能障碍程度和生活自理障碍程度的等级鉴定。劳动功能障碍分为十个伤残等级，最重的为一级，最轻的为十级。生活自理障碍分为三个等级：生活完全不能自理、生活大部分不能自理和生活部分不能自理。劳动能力鉴定标准由国务院社会保险行政部门会同国务院卫生行政部门等部门制定。自劳动能力鉴定结论做出之日起1年后，工伤职工或者其近亲属、所在单位或者经办机构认为伤残情况发生变化的，可以申请劳动能力复查鉴定。

（三）工伤保险待遇

职工因工作原因受到事故伤害或者患职业病，且经工伤认定的，享受工伤保险待遇。其中，经劳动能力鉴定丧失劳动能力的，享受伤残待遇。具体有以下四种：

（1）工伤医疗待遇。

（2）辅助器具装配费。

（3）伤残待遇。

（4）工亡待遇。

（四）工伤保险待遇负担

因工伤发生的费用，区分情况，按照国家规定从工伤保险基金中支付或由用人单位支付。

（五）特别规定

（1）工伤保险中所称的本人工资，是指工伤职工因工作遭受事故伤害或者患职业病前12个月平均月缴费工资。本人工资高于统筹地区职工平均工资300%的，按照统筹地区职工平均工资的300%计算；本人工资低于统筹地区职工平均工资60%的，按照统筹地区职工平均工资的60%计算。

（2）工伤职工有下列情形之一的，停止享受工伤保险待遇：①丧失享受待遇条件的；②拒不接受劳动能力鉴定的；③拒绝治疗的。

（3）工伤职工符合领取基本养老金条件的，停发伤残津贴，享受基本养老保险待遇。基本养老保险待遇低于伤残津贴的，由工伤保险基金补足差额。

（4）职工所在用人单位未依法缴纳工伤保险费，发生工伤事故的，由用人单位支付工伤保险待遇。用人单位不支付的，从工伤保险基金中先行支付，由用人单位偿还。用人单位不偿还的，社会保险经办机构可以追偿。

（5）由于第三人的原因造成工伤，第三人不支付工伤医疗费用或者无法确定第三人的，由工伤保险基金先行支付。工伤保险基金先行支付后，有权向第三人追偿。

（6）职工（包括非全日制从业人员）在两个或者两个以上用人单位同时就业的，各用人单位应当分别为职工缴纳工伤保险费。职工发生工伤，由职工受到伤害时工作的单位依法承担工伤保险责任。

五、失业保险

（一）失业保险的含义

失业保险，是指国家通过立法强制实行的，由社会集中建立基金，保障因失业而暂时中断生活来源的劳动者的基本生活，并通过职业培训、职业介绍等措施促进其再就业的社会保险制度。

（二）失业保险费的缴纳

职工应当参加失业保险，由用人单位和职工按照国家规定共同缴纳失业保险费。

（三）失业保险待遇

失业人员符合规定条件的，可以申请领取失业保险金并享受其他失业保险待遇。失业人员失业前用人单位和本人累计缴费满 1 年不足 5 年的，领取失业保险金的期限最长为 12 个月。累计缴费满 5 年不足 10 年的，领取失业保险金的期限最长为 18 个月。累计缴费 10 年以上的，领取失业保险金的期限最长为 24 个月。失业保险金的标准不得低于城市居民最低生活保障标准，一般不高于当地最低工资标准，具体数额由省、自治区、直辖市人民政府确定。

（四）停止领取失业保险金及其他失业保险待遇的情形

失业人员在领取失业保险金期间有下列情形之一的，停止领取失业保险金，并同时停止享受其他失业保险待遇：①重新就业的；②应征服兵役的；③移居境外的；④享受基本养老保险待遇的；⑤无正当理由，拒不接受当地人民政府指定部门或者机构介绍的适当工作或者提供的培训的。

六、社会保险费征缴与管理

（一）社会保险登记

用人单位应当自用工之日起 30 日内为其职工向社会保险经办机构申请办理社会保险登记。

自愿参加社会保险的无雇工的个体工商户、未在用人单位参加社会保险的非全日制从业人员以及其他灵活就业人员，应当向社会保险经办机构申请办理社会保险登记。

（二）社会保险费缴纳

用人单位应当自行申报、按时足额缴纳社会保险费，非因不可抗力等法定事由不得缓缴、减免。职工应当缴纳的社会保险费由用人单位代扣代缴，用人单位应当按月将缴纳社会保险费的明细情况告知本人。

（三）社会保险基金管理

社会保险基金专款专用，任何组织和个人不得侵占或者挪用。社会保险基金存入财政专户，按照统筹层次设立预算，通过预算实现收支平衡。社会保险基金在保证安全的前提下，按照国务院规定投资运营，实现保值增值。

七、违反社会保险法律制度的法律责任

（一）用人单位违反社会保险法的法律责任

（1）用人单位不办理社会保险登记的，责令限期改正。逾期不改正的，对用人单位处应缴社会保险费数额1倍以上3倍以下的罚款，对直接负责的主管人员和其他直接责任人员处500元以上3 000元以下的罚款。

（2）缴纳滞纳金。自欠缴之日起，按日加收0.05%的滞纳金。逾期仍不缴纳的，由有关行政部门处欠缴数额1倍以上3倍以下的罚款。

（3）用人单位拒不出具终止或者解除劳动关系证明的，由劳动行政部门责令改正。给劳动者造成损害的，应当承担赔偿责任。

（二）骗保行为的法律责任

责令退回骗取的社会保险金，处骗取金额2倍以上5倍以下的罚款。

（三）社会保险经办机构、社会保险费征收机构、社会保险服务机构等机构的法律责任

（1）社会保险经办机构及其工作人员有下列行为之一的，由社会保险行政部门责令改正；给社会保险基金、用人单位或者个人造成损失的，依法承担赔偿责任；对直接负责的主管人员和其他直接责任人员依法给予处分：①未履行社会保险法定职责的；②未将社会保险基金存入财政专户的；③克扣或者拒不按时支付社会保险待遇的；④丢失或者篡改缴费记录、享受社会保险待遇记录等社会保险数据、个人权益记录的；⑤有违反社会保险法律、法规的其他行为的。

（2）社会保险费征收机构擅自更改社会保险费缴费基数、费率，导致少收或者多收社会保险费的，由有关行政部门责令其追缴应当缴纳的社会保险费或者退还不应当缴纳的社会保险费；对直接负责的主管人员和其他直接责任人员依法给予处分。

（3）违反《社会保险法》的规定，隐匿、转移、侵占、挪用社会保险基金或者违规投资运营的，由社会保险行政部门、财政部门、审计机关责令追回；有违法所得的，没收违法所得；对直接负责的主管人员和其他直接责任人员依法给予处分。

（4）社会保险行政部门和其他有关行政部门、社会保险经办机构、社会保险费征收机构及其工作人员泄露用人单位和个人信息的，对直接负责的主管人员和其他直接责任人员依法给予处分；给用人单位或者个人造成损失的，应当承担赔偿责任。

（5）国家工作人员在社会保险管理、监督工作中滥用职权、玩忽职守、徇私舞弊的，依法给予处分。

（6）违反《社会保险法》的规定，构成犯罪的，依法追究刑事责任。

【例题 7·多选】 根据社会保险法律制度的规定，关于社会保险基金管理运营的下列表述中，正确的有（　　）。

A. 社会保险基金专款专用

B. 按照社会保险险种分别建账、分账核算

C. 社会保险基金存入财政专户，通过预算实现收支平衡

D. 基本养老保险基金逐步实行省级统筹，其他社会保险基金逐步实行市级统筹

【答案】 ABC

□ 第 2 节习题

一、单项选择题

1. 根据我国社会保险法的规定，年满 16 周岁（不含在校生），非国家机关和事业单位工作人员可以在户籍所在地缴纳的保险是（　　）。

A. 职工基本养老保险

B. 新型农村社会养老保险

C. 城镇居民社会养老保险

D. 城乡居民养老保险

2. 关于基本养老保险，下列表述中正确的有（　　）。

A. 基本养老金由统筹养老金和个人账户养老金组成

B. 个人缴纳养老保险费计征个人所得税

C. 参加职工基本养老保险的个人死亡后，其个人账户中的余额不可以依法继承

D. 参加基本养老保险的个人因病或者非因工致残完全丧失劳动能力的，不可以领取病残津贴

3. 某企业职工李某的月工资为 8 000 元，上年度月平均工资 7 800 元，当地职工上年度月平均工资为 2 300 元，则李某每月应缴纳的基本养老保险费是（　　）元。

A. 516　　B. 552

C. 624　　D. 640

4. 根据相关法律规定，职工基本养老保险费的个人缴费比例为本人缴费工资的（　　）。

A. 5%　　B. 6%

C. 7%　　D. 8%

5. 某企业王某的月工资为 6 000 元，已知当地规定的基本医疗保险单位缴费比例为 6%，个人缴费比例为 2%，假设用人单位强制性缴费的划入比例为 30%，则王某个人医疗保险账户每月的储存额是（　　）元。

A. 190　　B. 228

C. 300　　D. 410

6. 根据相关法律规定，下列各项中关于基本医疗保险说法不正确的是（　　）。

A. 城乡居民基本医疗保险覆盖除职工基本医疗保险应参保人员以外的其他所有城乡居民，统一保障待遇

B. 用人单位缴纳的基本医疗保险费分为两部分，一部分用于建立统筹基金，另一部分划入个人账户

C. 应当从工伤保险基金中支付的，不纳入基本医疗保险基金支付范围

D. 无雇工的个体工商户、未在用人单位参加基本医疗保险的非全日制从业人员以及其他灵活就业人员不可以参加职工基本医疗保险

7. 根据相关法律规定，实际工作年限 10 年以上，在本单位工作年限 10 年以上 15 年以下的医疗期为（　　）个月。

A. 6　　B. 9

C. 12　　D. 18

8. 根据社会保险法律制度的规定，男性职工法定退休年龄为（　　）周岁。

A. 60　　B. 55
C. 50　　D. 45

9. 下列费用中，基本医疗保险基金可以支付的是（　）。

A. 应当从工伤保险基金中支付的医疗费用
B. 应当由第三人负担的医疗费用
C. 在协议医疗机构发生的符合标准的医疗费用
D. 在境外就医的医疗费用

10. 根据社会保险法律制度的规定，下列关于伤残待遇的表述不正确的是（　）。

A. 工伤职工已经评定伤残等级并经劳动能力鉴定委员会确认需要生活护理的，从工伤保险基金中按年支付生活护理费
B. 职工因工致残被鉴定为一级至十级伤残的，从工伤保险基金中按伤残等级支付一次性伤残补助金
C. 职工因工致残被鉴定为一级至四级伤残的，保留劳动关系，退出工作岗位，从工伤保险基金中按月支付伤残津贴，伤残津贴实际金额低于当地最低工资标准的，由工伤保险基金补足差额
D. 职工因工致残被鉴定为七级至十级伤残，劳动、聘用合同期满终止，或者职工本人提出解除劳动、聘用合同的，由工伤保险基金支付一次性工伤医疗补助金，由用人单位支付一次性伤残就业补助金

11. 下列情形不可以认定为工伤的是（　）。

A. 在工作时间和工作岗位，突发疾病死亡或者在48小时之内经抢救无效死亡的
B. 在抢险救灾等维护国家利益、公共利益活动中受到伤害的
C. 职工原在军队服役，因战、因公负伤致残，已取得革命伤残军人证，到用人单位后旧伤复发的
D. 因吸毒过量导致死亡的

12. 张某在甲公司任职期间因工负伤，但甲公司并未依法为其缴纳工伤保险费用。根据社会保险法律制度的规定，下列表述正确的是（　）。

A. 张某只能自己承担所有的医疗费
B. 甲公司有权拒绝承担任何费用
C. 张某仍有权享受工伤保险待遇
D. 甲公司应当让张某享受工伤保险待遇

13. 根据社会保险法律制度的规定，职工因工作遭受事故伤害需要暂停工作接受工伤医疗的，在停工留薪期内，原工资福利待遇不变，由所在单位按月支付。停工留薪期一般不超过（　）个月。

A. 6　　B. 9
C. 12　　D. 18

14. 根据社会保险法律制度的规定，下列关于工亡待遇的表述不正确的是（　）。

A. 丧葬补助金为12个月的统筹地区上年度职工月平均工资
B. 供养亲属抚恤金，按照职工本人工资的一定比例发给由因工死亡职工生前提供主要生活来源、无劳动能力的亲属
C. 一次性工亡补助金标准为上一年度全国城镇居民人均可支配收入的20倍
D. 一至四级伤残职工在停工留薪期满后死亡的，其近亲属可以享受丧葬补助金、供养亲属抚恤金待遇，不享受一次性工亡补助金待遇

15. 下列各项中，属于由用人单位支付的因工伤发生的费用的是（　）。

A. 治疗工伤的医疗费用和康复费用
B. 住院伙食补助费
C. 安装配置伤残辅助器具所需费用
D. 治疗工伤期间的工资福利

16. 下列人员中可以享受失业保险金的是（　）。

A. 张某大学毕业2年，一直没有找到工作
B. 李某因个人原因，在6个月前辞职
C. 陈某工作多年，因所在单位破产而失业
D. 王某到了法定年龄办理退休

17. 劳动者领取失业保险金的最长期限为（　）。

A. 6个月　　B. 12个月
C. 24个月　　D. 36个月

18. 根据《失业保险条例》的规定，城镇企业事业单位及其职工分别按照（　）缴纳失业保险费。

A. 本单位工资总额的3%，本人工资的1%
B. 本单位工资总额的3%，本人工资的2%
C. 本单位工资总额的2%，本人工资的2%
D. 本单位工资总额的2%，本人工资的1%

19. 根据社会保险法律制度的规定，用人单位应当自用工之日起（ ）日内为其职工向社会保险经办机构申请办理社会保险登记。

A. 10 B. 15
C. 30 D. 60

20. 根据相关法律制度的规定，用人单位不办理社会保险登记的，由社会保险行政部门责令限期改正；逾期不改正的，对用人单位处应缴纳社会保险费数额（ ）的罚款，对直接负责的主管人员和其他负责人员处（ ）的罚款。

A. 1倍以上2倍以下；500元以上3 000元以下
B. 1倍以上3倍以下；500元以上3 000元以下
C. 1倍以上3倍以下；500元以上2 000元以下
D. 1倍以上2倍以下；500元以上1 500元以下

二、多项选择题

1. 根据社会保险法律制度的规定，下列属于社会保险的有（ ）。

A. 基本养老保险 B. 基本医疗保险
C. 工伤保险 D. 财产保险

2. 根据社会保险法律制度的规定，职工基本养老保险费的征缴范围有（ ）。

A. 国有企业 B. 城镇集体企业
C. 外商投资企业 D. 城镇私营企业

3. 根据社会保险法律制度的规定，下列各项中，属于职工基本养老保险待遇的是（ ）。

A. 职工基本养老金 B. 丧葬补助金
C. 遗属抚恤金 D. 生活护理费

4. 根据社会保险法律制度的规定，下列各项中，关于职工基本养老保险说法正确的有（ ）。

A. 参保范围为年满16周岁（不含在校学生），非国家机关和事业单位工作人员及不属于职工基本养老保险制度覆盖范围的城乡居民
B. 无雇工的个体工商户、未在用人单位参加基本养老保险的非全日制从业人员以及其他灵活就业人员可以参加基本养老保险，由个人缴纳基本养老保险费
C. 基本养老保险基金只由用人单位缴纳，个人不需要缴费
D. 个人账户可以提前支取，记账利率不得低于银行定期存款利率，免征利息税

5. 根据基本养老保险制度，关于目前国家实行的法定企业职工退休年龄，下列表述中正确的有（ ）。

A. 从事井下、高温、高空、特别繁重体力劳动的，女年满50周岁
B. 从事井下、高温、高空、特别繁重体力劳动的，男年满55周岁
C. 因病或非因工致残，由医院证明并经劳动鉴定委员会确认完全丧失劳动能力的，女年满45周岁
D. 因病或非因工致残，由医院证明并经劳动鉴定委员会确认完全丧失劳动能力的，男年满55周岁

6. 2017年10月，王某应聘到甲公司工作，双方签订为期3年的劳动合同。2018年4月，王某因患病住院治疗，经诊断需住院2个月。在到甲公司工作以前，王某已经工作了6年。下列说法中正确的有（ ）。

A. 王某在医院花的医疗费可以根据有关规定要求甲公司报销
B. 王某可以享受的医疗期为5个月
C. 在医疗期内，甲公司不得解除劳动合同
D. 医疗期3个月的按6个月内累计病休时间计算

7. 根据相关法律规定，下列各项中，关于基本医疗保险医疗期说法正确的有（ ）。

A. 实际工作年限10年以下的，在本单位工作年限5年以下的为3个月
B. 实际工作年限10年以下的，在本单位工作年限5年以上的为6个月
C. 实际工作年限10年以上的，在本单位工作年限5年以下的为6个月
D. 实际工作年限10年以上的，在本单位工

作年限5年以上10年以下的为9个月

8. 2011年张某初次就业到甲公司工作，2018年初，张某患上重大疾病向公司申请病休。关于张某享受医疗期待遇的下列表述中，正确的有（　　）。

A. 医疗期内，甲公司应按照张某病休前的工资待遇向其支付病假工资

B. 张某可享受不超过6个月的医疗期

C. 公休、假日和法定节日不包括在医疗期内

D. 医疗期内，甲公司不得单方面解除劳动合同

9. 根据相关法律规定，下列各项中，关于基本医疗保险说法正确的有（　　）。

A. 个人跨统筹地区就业的，基本医疗保险关系随本人转移，缴费年限累计计算

B. 社会医疗统筹基金起付标准，又称起付线，一般为当地职工年平均工资的10%左右

C. 职工应当参加职工基本医疗保险，由用人单位和职工按照国家规定共同缴纳基本医疗保险费

D. 参加职工基本医疗保险的个人，达到法定退休年龄时累计缴费达到国家规定年限的，退休后不再缴纳基本医疗保险费，按照国家规定享受基本医疗保险待遇

10. 因工伤发生的下列费用中，按照国家规定从工伤保险基金中支付的有（　　）。

A. 五级、六级伤残职工按月领取的伤残津贴

B. 终止或者解除劳动合同时，应当享受的一次性伤残就业补助金

C. 劳动能力鉴定费

D. 到统筹地区以外就医的交通食宿费

11. 下列情形中，属于工伤职工停止享受工伤保险待遇的有（　　）。

A. 丧失享受待遇条件的

B. 拒不接受劳动能力鉴定的

C. 拒绝治疗的

D. 出国定居的

12. 根据社会保险法律制度的规定，下列人员中，属于工伤保险覆盖范围的有（　　）。

A. 国有企业职工

B. 民办非企业单位职工

C. 个体工商户的雇工

D. 事业单位职工

13. 根据社会保险法律制度的规定，下列情形中应当认定为工伤的是（　　）。

A. 职工酗酒导致在工作中伤亡

B. 职工吸毒导致在工作中伤亡

C. 职工因工外出期间，由于工作原因受到伤害或者发生事故下落不明的

D. 职工患职业病的

14. 根据社会保险法律制度的规定，下列关于工伤保险中遗属待遇的表述正确的有（　　）。

A. 丧葬补助金为6个月的统筹地区上年度职工月平均工资

B. 丧葬补助金为12个月的统筹地区上年度职工月平均工资

C. 一次性工亡补助金为上一年度全国城镇居民人均可支配收入的10倍

D. 一次性工亡补助金为上一年度全国城镇居民人均可支配收入的20倍

15. 根据社会保险法律制度的规定，职工因工作遭受事故伤害或者患职业病进行治疗，享受的工伤待遇包括（　　）。

A. 治疗工伤的医疗费用

B. 住院伙食补助费

C. 康复性治疗费

D. 停工留薪期的工资福利待遇

16. 根据社会保险法律制度的规定，失业人员在领取失业保险金期间，下列情形中应当停止领取失业保险金，并同时停止享受其他失业保待遇的有（　　）。

A. 应征服兵役

B. 移居境外

C. 享受基本养老保险待遇

D. 重新就业

17. 根据社会保险法律制度的规定，下列各项中，关于失业保险金的领取期限说法正确的是（　　）。

A. 用人单位应当及时为失业人员出具终止或者解除劳动关系的证明，并将失业人

员的名单自终止或者解除劳动关系之日起 15 日内告知社会保险经办机构

B. 失业保险金领取期限自失业当天开始计算

C. 失业人员失业前用人单位和本人累计缴费满 1 年不足 5 年的，领取失业保险金的期限最长为 6 个月

D. 失业人员失业前用人单位和本人累计缴费满 5 年不足 10 年的，领取失业保险金的期限最长为 18 个月

18. 根据社会保险法律制度的规定，下列各项中，关于社会保险费征缴与管理说法正确的有（　　）。

A. 用人单位应当自用工之日起 15 日内为其职工向社会保险经办机构申请办理社会保险登记

B. 自愿参加社会保险的无雇工的个体工商户、未在用人单位参加社会保险的非全日制从业人员以及其他灵活就业人员，不需要向社会保险经办机构申请办理社会保险登记

C. 用人单位应当自行申报、按时足额缴纳社会保险费，非因不可抗力等法定事由不得缓缴、减免

D. 社会保险基金专款专用，任何组织和个人不得侵占或者挪用

19. 根据社会保险法律制度的规定，下列各项中，关于违反社会保险法律制度的法律责任的说法，正确的有（　　）。

A. 用人单位不办理社会保险登记的，由社会保险行政部门责令限期改正；逾期不改正的，对用人单位处应缴社会保险费数额 1 倍以上 2 倍以下的罚款

B. 用人单位不办理社会保险登记的，由社会保险行政部门责令限期改正；逾期不改正的，对直接负责的主管人员和其他直接责任人员处 500 元以上 3 000 元以下的罚款

C. 用人单位未按时足额缴纳社会保险费的，由社会保险费征收机构责令限期缴纳或者补足，并自欠缴之日起按日加收 0.05%的滞纳金

D. 用人单位未按时足额缴纳社会保险费，逾期仍不缴纳的，由有关行政部门处欠缴数额 1 倍以上 3 倍以下的罚款

20. 下列各项中，关于骗保行为的法律责任的说法，正确的有（　　）。

A. 以欺诈、伪造证明材料或者其他手段骗取社会保险待遇的，由社会保险行政部门责令退回骗取的社会保险金，处骗取金额 2 倍以上 5 倍以下的罚款

B. 以欺诈、伪造证明材料或者其他手段骗取社会保险待遇的，由社会保险行政部门责令退回骗取的社会保险金，处骗取金额 1 倍以上 3 倍以下的罚款

C. 社会保险经办机构以及医疗机构以欺诈、伪造证明材料或者其他手段骗取社会保险基金支出的，由社会保险行政部门责令退回骗取的社会保险金，处骗取金额 2 倍以上 5 倍以下的罚款

D. 社会保险经办机构以及医疗机构以欺诈、伪造证明材料或者其他手段骗取社会保险基金支出的，由社会保险行政部门责令退回骗取的社会保险金，处骗取金额 1 倍以上 3 倍以下的罚款

三、判断题

1. 城乡居民基本养老保险制度的参保范围为年满 16 周岁（不含在校学生），非国家机关和事业单位工作人员及不属于职工基本养老保险制度覆盖范围的城乡居民。（　　）

2. 无雇工的个体工商户、未在用人单位参加基本养老保险的非全日制从业人员以及其他灵活就业人员可以参加基本养老保险，由个人缴纳基本养老保险费。（　　）

3. 目前我国的社会保险项目主要包括基本养老保险、基本医疗保险、工伤保险和失业保险。（　　）

4. 职工基本养老保险中，个人账户可以提前支取，记账利率不得低于银行定期存款利率，免征利息税。（　　）

5. 基本养老保险基金由用人单位和个人缴费以及政府补贴等组成。（　　）

6. 个人缴付的职工基本养老保险费计征个人所得税。（　　）

7. 用人单位缴纳的基本医疗保险费分为两部分，一部分用于建立统筹基金，另一部分划入个人账户。（　　）

8. 在境外就医的医疗费用纳入基本医疗保险基金支付范围。（　　）

9. 医疗费用应当由第三人负担，第三人不支付或者无法确定第三人的，基本医疗保险基金先行支付后，有权向第三人追偿。（　　）

10. 病假工资或疾病救济费可以低于当地最低工资标准支付，但最低不能低于最低工资标准的80%。（　　）

11. 丧葬补助金为8个月的统筹地区上年度职工月平均工资。（　　）

12. 职工因工致残被鉴定为一级至十级伤残的，从工伤保险基金中按伤残等级支付一次性伤残补助金。（　　）

13. 在工作时间和工作岗位，突发疾病死亡或者在72小时内经抢救无效死亡的视同工伤。（　　）

14. 自劳动能力鉴定结论做出之日起1年后，工伤职工或者其近亲属、所在单位或者经办机构认为伤残情况发生变化的，可以申请劳动能力复查鉴定。（　　）

15. 工伤职工拒不接受劳动能力鉴定的，仍然可以享受工伤保险待遇。（　　）

16. 失业前用人单位和本人缴纳失业保险费满1年的，可以申请领取失业保险金并享受其他失业保险待遇。（　　）

17. 用人单位应当及时为失业人员出具终止或者解除劳动关系的证明，并将失业人员的名单自终止或者解除劳动关系之日起15日内告知社会保险经办机构。（　　）

18. 失业人员失业前用人单位和本人累计缴费满1年不足5年的，领取失业保险金的期限最长为6个月。（　　）

19. 社会保险基金按照社会保险险种分别建账，分账核算，执行国家统一的会计制度。（　　）

20. 社会保险基金专款专用，任何组织和个人不得侵占或者挪用。（　　）

附录　习题参考答案

第1章　总论

第1节　法律基础

一、单项选择题

1. C　2. D　3. A　4. C　5. A　6. B　7. D　8. D　9. A　10. C　11. D　12. A　13. B　14. C　15. C　16. A　17. C　18. B　19. B　20. A

二、多项选择题

1. AC　2. BC　3. ABC　4. ACD　5. ABCD　6. ABC　7. ABCD　8. ABCD　9. BD　10. ABCD　11. ABCD　12. ABCD　13. ABC　14. AB　15. ABC　16. ABD　17. ABCD　18. ABCD

三、判断题

1. √　2. √　3. ×　4. √　5. √　6. ×　7. √　8. ×　9. √　10. ×　11. √　12. ×　13. √　14. √　15. √　16. ×　17. √　18. √　19. √　20. ×

第2节　经济纠纷的解决途径

一、单项选择题

1. D　2. A　3. C　4. C　5. B　6. A　7. A　8. B　9. C　10. A　11. D　12. A　13. C　14. B　15. B　16. D　17. C　18. B　19. D　20. B

二、多项选择题

1. ABCD　2. CD　3. ACD　4. ABCD　5. ABCD　6. ABD　7. ABC　8. ACD　9. ABCD　10. ABD　11. AD　12. AD　13. ABC　14. ABCD　15. ABCD　16. BCD　17. ABCD　18. ABC　19. ABCD　20. AD

三、判断题

1. × 2. √ 3. √ 4. √ 5. √ 6. √ 7. √ 8. √ 9. × 10. × 11. √ 12. × 13. √ 14. × 15. √ 16. √ 17. √ 18. × 19. × 20. ×

第2章 会计法律制度

第1节 会计法律制度

一、单项选择题

1. A 2. B 3. B 4. A 5. B 6. A 7. A 8. C 9. B 10. A 11. A 12. D 13. A 14. A 15. C 16. B

二、多项选择题

1. ABCD 2. BCD 3. ABC 4. ABC 5. ABC 6. ABC

三、判断题

1. × 2. × 3. × 4. × 5. √ 6. √ 7. √ 8. √ 9. √ 10. × 11. √ 12. √ 13. √ 14. × 15. × 16. √ 17. √ 18. √

第2节 会计工作管理体制

一、单项选择题

1. A 2. B 3. A 4. B 5. D 6. B 7. C 8. A 9. D 10. A 11. A 12. A 13. A 14. B 15. D

二、多项选择题

1. ABD 2. ABCD 3. ABCD 4. ABCD 5. BCD 6. AB 7. ABC 8. ABCD 9. ABCD 10. ABCD 11. ABCD 12. ABC

三、判断题

1. √ 2. √ 3. × 4. √ 5. √ 6. √ 7. × 8. √ 9. × 10. × 11. √ 12. √ 13. √ 14. √ 15. × 16. ×

第3节 会计核算

一、单项选择题

1. C 2. D 3. C 4. B 5. B 6. C 7. B 8. D 9. A 10. D 11. A 12. C 13. C 14. D 15. A 16. B 17. D 18. D 19. D 20. C 21. C 22. C 23. A 24. A 25. B

二、多项选择题

1. ABCD 2. ABCD 3. AB 4. ABCD 5. ABC 6. BD 7. ABCD 8. ABCD 9. ABC 10. ABCD 11. ABC 12. ABD 13. BC 14. ACD 15. AB 16. ABD 17. ABC 18. ABC 19. ABCD 20. ABCD 21. ABCD

三、判断题

1. × 2. √ 3. √ 4. √ 5. √ 6. √ 7. √ 8. × 9. √ 10. × 11. × 12. √ 13. × 14. × 15. √ 16. √ 17. √ 18. × 19. × 20. × 21. × 22. √ 23. × 24. √ 25. ×

第4节　会计监督

一、单项选择题

1. A 2. D 3. A 4. C 5. A 6. B 7. B 8. B 9. D 10. C 11. C 12. D 13. B 14. A 15. C 16. C 17. C 18. B 19. A

二、多项选择题

1. ABD 2. BCD 3. ABC 4. BCD 5. ABC 6. BC 7. ACD 8. ABCD 9. BCD 10. ACD 11. ABCD 12. ACD 13. ABC 14. ACD

三、判断题

1. √ 2. √ 3. √ 4. √ 5. × 6. √ 7. × 8. √ 9. √ 10. √ 11. √ 12. √ 13. × 14. √ 15. √ 16. × 17. √ 18. ×

第5节　会计机构和会计人员

一、单项选择题

1. D 2. B 3. B 4. A 5. D 6. A 7. D 8. C 9. A 10. C 11. A 12. A 13. A 14. B 15. D 16. C 17. A 18. C 19. A 20. B 21. C 22. C 23. B 24. C 25. A 26. C 27. D

二、多项选择题

1. BCD 2. BCD 3. ABCD 4. ABCD 5. AB 6. ABD 7. BD 8. BD 9. BCD 10. ABD 11. ABC 12. CD 13. ABCD 14. BCD 15. ABCD 16. ABC 17. ABCD 18. ABCD 19. ABC 20. ACD

三、判断题

1. × 2. × 3. × 4. × 5. × 6. √ 7. × 8. × 9. × 10. × 11. × 12. × 13. √ 14. √ 15. √ 16. × 17. √ 18. √ 19. × 20. × 21. √ 22. √ 23. √ 24. × 25. × 26. √ 27. √ 28. × 29. √ 30. √

第6节　法律责任

一、单项选择题

1. B 2. B 3. A 4. B 5. A 6. C 7. B 8. D 9. B 10. A 11. B

二、多项选择题

1. BC 2. ABD 3. BC 4. ABCD 5. ABCD 6. BC 7. BCD 8. BCD 9. ABCD 10. ABCD

三、判断题

1. √ 2. × 3. √ 4. × 5. √ 6. × 7. √ 8. × 9. × 10. ×

四、不定项选择题

(一) 1. AB 2. A 3. ABC 4. C 5. D

(二) 1. ABD 2. AC 3. BC 4. CD 5. AC

第3章 支付结算法律制度

第1节 支付结算概述

一、单项选择题

1. A 2. C 3. B 4. D 5. C 6. C 7. D 8. B 9. A 10. D 11. C 12. C 13. D 14. C 15. C 16. A 17. C

二、多项选择题

1. ABC 2. ABC 3. ACD 4. ABC 5. ABC

三、判断题

1. × 2. × 3. × 4. √ 5. √ 6. × 7. √ 8. √ 9. × 10. √ 11. × 12. × 13. √ 14. √ 15. √ 16. × 17. √ 18. √

第2节 现金管理

一、单项选择题

1. A 2. B 3. C 4. A 5. D 6. A 7. A 8. B 9. A 10. B 11. B 12. B 13. B

二、多项选择题

1. ABD 2. ABCD 3. ACD 4. ABC 5. BD 6. ABCD

三、判断题

1. √ 2. × 3. × 4. √ 5. √ 6. × 7. √ 8. × 9. √ 10. × 11. √ 12. √ 13. × 14. √ 15. √

第3节 银行结算账户

一、单项选择题

1. D 2. A 3. B 4. B 5. D 6. B 7. B 8. B 9. D 10. D 11. B 12. C 13. D 14. B 15. C 16. A 17. D 18. D 19. B 20. D 21. D 22. C 23. C

二、多项选择题

1. AB 2. BC 3. ABCD 4. AC 5. ABCD 6. BD 7. ABC 8. ABCD 9. ABCD 10. ABCD 11. ACD 12. ABC 13. AC 14. ACD

三、判断题

1. × 2. × 3. × 4. × 5. × 6. × 7. × 8. √ 9. × 10. √

11. √ 12. √ 13. × 14. √ 15. √ 16. × 17. × 18. √ 19. √
20. √ 21. × 22. ×

第4节　票据结算方式和其他支付结算方式

一、单项选择题

1. C 2. B 3. A 4. B 5. B 6. C 7. B 8. B 9. D 10. C
11. B 12. A 13. C 14. A 15. A 16. A 17. A 18. B 19. B 20. A
21. A 22. D 23. A 24. A 25. A 26. B 27. B 28. A 29. A 30. B

二、多项选择题

1. ACD 2. BCD 3. AD 4. ACD 5. BD 6. ABCD 7. AD 8. ABCD
9. BCD 10. ABC 11. CD 12. ABD 13. AC 14. ACD 15. ABD 16. AD
17. ABC 18. BCD 19. ABD 20. ABCD 21. CD 22. ABCD 23. ABCD
24. AC 25. ACD 26. ABC 27. AD 28. AC 29. ACD 30. ABCD
31. ABC 32. ABCD

三、判断题

1. √ 2. √ 3. × 4. √ 5. × 6. √ 7. √ 8. √ 9. × 10. √ 11. √
12. √ 13. √ 14. × 15. √ 16. × 17. √ 18. √ 19. × 20. √ 21. √
22. √ 23. √ 24. × 25. √

四、不定项选择题

（一）1. C 2. D 3. B 4. AB 5. A

（二）1. BCD 2. C 3. D 4. B 5. D

（三）1. A 2. AB 3. AB 4. ABD 5. AD

（四）1. ACD 2. C 3. A 4. D 5. B

第5节　网上支付

一、单项选择题

1. C 2. A 3. D 4. C 5. A 6. C 7. A 8. A 9. A

二、多项选择题

1. AB 2. AC 3. ABCD 4. ABC 5. AB 6. AB 7. BCD 8. ABCD
9. ABC 10. AD

三、判断题

1. √ 2. √ 3. √

第4章　税收法律制度

第1节　税收法律制度概述

一、单项选择题

1. D 2. A 3. C 4. B 5. B 6. D 7. B 8. B 9. C 10. C 11. D

12. D 13. D 14. B 15. B 16. C 17. C 18. A 19. D 20. D 21. C 22. D 23. A 24. D

二、多项选择题

1. ACD 2. BC 3. BD 4. ABCD 5. ACD 6. ABC 7. ABC 8. ABC 9. ABCD 10. ABC 11. ABC 12. ABCD 13. ABCD 14. ACD 15. ABD 16. BC 17. BC 18. ABC 19. ACD

三、判断题

1. √ 2. × 3. √ 4. × 5. × 6. √ 7. √ 8. √ 9. √ 10. √ 11. × 12. × 13. √ 14. × 15. × 16. × 17. √ 18. × 19. × 20. √

第2节 增值税

一、单项选择题

1. B 2. A 3. B 4. A 5. C 6. C 7. D 8. D 9. A 10. A 11. A 12. C 13. D 14. C 15. A 16. B

二、多项选择题

1. ABCD 2. BCD 3. BC 4. ABC 5. ABCD 6. ABC 7. AC 8. ABC 9. ACD 10. CD 11. ABC 12. BCD 13. ABD 14. ABD 15. ABCD 16. ABD

三、判断题

1. √ 2. × 3. √ 4. × 5. √ 6. × 7. × 8. √ 9. √ 10. √ 11. × 12. √ 13. × 14. × 15. × 16. √ 17. × 18. × 19. × 20. √ 21. × 22. √ 23. √ 24. √ 25. ×

四、不定项选择题

(一) 1. D 2. AD 3. A 4. B 5. A

(二) 1. B 2. B 3. AD 4. ABCD 5. AB

第3节 消费税

一、单项选择题

1. A 2. C 3. A 4. A 5. B 6. C 7. D 8. A 9. A 10. D 11. A 12. C 13. A 14. D 15. D 16. C 17. D 18. A

二、多项选择题

1. BCD 2. AB 3. ACD 4. ABD 5. BCD 6. ABCD 7. AC 8. ABCD 9. ABCD 10. ABD 11. BCD 12. AC 13. ABCD 14. ABC 15. ABC 16. ABD

三、判断题

1. × 2. × 3. √ 4. × 5. √ 6. × 7. √ 8. × 9. × 10. × 11. √ 12. × 13. √ 14. × 15. × 16. √ 17. √ 18. × 19. √ 20. √

第4节　企业所得税

一、单项选择题

1. C　2. B　3. B　4. B　5. D　6. D　7. D　8. A　9. A　10. B　11. B　12. D　13. C　14. B　15. C

二、多项选择题

1. AC　2. BD　3. ACD　4. ABD　5. AC　6. BCD　7. AD　8. ABCD　9. ABC　10. ACD　11. ABCD　12. BD　13. ABC　14. ABD　15. ABD　16. ABCD　17. ABD

三、判断题

1. √　2. ×　3. ×　4. √　5. ×　6. √　7. ×　8. ×　9. ×　10. √　11. ×　12. ×　13. ×　14. ×　15. √　16. ×　17. √　18. ×　19. √

第5节　个人所得税

一、单项选择题

1. B　2. C　3. D　4. B　5. D　6. D　7. B　8. A　9. D　10. D　11. C　12. C　13. D　14. C　15. C　16. B　17. D　18. B　19. B　20. B

二、多项选择题

1. BC　2. AD　3. ABD　4. ABC　5. BD　6. ABD　7. BCD　8. AD　9. AD　10. ABC　11. ABCD　12. BD　13. ABC　14. BD　15. ABCD　16. AB　17. BCD　18. ABCD　19. ABCD　20. BCD　21. ABCD　22. BCD　23. ABCD

三、判断题

1. ×　2. √　3. ×　4. ×　5. ×　6. ×　7. ×　8. √　9. ×　10. √　11. ×　12. √　13. ×　14. √　15. ×　16. √　17. ×　18. ×　19. √　20. √

四、不定项选择题

1. AD　2. BCD　3. C　4. B　5. ABC

第6节　税收征管

一、单项选择题

1. C　2. B　3. A　4. B　5. B　6. C　7. D　8. A　9. B　10. C　11. B　12. D　13. C　14. C　15. D　16. D　17. D　18. C　19. A　20. C　21. C　22. C　23. B

二、多项选择题

1. BC　2. ABC　3. ABCD　4. ABC　5. ABCD　6. ABCD　7. AC　8. AD　9. ACD　10. BD　11. ABC　12. ABCD　13. ABCD　14. ABCD　15. ABCD　16. ACD　17. ABCD　18. ACD　19. ACD　20. BCD　21. ABCD　22. AC　23. ABC　24. ABD　25. ABC　26. CD

三、判断题

1. × 2. × 3. × 4. √ 5. × 6. × 7. × 8. × 9. × 10. × 11. √ 12. √ 13. × 14. × 15. × 16. √ 17. √ 18. √ 19. √ 20. × 21. × 22. √ 23. × 24. × 25. √ 26. √ 27. × 28. ×

四、不定项选择题

1. B 2. AC 3. AC 4. B 5. A

第5章 会计职业道德

第1节 会计职业道德概述

一、单项选择题

1. C 2. B 3. C 4. B 5. B 6. C 7. D 8. B 9. B 10. C 11. D 12. A 13. A 14. C 15. C 16. B 17. A 18. B 19. A 20. A

二、多项选择题

1. ABCD 2. ABC 3. ABD 4. ABC 5. ABCD 6. ABC 7. ABCD 8. ABC 9. ABC 10. ABD 11. BC 12. BC 13. ACD 14. ABCD 15. ABC 16. AB 17. BCD 18. ABC 19. ABCD 20. BC

三、判断题

1. √ 2. × 3. √ 4. √ 5. × 6. √ 7. × 8. √ 9. √ 10. √ 11. × 12. √ 13. √ 14. √ 15. √ 16. × 17. √ 18. × 19. × 20. √

第2节 会计职业道德规范的主要内容

一、单项选择题

1. C 2. A 3. B 4. B 5. A 6. A 7. B 8. D 9. D 10. B 11. C 12. D 13. D 14. D 15. B 16. D 17. C 18. D 19. A 20. D 21. A 22. A 23. C 24. B 25. C 26. D 27. A

二、多项选择题

1. ABCD 2. ABCD 3. ABD 4. AC 5. AB 6. ABD 7. ABCD 8. ABCD 9. BD 10. AB 11. ABD 12. BC 13. ABCD 14. ABCD 15. ABCD 16. ABCD 17. ABCD 18. ABD 19. ACD 20. ABC 21. ABD 22. AD 23. ABC 24. AB 25. ABD

三、判断题

1. × 2. √ 3. √ 4. √ 5. √ 6. √ 7. √ 8. √ 9. √ 10. √ 11. × 12. × 13. × 14. × 15. × 16. × 17. √ 18. √

第3节 会计职业道德教育

一、单项选择题

1. C 2. A 3. D 4. B 5. B 6. B 7. A 8. B 9. C 10. D 11. C

12. A 13. D 14. C 15. B 16. D 17. B 18. B

二、多项选择题

1. AC 2. CD 3. AB 4. ABCD 5. ABC 6. ABD 7. ABCD 8. ABCD 9. AD 10. CD 11. ABCD 12. ABCD 13. AB 14. ABC 15. BCD 16. AB 17. BD 18. ABC 19. ABC

三、判断题

1. √ 2. √ 3. √ 4. × 5. × 6. √ 7. √ 8. × 9. √ 10. × 11. √ 12. × 13. × 14. √ 15. √ 16. × 17. √ 18. × 19. √ 20. √

第4节 会计职业道德建设的组织与实施

第5节 会计职业道德的检查与奖惩

一、单项选择题

1. C 2. B 3. D 4. D 5. D 6. A 7. B 8. B 9. D 10. C 11. C 12. D 13. D 14. A

二、多项选择题

1. ABD 2. ABCD 3. ABCD 4. AB 5. ABCD 6. ABCD 7. ABCD 8. ABD 9. ABCD 10. ABD 11. ABC 12. BCD 13. ABC 14. AC 15. ABD 16. ABC 17. ABC 18. ACD

三、判断题

1. × 2. √ 3. √ 4. × 5. × 6. √ 7. √ 8. × 9. × 10. √ 11. × 12. × 13. √ 14. × 15. √ 16. √

第6章 劳动合同与社会保险法律制度

第1节 劳动合同法律制度

一、单项选择题

1. D 2. A 3. B 4. D 5. B 6. A 7. C 8. D 9. C 10. B 11. D 12. C 13. D 14. A 15. D 16. A 17. B 18. A 19. C 20. C

二、多项选择题

1. ABCD 2. ABC 3. BCD 4. AB 5. AD 6. ABCD 7. CD 8. ABCD 9. AB 10. AC 11. ABCD 12. ABC 13. ABC 14. ABCD 15. BCD 16. ABCD 17. BCD 18. ABC 19. ABC 20. ABD

三、判断题

1. √ 2. × 3. √ 4. × 5. √ 6. √ 7. × 8. √ 9. √ 10. √ 11. × 12. × 13. √ 14. × 15. × 16. √ 17. × 18. √ 19. √ 20. √

四、不定项选择题

1. D 2. AD 3. AC 4. A

第2节 社会保险法律制度

一、单项选择题

1. D 2. A 3. B 4. D 5. B 6. D 7. C 8. A 9. C 10. A 11. D 12. D 13. C 14. A 15. D 16. C 17. C 18. D 19. C 20. B

二、多项选择题

1. ABC 2. ABCD 3. ABC 4. AB 5. BC 6. ACD 7. ABCD 8. BD 9. ABCD 10. CD 11. ABC 12. ABCD 13. CD 14. AD 15. ABCD 16. ABCD 17. AD 18. BD 19. BCD 20. AC

三、判断题

1. × 2. √ 3. × 4. × 5. √ 6. × 7. √ 8. × 9. √ 10. √ 11. × 12. √ 13. × 14. √ 15. × 16. √ 17. √ 18. × 19. √ 20. √

图书在版编目（CIP）数据

财经法规与会计职业道德/王红云，赵永宁主编. —3版. —北京：中国人民大学出版社，2020.1
“十三五”普通高等教育应用型规划教材. 会计与财务系列
ISBN 978-7-300-27707-3

Ⅰ.①财… Ⅱ.①王…②赵… Ⅲ.①财政法-中国-高等学校-教材②经济法-中国-高等学校-教材③会计人员-职业道德-高等学校-教材 Ⅳ.①D922.2②F233

中国版本图书馆CIP数据核字（2019）第275497号

“十三五”普通高等教育应用型规划教材·会计与财务系列
财经法规与会计职业道德（第3版）
主　编　王红云　赵永宁
Caijing Fagui yu Kuaiji Zhiye Daode

出版发行	中国人民大学出版社		
社　　址	北京中关村大街31号	**邮政编码**	100080
电　　话	010－62511242（总编室）		010－62511770（质管部）
	010－82501766（邮购部）		010－62514148（门市部）
	010－62515195（发行公司）		010－62515275（盗版举报）
网　　址	http://www.crup.com.cn		
经　　销	新华书店		
印　　刷	北京七色印务有限公司	**版　　次**	2014年12月第1版
规　　格	185 mm×260 mm　16开本		2020年1月第3版
印　　张	23 插页1	**印　　次**	2021年4月第6次印刷
字　　数	540 000	**定　　价**	45.00元

教师教学服务说明

中国人民大学出版社财会出版分社以出版经典、高品质的会计、财务管理、审计等领域各层次教材为宗旨。

为了更好地为一线教师服务，近年来财会出版分社着力建设了一批数字化、立体化的网络教学资源。教师可以通过以下方式获得免费下载教学资源的权限：

在中国人民大学出版社网站 www. crup. com. cn 进行注册，注册后进入“会员中心”，在左侧点击“我的教师认证”，填写相关信息，提交后等待审核。我们将在一个工作日内为您开通相关资源的下载权限。

如您急需教学资源或需要其他帮助，请在工作时间与我们联络：

中国人民大学出版社　财会出版分社

联系电话：010-62515987，62511076

电子邮箱：ckcbfs@crup. com. cn

通讯地址：北京市海淀区中关村大街甲 59 号文化大厦 1501 室（100872）